DICTIONNAIRE ENCYCLOPÉDIQUE

DE LA

RÉVOLUTION FRANÇAISE

DEPUIS 1789

JUSQU'A LA FIN DE L'ASSEMBLÉE CONSTITUANTE DE 1848

PAR UNE RÉUNION DE SAVANTS, DE PUBLICISTES,

GENS DE LETTRES, D'ARTISTES, DE JURISCONSULTES, DE MILITAIRES, DE COMMERÇANTS, D'AGRONOMES,

D'INDUSTRIELS, ETC.

A. V. DECMANVILLE
Secrétaire de la Rédaction.

DESSINS : Donjean, Lancelot, Riester, Thérond. — GRAVURES : Brunier, Jardin, Meyer, Rouget.

PREMIÈRE SÉRIE.

LIVRAISONS une à dix.

PARIS
HENRI DUMINERAY, LIBRAIRE, RUE RICHELIEU, 52.

1854

HENRI DUMINERAY, LIBRAIRE, RUE RICHELIEU, 52, A PARIS.

DICTIONNAIRE ENCYCLOPÉDIQUE

DE LA

RÉVOLUTION FRANÇAISE

DEPUIS 1789

JUSQU'A LA FIN DE L'ASSEMBLÉE CONSTITUANTE DE 1848

PAR UNE RÉUNION DE SAVANTS, DE PUBLICISTES,
DE GENS DE LETTRES, D'ARTISTES, DE JURISCONSULTES, DE MILITAIRES, DE COMMERÇANTS, D'AGRONOMES,
D'INDUSTRIELS, ETC.

A. V. DECMANVILLE

Secrétaire de la Rédaction.

DESSINS : DONJEAN, LANCELOT, RIESTER, THÉROND. — GRAVURES : BRUNIER, JARDIN, MEYER, ROUGET.

PROSPECTUS-SPÉCIMEN.

Le temps, dans ses vicissitudes, n'a jamais offert de spectacle plus extraordinaire et plus propre à frapper l'attention des peuples que celui dont les grandes péripéties se sont produites depuis 1789 jusqu'à nos jours. Toute sa puissance semble s'être concentrée dans ce court espace pour y faire éclore en quelques années les événements de plusieurs siècles.

Combien cette époque est féconde en précieux enseignements : elle embrasse tout les faits moraux, industriels et politiques qui peuvent éclairer l'intelligence humaine et contribuer à son développement : elle se lie aux plus importantes découvertes des arts et des sciences; il n'est point d'améliorations sociales dont elle n'offre les éléments; elle porte dans son sein tous les germes de l'avenir. Mais les maux y sont mêlés aux biens ; il faut du discernement pour ne pas les confondre, aujourd'hui que nous avons tant d'histoires écrites à des points de vue diamétralement opposés, tant d'histoires adultérées par le mensonge et la calomnie. Les historiens, même les plus sympathiques à la cause populaire, ont quelquefois le tort de ne pas la présenter avec la simplicité et l'exactitude qu'elle réclame. Leurs récits sont entremêlés de considérations et d'appréciations personnelles dont elle peut se passer. Ils oublient que le peuple veut être instruit et non endoctriné.

Pourquoi se défier de sa compréhension? pourquoi chercher une autre autorité que la sienne pour juger de sa propre histoire? Son instinctive sagacité, sa raison fortifiée au milieu des plus rudes épreuves, la conscience qu'il a de son passé et de son avenir le guideront toujours plus sûrement que les observations suggérées, quand on lui aura montré les faits dans toute leur vérité. Il nous semble l'entendre dire : « Je « n'ai nul besoin qu'on me fasse mes croyances, qu'on me dicte mes jugements. J'as- « pire à bien connaître les mœurs, les institutions, le commerce, les finances, l'indus- « trie, la marine, l'état militaire et les questions d'utilité publique qu'ont fait naître les « grandes crises du renouvellement social; qu'on me les expose fidèlement , je saurai « bien les apprécier moi-même avec mon cœur et mon bon sens. »

L'ouvrage que nous publions sera tel que le peuple le demande. Il formera un répertoire complet des hommes et des choses de la Révolution, grâce aux nombreux documents que nous possédons. Nous avons pensé, après un mûr examen, que son cadre le plus convenable devait être un dictionnaire, livre qui a sur tous les autres l'avantage de pouvoir être consulté facilement et sans perte de temps. Le nôtre a été conçu de manière à éviter, au moyen d'indications précises, les inconvénients ordinaires de la classification alphabétique. Sur quelque objet de sa compétence qu'on l'interroge, il répondra par tous les éclaircissements que cet objet peut exiger. Chaque article, en développant un fait spécial le montrera dans ses causes et dans ses effets. Il sera comme un traité à part, où les matières seront exposées intégralement avec un attrait qui captive l'attention, un arrangement qui favorise la mémoire et une analyse qui féconde le jugement.

L'ouvrage sera terminé par un résumé qui en coordonnera méthodiquement les différentes parties l'une par rapport à l'autre, toutes par rapport à l'ensemble, et réunira dans l'ordre historique tout ce que l'ordre alphabétique aura séparé.

Articles contenus dans la première Série.

ABANCOURT, ministre de la guerre en 1792.	H. B.	ACAPTE (droit d').	T.
ABATTOIRS.	Ch. F.	ACCAPAREMENTS.	Ulysse L.
ABBAYE (district de l').	P. E.	ACCINS (droit d').	P.
ABBAYE-AU-BOIS.	L. L.	ACCISES (droit d').	T.
ABDICATIONS :		ACCOLADE fraternelle.	L. L.
ABDICATION DE NAPOLÉON Ier (première).	A. V. D.	ACCORDEMENTS.	P.
ABDICATION du même (seconde).	Ulysse L.	ACCOURTILLAGE (droit d').	P.
ABDICATION de Charles X.	Ulysse L.	ACCOUCHEMENTS.	Dr A.
ABDICATION de Louis-Philippe.	L. L.	ACCUSATEUR PUBLIC.	P. V.
ABEILLAGE (droit d').	T.	ACCUSATEUR PUBLIC (l'), journal.	A. V. D.
ABEILLES, symbole monarchique.	D.	ACÉPHOCRATIE.	P. V.
ABENSBERG (bataille d').	Ch. V.	ACQUIT de comptant.	P.
ABOLITION (lettre d')	P.	ACQUIT patent.	T.
ABONDANCE (greniers d').	P. V.	ACTE CONSTITUTIONNEL, ou Constitution dite de 1793.	P. V.
ABONNEMENT.	B.	ACTE ADDITIONNEL aux constitutions de l'empire.	P.
ABOYEURS.	L. L.	ACTES DES APÔTRES (les), journal.	P. E.
ABRÉVIATEUR UNIVERSEL (l'), journal.	P. V.	ADÉLAÏDE D'ORLÉANS (madame).	P.
ABRIAL, ministre de la justice.	H. B.	ADÉLIE (découverte de l').	P. E.
ABSENTÉISME.	T.	ADJUDANTS généraux.	M.
ABSOLU.	R. C.	ADMINISTRATION.	Henri B.
ABSOLUTISME.	L. L.	ADMINISTRATION (école d').	R. C.
ABSORPTION politique.	P. V.	ADOPTION.	P. V.
ABSTENTION.	V.	ADRESSES.	P. V.
ACADÉMIE française.	Eug. D.	AÉROSTATION	

Le DICTIONNAIRE ENCYCLOPÉDIQUE DE LA RÉVOLUTION FRANÇAISE formera six volumes in-8° grand-jésus, collé, ornés de gravures dans le texte (V. la 4e page, publiés par séries de dix livraisons à 20 centimes; soit : 2 francs chaque série.

Cinq séries composeront un volume.

La deuxième série paraîtra, AU PLUS TARD, le 1er août prochain.

BUREAU DE LA RÉDACTION : RUE DES TOURNELLES, 42 Marais.—Affranchir.

Montmartre. — Imp. de Pilloy.

applaudissez, c'est le citoyen incorruptible, c'est le grand tribun des Jacobins; applaudissez, c'est Robespierre!

Applaudissez à ce rugissement qui sort d'une poitrine haletante et fiévreuse, dévoilant les trahisons, dénonçant les suspects, et demandant des têtes : applaudissez, applaudissez, vils suppôts de l'aristocratie, c'est l'ami du peuple, c'est Marat, applaudissez; mais hâtez-vous d'aller réclamer votre salaire, car déjà ceux qui vous ont envoyés ne sont plus, et les caisses de la royauté sont taries, votre rôle est terminé; à d'autres aboyeurs maintenant.

Nous avions hâte d'en finir avec cette ignoble catégorie d'aboyeurs, aussi avons-nous mené à son terme leur triste histoire, sans un souci bien scrupuleux de l'ordre chronologique des événements; mais, quoique nous ne prétendions pas excuser froidement, et à si grande distance, des faits qui ont leur principale excuse dans la passion du moment, nous croirions faire injure à la conscience humaine et outrager la vérité, en assimilant un trafic cynique et sans foi, avec les écarts d'un dévouement qu'absout, dans tous les cas, son désintéressement et sa sincérité.

Entre les aboyeurs de la cour et ceux dont il nous reste à parler, là est la différence capitale. La conduite, les procédés des uns et des autres furent souvent les mêmes : on a pu leur reprocher les mêmes exagérations, les mêmes injustices; mais tandis que les uns se faisaient sciemment et à prix d'argent, instruments de trahison et de calomnie, les autres, même dans leurs erreurs involontaires, croyaient servir la vérité et la justice. Passons sur les applaudisseurs de l'Assemblée, nous en avons assez longuement parlé pour faire comprendre le rôle des enthousiastes sincères en face de ces claqueurs apostés pour égarer l'opinion. Souvent de déplorables scandales eurent lieu dans les tribunes publiques; de véritables combats s'engagèrent entre les assistants; les séances en étaient troublées, parfois même interrompues. Le récit de ces scènes affligeantes, souvent obscur dans les journaux du temps, sera maintenant facilement compris par le lecteur.

L'aboyeur patriote ne regardait pas sa tâche comme accomplie, ni sa journée faite, pour avoir, pendant quelques heures, soutenu de ses bravos, et au besoin, défendu de ses poings, les discours des orateurs populaires; il se hâtait de courir par la ville, racontant et commentant ce qu'il avait entendu: les places, les jardins publics étaient les rendez-vous ordinaires où s'échangeaient les nouvelles; là, d'autres aboyeurs installaient des espèces de bureaux de publicité ambulante, autour desquels la

DICTIONNAIRE ENCYCLOPÉDIQUE

DE

LA RÉVOLUTION FRANÇAISE

DEPUIS 1789

JUSQU'A LA FIN DE L'ASSEMBLÉE CONSTITUANTE DE 1848.

Le temps, dans ses vicissitudes, n'a jamais offert de spectacle plus extraordinaire et plus propre à frapper l'attention des peuples que celui dont les grandes péripéties se sont produites depuis 1789 jusqu'à nos jours. Toute sa puissance semble s'être concentrée dans ce court espace pour y faire éclore en quelques années les événements de plusieurs siècles.

Combien cette époque est féconde en précieux enseignements : elle embrasse **tout**

1.   1

Montmartre. — Imp. Pilloy.

les faits moraux, industriels et politiques qui peuvent éclairer l'intelligence humaine et contribuer à son développement : elle se lie aux plus importantes découvertes des arts et des sciences ; il n'est point d'améliorations sociales dont elle n'offre les éléments ; elle porte dans son sein tous les germes de l'avenir. Mais les maux y sont mêlés aux biens ; il faut du discernement pour ne pas les confondre. aujourd'hui que nous avons tant d'histoires écrites à des points de vue diamétralement opposés, tant d'histoires adultérées par le mensonge et la calomnie. Les historiens, même les plus sympatiques à la cause populaire, ont quelquefois le tort de ne pas la présenter avec la simplicité et l'exactitude qu'elle réclame. Leurs récits sont entremêlés de considérations et d'appréciations personnelles dont elle peut se passer. Ils oublient que le peuple veut être instruit et non endoctriné.

Pourquoi se défier de sa compréhension? pourquoi chercher une autre autorité que la sienne pour juger de sa propre histoire? Son instinctive sagacité, sa raison fortifiée au milieu des plus rudes épreuves, la conscience qu'il a de son passé et de son avenir le guideront toujours plus sûrement que les observations suggérées, quand on lui aura montré les faits dans toute leur vérité. Il nous semble l'entendre dire : « Je « n'ai nul besoin qu'on me fasse mes croyances, qu'on me dicte mes jugements. J'as- « pire à bien connaître les mœurs, les institutions, le commerce, les finances, l'indus- « trie, la marine, l'état militaire et les questions d'utilité publique qu'ont fait naître les « grandes crises du renouvellement social. Qu'on me les expose fidèlement ; je saurai « bien les apprécier moi-même avec mon cœur et mon bon sens. »

L'ouvrage que nous publions sera tel que le peuple le demande. Il formera un répertoire complet des hommes et des choses de la Révolution, grâce aux nombreux documents que nous possédons. Nous avons pensé, après un mûr examen, que son cadre le plus convenable devait être un dictionnaire, livre qui a sur tous les autres l'avantage de pouvoir être consulté facilement et sans perte de temps. Le nôtre a été conçu de manière à éviter, au moyen d'indications précises, les inconvénients ordinaires de la classification alphabétique. Sur quelque objet de sa compétence qu'on l'interroge, il répondra par tous les éclaircissements que cet objet peut exiger. Chaque article en développant un fait spécial le montrera dans ses causes et dans ses effets. Il sera comme un traité à part, où les matières seront exposées intégralement avec un attrait qui captive l'attention, un arrangement qui favorise la mémoire et une analyse qui féconde le jugement.

L'ouvrage sera terminé par un résumé qui en coordonnera méthodiquement les différentes parties l'une par rapport à l'autre, toutes par rapport à l'ensemble, et réunira dans l'ordre historique tout ce que l'ordre alphabétique aura séparé. ●

ABANCOURT (Charles-Xavier-Joseph, FRANQUEVILLE, d'), fut ministre de la guerre du 28 juillet au 10 août 1792. Il était né à Douai, vers 1750 et servait ayant le grade de capitaine dans le régiment Mestre-de-camp-cavalerie lorsque la Révolution éclata. N'ayant pas émigré et étant connu de Lafayette, il devint d'abord adjudant général, ensuite colonel, puis remplaça Lajard au ministère de la guerre, par l'influence du parti feuillant ou royaliste-constitutionnel, auquel, après la fameuse journée du 20 juin, Louis XVI parut s'abandonner.

Le 13 août suivant, l'assemblée législative, sur la proposition de Thuriot, prononça sa mise en accusation, comme ayant été cause en partie des malheurs du 10, pour n'avoir pas exécuté le décret relatif à l'éloignement des Suisses. En effet, le 4, d'Abancourt annonçait à l'assemblée l'arrivée de ces troupes à Cambrai, et l'événement prouvait qu'elles n'avaient jamais quitté Courbevoie, sauf trois cents hommes employés dans le département de l'Eure à protéger la circulation des grains. Envoyé pardevant la haute-cour nationale, siégeant alors à Orléans, il périt, le 9 septembre, dans le massacre qui fut fait à Versailles des prisonniers qu'un ordre de l'assemblée ramenait à Paris.

Il était neveu de Calonne, ancien contrôleur général des finances, l'un des agents les plus actifs de la contre-révolution à l'étranger. Cette circonstance fut invoquée contre Louis XVI lors de son procès, et Louis, persistant dans le pitoyable système de défense qu'on lui avait fait adopter, assura l'avoir ignoré, ce qui, pouvant être vrai, n'était pas vraisemblable.　　　　H. B.

ABATTOIRS. D'importantes mesures de salubrité et de sûreté publiques se rattachent au commerce de la boucherie. Les gouvernements et les administrations municipales ont de tout temps cherché à prévenir les dangers auxquels les grandes agglomérations d'hommes seraient exposées si, au milieu d'elles, on laissait opérer les premières préparations qu'ont à subir les substances alimentaires animales, principalement celles qui proviennent des bestiaux.

En effet, dans les cités populeuses, l'abandon qui serait fait des détritus cadavériques, et les miasmes délétères qu'exhaleraient des fumiers infects, rendraient plus terribles, s'ils ne les provoquaient, ces épidémies qui décimèrent à plusieurs reprises les générations. D'un autre côté la vie des citoyens serait perpétuellement menacée si, dans les rues communément étroites et tortueuses, on laissait circuler des troupeaux de bêtes demi-sauvages, et de graves accidents surviendraient si ces animaux, au moment de recevoir la mort, s'échappaient dans le paroxysme de la douleur.

« D'ailleurs, dit fort bien M. J. Reynaud, article ABATTOIR de l'*Encyclopédie nouvelle*, on peut aussi se demander si les mœurs publiques n'ont pas à gagner quelque douceur à être rendues étrangères au pernicieux exemple de scènes cruelles? Sans doute, ajoute-t-il, c'est une impérieuse condition de notre nature qui nous force à égorger les animaux pour entretenir notre chair avec la leur: mais il est humain et profitable de laisser tomber un voile sur le tableau des meurtres; il faut qu'ils demeurent relégués dans le silence de l'enceinte où l'utilité publique les condamne. »

Il est probable que quelques-unes de ces considérations furent cause que l'on chercha constamment à repousser hors des enceintes des villes, non-seulement les tueries ou abattoirs, mais les boucheries elles-mêmes.

Toutefois, malgré lettres patentes, ordonnances, règlements, arrêts et projets, les tueries se maintinrent dans l'intérieur des cités: mais les inconvénients d'un tel état de choses se firent apercevoir quand les idées relatives à la police d'une grande ville se perfectionnèrent. Des mémoires furent adressés au gouvernement, vers le milieu du siècle dernier, sur la nécessité de transporter les tueries hors de Paris. Les uns proposèrent d'en établir deux, les autres *cinq*, d'autres jusqu'à vingt, et tous demandaient pour dédommagement de leurs dépenses, ou le monopole absolu de la boucherie, ou la faculté de prélever sur chaque tête de bétail un droit plus ou moins susceptible d'augmenter le prix d'une denrée dont l'acquisition devrait être constamment facile aux classes pauvres du peuple. Il paraît que de ces propositions le gouvernement ne tint pas grand compte, du moins jusqu'en 1789, car ce ne fut que le 20 janvier de cette année, date remarquable par l'approche des élections de Paris aux États-Généraux, que l'un des ministres d'alors, M. de Breteuil, écrivit à l'Académie des sciences d'examiner les mémoires dont nous venons de parler, et, dans cette vue, l'Académie nomma des commissaires qui furent Daubenton, Bailly, Lavoisier, Laplace, Tillet, etc. Le rapport de cette commission, rédigé par Bailly, après avoir détruit les objections des bouchers sur l'immensité de la ville, sur la difficulté du transport des viandes de la tuerie à l'étal, etc., et après un examen attentif des propositions faites pour arriver à un résultat,

mais sans indiquer celle qui lui serait préférable, conclut simplement que le projet de l'éloignement des tueries ne pouvait être que d'une grande utilité.

Un décret du 9 février 1810 réalisa les conclusions du rapport de la commission dont nous venons de parler; il ordonna la construction de *cinq* abattoirs: mais ils ne furent définitivement achevés qu'en 1818. Ce sont, sur la rive gauche de la Seine, les abattoirs d'*Ivry* et de *Vaugirard*; sur la rive droite, ceux de *Montmartre* ou de *Rochechouart*, de *Popincourt* et du *Roule*. L'abattoir Popincourt est presque exclusivement destiné au service du faubourg Saint-Antoine: il renferme sept bouveries et autant de bergeries.

Il y a aussi des abattoirs spécialement affectés à l'abattage des pourceaux, à Nanterre, à Batignolles, à la barrière des Fourneaux et rue Château-Landon. Enfin, une ordonnance du 2 juillet 1839, autorisa la ville de Paris à établir dans la plaine des Vertus, commune d'Aubervilliers, au lieu dit *du Pilier*, un abattoir et un atelier d'équarrissage destinés à remplacer le clos de Montfaucon. On y abat, année commune, de 12 à 13,000 chevaux.

Un avantage à considérer, et ce n'est pas le moins important, c'est que la surveillance qu'on exerce dans les abattoirs empêche de livrer au commerce les animaux morts de maladie. Aussi, depuis plusieurs années, la plupart des villes en ont-elles fait construire.

Le tarif fixé pour la réception et l'abattage de chaque tête de bétail forme aujourd'hui une des branches du revenu des communes où des abattoirs ont été établis. A Paris, le droit fixé est de 6 francs par chaque tête de bœuf: l'abattage moyen étant de 75 à 80,000 bœufs, la caisse municipale en retire par an un revenu d'un million qui ne grève aucunement les consommateurs, puisque la concentration en un seul lieu de l'abattage économise considérablement la main-d'œuvre.

Cependant, au point de vue de la liberté du commerce et de l'industrie, il est à examiner si les communes peuvent contraindre les bouchers et les charcutiers à se servir des préposés à ces sortes d'établissements. Telle était la prétention élevée en 1851 par l'administration de la ville de Paris, à l'égard des charcutiers faisant leurs abats à la barrière des Fourneaux et à l'ancienne voirie Château-Landon. Les charcutiers résistèrent, et la cour de cassation leur donna gain de cause, déclarant illégales, inconstitutionnelles même, les dispositions réglementaires concernant cet objet. Une question plus importante encore s'est présentée peu après celle résolue par la cour suprême. Depuis 1815, il existe à Nanterre un abattoir à porcs régulièrement autorisé, et où, jusqu'en 1847, les charcutiers n'ont payé pour les porcs abattus, fendus par moitié et entrés dans Paris, que le droit d'octroi. Mais lorsque la ville de Paris eut ouvert ses deux abattoirs, elle prétendit imposer pour les animaux tués à l'abattoir de Nanterre, en outre de son droit d'octroi de 9 fr. 40 c., un droit d'abattoir de 1 fr. 80 c. Le conseil municipal de Nanterre et le conseil d'arrondissement de Saint-Denis protestèrent contre cette perception. « Mais ce fut en vain, raconte M. Havard (1). Alors un des intéressés dans la question, M. Plainchamps, résolut de demander aux tribunaux justice de cette taxe arbitraire. Il échoua d'abord devant le tribunal de paix du 9e arrondissement; mais il ne se tint pas pour battu, et interjeta appel de cette première décision. Bien lui en prit, puisque le tribunal de la Seine a déclaré sa résistance parfaitement légitime. Le tribunal a décidé en principe que le droit d'abattoir est distinct du droit d'octroi, et que si la loi de 1846 a permis d'élever le droit d'octroi à une somme représentative de ces deux droits cumulés, pour les viandes abattues venues du dehors, ce cumul ne saurait être autorisé lorsqu'il s'agit de viandes venues d'une commune où il existe un abattoir régulièrement autorisé, et qui déjà, par conséquent, ont supporté un droit d'abattoir. De sorte que, dans ce cas, alors même que le tarif comprend les deux droits réunis sous un même chiffre, il y a lieu de les distinguer pour n'appliquer que le droit imposé aux viandes sortant des abattoirs de la ville.

« Aujourd'hui que la vente à la criée des viandes de toute espèce permet l'introduction dans Paris de bêtes abattues dans les établissements autres que ceux de la ville, ce jugement a une importance qui n'échappera pas aux partisans de la vie à bon marché. Point de doute que cette surtaxe imposée par la ville aux viandes abattues à l'extérieur ne soit de nature à nuire aux progrès de l'approvisionnement de la halle à la criée. Or, quand on songe que le maintien en était assuré s'il ne s'était pas rencontré un homme assez hardi pour courir à lui seul les risques d'un procès avec l'administration, on ne peut s'empêcher de témoigner une fois de plus le regret de voir combien est encore peu développé chez nous le sentiment de la solidarité. »

Certes, et comme on le voit, nous pourrions traiter ici les nombreuses questions que soulève le commerce de la boucherie, indiquer les bases sur lesquelles il repose. les modifications qu'il peut comporter, en un mot donner pleine satisfaction aux préoccupations du jour à cet égard, mais nous avons pensé que les articles spéciaux ALIMENTATION PUBLIQUE et BOUCHERIE, devant approfondir ces discussions, nous exposerions le lecteur à subir des répétitions, ou nous-mêmes à ne lui présenter que des aperçus tronqués. Nous le renvoyons donc aux articles que nous venons de citer, et où il trouvera tous les développements que comportent ces matières.

Ch. F.

ABBAYE (district de l'). La convocation des Etats-Généraux, en 1789, nécessita pour Paris une organisation électorale. Cette ville fut donc divisée en soixante districts qui reçurent leur nom

(1) *Presse* du 29 août 1854.

ou du principal monument se trouvant dans leur circonscription, ou simplement d'une rue, d'un carrefour, etc. Le dix-septième ayant l'abbaye Saint-Germain-des-Prés sur son terrain, s'appela donc *district de l'Abbaye*, qui lors de la division sectionnaire fit partie de la section dite d'abord de la *Croix-Rouge*, ensuite du *Bonnet-Rouge*.

Ph. E.

ABBAYE-AUX-BOIS. Si ce nom ne rappelait à l'esprit que le souvenir d'une communauté de femmes pieuse et tranquille, d'un monastère aux abords modestes, confiné dans un des faubourgs les moins bruyants de Paris, nous aurions pu renvoyer notre notice à l'article spécial sur les couvents et établissements religieux; mais, en dehors du cloître réservé aux religieuses, l'Abbaye-aux-Bois, située rue de Sèvres, à l'angle de la rue de la Chaise, se compose de bâtiments offerts comme retraite à des personnes qui, se sentant attirées vers le recueillement et la dévotion, et ne se résignant point encore cependant à renoncer complètement aux affections de société et de famille, peuvent, grâce à un ingénieux accommodement, se donner par moitié à Dieu et au monde, et garder ainsi un pied dans la rue, en avançant l'autre dans l'église.

Ce portique mondain d'une sainte demeure a laissé tant de bruit se faire autour de son seuil, que l'histoire des salons de l'Abbaye-aux-Bois est devenue une page inévitable des annales contemporaines. Contraint d'expliquer à nos lecteurs le caractère bizarre de cette espèce de béguinage individuel, nous espérons que notre récit protestera contre toute interprétation malveillante ou irrespectueuse qui s'attacherait à nos paroles. Nous nous hâterons même de reconnaître, avant d'entrer dans le détail des faits, que, grâce aux mœurs élégantes et douces, à l'intelligence ornée. au cœur affectueux de ses hôtes, l'Abbaye-aux-Bois fut un de ces rares sanctuaires où la piété vraie fit alliance avec la tolérance philosophique et où les pratiques de la plus inattaquable dévotion surent s'allier avec le culte du beau dans les arts humains, cette splendide manifestation de la divinité.

Le grand orage révolutionnaire avait bouleversé bien des existences, dispersé bien des familles, séparé bien des amis; le premier besoin de ceux qui rentraient dans la patrie, fut de rechercher leurs affections d'autrefois, de renouer les relations interrompues; mais tel hôtel avait été vendu, tel salon, lieu des réunions et des causeries d'autrefois, avait perdu ses vitres et ses meubles; celui-ci arrivait ruiné; celle-là, vêtue de deuil, privée d'un père et d'un époux; l'Abbaye-aux-Bois fut l'asile provisoire, le port où se réfugièrent plusieurs de ces naufragés et des plus illustres.

L'exemple fut donné par une femme. dans laquelle toute la gloire de l'Abbaye-aux-Bois se résume, et dont nous n'essaierons pas de faire l'éloge, tant les louanges magistrales de ses admirateurs, de ses amis, ont rendu la tâche difficile.

Madame Récamier avait été une puissance; liée, par son mari, riche banquier, avec toutes les notabilités politiques du Directoire, madame Récamier, dont l'âme et les traits avaient inspiré à Canova le type de Béatrix, avait su vivre au milieu de toutes ces hontes, sans être atteinte d'aucune souillure, et, dans son passage à travers ce monde de bassesse et de corruption, elle avait trouvé moyen de n'emporter que le souvenir de nombreux services rendus à la consécration d'amitiés précieuses; elle était restée belle, ce qui dans une femme donne toujours un lustre de plus aux qualités du cœur et de l'esprit; elle possédait dans toute sa personne un charme d'affectueuse aménité qui assurait et faisait aimer la domination exercée par elle sur tous ceux qui l'approchaient.

Elle habitait l'aile gauche de l'avant-cour, qui sépare de la rue les bâtiments du monastère; rien, dans l'extrême simplicité des abords, n'annonçait la célébrité de l'hôte, ni le rang de ses visiteurs; et cependant, quelle favorite de la fortune ou du pouvoir eut jamais cour plus brillante et plus choisie? A propos d'une première lecture intime des Mémoires de Chateaubriand, M. Sainte-Beuve, dans un des numéros de la *Revue des Deux-Mondes*, nous a donné, en façon de tableau d'intérieur et comme description du salon de madame Récamier, une page éloquente, que nos lecteurs nous sauront gré de reproduire et qui suppléera à l'insuffisance de notre travail, simple écho des bruits du dehors.

« C'était, comme on le sait, dans un salon réservé, à l'ombre d'une de ces hautes renommées de beauté auxquelles nul n'est insensible, puissance indéfinissable que le temps lui-même consacre et dont il fait une muse. La bonté ingénieuse surtout, si une fois elle a été unie à la beauté souveraine, et n'a composé avec elle qu'un même parfum, est une grâce qui devient enchanteresse à son tour et qui ne périt pas. Dans ce salon, qu'il faudrait peindre, où tout dispose à ce qu'on y attend, dont la porte reste entr'ouverte sur le monde qui y pénètre encore, dont les fenêtres donnent sur le jardin clos et sur les espaliers en fleurs d'une abbaye, on a donc lu les Mémoires du vivant le plus illustre, lui présent, Mémoires qui ne paraîtront un jour que lui disparu. Silence et bruit lointain, gloire en plein régnante et perspective d'un mausolée, confins du siècle orageux et d'une retraite ensevelie; le lieu de la scène était bien trouvé. Dans ce salon étroit, et qui était assez peu et assez noblement rempli pour qu'on se sentît fier d'être au cercle des préférés, il était impossible, durant les intervalles de la lecture, ou même en l'écoutant, de ne pas s'égarer aux souvenirs. Ce grand tableau qui occupe et éclaire toute la paroi du fond, c'est Corinne au cap Misène; ainsi le souvenir d'une amitié glorieuse remplit, illumine tout une vie. En face, cette branche toujours verte de fraxinelle ou de chêne qui, au milieu des vases grecs et des brillantes délicatesses, sur le marbre de la cheminée, tenait lieu de l'heure

qui fuit, n'était-ce pas comme une palme de Béatrix rapportée par l'auteur d'*Orphée*, comme un symbole de je ne sais quoi d'immortel qui trompe les ans? De côté, sur ces tablettes odorantes, voilà les livres choisis, les maîtres essentiels du goût et de l'âme, et quelques exemplaires somptueux où se retrouvent encore tous les noms de l'amitié, les trois ou quatre grands noms de cet âge. Oh! que les admirables confidences étaient les bienvenues dans ce cadre orné et simple où elles s'essayaient!... Le grand poète ne lisait pas lui-même; il eût craint peut-être en certains moments les éclats de son cœur et les émotions de sa voix. Mais, si l'on perdait quelque accent de mystère à ne pas l'entendre, on le voyait davantage; on suivait sur ses vastes traits les reflets de la lecture comme l'ombre voyageuse des nuages aux cimes d'une forêt..... Les plis de ce front de vieux nocher, la gravité de la tête du lion, l'amplitude des tempes triomphales ou rêveuses, ressortaient mieux dans l'immobilité. Tantôt sa main passait et se posait sur les paupières, comme pour plus de ressemblance avec ces grands aveugles qu'il a peints, et dont la face exprime le repos dans le génie; il dérobait quelque pleur involontaire. Tantôt son œil se rouvrait avec la flamme du jeune aigle, et ce regard humide et enivré jouait dans le soleil dont quelque rayon, à travers le bleu des franges, le poursuivait obstinément. Et cette noble tête se détachant ainsi derrière le lecteur dans la bordure du tableau de Corinne, tableau un peu trop rapproché de nous, je me disais : Enfant, de tels fonds ont surmonté longtemps et dominé nos rêves. Staël! Chateaubriand! les voilà devant nous, l'une aussi présente, l'autre aussi dévoilé qu'ils peuvent l'être, unis tous les deux sous l'amitié vigilante d'un même cœur. »

Staël et Chateaubriand, tels furent les premiers noms qui, groupés uniquement d'abord autour de madame Récamier, par les liens d'une ancienne et constante amitié, devinrent le centre d'une réunion où s'agitèrent les questions les plus sérieuses de la littérature et de la politique, avec un retentissement proportionné à la réputation de ceux qui les traitaient, et avec une influence décisive sur l'opinion publique. Les membres les plus assidus de cette société qui, dans sa reconstitution, rappelait sous certains rapports et les ruelles de la Fronde et les salons philosophiques du dix-huitième siècle, étaient la duchesse de Duras, Mathieu de Montmorency, le duc de Doudeauville, MM. Molé, de Broglie et Ballanche.

L'Empire avait succédé au Directoire; ses actes étaient jugés et souvent condamnés par le petit concile; quelle que fût la sûreté des relations, la critique transpirait au dehors par des échos, ou indiscrets ou trop avides de propager un mot profond, une phrase prophétique, une épigramme, seules protestations qui fussent alors permises; l'exil s'ensuivit parfois sans que leur talent ou leur sexe protégeât les coupables. Ceux qui partaient se consolaient par une correspondance que l'éloignement rendait plus audacieuse et plus hostile. La réception et la lecture de ces lettres étaient un événement, c'était un aliment nouveau ajouté à l'irritation de ceux que l'oubli du maître avait laissés à Paris ; l'esprit vengeait la cause du cœur ; les chagrins de la séparation inspiraient plus de philippiques que d'élégies. Rien de plus naturel, de plus simple et de plus inoffensif au fond que les peines de madame Récamier, séparée de madame de Staël, son amie ; et cependant, qui pourrait donner la mesure exacte des conséquences de cette douleur intime ? Nous ne sommes pas de l'école de ceux qui, dans la chute d'un verre d'eau, voient la cause déterminante de la grandeur ou de l'abaissement d'un empire, mais, à nos yeux, il y a certains épisodes méconnus qui caractérisent tout une époque, et nous croyons à l'influence de certaines impressions individuelles qui répondent à un sentiment général.

Ces anathèmes, plus ou moins voilés, plus ou moins sincères, lancés contre le despotisme, et dont retentissaient, après celui de madame Récamier, tant de salons à Paris ; ce mélange de regrets monarchiques et d'aspirations libérales qui, propagés par les visiteurs de l'Abbaye-aux-Bois, avait fini par constituer la foi politique d'une partie notable des hommes intelligents de la France, tout ce lent travail de dissolution fut commencé peut-être sous l'inspiration d'un visage aimé, baigné de larmes, et elle était partie de la pacifique Abbaye, cette mine sourde, creusée pendant dix ans par des mains patientes, qui pénétra un jour, au jour suprême, jusque dans les murs de l'hôtel Saint-Florentin, et fit sa part de ruines dans l'explosion sous laquelle le trône impérial resta enseveli. Loin de nous la pensée d'affirmer qu'aucun des amis de madame Récamier ait trempé dans la trahison infâme de ces sénateurs et hauts dignitaires qui livrèrent leur bienfaiteur et vendirent leur maître. Mais il nous semble retrouver la conséquence des doctrines sorties de son salon, dans la complicité passive d'une partie de la nation, accueillant en libérateurs et saluant du nom d'alliés ces rois étrangers qu'une autre partie du peuple combat encore et appelle les ennemis.

Quelque involontaire et restreinte que nous supposions l'action des hôtes de l'Abbaye-aux-Bois, dans les événements de 1814 et de 1815, il n'est pas permis de douter qu'ils n'aient vu dans le retour des Bourbons et dans l'octroi d'une charte constitutionnelle, la réalisation de leurs espérances et l'accomplissement de leurs vœux ; on pourrait donc supposer leur rôle d'opposants politiques comme terminé, si on ne se rappelait en même temps les vicissitudes de la carrière ministérielle de Chateaubriand. Toutefois, les divergences d'opinions, considérablement atténuées par un sentiment commun des difficultés gouvernementales et par un attachement réel à la famille régnante, ne sortirent jamais plus des bornes d'une discussion respectueuse et d'une critique bienveillante.

Mais c'était là un sommeil trop semblable à la mort, pour ces esprits qui affectaient de ne voir dans le régime nouveau que le réveil des intelligences ; c'était une paix trop profonde pour cette arène, habituée à toutes les péripéties d'une lutte souvent périlleuse contre un adversaire aussi redoutable que Napoléon.

Au défaut de la politique, l'art ouvrit une carrière nouvelle à ce besoin d'agitation et d'activité ; les commotions européennes des trente dernières années avaient eu, comme il arrive toujours, leur contre-coup dans les idées ; de précieux matériaux s'étaient amassés dans le recueillement silencieux et stérile, en apparence, de la période impériale ; un grand mouvement se préparait dans le domaine de la science, de la littérature et des beaux-arts ; l'essor, comprimé longtemps par un système qui prétendait mettre en toutes choses la volonté d'un seul, à la place des inspirations ou des fantaisies de tous, débordait déjà de plusieurs côtés. Le romantisme apparaissait, non pas encore comme une école constituée, comme une église reconnue, mais comme une manifestation vague et hardie contre les anciennes idoles, comme une révélation des éléments nouveaux, qui désormais allaient entrer dans l'essence de l'art français, à savoir : une connaissance plus répandue, une appréciation plus équitable des littératures étrangères, un examen plus indépendant des formes vieillies et des règles traditionnelles, enfin, soit dans les inspirations de l'artiste, soit dans le sujet de son travail, une participation plus importante et plus directe de l'individualité humaine réhabilité et affranchie ; c'était tout ensemble, mais dans une autre sphère, la réforme du seizième siècle et la révolution du dix-huitième. La part que prit la société de l'Abbaye-aux-Bois à cette autre guerre de l'émancipation est, sans contredit, la page la plus glorieuse de son histoire.

Ce fut un beau spectacle de voir ce monde aristocratique, si exclusif dans ses relations, ouvrir à deux battants les portes de ses salons aux envahissements du génie roturier ; de voir ces noms blasonnés, si scrupuleux à l'endroit des traditions les plus raffinées du bon ton, s'offrir en égide et comme caution de toutes les aventureuses hardiesses des artistes les plus obscurs. Et ce n'est pas dire assez que de parler d'accueil et de bienvenue ; on épiait leur apparition, on s'informait de leur demeure, on venait les chercher dans leur réduit besogneux, et le talent méconnu la veille trouvait le lendemain l'auditoire le plus sympathique, les juges les plus éclairés pour son ode ou son drame, pour sa statuette ou pour son tableau. Ces temps sont déjà loin de nous ; la mort, la haine ou les intérêts politiques ont dispersé ou divisé les membres du moderne aréopage ; parmi ceux qui ont survécu, tous ne sont pas restés fidèles à leur mission de progrès ; mais nous, pour qui la révolution, dans ses manifestations les plus diverses, est l'objet d'un culte non interrompu et d'un dévouement immuable, nous sommes assez riches de nos espérances, assez heureux du résultat conquis, assez sûrs de l'avenir pour ne pas marchander notre reconnaissance au passé. Merci donc à vous, quels que vous soyez devenus, vous à qui nous devons la peinture vraie et la littérature libre.

Grace à ce bienveillant appel fait à toutes les gloires naissantes, le cercle de l'Abbaye-aux-Bois s'était enrichi de la présence de M. Guizot, sagace et profond historien, de M. Villemain, critique ingénieux et éloquent : reportons-nous à ces temps de controverses ardentes et passionnées, et représentons-nous la sensation profonde que dut produire, devant un pareil auditoire, la lecture des premières méditations de Lamartine. Un soir, en 1817, un événement plus important encore, un triomphe plus décisif vint récompenser le zèle et les efforts de nos réformateurs.

Parmi les pièces de vers adressées à l'Académie française, pour le concours annuel de poésie, on en citait une dont l'auteur avait été relégué à un rang secondaire, parce qu'il était accusé de raillerie impertinente et mensongère envers ses juges, en ne se donnant que quatorze ans et demi ; on ne chercha pas même à constater le fait, tant il paraissait peu vraisemblable : mais l'affaire fut traitée rue de Sèvres, plus sérieusement qu'au palais Mazarin. On voulut découvrir, voir et connaître l'auteur. Un écolier se présenta, au front vaste, aux yeux inspirés, c'était Victor Hugo ; il lut d'une voix ferme et sans timidité puérile, cette pièce, que tant de chefs-d'œuvre ont fait oublier depuis :

Mon Virgile à la main, bocages verts et sombres,
Que j'aime à m'égarer sous vos paisibles ombres !
Que j'aime, en parcourant vos gracieux détours,
A pleurer sur Didon, à plaindre ses amours !
Là mon âme tranquille et sans inquiétude
S'ouvre avec plus de verve aux charmes de l'étude ;
Là mon cœur est plus tendre et sait mieux compatir
A des maux que peut-être il doit un jour sentir.

Puis, quand il eut terminé, Chateaubriand, se levant, alla à lui, prit dans sa main la main de l'enfant, et abaissant sur le jeune front un regard plein d'admiration et de tendresse, laissa échapper cette prophétique parole : Enfant sublime !

S'il était des noms qu'on pût citer après ceux de Victor Hugo et de Lamartine, combien de scènes semblables nous offriraient encore les chroniques de l'Abbaye-aux-Bois. Quel que soit l'éclat de pareils services rendus à la gloire d'une époque, le salon de madame Récamier ne limita pas son œuvre à la recherche et à la production de talents oubliés ; dans l'ardeur de la lutte, plus d'un combattant dépassait le but : la solidarité des assaillants était telle que l'échec des uns réagissait sur le succès des autres : la vieille littérature, retranchée dans ses positions officielles, sentant, sans se l'avouer à elle-même, l'infériorité de ses forces, semblait moins compter sur ses exploits que sur les fautes de ses adversaires, qu'elle exploitait du reste avec une habileté impitoyable. En face d'ennemis aussi circonspects, il fallait à la nouvelle école une espèce de camp retranché inattaquable et respecté, que ne pussent

compromettre même les folles entreprises des enfants perdus du parti. L'Abbaye-aux-Bois fut cette citadelle du romantisme ; on y recueillait les blessés, pourvu qu'ils entrassent par la porte de derrière ; on y pansait leurs blessures, mais en les gourmandant sur leur imprudence ; on n'engageait la responsabilité de la place que pour des entreprises d'un succès à peu près certain ; on mettait enfin au service de cette effervescence juvénile, de cette présomptueuse audace, le seul élément qui manquât, une foi calme et une expérience raisonnée. Ce rôle de modérateur que sut prendre à temps et garder dans une mesure si parfaite, le cercle de l'Abbaye-aux-Bois, eut une immense influence sur les destinées de l'école à la fondation de laquelle il avait tant contribué. Dans les dernières années de la Restauration, on pouvait considérer la partie comme gagnée : Hugo, Dumas, de Vigny tenaient le théâtre : le seul poète que les classiques pussent revendiquer, Casimir Delavigne semblait peu jaloux de poser en représentant d'une cause perdue ; historiens et romanciers, depuis les Thierry jusqu'à Georges Sand, avaient arboré la nouvelle bannière ; Lamennais et ses disciples inauguraient le romantisme dans la chaire et dans les écrits théologiques. Les principaux cours de la Sorbonne étaient confiés aux illustres vétérans de cette brillante campagne littéraire, à Guizot, à Villemain, à Cousin ; il ne restait plus à forcer que les portes de l'Académie.

Ce sont les joies de ce triomphe que vinrent troubler les événements politiques et la révolution de 1830.

Nous n'avons pas à déterminer dans quelle mesure furent critiqués et attaqués les derniers actes de Charles X par une société dont nous avons exposé plus haut les tendances tout à la fois libérales et monarchiques ; nous croyons qu'elle fut péniblement surprise et affectée par la déchéance et l'exil de la branche aînée des Bourbons. Bientôt, cependant, les faveurs de la branche cadette menacèrent de diviser ceux que la chute des aînés avait laissés réunis dans une douleur commune. Les rapports devenaient bien difficiles, en effet, entre ces courtisans obstinés du malheur, dont la fidélité paraissait se raviver et grandir avec les infortunes de leurs princes, et ces autres monarchistes de la veille consolés dès le lendemain de la chute d'un trône, et devenant les soutiens les plus résolus et les ministres les plus dévoués du nouveau gouvernement.

Maintenir la paix au milieu de tant de ferments hostiles, l'union parmi tant de rivalités ; refouler les rancunes des uns, forcer la bienveillance des autres, imposer à tous, à heure fixe, l'apaisement et le silence des passions qui remplissaient le reste de leur existence ; faire de son salon un terrain neutre, à l'entrée duquel il fallait laisser tout sentiment de mépris, de haine ou d'envie, toute irritation présente, et qui ne s'ouvrait qu'au souvenir des amitiés et de l'union d'autrefois ; ce fut l'entreprise que tenta et put mener à bien madame Récamier. Rien mieux que le simple énoncé de ce résultat ne peut donner une idée du charme et de l'attrait de ces réunions, ni faire comprendre à quel point elles étaient devenues un besoin impérieux pour les visiteurs privilégiés. Mais quelque bonheur que nous éprouvions à louer sans réserve les qualités aimables de cette société d'élite, nous ne devons pas oublier que ce côté intime de la question est celui qui doit nous préoccuper le moins ; c'est surtout l'influence extérieure de l'Abbaye-aux-Bois qu'il s'agit pour nous de rechercher.

De la fin du Directoire aux premiers jours de la Restauration, nous avons vu, dans ce salon dont nous étudions l'histoire, s'organiser et grandir, timide, mais infatigable, la protestation de l'intelligence contre la force, de la liberté contre l'oppression ; nous y avons vu, pieusement entretenu, comme la lampe du sanctuaire, le flambeau de la science et des arts, dont les clartés moins splendides, mais plus durables, disparaissaient aux yeux de tant de gens dans l'éblouissement des gloires impériales. Dans la seconde période, de 1815 à 1830, nous avons pu signaler l'Abbaye-aux-Bois comme un des foyers principaux du grand travail intellectuel qui immortalisera cette époque ; nous avons essayé de mettre en relief le zèle de son initiative, l'intelligence de ses encouragements, l'habileté de sa direction. Quoique la dernière partie de cette chronique ne soit qu'une consécration des succès auxquels nous avons applaudi, la tâche nous devient plus pénible, car nous n'aurons pas à louer dans la victoire ce désintéressement, cette abnégation qui étaient à nos yeux un des grands mérites de la lutte.

En 1830, disions-nous, l'Académie restait seule à conquérir. La révolution de Juillet ajoutait encore aux forces de la nouvelle école une puissance inespérée, et lui donnait des auxiliaires jusque dans le conseil des ministres ; on sait par quel miracle et grâce à quels habiles efforts le faisceau de l'Abbaye-aux-Bois ne fut pas rompu ; l'harmonie n'ayant été maintenue qu'à la condition de bannir la politique de toute discussion, et les intérêts littéraires étant devenus la préoccupation exclusive de l'assemblée, il était naturel que l'attention se portât sur la seule conquête qui restait à faire. L'admission à l'Académie des plus illustres représentants du romantisme, le drapeau des vainqueurs à planter sur ce dernier rempart de l'ennemi, ce dernier obstacle à vaincre, ce dernier assaut à livrer, devenait donc fatalement la grande affaire du moment. Les circonstances étaient aussi favorables qu'on pût le désirer ; les influences parlementaires, le crédit ministériel ne pouvaient manquer d'appuyer les titres réels, d'ailleurs, des candidats amis ; le succès était donc à peu près certain ; mais il y avait deux manières d'envisager les résultats : après avoir délivré l'art de ses entraves surannées, affranchirait-on son sanctuaire du joug des serviles traditions ? après avoir été au-devant du génie naissant, sans lui demander son nom, sans s'inquiéter de son âge, maintiendrait-on pour le génie couronné l'humiliation des sollicitations et des prières ?

Rajeunirait-on l'Académie comme on avait renové la littérature ? Briserait-on les vieux préjugés d'étiquette comme on avait rompu avec les règles d'Aristote ? Mettrait-on enfin l'appréciation de l'œuvre en dehors de toute opinion sur la personne de l'auteur ?

Ou bien, pénétrerait-on dans la place par transaction ? s'accommoderait-on des abus, pourvu qu'ils profitassent à soi et aux siens ? Abaisserait-on son jeune drapeau devant la vieille enseigne du lieu ? Après avoir triomphé de haute lutte, régnerait-on par l'intrigue ? et pouvant demeurer vaillante cohorte, se ferait-on mesquine coterie ? c'est dans cette seconde voie que madame Récamier eut la faiblesse de laisser s'égarer l'influence de ses amis.

Nous comprenons d'ailleurs combien il était difficile à cette femme, détachée pour son compte des frivolités du monde, de discerner, parmi toutes les célébrités qui assiégeaient sa porte, les ambitions qui ne voyaient dans leur admission chez elle qu'une sorte de stage académique et le fauteuil des immortels derrière les tabourets de son salon ; rien dans notre critique ne peut donc s'adresser au désintéressement de ses intentions, à la parfaite honorabilité de son caractère. Beaucoup de choses d'ailleurs se passaient à son insu ; les petites intrigues se nouaient dans un mystère tout diplomatique, et quand le jour de la révélation était arrivé, le réseau était si bien tendu, les fils s'en rattachaient si solidement à tant d'affections, à tant d'influences, qu'il était impossible de songer à les rompre. Une seule considération peut-être eût ouvert les yeux de madame Récamier et donné l'éveil à sa jalouse amitié ; elle eût combattu cette fièvre d'émigration vers l'Académie, si l'Académie lui eût enlevé sans retour ses savants, ses artistes, ses poètes, ses causeurs ; mais la présence à l'Institut s'alliait sans peine avec l'assiduité au salon, et la femme aimée disputa jusqu'à son dernier jour ses affectueux visiteurs aux grandeurs académiques aussi victorieusement qu'aux pompes diplomatiques et aux séductions ministérielles.

L'opinion publique, qui n'avait pas les mêmes motifs d'indulgence ou d'entraînement, murmura parfois contre les tendances envahissantes et égoïstes de l'Abbaye-aux-Bois. C'est beaucoup moins le mérite de ses candidats, la légitimité de ses choix qu'on était tenté d'accuser, que l'exclusion systématique, ou plutôt une part de complicité dans l'ostracisme qui frappait certains noms désignés depuis longtemps par la voix publique aux suffrages des académiciens.

A la glorieuse phalange des noms que nous avons cités comme étant ceux des premiers fondateurs ou des membres les plus assidus du cercle de l'Abbaye-aux-Bois, il faut ajouter, parmi beaucoup d'autres moins célèbres qui vinrent à leur suite, ceux de MM. de Saint-Aulaire, de Barante, de Noailles et Sainte-Beuve, qui, du salon influent, passèrent à l'Académie : certes, nous sommes trop jaloux de toutes nos gloires nationales pour ne pas apprécier à leur juste valeur le talent sérieux du laborieux critique, les élégantes recherches des gentilshommes lettrés, historiens de la Fronde, des ducs de Bourgogne, et même de madame de Maintenon ; ceux-là surtout, auxquels fut ouvert l'accès de ces régions aristocratiques applaudirent avec bonheur à la récompense d'un mérite oublié et perdu de nos jours, aux grâces de la conversation, fleur attardée d'une autre saison, dernier éclair de cet aimable et brillant génie français qui avait fasciné et soumis à ses lois la société européenne tout entière, avant que l'idée moderne ne la conquît par d'autres armes. Oui, chacun de ces charmants esprits méritait les palmes académiques que leur camaraderie se partageait, tous honoraient le fauteuil illustre par leurs devanciers ; mais pourquoi leurs rangs ne s'ouvrirent-ils par devant ces maîtres de l'art dont la place était si puissamment marquée ?

Nous ne voulons choisir que des noms sur la valeur desquels la controverse n'est pas même possible. Qu'elle eût été grande et belle, cette histoire de l'Abbaye-aux-Bois, si ses hôtes, fidèles dans leur toute-puissance à leur mission d'un autre temps, se fussent dit : « Que nous importent les querelles de Rome, à nous, les représentants de l'art français régénéré ? Qu'ont de commun les excommunications du Vatican avec le culte du génie ? Place au prince de la philosophie, place au sublime écrivain qu'inspirent Homère et la Bible, place à Lamennais ! Place encore au plus national, au plus populaire de nos poètes, à ce vieillard souriant, en qui revivent Horace et Pindare ; sa modestie ne doit pas le défendre contre nos suffrages ; allons à lui s'il ne veut venir à nous ; prouvons à lui et à tous que nous ne jugeons pas l'œuvre par son titre, et que nous savons distinguer l'ode de la chanson : place à Béranger ! Place enfin à cet homme jeune encore, et que l'étude a déjà blanchi, à ce chercheur passionné qui a dévoré plus de volumes que nous n'avons tourné de feuillets, qui résumera toutes nos œuvres dans ses seuls travaux ; place à cet historien fougueux et hardi dans son style comme un poète de vingt ans, profond dans ses aperçus comme Tacite, et plus savant qu'un bénédictin : place à Michelet. »

Si les académiciens de l'Abbaye-aux-Bois eussent pensé ainsi, si, dans ce sens, ils eussent parlé et agi comme ils savaient le faire pour les causes qui leur étaient chères, leur autorité sur toute question d'art et de littérature fût devenue sans limites, et le salon de madame Récamier eût laissé dans l'histoire une page ineffaçable. C'était peut-être demander trop à l'imperfection humaine. D'ailleurs, commençait à pâlir l'étoile tutélaire qui avait guidé les premiers pas de nos pionniers alors dociles ; la main si habile à manier le gouvernail faiblissait de jour en jour ; madame Récamier ne voyait plus que par des yeux moins clairvoyants que les siens, et n'agissait que par des intermédiaires moins désintéressés qu'elle. Son intervention n'était plus assez active pour arrêter les entraînements politiques, pour rappeler vers le but

élevé qu'on s'était proposé d'abord les esprits égarés dans de mesquines préoccupations personnelles ; son rôle était fini ; elle mourut en mai 1849. Son salon ne devait pas se rouvrir ailleurs ; elle emporta avec elle le secret de grouper les intelligences, d'unir les cœurs, de charmer les plus rebelles, de soumettre les plus indisciplinés, de diriger à leur insu, sous des apparences frivoles, vers un but sérieux, utile à tous et à chacun, les volontés les plus divergentes et les instincts les plus divers.

Si la nécessité chronologique nous contraint à laisser le lecteur sous l'impression la moins favorable aux souvenirs qu'évoque le nom de l'Abbaye-aux-Bois, nous espérons qu'en regard des taches de la dernière phase il replacera dans son impartialité les gloires des périodes précédentes, et que, pour quelques fautes commises, il n'oubliera pas les nombreux services rendus.

Pour nous, un précieux enseignement est sorti de cette étude : c'est une confirmation nouvelle de cette vérité, qu'il n'y a de louable et de grand, devant la postérité, que ce qui a été entrepris et mené dans une intention d'intérêt général. Tant que la direction du salon de l'Abbaye-aux-Bois eut pour but l'affranchissement de l'art ou la défense de la liberté, il conserva sur l'esprit public une influence honorable et légitime ; mais, dès que ce programme large et fécond fut sacrifié à d'étroits calculs et à des intrigues de coterie, l'autorité conquise commença à s'amoindrir ; elle put suffire encore à la satisfaction de quelques ambitions, mais elle s'évanouit bientôt, comme tout ce qui a pour bases l'égoïsme ou la vanité.

L. L.

ABBAYE SAINT-GERMAIN-DES-PRÉS (PRISON DE L'). Les établissements monastiques étant entrés dans le système d'organisation féodale en qualité de seigneuries, ils en possédèrent tous les privilèges, dont l'un des principaux consistait dans l'exercice de la justice tant civile que criminelle. Ils eurent donc des tribunaux, partant, des geôles, des gibets, des carcans. La prison militaire située place Sainte-Marguerite, faubourg Saint-Germain, était la prison de l'Abbaye-Saint-Germain-des-Prés. Elle servit, pendant la Révolution, à l'incarcération des personnes suspectes, des soldats déserteurs et indisciplinés, et des représentants du peuple. *Voyez* GARDES FRANÇAISES, SEPTEMBRE 1792 (*Journées de*), et REPRÉSENTANTS DU PEUPLE.

ABBAYES. La suppression des établissements ainsi nommés fut l'une des conséquences de la réforme que l'Assemblée nationale constituante de 1789 tenta d'introduire dans l'Eglise de France. Le décret qui les abolit est du 12 juillet 1790, et il fut sanctionné par le roi le 24 août suivant. *V.* CLERGÉ (*Constitution civile du*), BIENS NATIONAUX et ORDRES RELIGIEUX.

ABDICATIONS. Jusqu'en 1814, les annales de notre pays ne présentent aucun exemple d'une abdication. En 750 pour rendre incapables de régner Khildherick III, dernier roi mérovingien, et Thierry, son fils, on les dégrada de la qualité d'hommes libres, en leur enlevant leur longue chevelure; mais, comme on ne voulut pas qu'ils devinssent serfs, on les fit moines. Quant à Louis V, qui finit la dynastie carlovingienne pour ce qu'on appelait alors la France, il mourut empoisonné par Blanche, sa femme, en 987. Enfin, au 10 août 1792, l'Assemblée législative suspendit Louis XVI de ses fonctions, et le 1er septembre suivant, la Convention nationale abolit la royauté.

Il y a plus, c'est que s'il faut, comme le veulent plusieurs publicistes, que l'acte par lequel un souverain se démet de son autorité ait été volontaire pour qu'on puisse lui donner le nom d'abdication, il y aurait à examiner si l'on doit appeler ainsi la résignation que firent de leur pouvoir Napoléon, Charles X et Louis-Philippe. Or, les faits que nous avons à retracer dans cet article mettront le lecteur à même de résoudre cette question de droit public, en lui faisant observer que, d'après l'énoncé que fait la constitution de 1791 des cas où le roi serait considéré comme ayant abdiqué, elle emploie le mot abdication pour éviter celui de déchéance (1). Nous ajouterons en outre que, si nous ne traitons pas ici des abdications provoquées en pays étrangers par l'action de la France, c'est que ces événements nous ont paru devoir être plus convenablement placés aux articles sur nos relations politiques avec ces mêmes pays (2).

Première abdication de Napoléon.

I

Après un avantage important remporté le 26 mars 1814 à Saint-Dizier, sur le général russe Winzingerode, Napoléon acquit enfin la certitude que Paris se trouvait sérieusement menacé par les alliés. Il fit donc prendre à son armée la direction de cette ville, et il en régla la marche de manière à ce qu'elle s'y trouvât réunie le 2 avril. Quant à lui, le 30, à six heures du soir, dans l'espérance d'arriver assez à temps pour mettre obstacle aux progrès de l'ennemi, il partit de Troyes, accompagné seulement de Caulaincourt et de Berthier, et, tantôt à franc-étrier, tantôt dans une mauvaise cariole, il gagna rapidement Fontainebleau. Là, quoique brisé de fatigue, il se jeta dans une voiture, reprit sa course, et le 31, au point du jour, comme il atteignait la Cour-de-France, il se vit tout à coup au milieu d'un corps de cavalerie. « Sire, lui dit-on, c'est le général Belliard. »

Aussitôt, mettant pied à terre et conduisant à l'écart le général : « Eh bien! lui dit-il, comment êtes-vous ici avec votre cavalerie? où est l'ennemi? — Aux portes de Paris. — Et l'armée? — Elle me suit. — Et qui garde la capitale? — La

garde nationale. — Que sont devenus ma femme et mon fils? où est Mortier? où est Marmont? — L'impératrice et le roi de Rome sont partis avanthier pour Rambouillet, et de là, je pense, pour Orléans. Les maréchaux sont sans doute encore à Paris pour terminer leurs arrangements. » Alors, le général rendit compte de la bataille de Paris.

Napoléon, le regard fixe, le visage d'une pâleur livide, le front couvert de sueur, semblait, en écoutant Belliard, comme frappé de la foudre : « Eh bien! messieurs, vous entendez ce que dit Belliard, dit-il à Caulaincourt et à Berthier qui s'étaient approchés. Allons, je veux aller à Paris. Partons! Caulaincourt, faites avancer ma voiture. — Mais sire, répliqua Belliard, je fais observer à Votre Majesté qu'il n'y a plus de troupes à Paris. — C'est égal, j'y trouverai la garde nationale, l'armée me rejoindra demain ou après-demain, et je rétablirai les affaires. — Je répète à Votre Majesté qu'elle ne peut aller à Paris. La garde nationale, d'après le traité, occupe les barrières, et quoique les alliés ne doivent entrer qu'à sept heures, il serait possible qu'ils eussent passé outre; Votre Majesté pourrait donc rencontrer aux portes des postes russes ou prussiens. — N'importe, je veux y aller... Ma voiture! — Mais Votre Majesté s'expose à se faire prendre et à faire saccager Paris : plus de cent vingt mille hommes occupent les hauteurs. D'ailleurs, j'en suis sorti en vertu d'une convention, et je ne puis y rentrer. — Quelle est cette convention et qui l'a conclue? — Je ne la connais pas, sire; seulement, le duc de Trévise m'a prévenu qu'elle existait et que je devais me porter à Fontainebleau. — Que fait Joseph? où est le ministre de la guerre? — Je l'ignore; nous n'avons reçu aucun ordre de l'un ni de l'autre de toute la journée. Chaque maréchal agissait pour son compte; on ne les a pas vus aujourd'hui, du moins au corps du duc de Trévise. — Il faut aller à Paris, partons! Partout où je ne suis pas, on ne fait que des sottises. Ma voiture (1) ! »

Mais la voiture n'arriva pas; mais survinrent des généraux, des chefs de corps, annonçant à Napoléon la situation comme désespérée, et évoquant le spectacle affreux de Paris livré à toutes les horreurs d'une lutte acharnée... « Assez, dit-il; voilà ce que c'est que d'employer des hommes qui n'ont ni sens commun ni énergie. » Et, reprenant le ton du commandement, il ordonna que les corps de Mortier et de Marmont prissent position au-delà de la rivière d'Essonne. Puis se penchant à l'oreille de Caulaincourt : « Courez ventre à terre à Paris, lui dit-il; voyez s'il est encore possible d'intervenir au traité. Je vous attends ici. Partez. »

En ce même moment, sur Montmartre, dans la plaine et non loin de l'abbaye de Saint-Denis, ca-

<hr>

(1) *Voyez* Royauté.

(2) *Voyez*, par exemple, les mots *Espagne, Hollande, Sardaigne.*

(1) *Mémoires pour servir à l'histoire de la campagne de 1814,* par Koch, chef de bataillon d'état-major. 2ᵉ édition, 2 vol. in-8°. Paris, 1819.

Pitole de la vieille France, nécropole des Capets,
brillaient les feux d'un bivouac immense ; cent nations, les unes naguère sous les aigles du Grand-
Empire, les autres accourues du fond de l'Asie,
célébraient aux sons d'une musique sauvage le
triomphe que sur la Révolution les rois croyaient
avoir remporté.

En effet, Napoléon, depuis le congrès de Châtillon,
n'apparaissait plus aux monarques alliés, comme
un souverain dont, pour la tranquillité de tous, il
aurait suffi de réduire la puissance : « Les principes
révolutionnaires sont loin d'être éteints en Europe,
leur avait-on dit... En laissant régner celui que
vous n'aurez fait qu'humilier, tremblez. Plus
que jamais il est redoutable. Ce n'est plus cet in-
sensé qui, partant du fond de l'Occident, voulait,
à travers les déserts, pénétrer jusqu'aux portes
de l'Orient... Aujourd'hui l'expérience lui interdit
les expéditions lointaines, et sa politique plus
éclairée lui montre où il doit trouver la réparation de ses pertes... N'ayant pu être le roi des
rois, il veut devenir le roi des nations... Il des-
cendra du trône : mais, en conservant son sceptre
de fer, il va s'élever sur la chaire dictatoriale, armé de la puissance absolue : là, au nom des nations, il proclamera la chute des rois, au cri unanime de République universelle !... » L'écrit renfermant ces prédictions terribles avait été adressé
aux ministres étrangers réunis en congrès à Châtillon, par un Français, un lieutenant-colonel du
génie en disgrâce et qui se vengeait (1). Elles les
avaient frappées de terreur, et dès lors la détermination de renverser Napoléon fut prise. Napoléon, à qui Caulaincourt les communiqua, ne s'y
trompa pas. « La diabolique pensée d'invoquer le
nom de la République peut avoir une portée in-
calculable. Il y a au fond de ce fait, pour tous les
trônes, une question de vie ou de mort... Ce li-
belle aura du retentissement... Cet homme, Caulaincourt, est un misérable... il devrait être te-
naillé... Cette révélation est un malheur... c'est un
crime ! (2) »

II

A l'angle des rues de Rivoli et Saint-Florentin,
s'élève un vaste hôtel qu'habitait, au 31 mars
1814, S. A. S. monseigneur le prince de Bénévent, vice-grand électeur de l'Empire, autrement,
Charles-Maurice de Talleyrand-Périgord, successivement évêque d'Autun, membre de l'assemblée
constituante de 1789, ministre des relations extérieures de la République française, etc., etc., etc.
Dans le salon bleu de cet hôtel, et dans la soirée
de ce même jour, se trouvaient le czar Alexandre,
empereur de Russie ; le roi de Prusse, Frédéric-
Guillaume III ; le prince de Schwartzemberg, généralissime des armées alliées, et muni des pleins

pouvoirs de François II, empereur d'Autriche ;
le duc de Dalberg, membre du conseil d'Etat de
France ; le comte Pozzo di Borgo, conseiller d'Etat
russe ; le prince de Lichtenstein, général autrichien ; et M. de Talleyrand. Dans une pièce voisine, se tenaient monseigneur de Pradt, archevêque de Malines, l'un des aumôniers ordinaires
de S. M. l'empereur Napoléon ; M. le baron Louis,
conseiller d'Etat, et M. Michaud, imprimeur-li-
braire.

Entre ceux réunis dans le salon, il y eut un instant de silence, comme s'ils se fussent repliés sur
leurs pensées, sachant que de ce qu'ils allaient résoudre dépendaient les destinées du monde. Alexandre marchait à grands pas, et par intervalles laissait tomber quelques paroles paraissant s'adresser plutôt à lui-même qu'à ceux qui l'écoutaient.
« Ce n'est pas moi qui ai voulu la guerre, disait-
il. D'ailleurs, ce n'est ni la soif de conquêtes, ni
la vengeance qui m'amène à Paris. Je ne fais pas
la guerre à la France. Mes alliés et moi, nous ne
reconnaissons pour ennemi que l'empereur Napoléon.» Et les autres, assis autour d'une table que
couvrait un tapis vert, le suivaient du regard, et,
immobiles, ils attendaient que quelques mots de
lui fixassent leurs idées encore incertaines et
flottantes.

Il fallait cependant se prononcer : Napoléon
comptait 60,000 hommes autour de Fontainebleau ;
il disposait d'un matériel d'artillerie considérable.
Le général Maison, avec 10,000 hommes sur la
frontière belge, tenait en échec le corps d'armée
du duc de Saxe-Weimar. Lyon était pris, mais Au-
gereau occupait le Dauphiné avec 18,000 hommes.
Bordeaux avait arboré le drapeau blanc ; mais
Soult et Suchet, en se réunissant, auraient formé
un corps de 42,000 hommes. D'ailleurs, de fait,
l'Empereur régnait au-delà de la Loire, et son autorité n'était pas encore méconnue dans l'Ouest. La
levée en masse s'opérait dans la Bourgogne et le
Jura ; les départements de la Lorraine, de l'Alsace
et de la Champagne s'apprêtaient à tomber sur
l'ennemi ; enfin, Paris devenait menaçant : une
sourde et terrible agitation se manifestait dans
les faubourgs, et si la garde nationale, conformément à la capitulation du matin, paraissait borner
son action au maintien de l'ordre matériel, elle
avait repoussé l'offre qui lui avait été faite de
prendre la cocarde blanche, et conservait avec une
apparence d'orgueil la cocarde de la Révolution.

La délibération commença donc : d'abord, il fut
unanimement décidé que désormais on ne traite-
rait plus avec Napoléon ; ensuite on examina si la régence de Marie-Louise serait maintenue, ou si l'on
rétablirait sur le trône la maison de Bourbon. Le
duc de Dalberg, qui le premier prit la parole,
se montra favorable à la régence. Le prince de
Lichtenstein l'appuya ; mais Pozzo di Borgo s'é-
cria : « Quant à moi, je me prononce comme
la victoire : elle avait fait Napoléon, elle l'a défait ;
elle était son seul titre à l'Empire, que l'Empire
tombe avec l'homme qui l'avait élevé ! »

Alors Talleyrand, résumant les opinions, si-

<hr>

(1) *De la nécessité de renverser Bonaparte et de
rétablir les Bourbons*, par le chevalier de Brichambault.
Nancy, 1er mars 1814.

(2 *Souvenirs du duc de Vicence.* t. I.

gnala les inconvénients qu'il y aurait pour la paix de l'Europe à maintenir Napoléon sur le trône, combattit la régence, et conclut pour le rétablissement de la maison de Bourbon. « A cet égard, je ne pense pas m'être trompé, ajouta-t-il en s'adressant à l'empereur de Russie. Que Votre Majesté permette qu'on introduise monseigneur de Malines et M. le baron Louis ; ces messieurs, encore mieux que moi, feront connaître l'état de l'opinion publique. » Sur un signe de Talleyrand. le prélat et l'ex-diacre de l'évêque d'Autun à la fédération du 14 juillet 1790 entrèrent, s'écriant : « Oui! nous sommes tous royalistes ! toute la France repousse Bonaparte, ce n'est plus qu'un cadavre, seulement, il pue encore (1)! Alexandre murmura le nom de Bernadotte. « Sire, répliqua Talleyrand, il n'y a de possible que Napoléon et Louis XVIII ; le reste est une intrigue. Qui prétendrait-on nous donner à la place de Napoléon ? un soldat : nous n'en voulons plus ; si nous en désirions un, nous conserverions celui que nous avons. Il est le premier soldat du monde; après lui, il n'en est pas qui puisse réunir dix hommes à sa suite. — C'est donc décidé, dit Alexandre ; mais ce n'est pas à nous de renverser l'empereur Napoléon, qui s'en chargera ? — Le sénat, répondit Talleyrand. « Et prenant la plume il rédigea dans ce sens une proclamation au nom de l'empereur de Russie et de ses alliés. Mais, arrivé aux mots relatifs à l'exclusion de Napoléon de tout traité à intervenir, il fit observer que cette exclusion n'atteignait pas les autres membres de sa famille. Alexandre, qui toujours allait et venait, parut un instant hésiter. Mais ayant interrogé le roi de Prusse et le prince de Schwartzemberg, et ceux-ci ayant manifesté par un signe de tête que telle était en effet leur opinion : « Eh bien ! reprit Alexandre, mettez-donc : *ni avec aucun membre de sa famille.* »

Peu d'heures après, la déclaration suivante, imprimée par les soins de M. Michaud, fut affichée sur tous les murs de Paris :

« DÉCLARATION.

« Les armées des puissances alliées ont occupé la capitale de la France. Les souverains alliés accueillent le vœu de la nation française ; ils déclarent :

« Que si les conditions de la paix devaient renfermer de plus fortes garanties lorsqu'il s'agissait d'enchaîner l'ambition de Bonaparte, elles doivent être plus favorables lorsque, par un retour vers un gouvernement sage, la France elle-même offrira l'assurance du repos. Les souverains proclament en conséquence :

« Qu'ils ne traiteront plus avec Napoléon Bonaparte ni avec aucun membre de sa famille ;

« Qu'ils respectent l'intégrité de l'ancienne France, telle qu'elle a existé sous ses rois légitimes ; ils peuvent même faire plus, parce qu'ils

(1) **Mémoires du temps.**

professeront toujours le principe que, pour le bonheur de l'Europe, il faut que la France soit grande et forte.

« Ils reconnaîtront et garantiront la constitution que la nation française se donnera. Ils invitent, par conséquent, le sénat à désigner sur-le-champ un gouvernement provisoire qui puisse pourvoir aux besoins de l'administration, et à préparer la constitution qui conviendra au peuple français.

« Les intentions que je viens d'exprimer me sont communes avec toutes les puissances alliées.

« ALEXANDRE.

« Paris, le 31 mars 1814.

« Par Sa Majesté impériale,

« *Comte de* NESSELRODE. »

III

Dans la matinée de ce même 31 mars, aux premières lueurs du jour, un homme vêtu de l'uniforme d'officier général français s'avançait vers Paris par la route d'Essonne. Ses traits altérés décelaient de sombres préoccupations, et lui et son cheval, couverts de poussière et de boue, paraissaient harassés de fatigue. De temps à autre, il s'arrêtait, et lorsque des bivouacs ennemis répandus dans la plaine il lui arrivait des clameurs joyeuses et des fanfares de triomphe, il labourait de ses éperons les flancs meurtris de sa monture. et prenait ventre à terre une direction opposée. Ainsi, en allées et venues, passa-t-il une grande partie du jour.

Enfin, à six heures du soir, Caulaincourt, car c'était lui, se présenta aux avant-postes des alliés, et s'y annonça comme porteur d'une mission pour l'empereur de Russie. On lui répondit que des ordres sévères avaient été donnés de ne laisser entrer dans Paris aucun militaire appartenant à l'armée française, et un général qui survint confirma cette consigne. Aussi Caulaincourt, désespéré, allait-il se retirer, lorsqu'il se fit dans le camp un grand mouvement. Les soldats prirent les armes, les tambours battirent aux champs, une voiture parut, et Caulaincourt, sans savoir ce qu'il pouvait en attendre, de s'élancer à la portière, de laquelle descendit le grand-duc Constantin.

A l'aspect d'un homme pâle, aux traits bouleversés, le prince recula. « Que me voulez-vous. monsieur? lui dit-il d'une voix sévère. Qui êtes-vous? — Prince, je suis le duc de Vicence. — Ah! pardon, monsieur le duc, en quoi puis-je vous être personnellement utile? — Prince, l'entrée de Paris m'est refusée, et il faut que j'entre dans Paris, il le faut. — Et qu'allez-vous y faire, monsieur le duc? — Monseigneur, l'Empereur, mon maître, m'a chargé d'une mission auprès de l'empereur Alexandre : je dois, au péril de ma vie, m'acquitter de ce devoir. — Mais, mon cher duc, tout est fini pour Napoléon ; les puissances n'écouteront aucune proposition de sa part; vous me forcez à vous dire qu'on a arraché à mon frère la promesse formelle de ne pas vous recevoir.

— Oh ! les infâmes ! s'écria Caulaincourt », et faisant un pas en arrière pour quitter Constantin : « Je n'insiste pas davantage, mon prince, ajouta-t-il, mais je déclare à Votre Altesse que, mort ou vif, j'entrerai dans Paris. Je serais un lâche si je désertais la cause confiée à mon honneur. Prince, je ne reculerai pas devant les balles de vos sol-dats ; à chacun son lot. — Et moi, répliqua Constantin passant son bras sous celui de Caulaincourt, je ne me pardonnerais jamais d'avoir abandonné un homme tel que vous ; je vous emmène avec moi ; c'est le seul moyen que j'ai de vous faire pénétrer dans Paris. Quittez-moi, remontez à cheval, franchissez les derniers postes, et tenez-vous à portée de la route. Le reste me regarde. Quittez-moi froidement, et tout de suite (1). »

Caulaincourt prit congé du prince et traversa le camp au galop. Mais à peu de distance il mit pied à terre et se glissa derrière des arbres, non loin de la voiture de Constantin, demeurée sur le bord de la route. Ainsi caché comme un malfaiteur, le grand-écuyer de l'empereur Napoléon attendit du caprice d'un ennemi victorieux la possibilité d'entrer dans la capitale de sa patrie. La veille, déjà, il avait éprouvé combien sont amères les humiliations aux vaincus réservées. Envoyé, comme nous l'avons dit précédemment, au quartier général des alliés, alors à Bondy, il s'y était présenté invoquant les souvenirs de la faveur dont il avait joui auprès d'Alexandre lors de son ambassade en Russie (1), et au nom de ce même Alexandre, on l'avait éconduit sous le prétexte assez dédaigneux que ce monarque avait à s'occuper des préparatifs de son entrée dans Paris.

Il était nuit close lorsque Constantin rejoignit sa voiture ; Caulaincourt l'y suivit, et les chevaux, lancés à fond de train, eurent bientôt franchi la barrière et atteint l'allée de Marigny, aux Champs-Élysées. Mais ce ne fut qu'à une heure du matin que, guidé par le prince, et sous les apparences d'un officier russe, Caulaincourt se trouva dans la chambre à coucher d'Alexandre. L'accueil qu'il en reçut fut affectueux. « Je vous plains de toute mon âme, lui dit-il en le serrant dans ses bras ; mais que voulez-vous ? — Pour moi, sire, rien. Pour l'Empereur, mon maître, tout. — Et voilà justement, répliqua Alexandre, ce que je redoutais, car il me faut vous affliger. Je ne puis rien pour l'empereur Napoléon : j'ai des engagements avec mes alliés. — Mais, sire, votre volonté est d'un poids immense, et si l'Autriche voulait intervenir... — L'empereur d'Autriche ? il ne me

(1) *Voyez* Caulaincourt.

(1) *Souvenirs du duc de Vicence.*

secondera dans aucune proposition qui aurait pour but de laisser Napoléon sur le trône de France, repartit vivement Alexandre. Napoléon cédera devant l'inflexible nécessité, mais son intolérable ambition reprendra plus tard l'énergie de son caractère de fer, que nous lui connaissons tous, et l'Europe sera de nouveau en feu. C'est un parti pris, mon cher duc, irrévocablement pris, d'en finir à jamais avec Napoléon. »

Ces derniers mots durent rappeler à Caulaincourt la fameuse brochure de Châtillon et réaliser les appréhensions qu'il en avait conçues. La cause de Napoléon étant donc perdue sans retour, il aborda la question de la régence. « Nous y avions songé, répondit Alexandre ; mais que ferions-nous de Napoléon ? le père est un obstacle à la reconnaissance du fils. D'ailleurs, je ne réussirais pas Il y a ici un parti qui veut à tout prix se débarrasser de Bonaparte, car c'est ainsi qu'ils l'appellent aujourd'hui, et à ce parti se rallient le sénat, les grands corps constitués et aussi quelques généraux, tous veulent les Bourbons. — Les Bourbons! Mais sire, répliqua Caulaincourt étonné, que Votre Majesté veuille bien faire ouvrir des registres dans toutes les municipalités de France, là se manifestera le véritable vœu du pays, et les puissances verront clairement si les Bourbons l'emporteraient sur Napoléon, ou tout au moins sur son fils. »

Cette idée de consulter la France, conforme d'ailleurs à la déclaration de la veille, parut produire une impression profonde sur Alexandre, qui demeura plus d'un quart d'heure comme plongé dans de sérieuses méditations. « Mon cher duc, lui dit-il enfin, il existe dans la cause que vous défendez une complication d'intérêts qui la perd. D'un autre côté, l'absence de l'empereur d'Autriche est une fatalité, et si je tente quelque chose pour le fils de Napoléon, je serai seul de mon bord, je ne serai pas secondé Cependant, cette chaleur de l'âme qui vous rend si malheureux est communicative ; vous avez remué en moi toutes les cordes nobles du cœur. Eh bien! oui, j'essaierai ; demain, au conseil, je reviendrai sur la question de la régence. Toute autre proposition est *impossible*. Ne vous abusez pas, et… *espérons* (1). »

Évidemment Alexandre n'était pas sincère, et il ne pouvait l'être. L'absence du père de Marie-Louise avait été concertée entre lui, le roi de Prusse et Schwartzemberg ; on était convenu de le retenir à Dijon jusqu'à l'entier arrangement des affaires. D'ailleurs (mais Caulaincourt ne la connaissait pas), la déclaration arrêtée et signée peu d'heures auparavant, et par laquelle, comme on l'a vu, les alliés repoussaient toute transaction, non-seulement avec Napoléon, mais avec les membres de sa famille, couvrait les murs de Paris, et comment alors le czar aurait-il pu revenir sur un acte solennellement consacré par la publicité? Il était quatre heures du matin ; Alexandre luttait contre un sommeil accablant. Avec ce mot, *espérons*,

on terminait sans engagement sérieux l'entretien, tout en restant dans le rôle de guerrier pacificateur, de vainqueur généreux, que dans le drame de la chute de l'Empire on s'était attribué.

Caulaincourt, qu'on garda toute la journée enfermé dans l'appartement d'Alexandre, était certainement dupe. Celui-ci ne vint le retrouver qu'à six heures du soir. « Mon cher Caulaincourt, je me suis occupé de vos affaires ; pour l'amour de vous, je me suis fait diplomate, c'est-à-dire réservé et rusé. J'ai esquivé d'entrer dans des discussions approfondies, afin de laisser les choses en suspens… J'ai chambré Schwartzemberg et j'ai repris la question de la régence. La discussion entre nous a été des plus vives… Je ne fais pas de diplomatie avec vous, mon cher duc ; mais je ne puis tout vous dire. Seulement, hâtez-vous de retourner vers l'empereur Napoléon, et revenez officiellement porteur de son abdication en faveur de son fils (1). »

Cependant, à quelques heures de là, le sénat, convoqué par Talleyrand, avait voté sans discussion l'établissement d'un gouvernement provisoire, composé de Talleyrand, du marquis de Jaucourt, du duc de Dalberg, de l'abbé de Montesquiou, du général Beurnonville, et de Dupont (de Nemours) ; ce dernier en qualité de secrétaire. Le lendemain, 2 avril, le même sénat, admis à l'audience d'Alexandre, lui présenta la résolution suivante :

« Le sénat conservateur, considérant que, dans une monarchie constitutionnelle, le monarque n'existe qu'en vertu de la constitution, ou du pacte social ;

« Que Napoléon Bonaparte, pendant quelque temps d'un gouvernement ferme et prudent, avait donné à la nation des sujets de compter, pour l'avenir, sur des actes de sagesse et de justice : mais qu'ensuite il a déchiré le pacte qui l'unissait au peuple français, notamment en levant des impôts, en établissant des taxes autrement qu'en vertu de la loi, contre la teneur expresse du serment qu'il avait prêté à son avènement au trône, conformément à l'art. 53 des constitutions du 28 floréal an XII ;

« Qu'il a commis cet attentat aux droits du peuple, lors même qu'il venait d'ajourner sans nécessité le corps législatif, et de faire supprimer, comme criminel, un rapport de ce corps, auquel il contestait son titre et ses droits à la représentation nationale ;

« Qu'il a entrepris une suite de guerres, en violation de l'art. 50 de l'acte des constitutions de l'an VIII, qui veut que la déclaration de guerre soit proposée, discutée, décrétée et promulguée comme des lois ;

« Qu'il a, inconstitutionnellement, rendu plusieurs décrets portant peine de mort, nommément les deux décrets du 5 mars dernier, tendant à faire considérer comme nationale une guerre qui n'a-

---

(1) *Souvenirs du duc de Vicence.*

(1) *Souvenirs du duc de Vicence.*

vait lieu que dans l'intérêt de son ambition démesurée ;

« Qu'il a violé les lois constitutionnelles par ses décrets sur les prisons d'État ;

« Qu'il a anéanti la responsabilité des ministres, confondu tous les pouvoirs, et détruit l'indépendance des corps judiciaires ;

« Considérant que la liberté de la presse, établie et consacrée comme l'un des droits de la nation, a été constamment soumise à l'arbitraire de la police, et qu'en même temps il s'est toujours servi de la presse pour remplir la France et l'Europe de faits controuvés, de maximes fausses, de doctrines favorables au despotisme, et d'outrages contre les gouvernements étrangers ;

« Que des actes et rapports, entendus par le sénat, ont subi des altérations dans la publication qui en a été faite ;

« Considérant que, au lieu de régner dans la seule vue de l'intérêt, du bonheur et de la gloire du peuple français, aux termes de son serment, Napoléon a mis le comble aux malheurs de la patrie, par son refus de traiter à des conditions que l'intérêt national obligeait d'accepter, et qui ne compromettaient pas l'honneur français ; par l'abus qu'il a fait de tous les moyens qu'on lui a confiés en hommes et en argent ; par l'abandon des blessés sans secours, sans pansement, sans subsistances ; par différentes mesures dont les suites étaient la ruine des villes, la dépopulation des campagnes, la famine et les maladies contagieuses ;

« Considérant que, par toutes ces causes, le gouvernement impérial établi par le sénatus-consulte du 28 floréal an XII, a cessé d'exister, et que le vœu manifeste de tous les Français appelle un ordre de choses dont le premier résultat soit le rétablissement de la paix générale, et qui soit aussi l'époque d'une réconciliation entre tous les États de la grande famille européenne, le sénat déclare et décrète ce qui suit :

« Art. 1er. Napoléon Bonaparte est déchu du trône, et le droit d'hérédité établi dans sa famille est aboli.

« 2. Le peuple français et l'armée sont déliés du serment de fidélité envers Napoléon Bonaparte.

« 3. Le présent décret sera transmis par un message au gouvernement provisoire de la France, envoyé de suite à tous les départements et aux armées, et proclamé incessamment dans tous les quartiers de la capitale.

« Les présidents et secrétaires,
« Barthélemy, le comte de Valence, Pastoret. »

Le même jour, le gouvernement provisoire publia une adresse à l'armée :

« Soldats, la France vient de briser le joug sous lequel elle gémit avec vous depuis tant d'années. Vous n'avez jamais combattu que pour la patrie ; vous ne pouvez plus combattre que contre elle, sous les drapeaux de l'homme qui vous conduit. Voyez tout ce que vous avez souffert de la tyrannie ; vous étiez, naguère, un million de soldats ; presque tous ont péri : on les a livrés au fer de l'ennemi, sans subsistances, sans hôpitaux ; ils ont été condamnés à périr de misère et de faim. Soldats, il est temps de finir les maux de la patrie ; la paix est dans vos mains. La refuserez-vous à la France désolée ? Les ennemis mêmes vous la demandent ; ils regrettent de ravager ces belles contrées, et ne veulent s'armer que contre votre oppresseur et le nôtre. Seriez-vous sourds à la voix de la patrie qui vous appelle et vous supplie ? Elle vous parle par son sénat, par sa capitale, et surtout par ses malheurs. Vous êtes ses plus nobles enfants : et vous ne pouvez appartenir à celui qui l'a ravagée, qui l'a livrée sans armes, sans défense ; qui a voulu rendre votre nom odieux à toutes les nations, et qui aurait, peut-être, compromis votre gloire, si un homme, qui n'est pas même Français, pouvait jamais affaiblir l'honneur de nos armes et la générosité de nos soldats. Vous n'êtes plus les soldats de Napoléon : le sénat et la France entière vous dégagent de vos serments. »

Enfin, le 3, soixante-dix-sept membres du corps législatif achevèrent l'œuvre de démolition de l'Empire, en prenant l'arrêté suivant :

« Vu l'acte du 2 de ce mois, par lequel est prononcée la déchéance de Napoléon Bonaparte et de sa famille, et déclaré les Français dégagés envers lui de tous liens civils et militaires, et de toute obéissance ;

« Vu l'arrêté du gouvernement provisoire du même jour, par lequel le corps législatif est invité à participer à cette importante opération ;

« Le corps législatif,

« Considérant que Napoléon Bonaparte a violé le pacte constitutionnel,

« Adhérant à l'acte du sénat,

« Reconnaît et déclare la déchéance de Napoléon. »

(Soixante-dix-sept membres étaient
présents, et tous signèrent : les
autres y donnèrent plus tard leur
adhésion.)

Inutile d'ajouter qu'à ces actes adhérèrent la cour de cassation, la cour impériale, les tribunaux, le conseil municipal de la ville de Paris, etc., et qu'avec rapidité disparurent les emblèmes du gouvernement impérial.

IV

Aussitôt son retour à Fontainebleau, Napoléon réorganisa son armée et décida qu'on manœuvrerait autour de Paris, contrairement à l'opinion de plusieurs maréchaux qui voulaient qu'on se retirât derrière la Loire (1).

Cette détermination, qui causa sa perte, lui avait été inspirée par l'espérance d'une heureuse

_____
(1) Koch, Mémoires précités.

issue à la négociation de Caulaincourt et à celle de M. de Weissemberg, ambassadeur d'Autriche en Angleterre. Ce ministre, appelé au quartier-général des alliés, avait été fait prisonnier, et présenté à Napoléon encore à Saint-Dizier, il en avait reçu la mission de déterminer François II à intervenir en sa faveur, ou tout au moins dans l'intérêt de son petit-fils et de sa fille.

Cette dernière circonstance, plus que toute autre, explique les hésitations de Napoléon à agir avec sa promptitude accoutumée. Il était infatué pour ainsi dire de l'idée que les liens de famille qui l'unissaient à la maison de Lorraine devaient être une sauvegarde contre une chute complète : il ne pouvait cependant ignorer qu'en Autriche le monarque n'est, depuis longtemps, que l'instrument passif d'une puissante oligarchie.

Sur ces entrefaites, Caulaincourt arriva de Paris. Introduit dans le cabinet de Napoléon, il fut épouvanté de l'altération de ses traits, du feu sombre de ses yeux et de l'agitation fébrile de ses lèvres fortement contractées. D'un autre côté, l'attitude consternée de Caulaincourt frappa Napoléon. « Parlez, lui dit-il d'une voix brève, parlez, je m'attends à tout. » Et comme Caulaincourt tardait à répondre : « Au fait.... que veut-on ? — Sire, Votre Majesté est appelée à de grands sacrifices pour assurer la couronne à son fils. — C'est-à-dire, répliqua Napoléon en se levant, le regard plein de colère, c'est-à-dire qu'on ne veut plus traiter avec moi! qu'on prétend me chasser du trône que j'ai conquis à la pointe de mon épée! qu'on veut faire de moi un ilote, objet de mépris et de pitié, destiné à servir d'exemple à ceux qui, par le seul ascendant de leur génie, commandent aux hommes et font trembler les rois légitimes sur leurs trônes pourris!.... » Alors, s'arrêtant les bras croisés devant Caulaincourt : « Et c'est vous, vous, qui vous êtes chargé d'une pareille mission auprès de moi? ah!... » Puis il s'affaissa dans son fauteuil, la tête dans ses mains.

Devant cette défaillance du génie, devant cet anéantissement de la plus haute fortune des temps modernes, Caulaincourt resta muet. Exténué de fatigue, brisé par tant d'émotions douloureuses, il obtint de se retirer.

Deux heures après, Napoléon le fit appeler; et alors Caulaincourt l'instruisit des circonstances de son entrevue avec l'empereur de Russie, et de ce qu'il savait des dispositions des autres souverains alliés. Il lui apprit également qu'on songeait au rappel des Bourbons. A cette révélation, Napoléon bondit : « Allons donc! ils sont fous! » Et il démontra l'impossibilité qu'il y avait pour cette famille de régner sur la France. Revenant ensuite à ce qui le concernait : « On exige mon abdication, dit-il; on défère la régence à l'Impératrice, et la couronne est acquise à mon fils. Mais j'ai 50.000 hommes sous ma main; mes braves, mes admirables troupes, me reconnaissent encore pour leur souverain. Pleins d'ardeur et de dévouement, mes soldats me demandent à grands

cris de les conduire à Paris; le bruit de mon canon réveillera les Parisiens; il électrisera l'amour-propre national insulté par la présence de l'étranger paradant sur nos places publiques; le peuple de Paris est brave; il me secondera; et, après la victoire, je ferai la nation juge entre moi et les prétentions des alliés sur ma personne, et je ne descendrai du trône que si les Français m'en chassent... Venez avec moi, Caulaincourt; il est midi, c'est l'heure de la revue (1). »

De bruyantes acclamations saluèrent Napoléon. Il parcourut les rangs, et, l'inspection terminée, il ordonna qu'on réunît autour de lui les plus anciens officiers de chaque régiment. Le cercle formé, Napoléon, d'une voix forte et sonore, le geste animé : « Soldats! dit-il, l'ennemi nous a dérobé trois marches et s'est rendu maître de Paris; il faut l'en chasser. D'indignes Français, des émigrés, auxquels nous avions pardonné, ont arboré la cocarde blanche et se sont joints à nos ennemis. Les lâches! ils recevront le prix de ce nouvel attentat. Jurons de vaincre ou de mourir! Jurons de faire respecter cette cocarde tricolore qui, depuis vingt ans, se trouve sur le chemin de la gloire et de l'honneur. — Oui! oui! à Paris! crièrent les officiers et les jeunes généraux brandissant leurs sabres et leurs épées : Vive l'empereur! à bas les traîtres! — Oui! oui! à Paris! répétèrent les soldats. » Les rangs se rompirent; le visage de Napoléon rayonnait. « Oui, mes enfants, nous allons secourir Paris. Demain, le mouvement commencera. Eh bien? dit-il à Caulaincourt. — Sire, c'est votre dernier enjeu. Votre Majesté seule doit décider. » Mais, en lui-même, Caulaincourt ajouta : « Tout est perdu, le temps va lui manquer. »

Cependant les souverains alliés, frappés d'épouvante en apprenant ce qui se passait à Fontainebleau, donnèrent l'ordre à leurs troupes d'évacuer Paris et de rétrograder jusqu'à Meaux.

V

Contre Napoléon s'ourdissaient deux intrigues parallèlement conduites : l'une, à Fontainebleau, agissait sur le haut état-major, sur les grands dignitaires de l'Empire et sur les grands officiers de la maison impériale; le théâtre de l'autre était à Essonne, et elle avait pour objet d'entraîner à une défection le maréchal Marmont.

A Fontainebleau, le résultat de la mission de Caulaincourt avait transpiré dans les salons, et l'expectative de voir bientôt se terminer la crise par une abdication avait été accueillie avec empressement par quelques officiers généraux. D'ailleurs, ainsi que nous aurons l'occasion de le démontrer dans quelques-uns des articles de ce Dictionnaire, l'idée n'était pas nouvelle de mettre fin à la lutte de la France contre l'Europe, en contraignant Napoléon à déposer le pouvoir; et ce qui paraîtrait étrange au plus grand nombre de nos lecteurs,

____

(1) *Souvenirs du duc de Vicence*

si nous n'avions pas à citer deux autres exemples à l'appui de notre assertion, c'est que la réalisation de cette même idée reposait sur la croyance que la naissance d'un héritier direct avait consolidé la dynastie napoléonienne, et avec elle l'ordre politique qui s'y rattachait. Or, pour ceux à qui nous n'hésitons pas de donner le nom de conjurés, ce dernier point était le seul important. Aussi, tant qu'ils ignorèrent ce qui se passait à Paris, ou tant qu'ils furent mal renseignés sur les déterminations des souverains alliés à l'égard de la famille impériale, sacrifier l'Empereur pour sauver l'Empire fut ce à quoi d'abord ils songèrent, afin de sauvegarder en même temps leurs positions, leurs influences, leurs honneurs, leurs richesses, que menaçait la perspective pour eux, encore vague, il est vrai, mais possible, d'un retour à la monarchie capétienne : on ne pouvait, en effet, admettre que cette race royale, pour laquelle la Révolution avait été inexorable, consentirait à transiger avec des hommes pour la plupart acteurs dans cette même Révolution. D'ailleurs, eux aussi pensaient que l'empereur d'Autriche n'accéderait pas au détrônement de son petit-fils.

L'intrigue d'Essonne, quartier-général du maréchal Marmont, avait une toute autre portée. Elle se rattachait aux changements politiques qui s'élaboraient à l'hôtel Talleyrand, et qui tendaient, dans leur ensemble, à substituer au régime impérial un gouvernement parlementaire. Or, le succès étant douteux tant que Napoléon conserverait une armée, il fallait la lui enlever.

Dès la nuit du 30 au 31 mars, on comptait sur Marmont. D'heure en heure des lettres de Paris le sollicitaient d'en terminer ; régulièrement, on lui envoyait le *Moniteur*.

Enfin, le 3 avril, le prince de Schwartzemberg lui transmit une note dans laquelle le gouvernement provisoire l'invitait « à se ranger sous le drapeau de la bonne cause française. » A cette pièce l'acte de déchéance était joint. Marmont répondit le même jour au prince de Schwartzemberg :

« J'ai reçu la lettre que Votre Altesse m'a fait l'honneur de m'écrire. L'opinion publique a toujours été la règle de ma conduite. L'armée et le peuple se trouvent déliés du serment de fidélité envers l'empereur Napoléon par le décret du sénat. Je suis disposé à concourir à un rapprochement entre le peuple et l'armée, qui doit prévenir toute chance de guerre civile et arrêter toute effusion du sang français. En conséquence, je suis prêt à quitter l'armée de l'empereur Napoléon aux conditions suivantes, dont je vous demande la garantie par écrit :

« Art. 1er. Les troupes qui quitteront les drapeaux de Napoléon pourront se retirer librement en Normandie.

« 2. Si, par suite de ce mouvement, les événements de la guerre faisaient tomber entre les mains des puissances alliées la personne de Napoléon Bonaparte, sa vie et sa liberté lui seraient garanties dans un espace de terrain et dans un pays circonscrit, au choix des puissances alliées et du gouvernement français. »

Le prince de Schwartzemberg se hâta de signer la convention que lui envoyait Marmont.

« Je ne saurais vous exprimer, lui manda le généralissime, la satisfaction que j'éprouve en apprenant l'empressement avec lequel vous vous rendez à l'invitation du gouvernement provisoire, en vous rangeant sous la bannière de la cause française. Les services distingués que vous avez rendus à votre pays sont reconnus généralement. Vous y mettez le comble en rendant à leur patrie le peu de braves échappés à l'ambition d'un seul homme. J'apprécie surtout la délicatesse de l'article que vous demandez et que j'accepte, relatif à la personne de Napoléon. Rien ne caractérise mieux cette générosité naturelle aux Français, et qui vous distingue particulièrement. »

Le lendemain, à Fontainebleau, après la parade, Ney, Oudinot, Macdonald et Lefebvre suivirent Napoléon dans ses appartements ; Macdonald lui remit un paquet cacheté. « Qu'est-ce que cela ? demanda Napoléon. — Voyez, sire, répondit Macdonald. — Cette lettre peut-elle être lue tout haut ? monsieur le maréchal. — Oui, sire. »

C'était la déchéance, que Marmont avait fait parvenir aux maréchaux.

Pendant la lecture qu'un secrétaire fit de cette pièce, Napoléon, qui déjà peut-être la connaissait, sut maîtriser ses impressions. « Demain, dit-il, nous aurons raison de tout cela. Je compte sur vous, messieurs. »

Les maréchaux alors éclatèrent : « Pas une épée ne sortira du fourreau pour vous suivre, dirent-ils. — Vous n'êtes plus empereur ! s'écria Ney ; vous ne pouvez plus nous commander ! — Et voilà, ajouta Lefebvre, ce que vous avez gagné à ne pas suivre les conseils de vos amis, qui vous engageaient à faire la paix. — Au moins, l'armée me suivra, repartit Napoléon. » Et eux de répondre : « Que l'armée n'obéirait qu'à ses généraux, et que le seul parti qu'il lui restait, c'était *d'abdiquer*. — Eh bien ! répliqua Napoléon, je vais vous satisfaire. Eloignez-vous un instant. » Il écrivit :

« Les puissances alliées ayant proclamé que « l'empereur Napoléon était le seul obstacle au « rétablissement de la paix en Europe, l'empereur « Napoléon, fidèle à son serment, déclare qu'il « est prêt à descendre du trône, et à quitter la « France et même la vie pour le bien de sa pa- « trie, inséparable des droits de son fils, de ceux « de la régence de l'Impératrice et du maintien « des lois de l'Empire.

« Fait en notre palais de Fontainebleau, 4 avril « 1814.

« NAPOLÉON. »

« Tenez, messieurs, êtes-vous contents ? »

Les maréchaux s'inclinèrent.

« Maintenant, messieurs, ajouta Napoléon, il faut aller à Paris défendre les intérêts de mon fils, les intérêts de l'armée, ceux de la France. Je nomme pour mes commissaires le duc de Vicence, le maréchal prince de la Moskowa, le maréchal duc de Raguse. Ces noms vous conviennent-ils ? »

Cependant Napoléon, succombant aux poignantes angoisses de son âme, tombe épuisé sur un fauteuil. Mais il se relève et s'écrie :

« Non ! non ! point de régence ! avec ma garde et l'armée de Marmont, je serai demain dans Paris. »

Les maréchaux font un pas en avant. Peut-être qu'à l'esprit de quelques-uns s'offre une pensée sinistre.... Le moment fut terrible. Mais Napoléon, d'un mouvement de tête hautain et d'un geste impérieux, leur désigne l'entrée, et ils s'éloignèrent, courbés sous un regard étincelant de colère et de mépris.

VI

Napoléon avait donc abdiqué. Mais sa pensée secrète était que son abdication amènerait forcément la continuation de la guerre.

En effet, l'abdication était conditionnelle, et il se pouvait que les souverains alliés la voulussent absolue. Alors l'Empire croulait, et, en ce cas, il y avait lieu de croire que ceux qui attachaient leur existence à son maintien reviendraient humbles et suppliants solliciter de Napoléon la reprise des hostilités. D'ailleurs, par leurs obsessions et leurs violences, les maréchaux avaient donné à l'abdication un caractère de contrainte qui permettait de l'infirmer.

Dans ces prévisions, et pour y préparer les esprits, Napoléon, aussitôt le départ de ses plénipotentiaires, fit pressentir l'insuccès de leur mission : « Je n'attends rien de bon de la démarche des maréchaux, dit-il. »

La reprise immédiate des hostilités était tellement dans les intentions de Napoléon, qu'il s'était ravisé sur le choix qu'il avait fait de Marmont pour l'un de ses plénipotentiaires : « Il vaut mieux, avait-il dit, que Marmont reste à son corps d'armée. » Pour le remplacer, il avait accepté Macdonald.

Pendant ce temps, Ney, Macdonald et Caulaincourt s'avançaient vers Paris. Passant à Essonne, ils invitèrent Marmont à les suivre ; mais il refusa, et parla en termes vagues de négociations entamées entre lui et le prince de Schwartzemberg. Macdonald lui demanda s'il y avait quelque chose de conclu, Marmont répondit que rien de définitif n'était encore arrêté. « En ce cas, lui dit Caulaincourt, venez avec nous, votre interven-

tion donnera du poids à notre démarche; autrement, allez à Fontainebleau instruire l'Empereur
de ce qui se passe; il a besoin de tous ses amis.»
Marmont préféra partir pour Paris, et monta dans
la voiture de Macdonald, laissant le commandement de son corps d'armée au général Souham (1),
à qui formellement il enjoignit de ne faire aucun
mouvement tant que durerait son absence (2).

Le quartier-général du prince de Schwartzemberg était à Chevilly, village situé sur la route
des plénipotentiaires. Ceux-ci pensèrent qu'ils devaient instruire de leur mission le généralissime
des armées alliées; ils se firent donc conduire à sa
demeure. Marmont ne les suivit pas, disant à Macdonald qu'il l'attendrait dans la voiture. Mais quand
revint Macdonald, il ne trouva plus Marmont, et
ses gens, interrogés sur ce que pouvait être devenu le maréchal, répondirent qu'ils venaient de
le voir entrer chez le prince de Schwartzemberg.
Marmont a depuis fait connaître qu'il avait été
prévenir le généralissime qu'une négociation al-
lant s'ouvrir, leurs arrangements ne pouvaient
plus recevoir leur exécution (3).

Toutefois, lorsqu'il rejoignit Macdonald, celui-
ci l'ayant interrogé sur le motif de sa démarche
isolée auprès du généralissime, sa réponse fut,
comme à Essonne, que rien n'était encore terminé.
Et, chose étrange, Macdonald se contenta de cette
explication, tandis que, peu d'instants auparavant,
le prince de Wurtemberg, à qui, en sortant de
chez le prince de Schwartzemberg, il avait rendu
visite, lui assurait sur l'honneur que le corps
d'Essonne devait passer du côté des alliés. Cet
incident n'eut pas d'autres suites, et les plénipotentiaires, continuant leur voyage, arrivèrent à
Paris dans la soirée.

VII

Les récits et les documents rassemblés sous
nos yeux présentent pour la plupart les membres
du gouvernement provisoire et leurs adhérents
comme ayant été fort effrayés de la mission des
plénipotentiaires de Napoléon. Nous pensons, au
contraire, qu'ils ne s'en préoccupèrent que médiocrement. Des adhésions, patentes ou secrètes,
leur arrivaient de toutes parts; leurs émissaires,
dans les camps, dans les salons de Fontainebleau,
et jusque sur le seuil de l'appartement impérial,
ébranlaient les fidélités les plus robustes, attié-
dissaient les dévouements les plus ardents; beaucoup, sinon tous, succombaient, et la défection ne
s'arrêtait que quand elle descendait aux simples
officiers et aux soldats : cependant quelques-uns
des généraux se montrèrent également fidèles et
dévoués. Après tout, pourquoi l'hôtel Talleyrand
se serait-il alarmé de la tentative que venait essayer de faire les deux maréchaux et Caulaincourt

(1) *Voyez* ARMÉE (*histoire politique de l'*).
(2) *Réponse du duc de Raguse à la proclamation du
golfe Juan, du 1ᵉʳ mars 1815.*
(3) Idem.

pour sauvegarder l'Empire? Vingt-quatre heures
auparavant qu'ils s'y présentassent, on y connaissait la convention conclue entre Marmont et
Schwartzemberg, et quoiqu'elle ne dût avoir pour
résultat que d'enlever à Napoléon guère plus de
8,000 hommes, l'effet que cette défection ne man-
querait pas de produire sur le reste de l'armée ne
pouvait être que désastreux pour son chef.

Il semble également résulter des mêmes récits,
que les ennemis de Napoléon craignirent de la
part de l'empereur de Russie un retour vers des
engagements contraires à ceux déjà pris. Cette
crainte ne pouvait être partagée que par ceux qui
ne connaissaient ni la Russie ni son gouvernement (1). D'ailleurs M. de Nesselrode, le ministre
dirigeant la diplomatie russe à Paris, y avait précédé son maître; il avait vu Talleyrand, et Talleyrand l'avait associé à ses plans. Restait toutefois
la question formidable et menaçante : Que faire
de Napoléon? A la vérité, il eût été facile à M. de
Nesselrode de la résoudre. « Il ne revenait pas de
nos scrupules, racontait au général Savary Roux-
Laborie, l'un des secrétaires de Talleyrand.
Quels gens, quelle nation, disait-il; quoi! si peu
de chose vous arrête. Il n'en serait pas ainsi chez
nous; tout serait fini en moins d'un quart d'heure.
Tant pis pour le souverain qui se met en opposition avec l'intérêt général. C'est la chose du monde qu'on trouve le plus facilement qu'un souverain (2). »

Ajoutons qu'en 1814 on se trompa bien étrangement sur le caractère d'Alexandre. Ce Slave,
ce Grec du Bas-Empire, comme disait de lui Napoléon, qui s'y connaissait, enthousiaste de la civilisation française, voulait seulement gagner les
suffrages de nos salons, les éloges de nos académies, et il les obtint par quelques mots heureux,
par une affectation de grandeur d'âme envers son
adversaire vaincu.

Disons aussi qu'à ces diverses causes, qui entraînaient dans une ruine commune et l'Empereur
et l'Empire, il faut joindre le grand nombre de
gens se trouvant déjà compromis. Ils formaient
un puissant élément de résistance à toute transaction avec le pouvoir qu'ils renversaient. Leur
action sur les souverains alliés était d'autant plus
puissante, qu'ils avaient eu l'habileté de les engager à ce point vis-à-vis d'eux, que ceux-ci, sans
déshonneur, ne pouvaient cesser de leur servir
d'auxiliaires.

La mission des plénipotentiaires devait donc
échouer. Alexandre ne le cacha pas à Caulaincourt. « Les événements sont au-dessus de ma volonté, lui dit-il; ce qui était possible hier ne l'est
plus aujourd'hui. » Néanmoins, il ajouta : « Allons, du courage, je serai avant vous au conseil...
et nous verrons. »

Dans la nuit du 4 au 5 avril, l'empereur de Russie et le roi de Prusse, leurs ministres, et en
grande partie les mêmes personnages de la con-

(1) *Voyez* RUSSIE.
(2) Rovigo, *Mémoires.*

férence du 31 mars, plus le général Dessole, commandant de la garde nationale, et le général Beurnonville, se réunirent pour prononcer sur les propositions qu'avaient à leur soumettre les plénipotentiaires de Napoléon. Caulaincourt remit à l'empereur de Russie l'abdication. Le roi de Prusse déclara qu'il n'appartenait pas aux souverains alliés de s'immiscer dans les affaires du gouvernement français, et, contrairement à la déclaration du sénat, de reconnaître à l'empereur Napoléon, déchu du trône, le droit de disposer de la couronne de France.

Macdonald prit alors la parole et fit un exposé des considérations qui limitaient en faveur du roi de Rome. « L'Empereur, dit-il en terminant, tient sa couronne de la nation française ; il la résigne dans le but d'arriver à une pacification générale ; les puissances alliées ayant déclaré qu'il était le seul obstacle à la paix, il n'hésite pas à se sacrifier lorsqu'il s'agit de ses intérêts. Il nous a donc donné pleins pouvoirs de traiter pour la régence, pour l'armée, pour la France, sans rien stipuler pour sa personne. » Ces derniers mots provoquèrent d'ironiques sourires de la part de certains des assistants ; mais Alexandre, s'adressant aux plénipotentiaires, leur dit avec émotion : « Cela ne m'étonne pas de lui. »

Ney exposa la situation militaire de Napoléon ; il présenta les forces dont il disposait encore comme rendant pour le moins incertain le résultat d'une lutte dans laquelle d'un côté on combattrait avec désespoir, et de l'autre avec l'expectative de soulever contre soi la population entière du pays.

Caulaincourt parla le dernier ; il fit sentir avec force que, repousser la clause de l'abdication qui appelait le roi de Rome à succéder à son père, c'était se mettre en opposition avec la déclaration du 31 mars.

Ces considérations parurent impressionner Alexandre, et plusieurs de ceux qui pouvaient craindre l'acceptation de la régence s'en alarmèrent. Le général Dessole, entre autres, manifesta ses appréhensions. Il interpella personnellement l'empereur de Russie. « La régence ! s'écria-t-il, est un mot ; le tigre est derrière ; il ne tardera pas à paraître si on la proclame. Au surplus, mon parti est pris ; je ne demande rien pour moi. » Alexandre, par quelques paroles de bonté, rassura Dessole, et fit pressentir que, quelle que fût la détermination qu'il prendrait ainsi que ses alliés, nul n'aurait à regretter de s'être confié à sa loyauté et à la leur. Puis, sans rien conclure, on se sépara.

Le lendemain, dans la matinée, les maréchaux et Caulaincourt revirent le czar. « Certes, leur dit-il, je n'hésiterais pas à traiter avec des hommes tels que vous ; mais les choses sont bien avancées ; il y a des engagements de pris ; cependant tout n'est pas dit, et peut-être, personnellement du moins... » Un aide de camp qui entra interrompit Alexandre, lui remit une dépêche, et, à quelques mots de cet officier, Caulaincourt,

qui entendait le russe, pâlit. La dépêche annonçait la levée du camp d'Essonne.

Cet événement décidait de tout. Les plénipotentiaires se retirèrent. Dès qu'ils parurent dans les salons précédant le cabinet de l'empereur de Russie, la foule les entoura, et parmi les plus empressés à les interroger fut Beurnonville. Macdonald, le voyant s'approcher, recula. « Ne me parlez pas, monsieur, lui dit-il ; vous m'avez fait oublier une amitié de trente ans. » Et comme l'abordait le général Dupont, commissaire au département de la guerre pour le gouvernement provisoire, il ne lui cacha pas combien sa conduite envers l'Empereur était peu généreuse. « Peut-être Napoléon vous a-t-il traité avec sévérité, mais depuis quand venge-t-on son injure personnelle aux dépens de son pays ? » En tenant ce noble langage, Macdonald donnait à sa voix un accent d'indignation qui porta le trouble et l'inquiétude dans l'esprit de Talleyrand. « Messieurs, dit-il, songez que vous êtes ici chez l'empereur de Russie ; si vous voulez disputer... discuter, veux-je dire, descendez chez moi ! — Que signifie cela, monsieur, repartit Macdonald avec hauteur, discuter est parfaitement inutile ; mes camarades et moi, nous ne reconnaissons pas votre gouvernement provisoire. » Suivi de Ney et de Caulaincourt, Macdonald sortit.

Ils trouvèrent Marmont à l'hôtel du maréchal Ney. « Ah ! s'écria-t-il, je donnerais un bras pour réparer la faute de mes généraux. — Dites le crime, repartit Macdonald, et la tête ne serait pas de trop. »

VIII

Pendant que ses plénipotiaires négociaient à Paris en faveur du roi de Rome et de l'Impératrice sa mère, Napoléon se disposait à opérer un mouvement de retraite au delà de la Loire. Mais, commencé dans la matinée du 6, ce mouvement fut presque aussitôt arrêté. On attendit les nouvelles de Paris. Dans les camps et dans le palais, chacun, selon ses espérances et ses craintes, formait des conjectures ; l'anxiété était d'autant plus grande, que rien ne transpirait des appartements où Napoléon se tenait confiné. D'ailleurs, pour lui, l'abandon commençait ; et tel était déjà son isolement, que Caulaincourt, qui arriva dans la soirée, ne trouva personne pour l'annoncer.

« Quoi ! vous voilà ? lui dit Napoléon, en l'apercevant. La défection d'Essonne a servi de motif à de nouvelles prétentions, n'est-ce pas ? Ce sont d'autres conditions, à présent que je suis abandonné, trahi. » Caulaincourt ne lui cacha rien. « Il faut rompre des négociations qui deviennent humiliantes, reprit Napoléon d'une voix étouffée, la guerre et ses hasards n'offrent rien de pire que de telles conditions ; je ne les accepterai pas. » Caulaincourt lui fit un tableau fidèle de la situation : 150.000 hommes environnaient Fontainebleau, et à ces masses Napoléon n'avait à opposer que 30,000 combattants, braves, sans doute, dévoués pour la plupart, mais au milieu desquels existaient des éléments de défection.

Napoléon fut d'abord frappé de stupeur ; mais après quelques instants de réflexion : « Voilà, dit-il, de quoi donner gain de cause aux conseillers de la paix à tout prix. Toutefois, une route fermée pour des courriers s'ouvre devant 30.000 hommes ; néanmoins, avant de prendre un parti, un parti terrible, je veux entretenir les maréchaux, je veux savoir si ma cause, si celle de ma famille n'est plus celle de la France, et alors, alors... je me déciderai. (1) »

Le lendemain, les maréchaux furent appelés ; mais ils évitèrent d'aborder le sujet réel de l'entretien ; Napoléon prit l'initiative, disant qu'il se serait résigné sans regret au sacrifice personnel qu'on lui imposait, et sans paraître remarquer l'accueil glacial que les maréchaux faisaient à cette déclaration, il présenta les ressources qui lui restaient comme suffisantes pour obtenir une paix honorable. Puis il leur montra l'Italie comme un glorieux refuge, comme un empire nouveau, qu'eux et lui auraient à fonder, s'il fallait renoncer à la France.

A ces brillantes, mais aventureuses expectatives, les maréchaux opposèrent l'épuisement du pays, l'éminence d'une guerre civile, l'intérêt général qui réclamait le repos et la sécurité... Napoléon les interrompit : « Je veux être seul, leur dit-il brusquement. » Et les regardant sortir : « Ces gens-là n'ont ni cœur ni entrailles. Partez, Caulaincourt, et traitez dans le sens d'une abdication absolue. » Cet acte était ainsi conçu :

« Les puissances alliées ayant proclamé que
« l'empereur Napoléon était le seul obstacle au
« rétablissement de la paix en Europe, l'Empe-
« reur, fidèle à son serment, déclare qu'il re-
« nonce pour lui et ses enfants au trône de France
« et d'Italie, et qu'il n'est aucun sacrifice, même
« celui de la vie, qu'il ne soit prêt à faire pour
« l'intérêt de la France. »

Ce fut après le nouveau départ de ses plénipotentiaires que Napoléon adressa l'ordre du jour suivant à son armée :

« L'Empereur remercie l'armée pour l'attachement qu'elle lui témoigne, et principalement parce qu'elle reconnaît que la France est en lui, et non pas dans le peuple de la capitale. Le soldat fait la fortune et l'infortune de son général, son honneur et sa religion. Le duc de Raguse n'a point inspiré ce sentiment à ses compagnons d'armes ; il a passé aux alliés ! L'Empereur ne peut approuver la condition sous laquelle il a fait cette démarche. Il ne peut accepter sa vie et sa liberté de la merci d'un sujet.

« Le sénat s'est permis de disposer du gouvernement français ; il a oublié qu'il doit à l'Empereur le pouvoir dont il abuse maintenant ; que c'est

(1) *Souvenirs du duc de Vicence.*

l'Empereur qui a sauvé une partie de ses membres des orages de la Révolution, tiré de l'obscurité et protégé l'autre contre la haine de la nation.

« Le sénat se fonde sur les articles de la constitution pour le renverser. Il ne rougit pas de faire des reproches à l'Empereur, sans remarquer que, comme premier corps de l'Etat, il a pris part à tous les événements. Il est allé si loin, qu'il a osé accuser l'Empereur d'avoir changé les actes dans leur publication. Le monde entier sait qu'il n'avait pas besoin de tels artifices. Un signe était un ordre pour le sénat, qui faisait toujours plus qu'on ne désirait de lui. L'Empereur a toujours été accessible aux remontrances de ses ministres, et il attendait d'eux, dans cette circonstance, la justification des mesures qu'il avait prises. Si l'enthousiasme s'est mêlé dans les adresses et les discours publics, alors l'*Empereur a été trompé!* Mais ceux qui ont tenu ce langage doivent s'attribuer à eux-mêmes les suites de leurs flatteries.

« Le sénat ne rougit pas de parler de libelles publiés contre les gouvernements étrangers ; il oublie qu'ils furent rédigés dans son sein ! Aussi longtemps que la fortune s'est montrée fidèle à leur souverain, ces hommes sont restés fidèles, et nulle plainte n'a été entendue sur les abus du pouvoir. Si l'Empereur avait méprisé les hommes, comme on le lui a reproché, le monde reconnaîtrait aujourd'hui qu'il a eu des raisons qui motivaient son mépris. Il tenait sa dignité de Dieu et de la nation ; eux seuls pouvaient l'en priver. Il l'a toujours considérée comme un fardeau, et lorsqu'il l'accepta, ce fut dans la conviction que lui seul était à même de la porter dignement.

« Le bonheur de la France paraissait être dans la destinée de l'Empereur. Aujourd'hui, que la fortune s'est déclarée contre lui, la volonté de la nation seule pourrait le persuader de rester plus longtemps sur le trône. S'il se doit considérer comme le seul obstacle à la paix, il fait volontiers ce dernier sacrifice à la France. En conséquence, il a envoyé le prince de la Moskowa et les ducs de Vicence et de Tarente à Paris, pour entamer la négociation. L'armée peut être certaine que son honneur ne sera jamais en contradiction avec le bonheur de la France. »

Caulaincourt ne revint à Fontainebleau que le 11 au soir, apportant à Napoléon un traité, dont voici la teneur :

Art. 1er. S. M. l'empereur Napoléon renonce, pour lui et ses descendants, ainsi que chacun des membres de sa famille, à tout droit de souveraineté et de domination, tant sur l'empire français et sur le royaume d'Italie que sur tout pays.

« 2. LL. MM. l'empereur Napoléon et l'impératrice Marie-Louise conserveront ces titres et ces qualités, pour en jouir leur vie durant. La mère, les frères, sœurs, neveux et nièce de l'Empereur conserveront également, partout où ils se trouveront, les titres de princes de sa famille.

« 3. L'île d'Elbe, adoptée par S. M. l'empereur

Napoléon pendant son séjour, formera, sa vie durant, une principauté séparée, qui sera possédée par lui en toute souveraineté et propriété.

« 4. Toutes les puissances s'engagent à employer leurs bons offices pour faire respecter, par les Barbaresques, le pavillon et le territoire de l'île d'Elbe, et pour que dans ses rapports avec les Barbaresques, elle soit assimilée à la France.

« 5. Les duchés de Parme, de Plaisance et de Guastala seront donnés en toute propriété et souveraineté à S. M. l'impératrice Marie-Louise. Ils passeront à son fils et à sa descendance en ligne directe. Le prince son fils prendra, dès ce moment, le titre de prince de Parme, de Plaisance et de Guastala.

« 6. Il sera réservé, dans les pays auxquels Napoléon renonce, pour lui et sa famille, des domaines, ou donné des rentes sur le grand-livre de France, produisant un revenu annuel net et déduction faite de toutes charges, de 2,500,000 fr. Ces domaines ou rentes appartiendront en toute propriété, et pour en disposer comme bon leur semblera, aux princes et princesses de sa famille, et seront répartis entre eux, de manière à ce que le revenu de chacun soit dans la proportion suivante, savoir : à Madame Mère, 300,000 fr. ; au roi Joseph et à la reine, 500,000 fr. ; au roi Louis, 200,000 fr. ; à la reine Hortense et à ses enfants, 400,000 fr. ; au roi Jérôme et à la reine, 500,000 fr. ; à la princesse Elisa, 300,000 fr. ; à la princesse Pauline, 300,000 fr.

« Les princes et princesses de la famille de l'empereur Napoléon conserveront, en outre, tous les biens meubles et immeubles, de quelque nature que ce soit, qu'ils possèdent à titre particulier, et notamment les rentes dont ils jouissent, également comme particuliers, sur le grand-livre de France, ou le Monte-Napoleone de Milan.

« 7. Le traitement annuel de l'impératrice Joséphine sera réduit à un million, en domaine ou en inscriptions sur le grand-livre de France. Elle continuera à jouir en toute propriété de ses biens meubles et immeubles particuliers, et pourra en disposer, conformément aux lois françaises.

« 8. Il sera donné au prince Eugène, vice-roi d'Italie, un établissement convenable hors de France.

« 9. Les propriétés que S. M. l'empereur Napoléon possède en France, soit comme domaine extraordinaire, soit comme domaine privé, resteront à la couronne.

« Sur les fonds placés par l'empereur Napoléon, soit sur le grand-livre, soit sur la banque de France, soit sur les actions des forêts, soit de toute autre manière, et dont Sa Majesté fait l'abandon à la couronne, il sera réservé un capital qui n'excédera pas 2 millions pour être employé en gratifications en faveur des personnes qui seront portées sur l'état que signera l'empereur Napoléon et qui sera remis au gouvernement français.

« 10. Tous les diamants de la couronne resteront à la France.

« 11. L'empereur Napoléon fera retourner au trésor et autres caisses publiques, toutes les sommes et effets qui auraient été déplacés par ses ordres, à l'exception de ce qui provient de la liste civile.

« 12. Les dettes de la maison de S. M. l'empereur Napoléon, telles qu'elles se trouvent au jour de la signature du présent traité, seront immédiatement acquittées sur les arrérages dus par le trésor public à la liste civile, d'après les états qui seront signés par un commissaire nommé à cet effet.

« 13. Les obligations du Monte-Napoleone de Milan, envers tous ses créanciers, soit français, soit étrangers, seront exactement remplies, sans qu'il soit fait aucun changement à cet égard.

« 14. On donnera tous les saufs-conduits nécessaires pour le libre voyage de S. M. l'empereur Napoléon, de l'Impératrice, des princes et princesses, et de toutes les personnes de leur suite qui voudront les accompagner ou s'établir hors de France, ainsi que pour le passage de tous les équipages, chevaux et effets qui leur appartiennent. Les puissances alliées donneront en conséquence des officiers et quelques hommes d'escorte.

« 15. La garde impériale française fournira un détachement de 12 à 1,500 hommes de toutes armes, pour servir d'escorte jusqu'à Saint-Tropez, lieu de l'embarquement.

« 16. Il sera fourni une corvette armée et les bâtiments de transport nécessaires, pour conduire au lieu de sa destination, S. M. l'empereur Napoléon, ainsi que sa maison. La corvette demeurera en toute propriété à Sa Majesté.

« 17. S. M. l'empereur Napoléon pourra emmener avec lui, et conserver pour sa garde, 400 hommes de bonne volonté, tant officiers que sous-officiers et soldats.

« 18. Tous les Français qui auront suivi S. M. l'empereur Napoléon et sa famille, seront tenus, s'ils ne veulent pas perdre leur qualité de Français, de rentrer en France dans le terme de trois ans, à moins qu'ils ne soient compris dans les exceptions que le gouvernement français se réserve d'accorder après l'expiration de ce terme.

« 19. Les troupes polonaises, de toutes armes, qui seront au service de la France, auront la liberté de retourner chez elles, en conservant armes et bagages, comme un témoignage de leurs services honorables. Les officiers, sous-officiers et soldats conserveront les décorations qui leur auront été accordées et les pensions affectées à ces décorations.

« 20. Les hautes puissances alliées garantissent l'exécution de tous les articles du présent traité. Elles s'engagent à obtenir qu'ils soient adoptés et garantis par la France.

« 21. Le présent traité sera ratifié et les ratifications en seront échangées à Paris, dans le terme de deux jours, ou plus tôt si faire se peut.

« Fait à Paris, le 11 avril 1814.

« *Signé* : CAULAINCOURT, duc de Vicence ; le maréchal duc de Tarente, MACDO-

NALD ; le maréchal duc d'Elchingen, NEY.

« *Signé* : Le prince de METTERNICH. »

Ce traité fut signé séparément, et sous la même date, de la part de la Russie par le comte de Nesselrode, et de la part de la Prusse par le baron de Hardenberg.

De son côté, le gouvernement provisoire avait fait cette déclaration :

« Les puissances alliées ayant conclu un traité avec S. M. l'empereur Napoléon, et ce traité renfermant des dispositions à l'exécution desquelles le gouvernement français est dans le cas de prendre part, et des explications réciproques ayant eu lieu sur ce point, le gouvernement provisoire de France, dans la vue de concourir efficacement à toutes les mesures qui sont adoptées, se fait un devoir de déclarer qu'il y adhère autant que besoin est, et garantit, en tout ce qui concerne la France, l'exécution des stipulations renfermées dans ce traité, qui a été signé aujourd'hui entre MM. les plénipotentiaires des hautes puissances alliées et ceux de S. M. l'empereur Napoléon.

« Paris, le 11 avril 1814.

« *Signé* : Le prince de BÉNÉVENT, DALBERG, JAUCOURT, BEURNONVILLE, MONTESQUIOU. »

Pendant que les négociations se poursuivaient, Napoléon manda par sept fois à Caulaincourt de rapporter son abdication, et quand, le 12 au matin, celui-ci lui présenta le traité définitif : « Me rapportez-vous enfin mon abdication? lui dit-il en jetant sur lui un regard foudroyant. » La journée s'écoula donc au milieu des plus pénibles débats ; à tout ce qu'on lui disait, Napoléon répondait : « Je ne signerai pas, je ne veux pas traiter. » Enfin, vers onze heures du soir : « Il faut en finir, dit-il à Caulaincourt en le congédiant ; je le sens... mon parti est pris... A demain (1). »

Cette nuit-là, Napoléon tenta de s'empoisonner. Voici ce que rapporte sur cet événement Constant, son valet de chambre, dans ses *Mémoires* : « J'avais couché l'Empereur comme à l'ordinaire ; je crois même un peu plus tôt que de coutume, car je me rappelle bien qu'il n'était pas tout à fait dix heures et demie. A son coucher, il me parut mieux que pendant le jour, et à peu près dans l'état où je l'avais vu les soirs précédents. Je couchais dans une chambre en entresol, située au-dessus de la chambre de l'Empereur, à laquelle elle communiquait par un escalier dérobé. Depuis quelque temps, j'avais l'attention de me coucher tout habillé pour être plus promptement auprès de Sa Majesté quand elle me faisait appeler. Je dormais assez profondément, lorsqu'à minuit je fus reveillé par M. Pelard, qui était de service. Il me dit que l'Empereur me demandait, et en ouvrant les yeux je vis sur sa figure un air d'effroi dont je fus consterné. Cependant je m'étais jeté à bas de mon

(1 *Souvenirs du duc de Vicence.*

lit, et en descendant l'escalier M. Pelard me dit : « L'Empereur a délayé quelque chose dans un verre et il l'a bu. » J'entrai dans la chambre de Sa Majesté, en proie à des angoisses qu'il est impossible de se figurer. L'Empereur s'était recouché ; mais, en m'avançant vers son lit, je vis par terre les débris d'un sachet de peau et de taffetas noir. C'était celui qu'il portait à son cou depuis la campagne d'Espagne, et que je lui gardais avec tant de soin dans l'intervalle d'une campagne à l'autre (1). »

Les soins prodigués à Napoléon le rappelèrent à la vie. « Caulaincourt, dit-il en portant la main à son front, dans ces derniers jours, il y a eu des instants où j'ai cru que j'allais devenir fou, où j'ai senti là une chaleur dévorante... La folie, c'est le dernier degré de l'abjection humaine..... Plutôt mourir mille fois. »

Les attentions délicates, les paroles affectueuses de Caulaincourt calmèrent Napoléon ; éclairé de nouveau sur sa position, Il promit de ratifier le traité le lendemain.

En effet, Macdonald, qui, resté à Paris, avait été sollicité par les souverains alliés de les tranquilliser sur les retards que Napoléon apportait à une conclusion définitive, arriva dans la journée du 13, et, ce même jour, Napoléon signa le traité.

Ici se termine notre tâche ; le reste de ce qui regarde l'homme extraordinaire qu'enfanta la Révolution appartient à sa biographie proprement dite ; nous nous bornerons donc à relater qu'il ne partit de Fontainebleau que le 20 avril, l'adhésion de l'Angleterre au traité du 11 n'y étant arrivée que le 19. Voici cette pièce ; elle complète, avec la ratification de Louis XVIII, les documents authentiques relatifs à notre sujet :

« Attendu que LL. MM. l'empereur d'Autriche, roi de Bohême et de Hongrie, l'empereur de toutes les Russies et le roi de Prusse, sont intervenus au traité conclu à Paris et signé le 11 avril de la présente année, à l'effet d'accorder, pour les termes respectivement fixés, tels qu'ils sont mentionnés dans le traité, à la personne et à la famille de Napoléon Bonaparte, la possession en souveraineté de l'île d'Elbe et des duchés de Parme, de Plaisance et Guastala, et pour régler tous autres objets ; lequel traité a été communiqué au prince régent de la Grande-Bretagne et d'Irlande par les ministres de LL. MM. II. et RR. susnommés, lesquels ministres, au nom de leurs souverains respectifs, ont engagé le prince régent à y accéder au nom et pour Sa Majesté.

« S. A. R. le prince régent, ayant une pleine connaissance du contenu dudit traité, y accède au nom et pour Sa Majesté, pour autant que la chose regarde les stipulations à la souveraineté de l'île d'Elbe et des duchés de Parme, de Plaisance et Guastala ; mais S. A. R. ne doit pas être considé-

(1) Ce récit est confirmé dans le *Manuscrit de 1814*, par le baron Fain, et dans les *Souvenirs du duc de Vicence.*

rée comme étant partie intervenante aux autres conditions et stipulations y contenues.

« Donné de ma main et de mon sceau, à Paris, le 17 avril 1814.

« Par ordre de S. A. R. le prince régent, agissant au nom et pour Sa Majesté.

« *Signé* CASTLEREAGH. »

« Le soussigné, ministre secrétaire d'État au département des affaires étrangères, ayant rendu compte au roi de la demande que LL. EE. MM. les plénipotentiaires des cours alliées ont reçu de leurs souverains l'ordre de faire, relativement au traité du 11 avril, auquel le gouvernement provisoire a accédé, il a plu à Sa Majesté de l'autoriser à déclarer en son nom que les clauses du traité à la charge de la France seront fidèlement exécutées. Il a, en conséquence, l'honneur de le déclarer par la présente à LL. EE.

« Paris, le 31 mai 1814.

« *Signé* : Le prince DE BÉNÉVENT. »

Voyez EMPIRE, FRANCE (*campagne de*), NAPOLÉON, empereur des Français ; RESTAURATION, et les notices biographiques sur les principaux personnages dont il est parlé dans cet article.

A. V. D.

Seconde abdication de Napoléon.

I

Napoléon avait dit dans un accès de juste orgueil inspiré par la conscience de la supériorité de son génie : « Les hommes comme moi ne sont renversés que lorsqu'ils sont couchés dans le cercueil. » Et moins d'un an après le jour où il avait dû ployer sous l'effort de l'Europe coalisée, il s'était retrouvé debout ; parti de l'île d'Elbe avec une poignée de vieux soldats devenus les compagnons de son exil, il avait vu s'évanouir, à la seule annonce de son débarquement et de sa marche triomphale vers le Nord, ce gouvernement de contre-révolutionnaires et d'émigrés qui avait surgi tout à coup du sein de nos désastres en 1814 ; il avait ressaisi sa couronne sans coup férir ; il était rentré aux Tuileries porté sur les bras de ses anciens généraux et officiers, et salué par les acclamations du peuple qui, en dépit de ses fautes, voyait toujours en lui le représentant des idées et des intérêts de la Révolution.

Mais l'Europe était encore en armes, et les souverains, réunis en congrès à Vienne, où ils se partageaient les dépouilles du Grand-Empire, avaient solennellement déclaré que Napoléon Bonaparte s'était placé *hors les relations civiles et sociales*, et que, comme ennemi et perturbateur de la paix du monde, il s'était livré à la *vindicte publique*. Il avait donc fallu recommencer la lutte, et, le 11 juin, Napoléon quitta les Tuileries pour n'y jamais revenir.

Alors s'ouvrit la campagne de 1815, sublime et navrante épopée dont le souvenir nous cause encore à distance de si douloureux tressaillements ;

effort gigantesque paralysé par l'incapacité et la trahison, marqué par d'éclatants épisodes et terminé par une catastrophe lugubre ; dernier éclair d'un génie sans égal pour les combinaisons mathématiques de la guerre ; suprême convulsion d'une armée qui n'avait jamais connu de défaites et qui, poursuivie depuis Moscou par une fatalité sans exemple et désespérant de vaincre, se résigna héroïquement à mourir.

II

Deux jours après Waterloo, Napoléon, qui avait voulu se faire tuer au milieu de ses bataillons écrasés, et qu'il avait fallu arracher du champ de bataille, était de retour à Paris. C'était en quelque sorte à son corps défendant et pour céder à l'opinion presque unanime de ses généraux qu'il avait pris le parti d'y revenir. Sa pensée à lui, pensée fortement appuyée par M. de Flahaut, était de demeurer à Laon, d'y réunir les débris de son armée et d'arrêter du mieux qu'il pourrait la marche de l'ennemi, afin, disait-il, de donner le temps à Grouchy d'arriver, à la nation de se retourner. S'il eût suivi cette première inspiration, le cours des événements eût été tout différent, et peut-être bien des hontes eussent-elles été épargnées à la France. Mais d'autres considérations l'emportèrent ; le noble et chevaleresque Labédoyère fut le plus pressant de ceux qui conseillèrent la rentrée à Paris ; ce jeune général, cœur chaud, âme enthousiaste et loyale, voulait que l'Empereur allât se présenter devant les chambres, qu'il confessât toute l'étendue du désastre, et qu'il offrît de mourir en soldat et de remettre la couronne au plus digne. D'autres ajoutèrent que la présence de Napoléon à Paris enflammerait le courage des patriotes et ferait courir tous les citoyens aux armes. Le sort en fut jeté.

Napoléon arriva à Paris, le 20 juin, à onze heures du soir ; au lieu d'aller s'installer aux Tuileries, il descendit à l'Élysée. Ce fut Caulaincourt qui le reçut ; Caulaincourt fut frappé de l'air de fatigue et de douleur profonde empreint sur les traits de son maître ; la poitrine de Napoléon était souffrante, sa respiration oppressée ; il étouffait ; il annonça à Caulaincourt que son intention était de réunir les deux chambres en séance impériale, de leur peindre les malheurs de l'armée, de leur demander les moyens de sauver la patrie, puis de repartir. Caulaincourt désapprouva cette résolution, tout en exprimant le regret que Napoléon se fût séparé de ses soldats ; il ne lui cacha pas qu'une grande agitation régnait dans les esprits, et que les dispositions des députés paraissaient plus hostiles que jamais. « J'espère pourtant, répliqua Napoléon, que les chambres me seconderont et qu'elles sentiront la responsabilité qui va peser sur elles. La majorité est bonne ; elle est française. Je n'ai contre moi que Lafayette, Lanjuinais, Flaugergues et quelques autres ; je les gêne, ils voudraient travailler pour eux : je ne les laisserai point faire : ma présence ici les contiendra. »

C'était une illusion : Caulaincourt avait dit **vrai**. La chambre des représentants, où dominait avec l'élément royaliste constitutionnel l'esprit de la haute bourgeoisie, n'avait jamais été sympathique à Napoléon ; la nouvelle du désastre de Waterloo, qui lui avait été transmise par Fouché, venait donner libre carrière aux sentiments d'inimitié qu'elle nourrissait depuis l'ouverture de la session ; une hostilité implacable se déclarait contre le grand capitaine trahi par la fortune. Organe des classes aisées, qui ne voulaient plus de la guerre à aucun prix, et voyant dans Napoléon le seul auteur des maux du pays, la chambre était décidée à séparer la cause de la France de celle du vaincu de Waterloo, comme s'il n'était pas trop tard pour faire cette distinction funeste, alors que l'ennemi s'avançait et qu'il s'agissait pour la nation d'être ou de n'être pas. Le peuple comprenait mieux la situation ; quels que pussent être ses griefs, il sentait à merveille que c'était bien la France qui avait succombé à Waterloo sous les drapeaux de Napoléon, et que Napoléon était seul capable de dé-

fendre son indépendance menacée. Pour le peuple, étranger aux calculs et aux intrigues de la politique, il n'y avait qu'une question en jeu : disputer pied à pied le sol à la coalition victorieuse, empêcher que Paris ne fût une seconde fois souillé par la présence des alliés. Et cette idée patriotique s'exaltait en lui de toute la puissance de ce sentiment de commisération, mêlé de respect, qui s'attache aux grandes infortunes. Les faubourgs et les fédérés se montrèrent seuls compatissants pour le malheur de Napoléon ; seuls, ils vinrent se ranger autour de lui et faire retentir de leurs chaleureuses acclamations les abords tristes et silencieux de l'Élysée, où le monarque déchu devait un jour, en les voyant se presser contre le mur de clôture et en entendant leurs cris passionnés, s'écrier dans un élan de juste reconnaissance, au dire de Benjamin Constant : « Vous le voyez, ce ne sont pas ceux-là que j'ai comblés d'honneurs et de richesses ! Que me doivent-ils ? je les ai trouvés pauvres, et je les ai laissés pauvres.

Aussitôt qu'ils eurent appris le retour de Napoléon, Lucien et Joseph, puis les ministres, la plupart des hauts dignitaires et nombre de généraux accoururent à l'Élysée. Les officiers revenus de Waterloo avec Napoléon, ne s'étaient point encore remis de la consternation dans laquelle les avait

jetés cette effroyable catastrophe ; ils la peignirent sous de telles couleurs, ils firent aux nouveaux arrivants une si sombre description de l'anéantissement de l'armée, que ceux-ci sortirent du palais convaincus et répandant partout la conviction que la France n'avait plus un seul homme à opposer à l'invasion, et qu'il ne lui restait plus qu'à se mettre à la discrétion du vainqueur. Fouché avait, du reste, déjà pris les devants à cet égard; dans la journée même, il avait dépêché un agent secret au duc de Wellington.

III

Le 21 ljuin, au matin, Napoléon assembla son conseil des ministres et fit appel à leur patriotisme; il déclara qu'il avait besoin, pour sauver la patrie, d'un grand pouvoir, d'une dictature temporaire, qu'il pourrait se saisir de ce pouvoir, mais qu'il serait plus utile et plus national que l'initiative vînt des chambres. Un morne silence accueillit les paroles de Napoléon. Interpellé par lui, le ministre de l'intérieur Carnot, jadis l'organisateur de la victoire, fut le seul qui osât s'élever à la hauteur des circonstances et proposer des mesures appropriées à la crise suprème dans laquelle se trouvait le pays.

Carnot ouvrit l'avis de déclarer la patrie en danger, d'appeler aux armes les fédérés et toutes les gardes nationales, de mettre Paris en état de siége et de le défendre à outrance; puis, à la dernière extrémité, de se retirer derrière la Loire, et de s'y retrancher jusqu'au moment où l'on serait redevenu assez fort pour reprendre l'offensive et chasser l'ennemi de France. Cette opinion ne trouva point d'écho. Caulaincourt, tout en reconnaissant que la nation devait faire un grand effort pour sauver son indépendance, prétendit que le succès ne dépendrait point de telle ou telle mesure; suivant lui, la question était tout entière dans les chambres et dans leur union avec le gouvernement. Fouché, dont cette manière d'envisager la situation servait admirablement les vues, abonda dans le sens de Caulaincourt; il eut même l'audace d'ajouter, lui qui savait mieux que personne quelles étaient les intentions des représentants, que l'Empereur, en leur montrant de la confiance et de la bonne foi, obtiendrait facilement leur concours. Le ministre de la marine, Decrès, démentit les assurances mensongères de Fouché, en déclarant nettement qu'on ne réussirait point à gagner les députés, qu'ils étaient mal disposés et paraissaient décidés à se porter aux plus violents excès. Regnault (de Saint-Jean d'Angely) confirma les paroles de Decrès; il alla même jusqu'à ajouter qu'il craignait qu'un grand sacrifice ne fût nécessaire; et comme Napoléon, soulevant ce voile déjà si transparent, s'écriait : « C'est mon abdication qu'ils veulent, n'est-ce pas? » Regnault lui répondit : « Que s'il ne s'y résolvait pas de son propre mouvement, il serait possible que la chambre osât lui demander d'abdiquer. »

Lucien et Joseph assistaient au conseil. Le premier, dont la décision et la fermeté avaient si puissamment contribué à la réussite du 18 brumaire, et qui, depuis, s'étant tenu à l'écart pendant nombre d'années, n'était accouru qu'au jour du danger, retrouva dans cette occasion critique toute sa hardiesse et toute son énergie d'autrefois.

Il proposa hautement la dictature, et fut appuyé par Carnot et par Maret : « Tant que durera la crise, dit le ministre de l'intérieur, il me semble effectivement indispensable que l'Empereur soit revêtu d'une grande et imposante autorité. »

Chose étrange! dans ces circonstances terribles, où il s'agissait, comme en 93, de sauver, coûte que coûte, l'indépendance du pays, c'étaient encore, au bout de vingt ans de sommeil apparent, l'esprit de la Montagne et l'esprit de la Gironde qui se retrouvaient en présence; c'était encore le vieil antagonisme des exaltés et des modérés, des moyens termes et des moyens extrêmes. Carnot, l'ancien montagnard, abjurant momentanément ses répugnances, ne considérait que la question de salut public et demandait des mesures héroïques. Les héritiers de la Gironde, Lafayette, Lanjuinais et autres, ne consultant que leurs rancunes, tenaient leurs regards fixés sur l'intérieur, refusaient leur concours aux grandes mesures, et poursuivaient exclusivement, au risque de désorganiser la défense et de livrer la France à l'ennemi, la satisfaction de leurs intérêts de parti. Mais ce qu'il y a de plus curieux encore, c'est qu'au moment même où le jacobin Carnot se dévouait avec abnégation à la cause de Napoléon, répudiée par les girondins de la chambre des représentants, c'étaient les jacobins que flétrissait Napoléon à ses heures de vivacité et d'amertume; c'était sous le nom de jacobins qu'il accusait Lanjuinais, Lafayette et tous ceux qui réclamaient impérieusement sa prompte abdication.

Napoléon hésitait à suivre le parti vigoureux que lui suggéraient Lucien et Carnot : « Ce n'est pas mon avis, dit-il; j'ai recommencé la monarchie constitutionnelle, et je veux m'y tenir. D'ailleurs, dans quel embarras ne jetterait pas une telle mesure? Pourquoi s'isoler de la nation? La dictature a toujours été inutile; un prince fort n'en a pas besoin, et quand la fortune l'abandonne, toutes les dictatures du monde ne le sauveraient pas. » Puis il ajouta : « La présence de l'ennemi sur le sol national rendra aux députés, je l'espère, le sentiment de leur devoir. La nation ne les a pas envoyés pour me renverser, mais pour me soutenir. Je ne crains rien pour moi, mais je crains tout pour la France. Si nous nous querellons entre nous, au lieu de nous entendre, nous aurons le sort du Bas-Empire; tout est perdu. Le patriotisme de la nation, sa haine pour les Bourbons, nous offrent encore d'immenses ressources; notre cause n'est pas désespérée. »

Et, pour prouver la vérité de cette dernière affirmation, Napoléon se mit à passer en revue les moyens de défense qui restaient à la France; il énuméra rapidement les forces que l'on pouvait encore opposer à l'ennemi; il prouva qu'en quelques jours il serait facile de réunir à Laon une armée au moins égale à celle qui avait combattu à Waterloo, puis de porter, au commencement de juillet, cette armée à 130,000 combattants. Sa parole ferme et colorée, ses explications nettes et précises firent une vive impression sur le conseil des ministres; la majorité reprit confiance. Conformément à l'avis de Lucien et de Carnot, il fut décidé que Napoléon serait revêtu de pouvoirs extraordinaires pour diriger la résistance; que Paris serait mis en état de siège; que le centre du gouvernement et les chambres seraient transférés à Tours, s'il en était besoin; que Davout serait appelé au commandement de Paris, et le général Clausel au ministère de la guerre; que le nombre des fédérés serait immédiatement doublé, et qu'on leur distribuerait des armes dans la journée.

I V

Ce plan de conduite une fois adopté, la mise à exécution allait s'ensuivre. Déjà la secrétairerie d'État était à l'œuvre; déjà les ordres commençaient à s'expédier, lorsque tout à coup un message émané de la chambre des représentants tomba comme la foudre au milieu du conseil encore assemblé, suspendit le cours de ses délibérations, et brisa cette énergie factice qu'avait un instant montrée la majorité de ses membres. Les menées occultes de Fouché et l'hostilité de Lafayette, Lanjuinais, Flaugergues, etc., avaient porté leurs fruits. La chambre venait de se déclarer en permanence, de proclamer son inviolabilité et de rompre hautement avec le pouvoir exécutif.

Le 20 au soir, à l'heure où Napoléon arrivait à l'Élysée, une réunion des principaux membres de l'opposition avait eu lieu chez le ministre de la police (Fouché); on y avait combiné un plan de conduite pour la séance du lendemain. En outre, dans la matinée du 21, Fouché avait pris à tâche de semer l'alarme parmi les représentants et d'augmenter leur irritation en écrivant, de la salle même du conseil des ministres, à ses affidés du palais législatif, plusieurs billets dans lesquels étaient dénoncés les projets de dictature. La séance s'était donc ouverte, vers midi, sous la présidence de Lanjuinais, au milieu d'une extrême agitation et de cris de colère. Lafayette était aussitôt monté à la tribune et avait prononcé le discours suivant :

« Messieurs, lorsque, pour la première fois depuis bien des années, j'élève une voix que les vieux amis de la liberté reconnaîtront encore, je me sens appelé à vous parler des dangers de la patrie, que vous seuls à présent avez le pouvoir de sauver.

« Des bruits sinistres s'étaient répandus; ils sont malheureusement confirmés. Voici l'instant de nous rallier autour du vieux étendard tricolore, celui de 89, celui de la liberté, de l'égalité et de l'ordre public; c'est celui-là seul que nous avons à défendre contre les prétentions étrangères et contre les tentatives intérieures. Permettez, messieurs, à un vétéran de cette cause sacrée, qui fut toujours étranger à l'esprit de faction, de vous

soumettre quelques résolutions préalables dont vous apprécierez, je l'espère, la nécessité.

« Art. 1er. La chambre des représentants déclare que l'indépendance de la nation est menacée.

« 2. La chambre se déclare en permanence. Toute tentative pour la dissoudre est un crime de haute trahison; quiconque se rendrait coupable de cette tentative sera traître à la patrie et sur-le-champ jugé comme tel.

« 3. L'armée de ligne et les gardes nationales qui ont combattu et combattent encore pour défendre la liberté, l'indépendance et le territoire de la France, ont bien mérité de la patrie.

« 4. Le ministre de l'intérieur est invité à réunir à l'état-major général les commandants et majors de légion de la garde nationale parisienne, afin d'aviser aux moyens de lui donner des armes, et de la porter au plus grand complet cette garde citoyenne, dont le patriotisme et le zèle éprouvé depuis vingt-six ans offrent une sûre garantie à la liberté, aux propriétés, à la tranquillité de la capitale et à l'inviolabilité des représentants de la nation.

« 5. Les ministres de la guerre, des relations extérieures, de la police et de l'intérieur sont invités à se rendre sur-le-champ dans le sein de l'assemblée. »

Le discours de Lafayette avait été accueilli par de retentissantes acclamations et de nombreux cris : Aux voix ! Les trois premiers articles de sa proposition et le cinquième, qui ordonnait la comparution des ministres, avaient été à l'instant même adoptés sans débat; le quatrième n'avait été ajourné que jusqu'après cette comparution. On avait, de plus, décidé que ces résolutions de l'assemblée seraient notifiées à la chambre des pairs et à l'Empereur, imprimées, affichées dans Paris, et transmises dans tous les départements. Ainsi, pour sauvegarder son autorité, pour maintenir son existence, la chambre n'avait pas craint de violer la constitution qu'elle venait de jurer quatorze jours auparavant; quelque pressante que fût la menace de l'invasion, il ne lui coûtait rien de désorganiser et de renverser le gouvernement, pourvu qu'elle pût lui survivre; elle ne s'inquiétait ni de la situation terrible que le désastre de Waterloo avait faite à la France, ni des mesures à prendre pour s'opposer à la marche des armées étrangères vers Paris; elle ne semblait soupçonner ni la grandeur de la crise ni la prochaine arrivée de l'ennemi.

Les conséquences fatales de la proposition de Lafayette n'échappèrent point à Napoléon : « J'aurais dû ajourner cette chambre avant mon départ, dit-il après avoir lu le message; elle va perdre la France. » Il ajouta en même temps : « Regnault ne m'a pas trompé; j'abdiquerai s'il le faut. » Puis aussitôt, sentant qu'il avait été trop loin et que ses adversaires tireraient grand avantage de cette parole imprudente, il se reprit en disant « qu'il fallait cependant, avant de prendre un parti, savoir ce que tout cela deviendrait. » Regnault (de Saint-Jean d'Angely) fut envoyé à la chambre des représentants pour la calmer et sonder le terrain, en annonçant que l'Empereur n'était venu à Paris que pour se concerter avec le conseil des ministres et avec le pouvoir législatif sur les mesures de salut public exigées par les circonstances. Carnot alla faire la même communication à la chambre des pairs; mais les autres ministres, et Fouché lui-même, reçurent de Napoléon l'ordre de ne pas obéir au décret de comparution.

Regnault reçut des représentants un accueil glacial; la chambre l'écouta dans le silence le plus complet, et pas un orateur ne lui succéda à la tribune. Mais à peine eut-il quitté la salle que, sur la motion de Félix Desportes, une commission administrative de cinq membres fut instituée dans le but de pourvoir aux moyens de *protéger* l'assemblée. Par un second décret, un nouvel ordre de comparution fut ensuite adressé aux ministres, et l'exécution de cet ordre mise sous leur responsabilité personnelle. Peu s'en fallut qu'on n'allât jusqu'à décider que le commandement en chef de la garde nationale de Paris serait ôté à Napoléon et donné au général Lafayette.

L'hostilité de la chambre allait croissant, comme on voit, et déjà même on y parlait hautement de mesures extrêmes. Napoléon, brisé par l'effort surhumain qu'il avait fait depuis trois mois et par le cruel souvenir de Waterloo, en proie à cette sorte d'abattement qui suit toujours les grandes fatigues physiques et morales, saisi d'ailleurs d'un profond dégoût à la vue de toutes les lâchetés qui recommençaient à se donner carrière comme en 1814, Napoléon recevait toutes les nouvelles venues successivement du palais législatif sans frémissement et sans colère. Descendu un instant dans le jardin de l'Elysée, où Lucien l'avait suivi, il écoutait même avec une étrange insensibilité les incessantes acclamations du peuple, qui ne quittait pas les abords du palais; aux instances de son frère, qui lui disait : « Vous entendez ces cris; on vous demande des armes; on veut que vous dirigiez toutes les forces nationales... Abandonnerez-vous la France aux factions?» Il répondait : «Suis-je plus qu'un homme pour ramener à l'union, qui seule peut sauver la France, cinq cents députés égarés? ou suis-je un misérable chef de parti pour allumer inutilement la guerre civile? Non, jamais. Que l'on essaie de ramener les chambres, je ne demande pas mieux. Je puis tout avec elles; je pourrais beaucoup sans elles pour mon intérêt, mais je ne saurais peut-être sauver la patrie. Allez vous-même les trouver; j'y consens; je vous défends, toutefois, de haranguer en sortant ce peuple qui me demande des armes; je suis prêt à tout tenter pour la France; je ne veux rien pour moi. »

Lucien partit avec le titre de commissaire extraordinaire; les quatre ministres mandés par la chambre l'accompagnaient; il était porteur d'un message impérial adressé aux représentants pour les inviter à l'union et réclamer leur concours ac-

tif aux mesures de salut public nécessitées par les circonstances. En remettant à son frère le message et le décret qui lui donnait pouvoir de parler au nom de l'Empereur, Napoléon lui avait dit : « Allez, et parlez de l'intérêt de la France, qui doit être cher à tous ses représentants. A votre retour, je prendrai le parti que me dictera mon devoir.»

Lucien trouva la chambre dans une extrême fermentation; sous l'impulsion de Lafayette, Manuel, Roy, M. Dupin et de quelques autres meneurs, les propositions les plus violentes circulaient de groupe en groupe et de banc en banc; on prononçait à haute voix le mot de déchéance. Lorsque le commissaire impérial parut à la tribune, le souvenir du 18 brumaire se présenta instantanément à tous les esprits; l'assemblée laissa percer un sentiment d'appréhension, et son agitation dut s'en accroître. Lucien demanda que la chambre se formât en comité secret, et, le public s'étant retiré, il lut le message qui, après un rapide exposé des revers essuyés à Waterloo, invitait les représentants à s'unir au chef de l'Etat « pour préserver la patrie du malheur de retourner sous le joug des Bourbons, ou de devenir, comme la Pologne, la proie des étrangers, » et se terminait par la proposition que Napoléon faisait aux deux chambres de nommer, chacune, une commission de cinq membres, chargée de se concerter avec les ministres sur les mesures de salut public et sur les moyens de traiter de la paix avec les coalisés.

Le message lu, la tempête éclata; le commissaire impérial eut à lutter contre un feu croisé d'interpellations menaçantes et confuses. M. Jay proposa formellement de nommer une commission qui irait demander à Napoléon son abdication et lui annoncer qu'en cas de refus l'assemblée prononcerait sa déchéance. L'audacieuse motion de ce représentant fut couverte d'applaudissements; mais elle était prématurée et ne put aboutir à un vote. La chambre décida qu'une commission serait nommée, conformément à l'invitation contenue dans le message de l'Empereur, pour s'entendre avec les ministres; le comité secret fut levé, et, séance tenante, on désigna, pour faire partie de la commission, le président Lanjuinais, et les quatre vice-présidents, Lafayette, Dupont (de l'Eure), Flaugergues et le général Grenier.

Lucien, en sortant de la chambre élective, à huit heures du soir, se rendit à la chambre des pairs, et lui donna également communication du message de l'Empereur; il y fut accueilli avec plus de ménagements qu'au palais législatif; mais la pairie, qui avait adopté docilement, à un article près (l'article relatif à la comparution des ministres), la résolution prise par les représentants sur la proposition de Lafayette, avait par cela même perdu toute initiative; elle se réduisait ainsi au rôle de simple chambre d'enregistrement, et se dessaisissait spontanément de toute action sur les événements qui rieurs. Les commissaires choisis par elle furent les généraux Drouot, Dejean, Andréossy, et MM. de Boissy-d'Anglas et Thibaudeau.

V

A son retour à l'Elysée, Lucien rendit compte de sa mission; il ne dissimula pas à son frère que la chambre des représentants lui était trop hostile pour qu'on pût espérer de la ramener, et qu'il fallait la dissoudre sur-le-champ, ou se résigner à abdiquer. Caulaincourt et Maret, esprits timorés, combattirent la dissolution, objectant que la chambre avait acquis trop de force dans l'opinion pour qu'on pût tenter contre elle un coup d'autorité, et insinuant que l'abdication était peut-être le seul moyen qui restât à l'Empereur de faire passer sa couronne sur la tête du roi de Rome. Napoléon alors se reprit à hésiter; les résolutions les plus contradictoires surgissaient et s'évanouissaient tour à tour dans son âme troublée. Tantôt, en entendant les cris du peuple rassemblé autour de l'Elysée, et auquel il n'avait qu'à faire un signe pour balayer ses adversaires, son orgueil humilié se révoltait contre les exigences de la chambre des représentants, et il manifestait la velléité de recourir aux mesures les plus énergiques. Tantôt la lassitude, le sentiment de son prestige affaibli, et peut-être aussi la crainte de ne plus être assez fort pour dominer la situation, pesaient de tout leur poids sur son esprit, étonné par la grandeur des désastres récents, et il se laissait aller à la pensée de céder, pour la seconde fois, à la fortune, et de se condamner à un nouveau sacrifice. C'était dans un de ces accès de découragement que déjà, dans la matinée, il avait fait inviter Barbier, bibliothécaire du conseil d'Etat, à lui adresser sans délai une note sur les principaux faits historiques relatifs à des exemples d'abdication d'empereurs ou de rois, comme s'il n'avait pas suffisamment appris, en 1814, comment doivent tomber les chefs d'empire. En vain Lucien cherchait-il à ranimer cette volonté défaillante et à en obtenir un coup de vigueur : « Que faites-vous? lui disait-il, je ne vous reconnais plus; vous êtes plus irrésolu qu'au 18 brumaire. Osez, et vous triompherez encore. — Le coup serait trop hardi, répondait Napoléon. » Puis il ajoutait en parlant des représentants : « Ils ne sont encore quelque chose qu'à l'abri de mon nom : si je tombe, je les entraîne; s'ils me précipitent, ils seront les premiers perdus. »

Il y eut cependant un moment où Napoléon, réagissant violemment contre les incertitudes de son âme, fut sur le point de se rendre à l'avis de son frère et de tenter la dissolution; un éclair de résolution passa sur son front, mais il ne fit qu'y passer : « Non, dit-il presque aussitôt, la vie d'un homme ne vaut pas ce prix. Je ne suis pas revenu de l'île d'Elbe pour que Paris soit inondé de sang. »

Regnault (de Saint-Jean d'Angely) survint, un esprit peureux, un cœur sans initiative et sans vigueur. « Que me conseillez-vous? lui dit Napoléon; abdiquer ou combattre? — Sire, répondit le ministre, si vous avez des moyens de résistance que j'ignore, il n'y a point de temps à perdre; servez-vous-en et triomphez; mais si vous n'avez pas d'autres ressources que celles que je vous connais, il est impossible de détourner l'orage. Cédez, ou vous êtes perdu, vous, vos proches, vos amis, et tous ceux qui ont suivi votre fortune. — Mais, interrompit Lucien, que deviendra mon frère? — Prince, dit Regnault, comment répondre de ce que je ne sais pas. — On ne le laissera pas en France, reprit vivement Lucien; ira-t-il en otage à Vienne? — Moi, s'écria Napoléon, moi chez les Autrichiens! jamais; autant vaudrait mourir sur l'heure. Je puis trouver un autre asile, l'Angleterre, par exemple, ou l'Amérique. » Et quittant brusquement la salle, il descendit dans les jardins du palais, où il eut un long entretien avec Benjamin Constant, qu'il avait fait demander.

VI

Les commissaires nommés par les deux chambres pour se concerter avec le gouvernement, les huit ministres à départements, Cambacérès, Caulaincourt, Carnot, Decrès, Fouché, Davout, Gaudin, Mollien, et les quatre ministres d'Etat, Boulay (de la Meurthe), Defermon, Merlin (de Douai) et Regnault (de Saint-Jean d'Angely) se réunirent à onze heures du soir, aux Tuileries, dans la salle du conseil d'État. Lucien assistait aussi à la séance, en qualité de commissaire de l'Empereur; Cambacérès présidait. « Cette grande salle du conseil d'État, témoin de tant de vicissitudes, dit M. Thibaudeau dans son *Histoire de l'Empire*, ce palais désert, le silence de la nuit et la gravité des circonstances, inspiraient la tristesse et une sorte d'effroi. A la discrétion des orateurs, à la modération des discours, au soin avec lequel on évitait d'abord de prononcer le nom de l'Empereur, on eût dit qu'encore tout-puissant il était caché pour entendre, ou que les murs étaient ses espions; son génie semblait planer sur l'assemblée pour la contenir plus que pour l'inspirer. Les ministres proposèrent tranquillement une levée d'hommes, une loi de haute police et des mesures de finances, à peu près comme on demandait autrefois des conscrits au sénat, de l'argent au corps législatif. Pas un mot des désastres de Waterloo, de leurs causes, de leur étendue, de la situation de l'armée, des ressources, de la question, agitée dans le comité secret, des obstacles que pourrait apporter la personne de Napoléon à la paix. »

Deux partis existaient dans le sein de la réunion, le parti de Napoléon et le parti des chambres. Ce dernier, s'exprimant par l'organe de Lafayette, proclama l'urgence de faire marcher de front les négociations et les mesures de défense, et déclara que, puisque l'ennemi refusait de traiter avec l'Empereur, il fallait lui envoyer des plénipotentiaires au nom du pouvoir législatif. Il demanda, en outre, que le conseil posât, comme principe de ses délibérations, la nécessité de tout sacrifier à la patrie, hormis la liberté constitutionnelle et l'intégrité du territoire. C'était prononcer de fait la déchéance de Napoléon. La proposition de Lafayette fut soutenue par Lanjuinais et par M. Thibaudeau ; elle eut aussi l'appui ostensible de Fouché, qui ne se croyait plus forcé de dissimuler ses vues. Les autres ministres la combattirent ; la discussion s'anima ; Lafayette revint à la charge, et, s'emparant d'un mot de Lucien, qui avait dit que si les amis de Napoléon avaient cru son abdication nécessaire au salut de la France, ils auraient été les premiers à la lui demander, il s'écria : « C'est parler en bon Français ; j'adopte cette idée et je la convertis en motion. Allons tous chez l'Empereur lui dire que, d'après tout ce qui s'est passé, son abdication est devenue nécessaire aux intérêts de la patrie. » La motion de Lafayette tranchait trop brutalement la question pour avoir chance de succès ; Cambacérès l'écarta du débat en déclarant qu'il ne pouvait pas mettre aux voix une proposition de cette espèce.

Le parti des représentants n'en obtint pas moins à peu près gain de cause. Après quatre heures de délibération, le conseil décida « que le salut de la patrie exigeait que Napoléon consentît à la nomination par les deux chambres d'une commission qui serait chargée *de négocier directement avec les puissances coalisées*, aux conditions de respecter l'indépendance nationale et le droit appartenant à tout peuple de se donner les constitutions qu'il juge à propos. » Et cependant telle était l'ardeur des passions déchaînées contre Napoléon, telle était l'impatience d'une solution plus radicale, que Lafayette, Lanjuinais, Flaugergues, Fouché et un autre membre ne se tinrent pas pour satisfaits de ce résultat, et annoncèrent hautement qu'il ne serait pas accepté par la chambre élective. On se sépara avec la conviction que la marche rapide des événements amènerait le lendemain des déterminations violentes contre Napoléon, et que la déchéance serait votée s'il ne la prévenait par son abdication.

En effet, à l'ouverture de la séance du 22, fixée à huit heures du matin, les menées de Fouché et les démarches faites pendant le reste de la nuit par les chefs de l'opposition, avaient porté leurs fruits. La majorité, qui, la veille, s'était contentée d'un moyen terme, était décidée à en finir ; les choses étaient désormais trop avancées pour qu'on ne les poussât pas jusqu'au bout ; la question était posée de telle façon qu'il fallait nécessairement que la chambre fût dissoute ou Napoléon dépossédé. Une seule considération retenait les ennemis du gouvernement impérial et les faisait hésiter devant une proposition formelle de déchéance : c'était la crainte de blesser les sentiments connus de l'armée et d'amener des déchirements ; aussi préféraient-ils que Napoléon abdiquât de son propre mouvement et par dévouement à la patrie. Tout ce monde d'entremetteurs officieux qu'en-

fantent les temps de crise s'agitait pour obtenir de Napoléon cette détermination irrévocable ; la foule des conseillers bénévoles allait et venait sans cesse sur le chemin de l'Élysée. A l'assemblée régnait une agitation inexprimable, entretenue par le retard que mettait la commission extraordinaire à présenter son rapport. Ce travail, confié au général Grenier, était prêt depuis assez longtemps ; mais les commissaires de la chambre, prévenus par Regnault (de Saint-Jean d'Angely) que Napoléon, cédant aux instances de son conseil des ministres, était sur le point de se résigner à l'abdication, attendaient, réunis à l'hôtel de la présidence, que la confirmation de cette nouvelle vînt leur permettre d'offrir une plus importante satisfaction aux impatiences de leurs collègues du palais législatif.

Regnault (de Saint-Jean d'Angely) s'était trop hâté ; Napoléon n'avait pas encore pris de résolution définitive ; loin de là, son indécision était plus grande que jamais. Son esprit flottait perpétuellement entre la violence et la faiblesse ; il sentait le pouvoir lui échapper, et n'avait ni la volonté de le remettre ni la force de le retenir. Entouré de ses deux frères, Lucien et Joseph, de ses ministres et de quelques-uns de ses conseillers d'État, assemblés en conseil impérial, il écoutait d'un air fatigué, distrait, parfois même ironique, les avis divers qui se produisaient dans la réunion. Lucien tenait toujours pour le coup d'État ; il voulait que Napoléon se rendît aux Tuileries, appelât à lui l'armée et les fédérés, et prononçât l'*ajournement* des deux chambres. « Les représentants, disait-il, pourront protester ; ils ne résisteront pas. » La plupart des ministres combattaient l'opinion de Lucien comme devant être le signal d'une affreuse guerre civile. Fouché proposait l'abdication sous couleur de ménager les intérêts du jeune roi de Rome, et, grâce à l'habileté de ses insinuations, il avait réussi à surprendre l'adhésion de Caulaincourt, de Maret et même de Joseph, que séduisait peut-être l'espoir d'être promu à la régence. Le temps s'écoulait au milieu de ces vaines et interminables délibérations ; la commission extraordinaire, qui attendait toujours l'accomplissement de la promesse de Regnault, finit par perdre patience et annonça qu'elle ne pouvait plus retarder la présentation de son rapport à la chambre. Napoléon fit alors répondre qu'il allait envoyer aux représentants un message où il déclarerait approuver la nomination d'une ambassade chargée de traiter avec l'ennemi, et offrirait même de sacrifier sa personne, si elle était un obstacle invincible au succès des négociations.

Mais cette concession, bien qu'elle laissât pressentir l'abdication, ne pouvait plus suffire au point où en était arrivée la chambre. La lecture du rapport du général Grenier, au nom de la commission, et l'annonce du message impérial furent accueillis par une explosion de murmures ; les chefs de la majorité éclatèrent en menaces, en cris d'emportement. M. Duchesne demanda qu'on engageât l'Empereur à abdiquer au nom sacré de la patrie. « Le salut de la patrie n'est que dans l'abdication ! s'écria un autre membre d'une voix retentissante. — Il n'est que là, ajouta Lafayette, et si l'abdication tarde encore à venir, je proposerai la déchéance. » Ces derniers mots furent couverts d'applaudissements.

Regnault (de Saint-Jean d'Angely) était entré dans la salle au milieu de ce tumulte, et, montant au fauteuil de la présidence, il avait prévenu Lanjuinais qu'avant trois heures la chambre aurait reçu de l'Élysée un message qui pourrait remplir ses vues. Il était une heure de l'après-midi ; l'attente ne devait donc être que de deux heures ; mais ce délai parut trop long à la majorité ; les vociférations redoublèrent ; c'était à qui protesterait le plus haut contre la perte de temps que l'on faisait subir à l'assemblée. Il fallut, pour ralentir l'élan de ces scandaleuses manifestations, que le général Solignac, tout partisan qu'il était de l'abdication immédiate, vînt rappeler la chambre au sentiment de la pudeur et invoquer la nécessité de conserver l'honneur du chef de l'État ; encore dut-il, pour se faire écouter, réduire le délai à *une heure*. Un vote régulier, par assis et levé, intervint sur la question ainsi posée, et la chambre — ô dérision des grandeurs humaines ! — cette même chambre qui, quelques jours auparavant, avait juré fidélité à la constitution et à l'Empereur, daigna à peine lui accorder une heure pour descendre du trône !

VII

La séance fut aussitôt suspendue ; mais l'heure n'était pas encore écoulée que déjà se renouvelaient les scènes d'impatience et de colère. Le maréchal Davout parut ; ministre de la guerre, il apportait de rassurantes nouvelles de l'armée ; son rapport ne fut pas écouté ; les préoccupations étaient ailleurs ; le véritable ennemi pour l'assemblée, ce n'était plus Wellington ou Blücher, c'était Napoléon. Les représentants tenaient leurs regards fixés sur les cadrans d'horloge placés dans l'enceinte. Quand le délai fatal fut expiré, quelques-uns d'entre eux s'élancèrent à la tribune, et, tirant leurs montres ou indiquant du doigt les cadrans, ils s'écrièrent qu'il fallait en finir ; il leur fut répondu par des acclamations ; on entendit même parler de mise en accusation et d'arrestation dans les groupes formés au bas de la tribune. La chambre, entraînée par sa passion, allait évidemment se porter aux dernières extrémités, lorsqu'une nouvelle, transmise par Fouché à Manuel, vint tout à coup calmer ces esprits en délire : Napoléon avait cédé ; il dictait son abdication.

Les hésitations de Napoléon avaient duré jusqu'à la fin ; il n'y avait encore rien d'arrêté dans sa pensée au moment où Regnault avait annoncé à Lanjuinais l'envoi d'un prochain message de nature à satisfaire la chambre des représentants. Toujours plein de répugnance pour les moyens violents, on aurait dit qu'il s'attendait, en gagnant

du temps, à voir surgir un événement imprévu qui le dispenserait de faire acte de volonté. Retranché dans son inertie et dans son apparente insensibilité, les rapports qu'il recevait à chaque instant du palais législatif ne faisaient naître aucun signe d'émotion sur son visage. Toutefois, en apprenant le vote qui ne lui donnait qu'une heure pour se dessaisir de sa couronne, il ne put se défendre d'un mouvement d'indignation et s'écria avec fierté : « Comment! de la violence! Puisque c'est ainsi, je n'abdiquerai point ! La chambre n'est qu'un composé de jacobins, de cerveaux brûlés et d'ambitieux... J'aurais dû les dénoncer à la nation et les chasser! Mais le temps perdu peut se rattraper !.. — Sire, lui dit Regnault quand il vit se calmer son irritation, ne cherchez point, je vous en conjure, à lutter plus longtemps contre la force des choses. Ne laissez pas à la chambre le moyen de vous accuser d'avoir empêché d'obtenir la paix. En 1814, vous vous êtes sacrifié au salut de tous ; renouvelez aujourd'hui ce grand, ce généreux sacrifice. — Mon intention n'a jamais été de refuser d'abdiquer, répliqua Napoléon avec un reste d'amertume ; mais je veux qu'on me laisse y songer en paix, dans l'intérêt de la France et de mon fils. » Puis il ajouta prophétiquement : « Quand j'aurai abdiqué, vous n'aurez plus d'armée... Dans huit jours, l'étranger sera à Paris. »

En prononçant ces derniers mots, Napoléon promena ses regards autour de lui, comme pour réveiller le patriotisme et l'énergie de ceux qui l'écoutaient ; mais tout le monde baissa les yeux et garda le silence. Un moment après, il vit entrer plusieurs membres de la chambre des représentants, qui venaient l'engager à hâter son abdication. Le général Solignac et M. Durbach parurent à leur tour. « Sire, lui dit le premier, écoutez la voix d'un ami ; on vous trompe ; vos flatteurs vous égarent ; ils ne sont pas encore contents du mal qu'ils vous ont fait. *Le peuple* et les chambres demandent votre déchéance. Vous régniez sur nous par la victoire ; elle vous a abandonné ; tremblez que la nation ne suive son exemple ; il ne vous reste qu'un seul instant, qu'un seul moyen pour échapper aux affronts d'une déchéance ; abdiquez. — Que j'abdique, répondit Napoléon ; une seule victoire longtemps disputée a-t-elle sans retour décidé du sort de la France et du mien ? » Le général Solignac insista ; les sollicitations des ministres et des autres conseillers devinrent plus pressantes ; M. Léon d'Alméïda, commandant militaire du palais législatif, envoyé par Lanjuinais, déclara que la chambre ne voulait plus attendre et menaçait de prononcer la mise hors la loi. Lucien lui-même, convaincu qu'il n'était plus temps de résister, exhorta son frère à se soumettre à son destin ; Joseph joignit ses efforts à ceux de Regnault et autres. Napoléon se résigna : « Écrivez à ces messieurs, dit-il à Fouché avec un sourire ironique, de se tenir tranquilles ; ils vont être satisfaits. » Las Cases raconte, dans le *Mémorial de Sainte-Hélène*, que Carnot était présent, et, qu'en voyant ce dénoucment, il appuya sa tête sur ses deux mains et se mit à fondre en larmes.

Napoléon dicta son abdication à Lucien. Cette pièce était ainsi conçue :

« Français, en commençant la guerre pour sou-« tenir l'indépendance nationale, je comptais sur la « réunion de tous les efforts, de toutes les volontés « et sur le concours de toutes les autorités nationa-« les ; j'étais fondé à en espérer le succès, et j'au-« rais bravé toutes les déclarations des puissances « contre moi.

« Les circonstances me paraissent changées. Je « m'offre en sacrifice à la haine des ennemis de la « France... Puissent-ils être sincères dans leurs dé-« clarations et n'en avoir voulu réellement qu'à ma « personne. Ma vie politique est terminée, et je pro-« clame mon fils, sous le titre de *Napoléon II, em-* *« pereur des Français.*

« Les ministres actuels formeront provisoire-« rement le conseil de gouvernement. L'intérêt que « je porte à mon fils m'engage à inviter les cham-« bres à organiser, sans délai, la régence par une « loi.

« Unissez-vous tous pour le salut public et pour « rester une nation indépendante !

                  « NAPOLÉON.

« Au palais de l'Elysée, ce 22 juin 1815. »

Le sacrifice était consommé !

Les ministres portèrent aux chambres la décla-ration de Napoléon. Lorsque le président Lanjui-nais en eut donné lecture à l'assemblée des repré-sentants, quelques membres, poussant la joie du triomphe jusqu'à l'oubli des plus simples conve-nances, firent entendre des applaudissements ; mais l'immense majorité de leurs collègues, les ennemis les plus passionnés de Napoléon, ceux-là même qui avaient le plus vivement insisté pour son abdication, accueillirent dans un silence res-pectueux cet acte d'abnégation tardive. Il y eut dans la chambre, étonnée et comme touchée de la résolution de Napoléon, un moment de tristesse involontaire et de recueillement. Fouché en pro-fita pour jouer une scène d'attendrissement et dissimuler ainsi aux yeux du public le rôle qu'il s'était donné depuis deux jours dans la grande scène de l'abdication : « Ce n'est pas à une assem-blée de Français, dit-il, que je crois nécessaire de recommander les égards dus à Napoléon et de rappeler les sentiments que son malheur doit in-spirer.» L'émotion de Regnault (de Saint-Jean d'An-gely) était plus sincère ; elle fut aussi mieux appré-ciée de l'auditoire. Mais cette sorte de réaction, qu'avait produite dans les esprits le drame si saisis-sant de la chute, dura peu. Le bureau de la cham-bre, chargé d'aller exprimer à Napoléon, «au nom de la nation, le respect et la reconnaissance avec lesquels elle acceptait le noble sacrifice qu'il avait fait à l'indépendance et au bonheur du peuple fran-çais, » le bureau, disons-nous, n'était pas encore revenu de l'Elysée, que déjà les passions avaient re-

pris tout leur empire, et que les partis victorieux se félicitaient bruyamment d'avoir renversé l'homme alors le seul apte à sauver le pays des terribles conséquences de l'invasion.

<h2 style="text-align:center">VIII</h2>

Ce fut dans la soirée que les bureaux des deux chambres se rendirent à l'Elysée pour remercier Napoléon de son abdication ; ils y furent témoins d'un contraste étrange, émouvant, fécond en en-seignements historiques. Aux abords du palais se pressait une foule immense, une véritable armée populaire, dont l'ardeur et l'enthousiasme ne se démentaient point, et qui demandait toujours à grands cris que Napoléon se mît à sa tête et la menât à l'ennemi. Au dedans régnaient la soli-tude et le silence ; la tourbe des courtisans et des hauts fonctionnaires avait disparu ; un petit nom-bre d'hommes dévoués étaient seuls restés au-près du monarque déchu ; c'était la répétition de Fontainebleau. Napoléon reçut d'abord la députa-tion de la chambre des représentants, arrivée la première ; il faisait visiblement ses efforts pour conserver un air calme et impassible ; il y avait dans ses traits de l'altération et de l'abattement : « Je vous remercie des sentiments que vous m'ex-primez, répondit-il à Lanjuinais ; je désire que mon abdication puisse faire le bonheur de la France, mais je ne l'espère point ; elle laisse l'Etat sans chef, sans direction politique. Le temps perdu à me renverser aurait pu être employé à mettre la France en état d'écraser l'ennemi. Je recommande à la chambre de renforcer prompte-ment les armées ; qui veut la paix doit se prépa-rer à guerre. Ne mettez pas cette grande nation à la merci des étrangers ; craignez d'être déçus de vos espérances ; c'est là qu'est le danger ! Dans quelque position que je me trouve, je serai tou-jours bien si la France est heureuse. Je recom-mande mon fils à la France. J'espère qu'elle n'ou-bliera pas que je n'ai abdiqué que pour lui. »

Lanjuinais et ses collègues allaient se retirer, profondément émus de ce langage empreint d'une dignité si vraie et si triste, lorsque parut le bu-reau de la chambre des pairs. Par une dérision du hasard, c'était Lacépède, un des panégyristes les plus ampoulés et les plus serviles de Napoléon au temps de sa puissance, qui avait mission de por-ter la parole. A la vue de la nouvelle députation, Napoléon changea soudain de ton et d'attitude ; grave et mélancolique avec les envoyés de la chambre élective, il devint amer et cassant. Les représentants étaient ses ennemis déclarés et ne lui devaient rien ; les pairs étaient tous ses obli-gés, ses créatures ; il avait compté sur eux, et ils avaient trompé son espoir : « Je n'ai abdiqué que pour mon fils, leur dit-il ; si les chambres ne le proclamaient pas, mon abdication serait nulle... je rentrerais dans tous mes droits... D'après la marche que l'on prend, on ramènera les Bour-bons... Vous verserez bientôt des larmes de sang... On se flatte d'obtenir d'Orléans : mais les Anglais ne le veulent pas. D'Orléans lui-même ne voudrait pas monter sur le trône sans que la branche régnante eût abdiqué. Aux yeux des rois de droit divin, ce serait aussi un usurpateur... »

Les deux réponses de Napoléon ne furent point livrées à la publicité telles qu'elles avaient été prononcées; on craignit l'influence que pourrait avoir sur les esprits le tableau aussi sombre que juste et vraiment prophétique qu'il y traçait de l'avenir. Lanjuinais et le président de la chambre des pairs se concertèrent ensemble, et de leur travail d'épuration sortit la rédaction suivante, qui fut insérée dans les journaux du lendemain :

« Je vous remercie des sentiments que vous m'exprimez. Je recommande aux chambres de renforcer les armées et de les mettre dans le meilleur état de défense. Qui veut la paix doit se préparer à la guerre. Ne mettez pas cette grande nation à la merci des étrangers, de peur d'être déçus dans vos espérances. Dans quelque position que je me trouve, je serai heureux si la France est libre et indépendante. Si j'ai remis les droits qu'elle m'a donnés à mon fils, de mon vivant, ce grand sacrifice, je ne l'ai fait que pour le bien de la nation et l'intérêt de mon fils, que j'ai, en conséquence proclamé empereur. »

On verra ailleurs ce qu'il advint de cette proclamation du jeune fils de l'Empereur, et comment elle fut emportée dans le tourbillon des événements.

Napoléon dut sans doute regretter plus d'une fois, depuis, de n'avoir point tenu tête à la crise, et de s'être laissé déterminer au sacrifice de sa couronne; mais, bien que son acte d'abdication fût indivisible et impliquât la continuation de l'Empire dans la personne de Napoléon II, il ne put se résoudre ni à ressaisir son épée ni à revendiquer hautement les droits de son fils, et parut s'abandonner complétement à la destinée. Il était resté à l'Elysée, plus désert que jamais à l'intérieur, et gardé par un seul factionnaire à peine en uniforme, mais toujours entouré d'une foule tumultueuse et enthousiaste. Sa présence dans ce palais et les démonstrations incessantes de sympathie dont il était l'objet alarmèrent la commission de gouvernement; Fouché le fit prier de se retirer à la Malmaison. L'Empereur céda sans objection et partit, le 25 juin, à midi, dans la voiture du général Bertrand, sans être aperçu de la multitude, qui l'aurait peut-être enlevé et porté triomphalement aux Tuileries.   Ulysse La

Voyez CENT-JOURS (campagne des), EMPIRE, NAPOLÉON, empereur des Français; NAPOLÉON II, REPRÉSENTANTS (chambre des), WATERLOO, et les notices biographiques sur les principaux personnages dont il est parlé dans cet article.

Abdication de Charles X.

I

On sait quelles furent les causes de la chute profonde de la monarchie, dite légitime, en 1830.

La Restauration succomba pour avoir méconnu les irrésistibles tendances de notre société française renouvelée en 89, et pour avoir essayé de remonter le cours des âges. Tant qu'avait vécu Louis XVIII, esprit calculateur et rusé, personnage égoïste que les événements avaient mûri, et qui voulait mourir tranquille comme son aïeul Louis XV, le pouvoir royal avait fait effort pour maintenir, entre le présent et le passé, entre les influences bourgeoises et les prétentions de l'aristocratie nobiliaire, un équilibre précaire. Mais du moment où le roi de France s'appela Charles X, la lutte si péniblement ajournée jusqu'alors, prit tout à coup un caractère d'étrange vigueur et d'intraitable acharnement. Pendant plusieurs années, rien ne fut épargné par la royauté et par ses conseillers, pour arriver, sans violation formelle de la charte octroyée, à la reconstitution de la société sur ses antiques bases. M. de Villèle, l'instrument le plus habile et le plus persévérant du parti rétrograde, mit tout en œuvre pour atteindre ce but suprême, et put croire un instant qu'il lui serait donné d'y réussir. Lorsque enfin il eut été renversé par le déchaînement de la bourgeoisie, et que le ministère Martignac, un impuissant essai de conciliation, un pâle rayon de soleil entre deux tempêtes, eut disparu après lui, lorsqu'il fut devenu bien évident pour la royauté et pour les royalistes quand même, que les moyens légaux étaient insuffisants et qu'un coup de dictature était nécessaire pour comprimer la révolution et rétablir les principes de l'ancien régime, Charles X n'hésita plus; il appela à la présidence du conseil M. de Polignac, l'expression la plus complète de ces vieux émigrés de Coblentz qui n'avaient rien oublié ni rien appris, et tout se précipita vers le dénouement.

Le 2 mars 1830, le roi, s'adressant à la chambre des députés, nouvellement convoquée, prononça ces paroles menaçantes : « Je ne doute point de votre concours pour opérer le bien que je veux faire. Vous repousserez avec mépris les perfides insinuations que la malveillance cherche à propager. Si de coupables manœuvres suscitaient à mon pouvoir des obstacles que je ne dois pas, que je ne veux pas prévoir, je trouverais la force de les surmonter dans ma ferme résolution de maintenir la paix publique, dans la juste confiance des Français et dans l'amour qu'ils ont toujours montré pour leur roi. » La chambre répondit dans la fameuse adresse des 221 : « La charte a fait du concours permanent des vues politiques de votre gouvernement avec les vœux de votre peuple, la condition indispensable de la marche régulière des affaires publiques. Sire, notre loyauté, notre dévouement nous condamnent à vous dire que ce concours n'existe pas. » La guerre était officiellement déclarée; la nation soutint ses représentants, et, consulté par le gouvernement, le pays légal lui renvoya une majorité hostile. Alors la monarchie tira son épée; le coup d'état éclata. Le 25 juillet, un conseil de cabinet se tint à Saint-Cloud, dans lequel fut irrévocablement fixé le sort de la branche aînée des Bourbons. Charles X et le prince de Polignac gardaient seuls une contenance sereine ; les autres membres du conseil montraient une exaltation mêlée d'inquiétude ; le ministre de la marine, M. d'Haussez, s'absorbait dans le souvenir de Strafford. Le lendemain parurent au *Moniteur* ces ordonnances célèbres qui anéantissaient la liberté de la presse, dissolvaient la chambre nouvelle avant même qu'elle n'eût été réunie, et remaniaient le système électoral au profit exclusif des grands propriétaires du pays.

A la nouvelle de cette audacieuse tentative du pouvoir royal, depuis longtemps prévue, mais que les mieux renseignés ne croyaient pas si prochaine, ce fut dans tout Paris un immense mouvement d'indignation et de stupeur. La bourgeoisie se prépara à une énergique résistance, et sut intéresser le peuple à sa cause en rappelant Waterloo et le retour des Bourbons au milieu des bagages de l'étranger. Une lutte sanglante s'engagea dans les rues de Paris ; le canon tonna sur les quais ; la fusillade enveloppa d'un cercle de feu la cité presque tout entière ; la guerre civile déploya, dans un périmètre immense, ses malédictions et ses horreurs. Ce n'est pas ici le lieu de raconter cette mêlée terrible et sublime tout ensemble, de dire les éclatants et innombrables épisodes dont elle fut traversée, de citer les noms de ceux, soldats ou insurgés, qui montrèrent le plus d'héroïsme et surent le plus noblement mourir dans cette lutte fratricide. Le premier coup de feu n'avait été tiré que le mardi 27, et, dès la matinée du 28, M. Mauguin avait pu dire justement dans une réunion de députés convoquée chez M. Audry de Puyraveau : « C'est une révolution que nous avons à conduire. » Le sort de la légitimité était, en effet, déjà compromis. Les troupes royales, commandées par Marmont, sur le nom duquel pesait le double souvenir de la capitulation de Paris et de la défection d'Essonne en 1814, se battaient vaillamment ; mais l'insurrection avait pris d'effrayantes proportions ; l'alarme était au camp des hommes politiques, qui voyaient de minute en minute grossir le débordement populaire ; on s'agitait désespérément parmi eux pour faire cesser la lutte et obtenir le désaveu du coup d'état.

L'extrême gravité des circonstances n'avait pas échappé à Marmont, investi de tous les pouvoirs par suite de l'état de siége, et condamné, par la fatalité de sa position, à jouer sa tête pour le triomphe de mesures dont il avait énergiquement blâmé, en plein Institut, l'aveuglement et la folie. Deux fois déjà, dans la journée du 28, journée de sang et de deuil, il avait écrit à Charles X pour l'engager à faire des concessions. Sa première lettre s'était égarée ; il disait dans la seconde, à l'instar de M. Mauguin : « Sire, ce n'est plus une émeute, c'est une *révolution*. L'honneur de la couronne peut encore être sauvé ; demain, peut-être, il ne serait plus temps. » M. Arago, qui, pour arrêter l'effusion du sang, avait tenté une démarche personnelle auprès du maréchal, l'avait trouvé en proie aux plus douloureuses perplexités, partagé

entre le désir de faire cesser l'horrible conflit qui s'était engagé et la crainte de ternir ce qu'il appelait son honneur de soldat. Cinq commissaires envoyés par les députés, et qui étaient MM. Laffitte, Casimir Périer, Mauguin, Lobau et Gérard, purent également voir sur son visage bouleversé le reflet de l'agitation qui dévorait son âme ; et Marmont baissa tristement la tête, lorsque M. Laffitte lui dit que si le roi ne cédait point, il était décidé à se jeter corps et biens dans le mouvement.

Une troisième fois, Marmont écrivit à Charles X pour le presser de retirer les ordonnances, mais il ne fut point écouté. L'ardeur et les progrès de l'insurrection parisienne n'avaient fait aucune impression sur le cœur du vieux monarque ; son imperturbable confiance dans le succès de sa cause n'en avait pas été un instant ébranlé. Retiré à Saint-Cloud avec sa famille et sa cour, il gardait un maintien calme et assuré qui contrastait étrangement avec l'anxiété croissante de ses serviteurs les plus dévoués. Sa sécurité était d'ailleurs entretenue par les rapports de son principal conseiller qui, bien que resté à Paris et poursuivi de minute en minute, pour ainsi dire, par des nouvelles de plus en plus alarmantes, ne se doutait nullement qu'il y allait de la couronne de son maître, et se retranchait derrière une froide inflexibilité. M. de Polignac avait refusé de recevoir MM. Laffitte, Casimir Périer et autres ; il ne voyait dans le sentiment général de la population qu'une ébullition passagère de bourgeois ameutés, et, quand on venait lui annoncer avec terreur que la troupe de ligne semblait disposée à passer du côté des insurgés, il se contentait de répondre, d'un air parfaitement impassible, qu'il fallait alors tirer aussi sur la troupe.

II

Ce fut donc en vain qu'effrayés, comme Marmont, de la tournure sinistre que prenaient les événements, des royalistes d'une fidélité à toute épreuve se rendirent à Saint-Cloud pour essayer d'obtenir du roi le retrait des ordonnances. Charles X reçut froidement le général Vincent : « Les Parisiens sont dans l'anarchie, lui dit-il ; l'anarchie les ramènera nécessairement à mes pieds. » Le baron de Vitrolles n'eut pas plus de succès, bien que le souvenir des éminents services qu'il avait rendus à la légitimité en 1814 et en 1815, dût donner un grand poids à sa parole. Il en fut de même de M. Alexandre de Girardin, qui, renvoyé au dauphin, ne put obtenir de lui que ces mots prononcés avec sécheresse : « Je suis le premier sujet du royaume, et, comme tel, je ne dois avoir d'autre volonté que celle du roi. » On raconte que le premier des trois visiteurs ainsi dédaigneusement éconduits, le général Vincent, ne se tint pas pour battu, qu'il fit proposer, par l'intermédiaire de madame de Gontaut, à la duchesse de Berry de les conduire à Paris, elle et son jeune fils, et de les montrer au peuple, accompagnés du duc d'Orléans, qu'on aurait enlevé en passant par Neuilly, et engagé de vive force dans les hasards de l'entreprise; mais ce complot, dont la hardiesse avait, ajoute-t-on, séduit l'imagination italienne de la duchesse, échoua par l'indiscrétion d'un confident qui en livra le secret à Charles X.

Et pourtant au moment même où ce prince, frappé de vertige, rejetait toute idée de transaction et s'endurcissait dans sa détermination de ne point pactiser avec ceux qu'il nommait des factieux, les dangers que le coup d'état avait déchaînés sur la monarchie avaient pris d'immenses proportions. Pendant toute cette meurtrière journée du mercredi 28 juillet, les troupes avaient noblement fait leur devoir; elles avaient sillonné les grandes voies de communication de la capitale et renversé bien des barricades; mais elles avaient rencontré partout une héroïque résistance et essuyé les pertes les plus sensibles; et le soir, entourées d'ennemis sans cesse renaissants, trop peu nombreuses pour garder leurs postes de combat dans l'intérieur de la ville, harassées de fatigue, épuisées par la faim, profondément attristées du rôle odieux que leur imposaient les devoirs de l'obéissance militaire, elles avaient reçu l'ordre de se replier et étaient venues se masser autour du Louvre et des Tuileries, où la démoralisation commençait à se glisser dans leurs rangs. L'insurrection était maîtresse de la plus grande partie de Paris; les barricades détruites se relevaient; les rues se hérissaient de nouveaux obstacles en-

core plus formidables; chaque heure voyait augmenter le nombre et l'ardeur des combattants. La royauté était perdue, car l'Hôtel de Ville, ce foyer traditionnel de toutes les éruptions révolutionnaires, évacué par les soldats, avait été occupé par le peuple, et, dès le lendemain matin, une sorte de gouvernement provisoire représenté militairement par un général de fantaisie, Dubourg, civilement par M. Baude, imaginairement par Lafayette, le général Gérard et le duc de Choiseul, allait s'y installer.

Dans la nuit du 28 au 29, au sortir d'une réunion de députés qui s'était tenue le soir chez M. Audry de Puyraveau, Lafayette parcourut les barricades, et adressa à leurs défenseurs des exhortations enflammées, dont l'effet fut puissant, car elles promettaient à la victoire du peuple un chef éminemment populaire. Puis, quand le jour revint, la fusillade recommença; les faubourgs se ruèrent à l'attaque du Louvre et des Tuileries. Le drame de la rue touchait à sa fin; la monarchie légitime s'en allait aux abîmes; le temps de la conciliation était passé. Cependant, au milieu de ces luttes dernières, tous ceux qui redoutaient les hasards, les entraînements et les périls d'une révolution lancée sur la pente de l'inconnu, s'agitaient pour prévenir la chute d'une dynastie qu'ils ne croyaient point encore irrévocablement condamnée. Quelques membres de la pairie, jusqu'alors inactive, s'étaient rassemblés au Luxembourg pour aviser aux moyens de fléchir l'obstination in-

sensée de Charles **X**, et le grand-référendaire, **M.** de Sémonville, accompagné de **M.** d'Argout, avait été trouver le duc de Raguse à l'état-major, où, mis tout à coup en présence du prince de Polignac, il avait adressé à ce ministre, toujours inébranlable dans son calme et dans sa confiance, les objurgations les plus amères. **M.** de Polignac s'étant retiré, **MM.** de Sémonville et d'Argout proposèrent à Marmont d'arrêter les sept ministres signataires des ordonnances, et **M.** de Glandevès, gouverneur des Tuileries, s'offrit pour mettre l'ordre à exécution. Le duc de Raguse hésita; l'heure pressait; les deux négociateurs se décidèrent à partir pour Saint-Cloud. La voiture de **M.** de Polignac, appelé auprès du roi, suivit la leur et entra presqu'en même temps dans la cour du palais. Invité bientôt à se rendre chez le ex-monarque, **M.** de Sémonville rencontra encore, au seuil de l'appartement, le président du conseil, qui lui dit, en faisant un geste de décapitation : « Vous venez demander ma tête? N'importe. J'ai dit au roi que vous étiez là ; parlez le premier. »

Le grand-référendaire fut accueilli avec une sérénité de physionomie et de maintien qui le jeta dans une profonde surprise. L'inquiétude ne s'était pas encore glissée au cœur de Charles X ; malgré ce qu'il savait des sanglants combats de la veille et de l'attitude de Paris, malgré la nouvelle arrivée à Saint-Cloud que Versailles venait de s'insurger et pouvait, d'un moment à l'autre, déborder sur la résidence royale, le vieux prince ne doutait point qu'il ne fût toujours en situation de maîtriser les événements, et il essaya même d'en convaincre son interlocuteur. **M.** de Sémonville fit de vains efforts pour ébranler cette étrange sécurité, et lorsque, poussé à bout, il ajouta enfin : « Eh bien! sire, il faut tout vous dire ; si dans une heure les ordonnances ne sont pas rapportées, plus de roi, plus de royauté ! » Charles X lui répondit d'un air hautain et ironique : « Peut-être bien me donnerez-vous deux heures? » Puis il se leva pour le congédier. Alors, **M.** de Sémonville se précipita à ses genoux, et le saisissant par ses vêtements : « La dauphine! sire, s'écria-t-il, songez à la dauphine ! » Ce nom prononcé avec angoisse, et les funèbres souvenirs qu'il rappelait, firent une certaine impression sur Charles X ; mais il ne céda point, et **M.** de Sémonville se retira désespéré.

Toutefois, le moment n'était plus éloigné où cette incroyable quiétude allait disparaître et cette inexorable volonté de résistance se détendre tout à coup sous la pression d'une nécessité évidente et impérieuse. Les événements marchaient avec la rapidité de la foudre. Pendant que le haut dignitaire de la chambre des pairs s'épuisait à Saint-Cloud en stériles supplications, l'insurrection poursuivait à Paris le cours de ses succès et achevait de rejeter hors la ville l'armée de la dictature. La caserne de Babylone, occupée par les Suisses, avait été emportée de vive force après une défense meurtrière. Un hasard heureux avait également livré aux insurgés le Louvre et les Tuileries; la

garde royale et les Suisses, débordés de tous côtés, s'étaient repliés en désordre à travers les Champs-Elysées, vers l'Arc de l'Etoile et Chaillot. Des régiments de ligne, imprudemment laissés en contact avec une foule enthousiaste, et entraînés par ses sollicitations patriotiques, avaient fraternisé avec le peuple. La bataille était finie ; Paris était libre. A la nouvelle de ces prodigieux résultats, un inexprimable frémissement de joie avait couru d'un bout de la ville à l'autre ; les maisons, fermées et silencieuses depuis trois jours, s'étaient animées soudain et avaient répandu dans les rues, sur les places publiques, le long des boulevards, d'énormes masses de citoyens qui, sans avoir pris une part active au combat, en avaient ressenti toutes les émotions et venaient maintenant s'associer, de la manière la plus bruyante et la plus expansive, aux excitations et aux ivresses du triomphe. Pour eux comme pour les combattants, Charles X avait cessé de régner ; il n'y avait plus désormais de transaction possible avec un roi mitrailleur et parjure. Sans éprouver les mêmes haines, et tout en gardant au fond du cœur le regret que les choses eussent été poussées si loin, la plupart des hommes politiques commençaient à comprendre, eux aussi, l'impossibilité de conserver le trône à la branche aînée des Bourbons; il y en avait même quelques-uns parmi eux, et des plus influents, comme par exemple M. Laffitte, qui ne regrettaient rien et qui, dès la veille, s'étaient mis en communication secrète avec le duc d'Orléans. La déchéance de Charles X était donc un fait accompli dans l'opinion générale, et chaque parti se mettait en devoir d'organiser la situation à nouveau. A l'hôtel Laffitte se nouaient savamment les intrigues qui devaient aboutir à l'intronisation de la branche cadette, et les députés y créaient « pour veiller aux intérêts de tous, en l'absence de toute organisation régulière, » une commission municipale formée de MM. Casimir Périer, Lobau, de Schonen, Audry de Puyraveau et Mauguin. A l'Hôtel de Ville allait s'établir, au milieu des acclamations de la multitude armée, le pouvoir indéfini et innommé, mais tout puissant, du général Lafayette. Le drapeau tricolore ondoyait au sommet de tous les édifices publics, et le ruban de même couleur ornait toutes les boutonnières ; le drapeau blanc avait disparu.

Toutes ces effrayantes nouvelles vinrent successivement retentir à Saint-Cloud et y jetèrent l'épouvante. Les ministres, qui étaient réunis en conseil dans l'appartement royal, se sentant enfin incapables de dominer l'orage provoqué par leurs mesures, avaient déjà parlé au roi de la remise entre ses mains de leurs portefeuilles ensanglantés, et lui avaient en même temps conseillé les concessions. Marmont arriva sur ces entrefaites, couvert de poussière, le visage consterné, le désespoir dans la voix ; il annonça à Charles X la terreur panique des Suisses chargés de la défense du Louvre, l'évacuation de Paris, la déroute générale de l'armée à travers les Champs-Elysées et l'ordre donné par lui de continuer le mouvement de retraite sur Saint-Cloud. Charles X écouta en silence ce récit accablant ; sans adresser un seul reproche au maréchal, il lui dit d'aller prendre les ordres du duc d'Angoulême, nommé, depuis quelques instants, généralissime des troupes royales ; puis il fit rentrer les ministres qui s'étaient éloignés. La délibération se rouvrit ; le monarque raconta aux membres de son conseil son entrevue avec Marmont, et leur demanda leur avis sur les propositions qu'il avait reçues de MM. de Sémonville, d'Argout et de Vitrolles. La plupart des ministres penchèrent, comme avant cet incident, vers la révocation des ordonnances ; telle ne fut pas l'opinion de M. de Guernon-Ranville, qui, au dire de M. de Lamartine, avait été pour la conciliation tant qu'avait duré la lutte, mais qui, la défaite consommée, n'y voyait plus qu'un déshonneur. Le duc d'Angoulême applaudit aux paroles de M. de Guernon-Ranville ; il vanta à son père la fidélité des provinces, et déclara, dans un élan d'enthousiasme qu'on n'attendait point de ce caractère habituellement si effacé, qu'en tout cas, il valait mieux périr les armes à la main que de céder avec ignominie. Ces sentiments étaient aussi ceux qu'avait exprimés maintes fois la duchesse de Berry, emportée par l'ardeur du sang napolitain qui coulait dans ses veines. Mais la résolution de Charles X était à bout ; l'heure de la résignation avait sonné ; le vieillard pliait sous le faix des disgrâces du sort. Lui qui, la veille, dans une première entrevue, avait dit à M. de Mortemart : « Je n'ai point oublié comment les événements se sont passés il y a quarante ans ; je ne veux pas, comme mon frère, monter en charrette, je veux monter à cheval. » Le sacrifice de ses velléités chevaleresques une fois fait, il mit une sorte d'empressement fébrile à courber la tête sous la main victorieuse de la Révolution ; il déclara précipitamment qu'il nommait M. de Mortemart, un grand seigneur libéral, président du conseil et ministre des affaires étrangères, et désigna pour le ministère de l'intérieur, M. Casimir Périer ; pour le ministère de la guerre, le général Gérard. Puis il remercia de leur dévouement à sa personne et à sa politique les conseillers qui l'avaient perdu, et qui allaient s'éloigner chargés des dédains et des malédictions des courtisans. Lorsqu'à l'issue de cette scène pénible qui, dans le secret de sa pensée, n'était que le prélude de l'abdication, il apprit à la duchesse de Berry les concessions qu'il venait de faire, en ajoutant que, grâce à ces moyens de pacification, elle rentrerait le lendemain à Paris avec son fils ; la mère du duc de Bordeaux répondit avec un accent d'amère irritation : « Qui, moi, que j'aille montrer aux Parisiens mon visage humilié ?... Non, non, jamais ! » Quant au duc d'Angoulême, comme épuisé par l'effort d'indignation qu'il avait un instant opposé à la déchéance morale du roi son père, il monta à cheval et se dirigea vers les avant-postes de l'armée campée en avant de Saint-Cloud, mais il ne sut pas trouver un seul mot pour ranimer le courage des soldats abattus. S'étant approché d'un

capitaine, il lui demanda combien il avait perdu d'hommes, « Beaucoup, monseigneur, répondit le capitaine avec des larmes dans les yeux.—Vous en avez bien assez, vous en avez bien assez, reprit le dauphin, dont l'esprit n'était déjà plus avec son interlocuteur, et il continua son chemin d'un air distrait. »

M. de Vitrolles qui, dit-on, sur une inspiration du général Gérard, avait suggéré à Charles X l'idée du ministère Mortemart, attendait la décision du monarque dans une salle du palais, avec MM. de Sémonville et d'Argout. M. de Polignac l'introduisit, et ses deux collègues le suivirent ; le roi, dont la contenance et la voix cherchaient vainement à s'affermir, leur dit : « Messieurs, vous l'avez voulu, partez ! Allez dire aux Parisiens que le roi révoque les ordonnances ; mais, je vous le déclare, je crois ceci fatal aux intérêts de la France et de la monarchie. » Les trois négociateurs partirent en calèche découverte ; M. Alexandre de Girardin les précédait à cheval. Dans le trajet, M. de Sémonville, âme assez vulgaire pour s'imaginer qu'il fallait flatter le peuple par des juremonts, criait du haut de la voiture : « Mes amis, les ministres sont à bas ! » et il accompagnait cette communication des paroles les plus grossières. M. de Vitrolles, si longtemps le confident des projets contre-révolutionnaires du comte d'Artois, souriait à la foule, tout en s'étonnant intérieurement du rôle si nouveau de conciliateur que les circonstances l'appelaient à jouer. C'était à l'Hôtel de Ville, et auprès du général Lafayette, que se rendaient les trois envoyés de Charles X. Conduits par M. Armand Marrast dans la salle où siégeait la commission municipale, et où se trouvait aussi le général, ils furent accueillis avec bienveillance par une partie des membres de la commission, avec une défiance inquiète par les autres. Ce fut M. de Sémonville qui exposa l'objet de leur mission ; il le fit avec un grand art, dans un ton d'habile supplication et d'une voix brisée, comme s'il eût porté tout le poids des douleurs de la monarchie vaincue. Voyant qu'on regardait avec une surprise mêlée de répulsion le fameux baron de Vitrolles, dont la présence semblait inexplicable dans de pareilles conjonctures, il cautionna la sincérité de son collègue, et M. de Vitrolles, lui-même, se hâta de lui venir en aide, en disant avec un geste de familiarité à M. de Schonen : « Eh ! mon Dieu ! je suis plus ami de la charte que vous-même ; car c'est moi qui ai inspiré, en 1814, la déclaration royale de Saint-Ouen. » Puis, M. de Sémonville traça un pathétique tableau des malheurs de cette royauté si souvent atteinte par les coups du sort, et la recommanda à la générosité des vainqueurs ; il annonça la création du ministère Mortemart et l'entrée de M. Casimir Périer et du général Gérard dans le conseil. Il se tourna, en terminant, vers Lafayette, et, ramenant ses souvenirs vers la première Révolution, où ils s'étaient tous deux, en un jour de crise, rencontrés dans ce même Hôtel de Ville, il l'adjura de sauver la monarchie.

Mais cette éloquence larmoyante ne pouvait prévaloir contre les entraînements et les nécessités de la situation. M. de Schonen y répondit par un mot terrible : « IL EST TROP TARD; le trône de Charles X s'est écroulé dans le sang! » Ce mot retentit dans la salle comme un impitoyable arrêt du destin. En vain M. Mauguin, qui craignait un retour offensif et victorieux de l'armée encore debout à Saint-Cloud, voulut-il laisser la porte ouverte à des négociations ultérieures, en demandant à M. de Sémonville s'il avait des pouvoirs écrits. Le grand-référendaire ayant avoué qu'il n'avait aucun caractère officiel, M. Audry de Puyraveau se leva tout à coup : « Ne parlez plus d'arrangements! s'écria-t-il d'une voix impétueuse, ou je fais monter ici le peuple! » La foule était immense sur la place de Grève; et quand, du haut du perron de l'Hôtel de Ville, on lui avait appris que Charles X consentait à révoquer les ordonnances, un homme avait crié : « Vive notre bon roi qui capitule! » mais cette exclamation isolée avait été couverte par une formidable imprécation.

Les trois émissaires de la cour se retiraient découragés, lorsque M. Casimir Périer les prit à part et les engagea à tenter une dernière démarche auprès de M. Laffitte. M. de Sémonville ne conservait plus d'espérance; il refusa. M. d'Argout, plus jeune et plus ardent, se rattacha à cette frêle branche de salut, et courut à l'hôtel Laffitte, accompagné jusqu'à la porte par M. de Vitrolles. « La chaleur était étouffante, dit M. Louis Blanc dans l'*Histoire de dix ans;* les fenêtres étaient ouvertes et les appartements remplis de monde. M. d'Argout attira M. Laffitte dans l'embrasure d'une croisée. La voix du négociateur était altérée, et il avait presque les larmes aux yeux en parlant de Charles X. « Les ordonnances sont révoquées, dit-il, et nous avons de nouveaux ministres.—Il fallait se décider plus tôt, répondit M. Laffitte. Aujourd'hui... — Les intérêts sont les mêmes. — Sans doute, mais les situations sont changées. Un siècle s'est écoulé depuis vingt-quatre heures. » M. Bertin de Vaux était là. Il crut comprendre qu'il s'agissait d'une transaction, et s'écria joyeusement : « On pourra donc enfin négocier! » Ces mots, répandus dans la foule qui encombrait l'hôtel, y produisent l'agitation la plus violente. Quelques hommes du peuple étaient étendus, couverts de poussière et brisés par la fatigue, sur les siéges de la salle à manger. Un d'eux ouvre brusquement la porte qui séparait cette salle de l'appartement où se trouvaient MM. d'Argout et Laffitte, fait résonner son fusil sur le parquet, et d'une voix tonnante : « Qui ose ici parler de négocier avec Charles X? — Plus de Bourbons! criait-on en même temps dans le vestibule. — Vous les entendez? dit M. Laffitte. — Ainsi, vous n'écouteriez aucune proposition? demanda M. d'Argout. — Votre visite est-elle officielle? — Officieuse seulement; mais si elle était officielle? — Alors, comme alors. » M. d'Argout sortit.

M. de Vitrolles l'attendait avec M. de Langsdorff; tous trois reprirent tristement le chemin de Saint-Cloud. M. de Mortemart y était arrivé depuis quelques heures, et avait déjà eu plusieurs entretiens avec Charles X; mais rien n'était encore fait; on n'avait pris aucune mesure ni donné aucun ordre dans le sens de la pacification. Ce n'était pas la faute de M. de Mortemart; sentant profondément son insuffisance et l'inutilité probable de son intervention dans ce grand naufrage de la monarchie, il avait d'abord manifesté la plus vive répugnance à accepter les fonctions qui lui étaient offertes ; et, pour vaincre sa résistance, Charles X avait dû faire appel à sa fidélité, à son dévouement, et presque à sa générosité. Cependant, dès qu'il eut promis son concours, il voulut agir sans retard et prendre immédiatement les mesures exigées par les circonstances ; mais alors les rôles changèrent tout à coup; ce fut au tour du monarque de résister et de se laisser prier. Les dégoûts commencèrent pour le nouveau ministre; il eut même à subir des humiliations; Charles X, qui ne l'aimait pas, et qui ne l'avait nommé que sous l'empire d'une nécessité suprême, laissa percer son éloignement de la manière la plus mortifiante en lui disant : « Heureux encore que les révolutionnaires ne m'imposent que vous! » M. de Mortemart fut sur le point d'abandonner à elle-même cette ingrate royauté, qui répondait à un acte d'abnégation par une injure; il se contint néanmoins, et redoubla d'instances, mais en vain, pour qu'on le mît à même d'utiliser en faveur de la paix le pouvoir dont on l'avait nominalement investi.

Toute la soirée du 29 juillet se passa ainsi en stériles conversations. Charles X ne pouvait se décider à pousser jusqu'au bout le sacrifice de ses convictions et de sa fierté ; il semblait croire qu'il avait fait assez en remplaçant M. de Polignac par M. de Mortemart, et que cette concession, énorme à ses yeux, devait suffire à elle seule pour détendre la situation. Peut-être aussi attendait-il, comme M. de Sémonville lui en avait, dit-on, donné l'assurance après l'éloignement du ministère du coup d'état, que des députations vinssent de Paris le remercier de sa condescendance pour les vœux de ses sujets, et justifier l'apposition de sa signature au bas de la révocation des ordonnances, en mettant à couvert l'honneur de la couronne par l'apparence d'une demande de pardon. Une sorte de sécurité régnait à Saint-Cloud, depuis que l'armée royale avait pris position autour du palais, défendu, en outre, par les élèves de Saint-Cyr, qui étaient accourus avec leurs quatre pièces de canon. Charles X était assis à une table de whist avec la duchesse de Berry, M. de Duras, gentilhomme de la chambre, et M. de Luxembourg, capitaine des gardes, dans le grand salon donnant du côté de Paris; on jouait à la cour par habitude et par respect pour l'antique étiquette, comme si le trône n'eût pas été en péril et que le sang n'eût pas coulé dans Paris; aucune émotion, autre que celle du jeu, ne se trahissait sur le visage de ce vieux monarque, déjà pourtant sur la route de l'exil; la mère du jeune duc de Bordeaux avait également fait trêve à ses alarmes de la journée. Le dauphin concentrait toute son attention sur une carte géographique. Les courtisans, qui avaient conservé des inquiétudes, les dissimulaient de leur mieux pour se modeler sur l'impassible physionomie du maître. Seul, M. de Mortemart donnait un libre cours à son agitation, et osait interrompre le jeu royal pour demander une autorisation ou un ordre inévitablement renvoyé au lendemain. Il n'obtint pas plus de succès auprès du dauphin, qu'il conjurait de modifier, pour lui et pour ses émissaires, la consigne par laquelle était interceptée toute communication entre Paris et Saint-Cloud : « Comment?... la consigne... répondit le prince en paroles brisées; c'est bien... nous verrons. » M. de Mortemart quitta le salon, et se retira navré dans l'appartement qu'on lui avait assigné au château.

Pendant la nuit, MM. de Vitrolles et d'Argout arrivèrent à Saint-Cloud et se rendirent sur-le-champ chez le nouveau président du conseil. M. de Mortemart fut vivement pressé par eux de partir à l'heure même pour Paris; il comprenait aussi bien qu'eux l'urgence d'une prompte décision : « Mais, leur dit-il, que puis-je faire? A quel signe me faire reconnaître dans Paris pour le ministre du roi? Puis-je y paraître en aventurier politique, désavoué peut-être avant d'avoir agi? Le roi n'a rien signé encore. » MM. de Vitrolles et d'Argout insistèrent; on se mit alors à rédiger, non sans avoir eu quelque peine à trouver de l'encre, des plumes et du papier, des ordonnances qui révoquaient celles du 25, et nommaient aux finances et à la guerre M. Casimir Périer et le général Gérard ; au commandement de la garde nationale reconstituée, le maréchal Maison. Il fallait la signature du roi; M. de Mortemart traversa les appartements, arrêté ici par un garde du corps, là par un huissier, qui se seraient fait tuer plutôt que de souffrir un manquement à l'étiquette. Parvenu difficilement jusqu'à la porte de la chambre royale, il ne put en forcer l'entrée; les ordres étaient formels et d'autant plus rigoureusement exécutés, que les événements étaient plus graves. M. de Mortemart, s'adressant à l'huissier de service, dut élever la voix pour être entendu à travers les murs : « Monsieur! s'écria-t-il d'une voix irritée, je vous rends responsable de tout ce qui peut arriver! » Charles X entendit cette adjuration ; il ordonna d'ouvrir : « Ah! c'est vous, dit-il en se soulevant péniblement sur son lit à la vue de son ministre; eh bien! qu'y a-t-il?» M. de Mortemart lui fit part de la situation de Paris, de l'échec de M. de Sémonville, du retour de MM. d'Argout et de Vitrolles, et le supplia de signer les ordonnances qu'il venait de préparer : « Non, non, répondit le roi; il n'est pas temps encore; attendons. » M. de Mortemart renouvela ses sollicitations : « Sire, le comte d'Argout est là; il vous dira quel est à Paris l'état des choses. — Je ne veux pas voir M. d'Argout,

répliqua Charles X, qui haïssait en lui l'ami de M. Decazes. — Eh bien! sire, le baron de Vitrolles est avec lui. Voulez-vous qu'on l'introduise? » Le roi y consentit; M. de Vitrolles sortait de chez M. de Polignac, qui, gourmandé par lui sur la témérité avec laquelle il avait affronté la révolution, n'ayant, pour la dompter, que sept mille hommes, s'était contenté de lui répondre : « Les états en portaient treize mille. »

Lorsque M. de Vitrolles entra, Charles X congédia M. de Mortemart, qui, froissé de ce manque de confiance, ne put s'empêcher de murmurer : « Ah! s'il ne s'agissait pas de sauver la tête du roi. » Puis, se tournant vers son ancien confident : « Comment, dit sévèrement le monarque, c'est vous, monsieur de Vitrolles, qui venez m'engager à céder à des sujets rebelles? » M. de Vitrolles s'excusa, mais en homme qui sentait qu'il n'était plus temps de garder des ménagements hypocrites; il ne cacha pas au roi que sa dynastie était en danger, et que la plus grande preuve de dévouement qu'il pût lui donner était de l'en avertir : « Je vais plus loin, ajouta-t-il, et je doute que Votre Majesté puisse désormais rentrer dans Paris révolté ; la dignité de votre couronne en recevrait une trop rude atteinte; mais que faire? Comment vaincre une population de toutes parts soulevée? Mieux vaudrait cent fois transporter ailleurs le théâtre de cette guerre cruelle. Croyez-vous pouvoir compter sur la Vendée? Je suis prêt à me dévouer jusqu'au bout. » Charles X resta un moment silencieux : « La Vendée, répondit-il enfin avec lenteur, c'est bien difficile!... bien difficile! » Ce fut sa dernière hésitation.

Au sortir de cet entretien, il rappela son premier ministre, et signa les ordonnances qu'il lui avait déjà présentées avec une sorte d'ardeur et d'impatience juvéniles, qui témoignaient seulement d'une extrême méfiance de sa propre résolution. M. de Mortemart, en quittant le roi, rencontra M. de Polignac, qui lui dit avec une étrange exaltation, le bras étendu vers Paris : « Quel malheur que mon épée se soit brisée entre mes mains! j'aurais affermi la charte sur des bases indestructibles ! » M. de Mortemart écouta froidement cette exclamation insensée, et partit pour la capitale au point du jour. Sa calèche, dans laquelle avaient pris place avec lui MM. d'Argout et Mazas, le mena jusqu'au bois de Boulogne. Là, il tomba dans les avant-postes de l'armée, qui avaient ordre, de la part du dauphin, hostile à toute concession, de fermer le passage à quiconque, venant de Saint-Cloud, se dirigerait vers Paris. On parlementa longtemps ; M. de Mortemart réussit enfin à passer ; mais il dut abandonner sa voiture; il tourna à pied le bois de Boulogne, évita Passy pour ne pas être arrêté à la barrière, traversa la Seine au pont de Grenelle, et pénétra dans Paris en gravissant une brèche que des contrebandiers avaient pratiquée au mur d'octroi. Accablé de fatigue et ruisselant de sueur, blessé au talon par la marche, il s'avançait lentement, sans cravate et sa redingote sur le bras, entouré d'ouvriers de la banlieue, qui se répandaient en menaces contre les Bourbons, et dont, pour ne pas se compromettre, il était obligé de flatter les passions révolutionnaires. Arrivé sur la place Louis XV, vers huit heures du matin, il n'aperçut devant lui que des rues désertes et des fenêtres fermées : « C'est le calme de la force, » dit-il avec une émotion contenue à ceux qui l'avaient suivi depuis Saint-Cloud.

Soit lassitude physique, soit accablement moral, soit plutôt crainte d'exposer dans sa personne le représentant officiel de la royauté à la honte d'un refus, M. de Mortemart ne se montra ni au Palais-Bourbon ni à l'Hôtel de Ville ; on ne le vit qu'au Luxembourg, au milieu de ses collègues de la pairie. Il chargea un pair de France, son ami, M. Collin de Sussy, de porter les ordonnances à la chambre des députés, qui s'était réunie, pour la première fois, au lieu ordinaire de ses séances. M. Laffitte présidait ; M. de Sussy entra ; il rendit compte de sa mission à M. Laffitte, et voulut lui remettre les pièces qui constataient le désarmement de la couronne. M. Laffitte, qui voyait la candidature du duc d'Orléans perdue s'il accédait aux instances de l'envoyé de M. de Mortemart, répondit par un refus obstiné. M. de Sussy fut dédaigneusement éconduit ; il ne se découragea cependant pas, et se rendit à l'Hôtel de Ville. C'était l'heure où le parti républicain, peu nombreux alors, mais énergique et fort de l'héroïsme qu'il avait déployé pendant la bataille, était accouru dans ce palais de la Révolution pour déjouer les intrigues et les menaçants progrès de l'orléanisme par l'offre de la dictature à Lafayette. M. de Sussy trouva le vieux général entouré de jeunes gens ardents. parmi lesquels figuraient MM. Trélat, Testo, Charles Hingray, Bastide, Poubelle et Guinard ; il lui tendit les ordonnances que Lafayette s'empressa d'étaler sur la table. Aussitôt on entendit d'un bout à l'autre de la salle une clameur de réprobation : « Non, non, plus de Bourbons! » M. Trélat retint M. Bastide, qui s'élançait vers M. de Sussy pour le jeter du haut des fenêtres sur le pavé de la place de Grève. L'émissaire du duc de Mortemart, renvoyé par Lafayette à la commission municipale, n'y fut pas plus heureux : « Remportez vos ordonnances, lui cria M. Audry de Puyraveau. Nous ne connaissons plus Charles X. » En quittant l'Hôtel de Ville, M. de Sussy put lire sur tous les murs une proclamation publiée en faveur du duc d'Orléans, et qui commençait ainsi : « Charles X ne peut plus rentrer dans Paris ; il a fait couler le sang du peuple... » Le soir, à une heure très-avancée, M. de Mortemart, qui n'avait pu faire reconnaître nulle part son autorité, méconnue même dans les bureaux du *Moniteur*, fut mandé dans le plus grand mystère au Palais-Royal, où venait d'arriver furtivement le duc d'Orléans, déjà appelé par les pairs et les députés à la lieutenance générale du royaume. Le futur roi, exténué de fatigue et dévoré d'inquiétude, mais en même temps fasciné par les éblouissantes lueurs de la couronne

déjà posée devant ses yeux, était étendu sur un matelas, en chemise, dans un petit cabinet attenant aux appartements de sa famille ; il fit à son interlocuteur les plus chaleureuses protestations sur sa fidélité au roi. En ce moment éclatèrent dans la cour des cris véhéments de : Vive le duc d'Orléans! «Vous l'entendez, monseigneur, lui dit M. de Mortemart, c'est vous que ces cris désignent. — Non, non, répliqua vivement le prince ; je me ferai plutôt tuer que d'accepter la couronne. » Et il écrivit à Charles X une lettre pleine d'assurances d'affection et de dévouement, qu'il pria M. de Mortemart de remettre à Saint-Cloud, et dont le secret n'a jamais été dévoilé depuis.

Pendant que MM. de Mortemart et de Sussy promenaient ainsi dans Paris, agité par l'enfantement d'un nouveau règne, les concessions désormais impuissantes, et partout rebutées, du monarque déchu, Saint-Cloud était en proie à la tristesse, à la confusion, à l'épouvante. L'armée, manquant de vivres, troublée par de fausses rumeurs, découragée par les incertitudes du commandement, voyait à tout instant ses rangs s'éclaircir par la désertion ; au château, dans la foule des vieux serviteurs et des hauts dignitaires, on ne rencontrait que visages effarés, on n'entendait que plaintes et récriminations amères. Charles X, étonné de la grandeur de sa chute, et cherchant la main de Dieu dans les événements, se résignait pieusement et acceptait l'humiliation de sa dynastie comme une expiation de ses erreurs et de ses fautes passées. Seul, le duc d'Angoulême, protégé contre l'abattement par l'obstination de sa volonté, et peut-être aussi par l'étroitesse de son esprit, ne désespérait pas de la situation, et demandait qu'on combattît la révolution à outrance. Le général de Champagny, son confident, avait soumis au roi un plan de résistance, d'après lequel la cour se serait retirée à Orléans avec la garde et la troupe de ligne sorties de Paris, et aurait appelé auprès d'elle les camps de Lunéville et de Saint-Omer, environ vingt-cinq mille hommes. Là, on aurait attendu le retour du général Bourmont, ramenant d'Afrique deux régiments, soulevant sous ses pas les populations fidèles du Midi, et donnant la main aux volontaires royalistes de l'Ouest. L'argent n'aurait pas fait défaut, car on pouvait disposer des cinquante et quelques millions trouvés dans la Casbah d'Alger, et qui venaient d'être débarqués à Toulon. Charles X écouta silencieusement les propositions de M. de Champagny ; puis il répondit d'une voix mélancolique : « Il faut parler de cela au dauphin. » Et ce fut tout. Le duc d'Angoulême alla lui-même demander à son père l'autorisation de marcher sur Paris, et ne put l'obtenir. Toujours respectueux et soumis, il ne répliqua point ; mais, rentré dans ses appartements, il fut saisi d'un violent accès de dépit, et, tirant son épée, il la jeta brusquement sur le parquet.

Dans cette disposition d'esprit, on conçoit aisément l'impression que dut produire sur lui l'accent accusateur et indigné avec lequel le général

Talon vint lui dénoncer une proclamation, — œuvre de découragement et de faiblesse, — adressée par Marmont à l'armée, peu d'heures avant l'évacuation de Paris. A Saint-Cloud, on avait ignoré jusque-là cette pièce, dont la teneur était de nature à faire sur l'armée un très-fâcheux effet. Le duc d'Angoulême, au comble de la surprise et de l'irritation, manda, dit M. de Lamartine dans son *Histoire de la Restauration*, le maréchal dans son cabinet pour l'interroger sur un acte si inexplicable. « Marmont entra : — C'est donc vous ! s'écria en l'apercevant le dauphin et en s'avançant vivement vers lui, sa proclamation froissée de rage dans la main, c'est donc vous qui avez signé le désarmement du roi devant des rebelles ! Vous avez donc juré de nous trahir aussi ? A ce mot de trahison, plus mortel que le fer dans le cœur d'un soldat, Marmont pâlit de colère, et porte la main sur la garde de son épée, comme pour revendiquer cet honneur qu'un prince ne peut arracher à un soldat avant la vie. Le duc d'Angoulême croit à un emportement et à un outrage ; il se précipite sur l'épée du maréchal, la lui arrache, se blesse avec la lame, la tache de son sang, et appelle ses gardes, qui arrêtent à ses cris le maréchal désarmé, et le conduisent prisonnier dans sa chambre. Le prince, honteux et blessé à la main, se jette sur un siége en déplorant sa violence et son malheur. L'aspect du maréchal prisonnier et désarmé, conduit par les gardes du corps à travers les salles du palais, sème partout les images tragiques de trahison et d'assassinat. Charles X, informé, fait appeler son fils. Il entend de sa bouche le récit de sa violence ; il juge son général avec plus de justice et de sang-froid que le duc d'Angoulême. Il fait relâcher le maréchal, le comble de consolations et d'excuses, et le conjure de pardonner à l'égarement et au repentir de son fils. Marmont, attendri, consent à aller offrir et recevoir une réparation du prince ; mais, gardant au fond du cœur le ressentiment de l'indigne soupçon dont il avait été flétri, en s'inclinant devant lui et en recevant ses excuses, il refusa de toucher la main qui l'avait désarmé. »

III

La nuit suivante, une scène, d'un caractère encore plus étrange, se passa dans ce château de Saint-Cloud, habité par la démoralisation et la terreur. Éveillée en sursaut par d'alarmantes rumeurs venues de Paris, la duchesse de Berry, naguère si déterminée à la résistance, se leva précipitamment en proie aux plus cruelles angoisses, courut demi-nue chez le duc d'Angoulême, lui reprocha avec une extrême véhémence de compromettre la vie de ses deux jeunes enfants par son obstination à rester à Saint-Cloud, sous la menace d'un coup de main de la part des révolutionnaires, et le supplia avec larmes de mettre un plus grand espace entre la cour et la capitale. Touché de sa douleur et vaincu par ses prières, le dauphin alla réveiller son père, et le décida au départ. A deux heures du matin, Charles X, la duchesse de Berry et les deux enfants quittèrent, escortés par un détachement de gardes du corps, ce palais, témoin de la chute de leur maison, première étape de leur triste voyage de Cherbourg, et prirent la route de Trianon. Il y avait vingt-quatre heures que M. de Mortemart était parti pour Paris et qu'on n'avait eu de lui aucune nouvelle. Charles X fit dire à M. de Polignac et à ses collègues, qui étaient encore à Saint-Cloud, de le suivre et de venir reprendre leurs places dans son conseil. Le soleil était déjà levé, quand le royal cortége arriva à Trianon.

A peine descendu dans cette résidence, si pleine de riants souvenirs pour l'ancien compagnon des plaisirs de Marie-Antoinette, Charles X tint conseil avec les ministres du coup d'état, vers lesquels le ramenait forcément l'inutilité des concessions faites à la révolution parisienne. Au point où en étaient les choses, il ne lui restait plus qu'un seul parti à prendre : monter à cheval, rallier l'armée autour de sa personne, ranimer son ardeur et sa fidélité par de courageuses exhortations, attendre les renforts de Normandie, de Saint-Omer, de Lunéville et d'Alger, appeler aux armes le Midi et la Vendée, et reconquérir son trône par l'épée. Tel était du moins l'avis unanime des ministres ; le vieux roi parut un instant le goûter. Mais, au milieu de ces tardives velléités de résistance et de guerre civile, survint tout à coup un message du duc d'Angoulême, qui fut communiqué à voix basse à l'oreille du monarque, et qui lui ôta tout espoir. La défection d'un bataillon avait livré aux insurgés sortis de Paris le pont de Sèvres ; Saint-Cloud était tourné ; une pointe hardie pouvait être tentée sur Versailles et sur Trianon. Le dauphin avait fait de vains efforts pour obtenir des troupes chargées de la défense du pont qu'elles refoulassent les tirailleurs de l'insurrection postés sur l'autre rive. Le bataillon et son commandant, M. Quartery, étaient restés sourds à ses ordres et à ses adjurations : ils n'avaient pas bougé, quand il s'était avancé seul, au galop de son cheval, sur le pont ; puis, au moment où il s'éloignait, la honte sur le front et la rage dans le cœur, il avait pu voir les soldats fraterniser avec le peuple. Alors il avait fallu donner l'ordre de départ aux régiments demeurés fidèles, et les replier en désordre sur Versailles.

Charles X fléchit de nouveau sous le poids des événements. Les ministres étaient réunis en conseil hors de sa présence, et se consultaient sur la possibilité de transporter à Tours le siége du gouvernement, d'y convoquer sur-le-champ les deux chambres, d'y appeler les généraux, les hauts fonctionnaires, les dignitaires du royaume, et d'y déchaîner la contre-révolution avec l'appui des provinces royalistes, lorsque leur collègue, M. Capelle, entra, leur annonça, de la part du roi, la nécessité de se disperser, et leur offrit en son nom tous les moyens de pourvoir à leur sûreté personnelle. Les ministres, désespérés de la faiblesse de leur maître, se séparèrent aussitôt, en déchirant convulsivement les circulaires qu'ils avaient déjà préparées.

Le duc d'Angoulême accourut à Trianon, et déclara à son père que cette résidence n'était plus sûre. Charles X ne pouvait se résoudre à partir ; il céda cependant aux instances du dauphin et de M. de La Rochejacquelein, confirmées par les avis inquiétants du général Bordesoulle ; on convint de se diriger vers Rambouillet. Le roi, avant de monter à cheval, entendit la messe dans une salle où se trouvait une chapelle renfermée dans une armoire. En quittant ce palais, où s'étaient écoulées les plus belles heures de sa jeunesse, il se retourna plusieurs fois en silence, d'un air pensif ; il s'éloignait entouré de ses gardes du corps et des régiments de sa garde, confondus dans un immense pêle-mêle, et livrés aux préoccupations les plus sombres et les plus douloureuses. La duchesse de Berry, en voiture avec ses enfants, avait pris une autre route, et devait le rejoindre à quelque distance. Il était minuit lorsqu'on atteignit le château de Rambouillet, qui, seize ans auparavant, avait reçu, dans des circonstances à peu près semblables, l'impératrice Marie-Louise et le jeune roi de Rome. Une partie de l'armée coucha à Trappes avec le duc d'Angoulême ; elle arriva le lendemain à Rambouillet.

En descendant de cheval, Charles X, plein de confiance dans la droiture et dans les intentions du duc d'Orléans, lui adressa une ordonnance ainsi conçue :

« Le roi, voulant mettre fin aux troubles qui existent dans la capitale et dans une autre partie de la France, comptant d'ailleurs sur le sincère attachement de son cousin le duc d'Orléans, le nomme lieutenant général du royaume.

« Le roi, ayant jugé convenable de retirer ses ordonnances du 25 juillet, approuve que les chambres se réunissent le 3 août, et il veut espérer qu'elles rétabliront la tranquillité en France.

« Le roi attendra ici le retour de la personne chargée de porter à Paris cette déclaration.

« Si on cherchait à attenter à la vie du roi et de sa famille, ou à sa liberté, il se défendrait jusqu'à la mort.

« Fait à Rambouillet, le 1er août.

« CHARLES. »

Cet acte accompli, Charles X crut avoir suffisamment pourvu aux intérêts de sa couronne, et une nuit assez calme succéda aux agitations et aux fatigues du voyage. Des coups de fusil le réveillèrent ; mais ils étaient tirés par des officiers de son armée, qui, pour nourrir leurs troupes sans vivres, faisaient une guerre acharnée aux faisans et aux chevreuils du parc et de la forêt. Ce fut pourtant un véritable chagrin pour ce roi, condamné par le destin, que cette atteinte portée à l'inviolabilité des chasses royales. L'argent manquant pour payer les dépenses de bouche de la maison militaire, l'ordre fut donné de vendre l'argenterie de la royauté.

Dans la matinée, une calèche de voyage, sans escorte et sans livrée, s'arrêta devant la porte du parc : c'était la duchesse d'Angoulême qui revenait des eaux de Vichy. Les gardes, qui aimaient cette princesse, malgré la rudesse de sa voix et la sévérité de son maintien, lui firent l'accueil le plus enthousiaste. Charles X fut saisi d'un vif attendrissement à la vue de la fille de Louis XVI, précipitée par lui dans les souffrances et les hasards d'une crise si périlleuse ; il lui tendit les bras, et tous deux confondirent leurs larmes dans ces premiers embrassements : « Ah ! ma fille, lui dit enfin le monarque, ne me faites pas de reproches. — Des reproches ! s'écria la dauphine en sanglotant ; ah ! jamais, jamais un mot de ma bouche n'accusera mon père. Nous sommes réunis ! nous resterons réunis pour toujours. »

Cependant l'heure du dénouement allait sonner ; l'abdication était prochaine. L'ordonnance royale de nomination du duc d'Orléans à la lieutenance générale avait été reçue au Palais-Royal. M. Dupin était présent ; il avait émis l'avis de faire à Charles X une réponse nette et catégorique, et s'était même chargé de la rédaction. La lettre qu'il avait composée était véhémente et dure ; néanmoins, le duc d'Orléans avait paru l'approuver ; puis, au moment d'y apposer son cachet, il avait témoigné le désir soudain de consulter sa femme, et, sortant de la salle comme pour aller trouver la duchesse, il y était rentré quelques minutes après, tenant à la main la même enveloppe, qui fut remise à l'émissaire venu de Rambouillet. La lettre substituée contenait de vives protestations d'attachement et de fidélité. Charles X en fut ému, et, ne doutant plus que le duc d'Orléans ne fût pour la minorité de son petit-fils un guide prudent et éclairé, pour les droits de sa maison un protecteur vigilant et dévoué, il n'hésita plus à exécuter le projet auquel il avait souvent pensé depuis Saint-Cloud. Il rassembla autour de lui le duc et la duchesse d'Angoulême, la duchesse de Berry et le duc de Bordeaux dans un conseil secret, d'où furent exclus tous ceux dans les veines desquels ne coulait pas le sang royal. Que se passa-t-il dans cette solennelle réunion de famille ? On ne l'a su que vaguement par quelques paroles échappées le lendemain au dauphin et par les regrets mal dissimulés de la duchesse d'Angoulême dans les longs jours de l'exil. M. de Lamartine raconte que le dauphin soutint jusqu'au bout son rôle d'abnégation, et ne résista pas un seul instant aux ordres de son père ; que la dauphine déplora d'avoir été précipitée deux fois des degrés d'un trône qui devait la consoler de tant de revers, et qu'elle se sacrifia à son neveu en sentant toute la douleur du sacrifice ; que la duchesse de Berry enfin reconnut, par sa joie et par ses larmes, la grandeur de ces résignations, qui, en couronnant son fils, devaient lui donner la tutelle inespérée d'un empire. Quoi qu'il en soit, à l'issue de ce conseil, Charles X écrivit au duc d'Orléans la lettre suivante :

« Je suis trop profondément peiné des maux qui
« affligent ou qui pourraient menacer mes peu-
« ples, pour n'avoir pas cherché un moyen de les
« prévenir. J'ai donc pris la résolution d'abdiquer
« la couronne en faveur de mon petit-fils.

« Le dauphin, qui partage mes sentiments, re-
« nonce aussi à ses droits en faveur de son ne-
« veu.

« Vous aurez donc, en votre qualité de lieutenant
« général du royaume, à faire proclamer l'avène-
« ment de Henri V à la couronne. Vous prendrez
« d'ailleurs toutes les mesures qui vous concernent
« pour régler les formes du gouvernement pen-
« dant la minorité du nouveau roi. Ici, je me
« borne à faire connaître ces dispositions; c'est
« un moyen d'éviter bien des maux.

« Vous communiquerez mes intentions au corps
« diplomatique, et vous me ferez connaître, le
« plus tôt possible, la proclamation par laquelle
« mon petit-fils sera reconnu roi sous le nom de
« Henri V.

« Je charge le lieutenant général vicomte de
« Latour-Foissac de vous remettre cette lettre. Il
« a ordre de s'entendre avec vous sur les arran-
« gements à prendre en faveur des personnes qui
« m'ont accompagné, ainsi que sur les arrange-
« ments pour ce qui me concerne et le reste de
« ma famille.

« Nous réglerons ensuite les autres mesures qui
« seront la conséquence du changement de règne.

« Je vous renouvelle, mon cousin, l'assurance
« des sentiments avec lesquels je suis votre affec-
« tionné cousin,   « CHARLES. »

Le général de Latour-Foissac porta à Paris, dans
la soirée du 2 août, cet acte officiel, dont l'irré-
gularité même attestait l'abandon avec lequel
Charles X se confiait à la loyauté du duc d'Orléans. L'envoyé du monarque déchu se présenta
au Palais-Royal, et ne put, à son grand étonne-
ment, obtenir d'être introduit; il se rendit de là
chez le duc de Mortemart, et tous deux tentèrent une
nouvelle démarche. M. de Mortemart fut admis en
présence du lieutenant général, et put lui remettre
la dépêche; mais les portes restèrent inexorable-
ment fermées à M. de Latour-Foissac. Alors le
général demanda à voir la duchesse d'Orléans,
pour laquelle il avait deux lettres : l'une de madame de Gontaut, l'autre de Mademoiselle, fille
de la duchesse de Berry. La princesse consentit à
recevoir M. de Latour-Foissac, et pleura sincère-
ment sur le sort de la famille royale; mais elle ne
pouvait rien, et ne s'expliqua point sur les desseins de son époux, se contentant d'affirmer que
Charles X pouvait compter sur lui, et qu'il était
un honnête homme.

Le lendemain, le duc d'Orléans alla prononcer
un discours à la chambre des députés, et lui annonça qu'il avait ordonné le dépôt dans les archives de l'acte d'abdication de Charles X et du
dauphin.

Voyez CHARLES X, roi de France et de Na-
varre, JUILLET 1830 (*révolution de*) et les biogra-

phies des principaux personnages cités dans cet
article.   Ulysse L

Abdication de Louis-Philippe

I

Depuis la chute de Louis-Philippe, les événements se sont succédé avec une telle rapidité,
des directions si nouvelles et si diverses ont été
imprimées aux passions politiques des contemporains, que la conscience se sent à l'aise devant l'appréciation du caractère et des actes de ce prince,
et que l'histoire peut les traduire à son tribunal
comme appartenant à un passé déjà loin de nous;
n'avons-nous pas, comme témoignage éclatant de
cette vérité, le magnifique portrait tracé par Louis
Blanc dans une de ses dernières publications, morceau dans lequel on ne sait ce qu'on doit le plus
admirer, du talent de l'écrivain ou de l'impartialité
de l'adversaire? On ne cite de pareils exemples
que pour mieux constater son impuissance à les
imiter; obligés toutefois de rechercher, dans le
système gouvernemental des dix-huit années, les
causes déterminantes de la révolution de Février,
nous éprouvons le besoin de déclarer, qu'en nous,
toute hostilité de parti, toute haine personnelle
s'est depuis longtemps éteinte devant le tombeau
du père et devant l'exil des fils.

Peu de princes furent aussi fiers de leur naissance que l'était de la sienne Louis-Philippe, roi
révolutionnaire, et si souvent traité d'usurpateur;
il lui avait dû, étant pauvre et proscrit, son union
avec une princesse fille et sœur de roi; à son retour
en France, l'héritage de ses aïeux lui avait reconstitué une immense fortune, et enfin, pour rappeler un
mot du temps, c'est *parce que, et non quoique Bourbon*, qu'il avait pu recueillir, en 1830, la couronne tombée du front de Charles X. Il y avait
donc, plus qu'on ne l'a généralement supposé, du
sang de Louis XIV dans cette royauté des barricades; mais les principes philosophiques d'une
première éducation, la profonde empreinte laissée
par le spectacle du grand drame révolutionnaire,
le développement des instincts individuels au contact des misères d'un long et besogneux exil, l'é-
tude des hommes et des choses, pendant le cours
de lointains voyages, un séjour de plusieurs années
en Angleterre, l'admiration, sincère, mais trop légè-
ment conçue, des rouages constitutionnels de son
administration, et, par-dessus tout, l'intelligence des
fautes commises par le pouvoir restauré en 1815,
modifièrent cet orgueil inné de la race et l'influence
qu'il pouvait exercer sur la conduite du prince devenu roi. C'est de la combinaison et d'un certain
équilibre de ces éléments divers que s'était formé
le caractère de Louis-Philippe, quand il monta
sur le trône. Or, comme malgré toutes les illusions
dont chercha à se payer la vanité parlementaire,
il est acquis à l'histoire que ce monarque *régna et
gouverna* pendant tout le cours de son règne;
comme il est bien établi que ce furent ses idées
qui prévalurent, c'est dans la pensée intime de

l'homme qu'il faut chercher le système du prince.

Ne comptons que pour ce qu'elles valent toutes ces affectations de libéralisme, ces sympathies affichées pour tous les chefs de l'opposition, manége traditionnel des prétendants, rôle ordinaire des cadets de toute famille régnante ; oublions même ces manifestations des premiers jours, poignées de main, chants patriotiques, exhibitions de l'intéressante famille sur les balcons du Palais-Royal, sacrifices imposés par la rudesse du peuple vainqueur et encore déchaîné, caresses destinées à endormir les défiances et à désarmer les hostilités. Nous savons qu'il ne faut pas juger la conduite des rois d'après les règles de la morale commune, et nous sommes très-disposés à ranger ces actes du lieutenant général du royaume parmi les exigences de la politique. Mais, dès que le scrutin d'une chambre sans mandat en a fait un roi, dès qu'il a repris possession de lui-même, de quel côté se tournent ses plus sérieuses préoccupations ? Au dehors, il cherche à se faire accepter comme Bourbon par les cours d'Europe ; au dedans, il déploie les séductions les plus habiles, descend jusqu'à des justifications et à des excuses pour rattacher à sa cause la vieille noblesse du pays. C'est après avoir échoué dans cette double tentative, après y avoir sacrifié et les alliances révolutionnaires des peuples et les susceptibilités démocratiques de la France, que se dressa devant lui le problème d'une ère nouvelle à inaugurer, d'un gouvernement à constituer sur de nouvelles bases.

Il était temps encore de revenir de ces errements ; les dédains de la Russie et de l'Autriche, l'éloignement de l'aristocratie nobiliaire faisaient le chemin libre et la partie belle à l'ancien lieutenant de Dumouriez, si les défiances et les terreurs que lui inspirait le peuple ne l'eussent détourné de tout engagement démocratique. D'un autre côté, malgré l'impuissance du parti républicain, vaincu à Paris et à Lyon, dans de sanglantes batailles , malgré les sollicitations de courtisans qui savaient lui être agréables en le poussant à l'usurpation d'un pouvoir moins restreint, son tempérament le tenait éloigné de toute entreprise violente contre les libertés publiques. Dans cet isolement entre les traditions monarchiques, avec lesquelles il ne pouvait pas renouer, et les souvenirs révolutionnaires, avec lesquels ses instincts princiers refusaient alliance, il tenta la plus irréalisable des entreprises, en essayant de naturaliser en France les mœurs antipathiques de l'Angleterre, et d'improviser une aristocratie, ce qui fut toujours, et partout, l'œuvre des siècles. On ne saurait mettre en doute ni l'habileté personnelle de Louis-Philippe, ni la sagacité de ses choix dans la réunion des hommes qu'il appela à la consolidation de son œuvre ; mais au plus expert architecte il faut des matériaux pour construire un édifice : les matériaux manquaient pour l'organisation rêvée.

L'erreur capitale de Louis-Philippe fut de supposer que la bourgeoisie pouvait être tout en France, et que chez elle il trouverait à la fois dans les célébrités de la finance et du barreau des barons et des marquis pour sa cour, dans les rangs nombreux de sa milice des défenseurs pour son trône.

La bourgeoisie, corps vague et mobile, aux proportions indéterminées, n'ayant pour elle ni la force du nombre, comme le peuple, ni le prestige de l'illustration ou la sanction des droits acquis, comme la noblesse, et ne pouvant guère se distinguer qu'à un signe suspect, l'argent ; la bourgeoisie, raillée en haut, enviée en bas, trop raisonneuse pour être docile, trop sceptique pour être dévouée, trop exigeante pour pouvoir être satisfaite ; corps sans base et sans sommet, amas d'éléments hétérogènes sans cohésion entre eux, sans conscience de la loi qui les rassemblait, sans intelligence de l'intérêt qu'ils avaient à rester unis : la bourgeoisie n'avait rien de ce que Louis-Philippe semblait en attendre pour fonder exclusivement sur elle et avec elle un gouvernement, une dynastie. L'histoire de ce règne ne serait point ici à sa place ; constatons seulement que la noblesse entraîna le clergé dans une hostilité qui n'attendait qu'une occasion pour se manifester, et que le travailleur, dévoré par l'usure dans les campagnes, épuisé, dans les villes, sous les efforts d'une concurrence effrénée, supportant sans compensation le poids des crises commerciales, toujours condamné dans ses contestations avec ses patrons, devenait chaque jour plus indifférent et plus hostile à cette monarchie de Juillet, dont il avait salué l'avènement avec un enthousiasme si plein d'espérances.

II

Le pressentiment d'une révolution nouvelle était dans tous les esprits ; les partis sommeillaient, il est vrai, mais ils n'étaient pas découragés ; ils avaient ajourné leurs projets à la mort du vieux roi, lorsque l'accident dont périt victime le prince héréditaire, et la question de régence, imprudemment soulevée, éclairèrent d'une lueur prématurée les rivalités inconciliables et les divisions profondes qui minaient les fondements de l'édifice.

Le roi de la bourgeoisie n'était par lui-même, ainsi que nous l'avons dit, rien moins que bourgeois ; si, dans son extérieur et ses habitudes, il y avait une affectation de simplicité qui pût faire illusion, il n'était pas permis de se méprendre sur la portée de ses actes qui, de plus en plus, se rapprochaient des traditions de la famille de Bourbon. Un de ses fils passait surtout pour être accessible à l'orgueil de sa naissance et dévoué au culte des temps passés ; c'est ce prince, le duc de Nemours, que Louis-Philippe voulait imposer à la France comme régent du royaume pendant la minorité éventuelle de son petit-fils.

Le duc de Nemours plaisait peu à cette bourgeoisie avec laquelle on semblait cependant vouloir compter ; de ce côté, toutefois, le danger n'eût été que peu redoutable, si ce mécontentement ne se fût mis au service d'intérêts plus personnellement et plus immédiatement engagés. Mais, pour tout parti qui s'appuie sur des intérêts au lieu de reposer sur des principes, le moindre frottement a

des inconvénients sérieux. La régence, aux mains
du duc de Nemours, c'était la continuation aggra-
vée du système suivi par son père ; c'était l'exclusion plus obstinée et plus absolue de tous les
hommes qui formaient dans les assemblées les
partis désignés sous le nom de *centre gauche* et
d'opposition constitutionnelle ; c'était enfin l'ajournement indéfini d'espérances couvées depuis trop
longtemps pour ne pas tourner enfin du dépit à la
colère et de la colère aux aveuglements de la haine
et de la violence.

Les républicains et les légitimistes, qui voyaient
l'avenir ailleurs que dans les allures plus ou moins
aristocratiques, plus ou moins libérales de la future régence, élevèrent les débats à la hauteur
d'une question dynastique, terrain sur lequel ils
ne purent être suivis par les orateurs de l'opposition accidentelle et gouvernementale, qui ne se
permettaient un reproche et ne hasardaient une
attaque qu'après s'être abrités derrière une protestation de dévouement à la dynastie de Juillet.
Le projet de Louis-Philippe fut donc accepté par
la majorité des deux chambres et devint loi, sans
autre incident notable que le discours de M. de
Lamartine, précurseur de ses harangues à l'Hôtel
de Ville, en février 1848. La lutte semblait donc
ajournée une fois encore, et le résultat le plus immédiat des coups portés par les partis extrêmes
avait été, en apparence, de rallier plus étroitement
l'épaisse phalange dynastique ; mais la rancune
des ambitions déçues n'en était que plus vivace
et plus implacable pour avoir été contrainte en
cette occasion à la dissimulation et au silence. Le
faisceau des anciens dévouements était rompu, le
lien des intérêts d'avenir était brisé, et c'est par
la dissolution que l'œuvre de l'égoïsme devait
crouler.

Sans aller aussi loin dans leurs prévisions, les
amis de la veille, les défenseurs en disponibilité,
les ministres disgrâciés savaient bien quel était le
côté faible de la place et quelles assises manquaient à l'édifice. Le plan très-habilement et très-
discrètement conçu par les meneurs, fut exécuté
avec une intelligence admirable ; timidement posée d'abord dans quelques journaux amis, la question de réforme électorale devint bientôt le texte
de discussions sérieuses et ardentes ; de la presse
elle passa dans les réunions électorales, et fut portée jusqu'à la tribune législative. Cette réforme
consistait dans l'adjonction des capacités sur les
listes, l'augmentation du nombre des députés et
l'extension des incapacités parlementaires ; on se
prononçait moins catégoriquement sur l'abaissement du cens. En réalité, le but de la mesure, si
on réussissait à la faire adopter, était de grossir
l'armée des électeurs de deux ou trois cent mille
avocats, médecins ou hommes de lettres, de bannir de la chambre une centaine de fonctionnaires
amovibles, et d'amoindrir l'influence préfectorale
sur le scrutin.

Tout cela pouvait s'accomplir sans toucher en
apparence aux bases du système gouvernemental ;
la bourgeoisie se modifiait elle-même, et l'élément

démocratique restait aussi soigneusement exclu
qu'auparavant ; mais, dans un remaniement aussi
important, la majorité devait se déplacer, et force
était au pouvoir d'accepter enfin pour ministres
les habiles tacticiens que les nouveaux députés
reconnaissants ne pouvaient manquer de désigner
à son choix. Certains amis du pouvoir, certaines
feuilles dévouées jetaient bien quelques cris d'a-
larmes et évoquaient le spectre des révolutions ;
mais la réponse était prête à leurs clameurs intéressées : N'avait-on pas donné autant que M. Guizot lui-même des gages à l'esprit d'ordre et de
conservation ? n'avait-on pas combattu avec une
ardeur aussi implacable les républicains de Paris
et de Lyon ? n'avait-on pas abandonné, aussi réso-
lument les uns que les autres, Pologne, Suisse,
Italie ? n'avait-on pas travaillé d'un commun accord à restreindre la liberté de la presse ? n'avait-
on pas voté toutes les lois de compression ? En un
mot, n'était-on pas aussi dévoué au gouvernement
bourgeois, aussi hostile aux utopies démagogi-
ques ? Nous croyons qu'un calcul ambitieux dirigeait la conduite des hommes qui parlaient ainsi,
mais nous croyons que ces paroles étaient sincères,
et si les événements, en dépassant leurs prévisions, ont entraîné pour leurs actes les conséquences qu'ils étaient si loin d'en attendre, leur
conscience doit être en repos.

Les révolutions arrivent, comme les fruits tom-
bent, quand elles sont mûres. A défaut de la réforme,
un autre prétexte aurait surgi ; le germe de mort
que portait en lui le gouvernement de Juillet,
c'était l'exclusion de l'élément démocratique ; l'occasion de sa chute devait être une dissolution de
l'élément bourgeois ; toute intelligence politique
n'acceptant pas cette vérité pouvait, tôt ou tard,
devenir à son insu l'instrument d'une révolution :
supposons au pouvoir MM. Thiers et Odilon Barrot, MM. Guizot et Duchâtel dans l'opposition,
l'attaque eût été la même, la défense pareille et
les résultats identiques. Les destinées de l'humanité ont leurs lois providentielles et fatales, c'est
accorder beaucoup au génie de l'homme que de
lui supposer la puissance d'en avancer ou retarder
de quelques heures l'accomplissement.

III

La charte de 1830 avait fait de si nombreux emprunts aux constitutions anglaises, qu'il sembla naturel et légitime à notre opposition de recourir à
une arme politique dont nos voisins d'outre-Man-
che font depuis si longtemps un si pacifique usage.
Des banquets électoraux furent organisés à Paris
et dans les départements ; on ne pouvait encore
leur reprocher d'être démocratiques : le prix élevé
de la souscription en éloignait le peuple ; mais
néanmoins, pour la politique, c'était changer de
tribune ; l'auditoire réagit sur celui qui parle, bien
plus qu'on ne le suppose généralement ; donnez à
l'orateur, au lieu d'un cercle froid, défiant et hostile, une foule ardente et sympathique, un silence
avide, des applaudissements frénétiques après

chaque phrase, au lieu de murmures et d'inter-
ruptions calculées, le talent grandira, la parole
s'animera, le député deviendra tribun. C'est ainsi
que les choses se passèrent. Le gouvernement

s'en émut, et prit la résolution de refuser son autorisation à un banquet que les électeurs du 12e arrondissement de la Seine se disposaient à offrir
aux députés de l'opposition, au début de la session, le 22 février 1848. La question de réforme
finissait donc par entraîner avec elle celle du droit
de réunion. Sans doute, il y avait de la gravité
dans ce nouvel empiétement du pouvoir; mais,
depuis dix-huit années, combien d'actes plus sérieux et plus envahisseurs avaient été commis! Où
était donc la nouveauté? Elle était dans les noms
des chefs de la sédition, dans ce déchirement de
la bourgeoisie, laissant ouverte une brèche par
où le principe démocratique allait passer.

Le jour du banquet arrivé, des dispositions militaires sont prises; le lieu de la fête projetée est
occupé par des troupes nombreuses; l'autorité
annonce que toute tentative de réunion sera au besoin réprimée par la force. C'est le sourire sur les
lèvres, et avec toute l'assurance d'une entière sécurité, que, le 22, à la chambre, M. Guizot répète aux nombreux amis pressés autour du banc
ministériel la formule sacramentelle : *Force res-
tera à la loi*. Devant l'histoire, cette confiance ne
sera-t-elle pas aussi sévèrement jugée que l'imprudence de ceux de ses anciens collègues qui
avaient provoqué la manifestation? Ceux-là, du

reste, en étaient déjà aux regrets; leur grande
préoccupation était de savoir comment ils sorti-
raient de l'extrémité où ils s'étaient lancés. L'a-
bandon des droits si hautement revendiqués par
eux les perdait dans l'esprit de la clientèle électorale, qui avait pris leurs paroles au sérieux; et,
d'un autre côté, outre la frayeur que leur inspiraient les chances d'une lutte armée, ils y voyaient
une rupture définitive avec le pouvoir, l'anéantissement de leurs prétentions et l'affermissement du
système qu'ils combattaient. Les demi-mesures
proposées, les compromis discutés, les détours
procéduriers acceptés, formant la partie comique
du grand drame qui allait se jouer.

Mais dans le parti même, que deux jours à peine
séparaient de sa victoire, y avait-il conscience de
la gravité des événements? C'est ce que nous ne
croyons pas.

En gens de foi, les républicains voyaient dans le
déroulement des événements un acheminement au
triomphe de leurs principes; ils se rendaient sans
doute un compte plus exact que leurs alliés acci-
dentels des progrès que faisait dans la bourgeoisie
sa désaffection pour le roi Louis-Philippe; mais
personne ne savait bien précisément jusqu'où cette
indifférence laisserait aller la révolte, quel appui
ou quel obstacle y rencontrerait l'insurrection. La

seule chose évidente pour tous, c'est qu'une occasion se présentait, après tant d'autres, de sceller de leur sang une protestation nouvelle contre l'usurpation de Juillet ; et, le cas échéant, on se préparait au combat, envisagé bien plus comme une étape que comme le but du voyage.

Cependant le peuple était venu plus empressé, plus nombreux qu'on ne pouvait le supposer, au rendez-vous que lui avaient fixé les parlementaires. Accourait-il comme à un de ces spectacles qu'il aime, attiré par l'éclat des armes, le piaffement des chevaux, le roulement des tambours? voulait-il reprocher leur défaillance et leur couardise aux orateurs si intrépides dans leurs discours et si prudents dans leur conduite? Il y avait un peu de tout cela; mais, pour l'observateur, il y avait des indices plus graves à constater. Le peuple avait bravé pour venir une atmosphère froide et brumeuse; il se dispersait devant les sommations de la troupe, fuyait devant les charges de la cavalerie; mais il paraissait sous l'empire d'un sombre ressentiment, et les éclats de cette gaieté française, qui réserve ordinairement une place à ses épigrammes et à ses lazzis au milieu des circonstances les plus solennelles, étaient remplacés alors par des imprécations, des paroles de haine et de vengeance. Il était facile encore de remarquer l'attitude très-différente de l'armée et de la garde municipale ; autant celle-ci était agressive et brutale dans la répression, autant l'autre était molle, pour ne pas dire sympathique. Enfin, et ceci était bien autrement grave, la milice bourgeoise n'avait point été convoquée; on se défiait donc d'elle, et cette défiance la plaçait dans les rangs des opposants. Ces remarques ne pouvaient échapper aux chefs du parti républicain, qui, par le fait de l'abdication des parlementaires, allait se trouver seul en cause. Dès lors, se mêlèrent aux groupes de curieux des hommes aux yeux desquels la lutte semblait pouvoir prendre un caractère plus sérieux ; le peuple fut tenu en haleine toute la journée du 22. Le roi, de son côté, sans voir le péril aussi imminent qu'il était, comprit qu'il avait fait une faute en froissant les susceptibilités de la garde nationale, et l'ordre fut donné de la réunir le lendemain matin. C'était conjurer un danger par un danger plus grand encore ; cette convocation tardive ne fit illusion à personne ; c'était comme pis-aller et presque en désespoir de cause qu'on s'adressait à ses chers camarades devenus suspects ; dans chaque compagnie, la parole était aux opposants ; les conservateurs dévoués gémissaient en silence ou rentraient chez eux ; c'est aux cris de : *Vive la réforme!* que les bataillons se mirent en mouvement. Pour nous, la révolution est là tout entière. Le germe de dissolution déposé au cœur des institutions de 1830 éclate enfin, non pas sous la pression d'événements extraordinaires, non pas au souffle d'un génie initiateur, mais parce que le temps de sa maturité est venu ; et il se révèle par une division d'intérêts dans l'assemblée, par la défection de la garde bourgeoise dans les rues de Paris.

Le parti républicain comprit bien vite que son heure était arrivée; il laisse les légions aveugles sillonner la capitale, intervenir souvent avec partialité entre les troupes et la sédition; il court à ses armes, relève ses barricades, entasse les pavés tachés si souvent de son sang, et, retranché dans les quartiers du centre, vieille forteresse dont Saint-Merri est le donjon, il attend, il défie les soldats du roi. Les péripéties de la journée du 23 exerceront longtemps encore l'imagination des faiseurs de suppositions et de bâtisseurs d'hypothèses: selon les uns, la partie pouvait être sauvée, si, dès le principe, tous les pouvoirs militaires eussent été concentrés aux mains du maréchal Bugeaud, avec liberté d'agir vigoureusement; selon les autres, il n'aurait pas fallu marchander les concessions, et la crise eût été arrêtée, si M. Odilon Barrot eût directement et immédiatement succédé à M. Guizot, avant que l'effet de ce revirement ne fût atténué par les combinaisons Molé et Thiers. Ces deux solutions posthumes, qui se réfutent l'une par l'autre, s'appuient historiquement toutes les deux sur la satisfaction et l'enthousiasme qui éclataient dans la soirée du 23, à la chute du ministère. Jamais, selon nous, l'école fataliste n'a été si loin dans l'application romanesque de son système que quand elle fait sortir la République du canon d'un pistolet tiré par mégarde, à neuf heures et demie, sur le boulevard des Capucines. Mais, en prêtant même à ce fait une importance que, selon nous, il n'a point eue, toujours restera-t-il à chercher quel était le motif de cette joie et quelle signification on peut donner à ces illuminations spontanées. Est-ce ainsi qu'on célèbre la fin d'une lutte qui laisse les partis en présence sans vainqueurs et sans vaincus? Pense-t-on que le peuple fût bien soucieux de saluer le triomphe de ces parlementaires, qui, après l'avoir appelé au combat, s'étaient tenus à l'abri de tout danger? Etait-ce un symbole de réconciliation avec le roi, qui ne cédait qu'à la dernière heure et après le sang répandu? Etait-ce l'avènement d'une réforme indéterminée, dont Louis-Philippe ne parlait pas, et à laquelle M. Molé, le nouveau ministre, passait pour presque aussi hostile que son prédécesseur, M. Guizot? Si ce n'était pour rien de tout cela que Paris illuminait, c'était donc pour insulter à la défaite de la royauté qu'il croyait avoir vaincue. Or, on est bien près de renverser un pouvoir qu'on peut insulter impunément. Qu'importent, après tout, ces manifestations inintelligentes et stériles? Ces gens ne savent ni ce qu'ils veulent ni où ils vont; leur rôle d'instruments aveugles et passifs est fini. Autant sont radieux et joyeux les boulevards, les quartiers Montmartre et Saint-Honoré, autant reste sombre et silencieux le Paris occupé par les républicains; la nomination de M. Molé y est accueillie avec ironie; là-bas, on crie: *A bas Guizot!* et on illumine; ici, le silence n'est troublé que par la détonation des armes à feu, et la seule clarté est l'éclair qui jaillit du fusil; quand on criera, les cris ne seront point une négation, ils affirmeront la République. Là-bas, la foule est surprise, exaspérée par la fusillade inattendue d'un bataillon qui se croit attaqué devant l'hôtel du ministre des affaires étrangères ; ici, la nouvelle en est reçue comme le récit d'un épisode de la bataille ; elle ne change rien aux dispositions prises, car le secours inespéré qui arrive, on ne l'avait pas attendu pour engager le combat. Partout, dans la ville, il y a incertitude, tumulte, chaos ; là, sur ce point, il y a un plan et un but ; ailleurs, il y a la foule ; là, il y a une force. C'est entre cette force et la royauté qu'une lutte suprême doit s'engager le lendemain.

Louis-Philippe avait encore pour lui le prestige d'un règne heureux et de plusieurs victoires remportées sur l'émeute, les terreurs inspirées par le mot de république ; il avait à Paris une armée de 40,000 hommes, que les garnisons des villes voisines pouvaient presque doubler ; il était maître de tous les forts qui entourent la capitale, et son artillerie dominait tous les points stratégiques de l'intérieur. Il avait contre lui la désaffection de la bourgeoisie, seule base de son gouvernement ; la perspective d'une régence impopulaire, dont nous parlerons bientôt, illusion qui paralysait l'action des hommes dynastiques, et enfin la fatalité démocratique et l'hostilité des républicains. Telle était, le 23, à dix heures du soir, la situation respective, quand l'événement du boulevard des Capucines vint, non pas modifier sensiblement l'équilibre matériel des forces, mais ajouter aux chances de la révolte la sanction de l'indignation publique, et préparer les esprits indifférents aux éventualités les plus extrêmes d'une victoire populaire.

La nuit se passa pour tout le monde en préparatifs. Entre les membres les plus compromis de l'opposition dynastique et les républicains gouvernementaux, dont les opinions étaient représentées par le *National*, des relations s'établirent, des intrigues se nouèrent, et le mot de régence fut souvent prononcé ; mais c'était la veuve du duc d'Orléans que ce parti voulait appeler à la succession du vieux roi. Toutefois, la réalisation de ce plan ne paraissait rien moins que certaine ; on se réservait de ne le produire qu'au moment opportun ; et quand on crut cet instant venu, l'opinion générale n'y étant point préparée, les exigences des vainqueurs purent passer outre.

IV

Les salons des Tuileries, pendant cette nuit suprême, restaient silencieux et vides de courtisans. M. Molé, chargé de la composition d'un nouveau ministère, ne se présentait pas, indice fâcheux de l'inutilité de ses démarches. Louis-Philippe avait bien voulu sacrifier M. Guizot ; mais l'instinct public ne s'était pas trompé en voyant dans M. Molé le continuateur du même système.

Cependant, l'impression produite par la catastrophe du boulevard pesa sur la détermination du roi ; il consentit à mander M. Thiers : c'était la première phase de son abdication. La personnalité de cet homme d'Etat était dans un antagonisme si évident avec les prétentions de Louis-Philippe, qu'aux yeux de sa famille et de son entourage, le rappel de l'ancien ministre semblait une humiliation pour le maître : *Ménagez-le*, disait-on à M. Thiers dans les salons qu'il traversa pour arriver au cabinet du roi. Les conditions posées et acceptées de part et d'autre furent l'adjonction de M. Odilon Barrot, concession à l'idée d'opposition, la concentration des pouvoirs militaires aux mains du maréchal Bugeaud, concession à l'idée de force et d'autorité. Il était près de quatre heures du matin ; Louis-Philippe s'étendit tout habillé sur un canapé et s'endormit.

Marchant à son but, sans se préoccuper ni des intrigues régentistes, ni des remaniements ministériels, l'armée révolutionnaire déployait dans ce même temps une incroyable activité ; les barricades devenaient des bastions ; tous les points susceptibles d'être défendus en étaient munis ; elles s'avançaient dans toutes les directions, vers les Tuileries, comme une série de lignes de circonvallation en face d'une place assiégée ; les boutiques d'armuriers avaient été vidées ; on fondait des balles, on fabriquait de la poudre, et la population, ardente, sympathique, attendit à peine le jour pour venir contempler ces gigantesques travaux des assaillants. L'avènement de M. Thiers au pouvoir, acte dont la portée ne pouvait point être comprise de tous, ne fut pas accueilli beaucoup plus favorablement que la nomination de M. Molé ; c'est à peine si l'acceptation de M. Barrot, le chef de l'opposition dynastique, l'orateur des banquets, paraissait une suffisante réparation des fautes commises ; les concessions, d'ailleurs, eussent-elles été beaucoup plus larges, ne pouvaient compenser le mauvais effet produit par le nom de Bugeaud. Ce nom à lui seul semblait un défi ; la garde nationale elle-même le prit comme tel, et les souvenirs de la rue Transnonain, qui cependant pesaient à tort sur ce nom, vinrent augmenter encore la froideur, la défiance qu'elle avait manifestées la veille pour la cause royale. La première opération militaire du maréchal échoua ; une colonne, dirigée sur la place de la Bastille par les boulevards, ne put dépasser la hauteur du faubourg Poissonnière, et dut se replier sur la place de la Révolution et la rue de Rivoli. Les abords du château, du côté de l'est, devenaient libres ; un seul poste, celui du Château-d'Eau, défendait la place du Palais-Royal ; la tranchée était ouverte aux assauts de l'insurrection ; elle s'y précipita. A midi, les cris et le bruit de la fusillade arrivaient jusqu'aux Tuileries : « Montez à cheval, dit alors à son époux Marie-Amélie ; avancez-vous à la tête des troupes qui vous sont restées fidèles, et, du haut de ce balcon, nous aurons le courage de vous voir mourir, si vous mourez en roi. » Louis-Philippe revêtit son costume de général, parcourut les rangs de quelques régiments massés dans la cour intérieure des Tuileries ; quelques cris de : *Vive le roi !*

sortirent des rangs de la ligne ; la 1re légion de la garde nationale, seule présente, acclama la réforme : le roi remonta, triste et découragé, dans ses appartements. Il y était à peine, que des émissaires officieux, des députés, des généraux se précipitent dans les salons ouverts à tous : « Sire, il n'y a plus qu'un moyen de salut ; dans un instant, peut-être, il serait trop tard ; sire, entendez ces cris ; c'est le peuple ; il approche, il est là. Sire, *abdiquez !* » Pas une voix ne s'éleva pour donner un autre conseil ; Marie-Amélie elle-même se tut ; le vieillard, atterré, hésitait : « Mais dépêchez-

vous donc ! lui enjoignit une voix inconnue ; » et comme il avait pris une plume et commencé à écrire : « Ah ! mais cela ne peut pas aller comme cela ; il faut que vous déclariez la duchesse d'Orléans régente, ajouta-t-on. — Je ne le ferai pas, repartit Louis-Philippe ; cela serait contraire aux lois, et je n'en ai jamais violé aucune. » Il acheva ; et voici les termes de l'acte :

« J'abdique en faveur de mon petit-fils, le « comte de Paris ; je désire qu'il soit plus heu-« reux que moi.   Louis-Philippe. »

Tel était l'empressement de ceux qui attendaient l'abdication, qu'une large traînée d'encre au bas de la signature témoigne de la précipitation avec laquelle on arracha au roi le papier sous la plume qu'il n'avait pas encore quittée.

M. Thiers était là, le regard fixé sur lui. Marie-Amélie dit d'une voix ferme : « Vous l'avez maintenant, l'abdication ; eh bien ! vous vous en repentirez. » Si elle vit alors en M. Thiers la personnification de cette bourgeoisie pour laquelle Louis-Philippe avait tant fait, le mot est profond et juste ; si le reproche s'adressait à l'homme, nous croyons qu'il n'était pas mérité.

L. L.

Voyez Février (*révolution de*), Louis-Philippe, roi des Français, et les biographies des principaux personnages cités dans cet article.

ABEILLAGE. Plusieurs de nos coutumes attribuaient aux seigneurs hauts et bas justiciers la moitié des essaims d'abeilles qui, perdus ou abandonnés, étaient recueillis sur le territoire de leur seigneurie. L'autre moitié appartenait à celui qui les avait découverts. Ce droit féodal, l'un des plus vexatoires, fut aboli par un décret de la première Assemblée nationale constituante, en date du 28 septembre 1791.   T.

ABEILLES. Le symbolisme est naturel à l'esprit humain, et plus on remonte vers l'origine des sociétés, plus on le trouve mis en usage et accrédité. C'était sans doute un besoin, pour les races primitives, de se représenter les faits de l'ordre moral, auxquels elles attachaient une grande importance, sous des formes sensibles, propres à les leur faire mieux comprendre ou mieux retenir. Ainsi, toutes les idées qui avaient rapport à la religion et au gouvernement étaient traduites par elles en images caractéristiques qu'elles empruntaient aux objets physiques de l'astronomie ou de l'agriculture, dont la connaissance leur était familière. C'est en raison de cela qu'elles prirent l'abeille pour symbole de la royauté. Ce symbole est d'une antiquité si reculée qu'on n'en saurait assigner la date précise. Tout ce que nous pouvons dire de certain à ce sujet, c'est qu'il figure parmi les hiéroglyphes égyptiens, où le roi est désigné par l'abeille, à laquelle il doit ressembler, en joignant la sévérité qui produit la crainte à la douceur qui inspire l'amour, de même que l'abeille réunit l'aiguillon au miel. Les Francs avaient fait aussi de cet insecte le symbole de la royauté. On sait que des abeilles d'or furent trouvées dans le tombeau de Childéric, découvert à Tournay en 1653.

Napoléon, qui tenait beaucoup à donner à son nouvel empire le prestige des vieilles traditions de la monarchie mérovingienne et carlovingienne, avait adopté les abeilles à la place des lys.

Notre grand chansonnier Béranger a fait allusion à ce trait, en disant, dans la chanson des Deux Cousins, où le duc de Bordeaux parle au roi de Rome :

> « Ces juges, ces pairs avilis
> Qui te prédisent des merveilles,
> De mon temps juraient que les lis
> Seraient le butin des abeilles. »   **D.**

ABENSBERG (Bataille d'). Le 12 avril 1809, Napoléon reçut à Paris la nouvelle du passage de l'Inn par les Autrichiens. Parti le même soir, il était le 17 sur le théâtre des événements, donnant des ordres pour que les troupes qui, sous le commandement des maréchaux Masséna et Davout, occupaient Augsbourg et Ratisbonne, se concentrassent vers Abensberg, située entre les deux villes.

Les maréchaux se mirent aussitôt en mouvement. Masséna prit la route de Pfaffahofen pour se diriger ou sur Landshut ou sur Kelheim, suivant la position que l'armée occuperait ultérieurement ; et Davout, qui laissa un régiment à Ratisbonne, marcha sur Abensberg en suivant la route d'Ingolstadt ; tandis que, dans le but d'observer et de maintenir l'ennemi, l'avant-garde de ce corps, commandée par Montbrun, s'avança vers Eckmühl.

Or, dans un espace aussi rétréci, il était impossible que deux armées manœuvrassent sans se rencontrer et combattre. En effet, l'avant-garde de Davout et les Autrichiens de Rosemberg se joignirent sur la route d'Eckmühl, et les divisions Saint-Hilaire et Friant heurtèrent le corps de Hohensollern à Tengen. Le combat fut vif ; mais comme l'objet principal de Davout était de gagner Abensberg, et que l'archiduc Charles ne se rendait pas exactement compte des mouvements des Français, on n'en vint pas à un engagement décisif : Montbrun, après avoir tout le jour résisté à Rosemberg, se replia le soir sur le corps principal, et Davout, satisfait d'avoir conduit ses forces au rendez-vous indiqué, et où déjà se trouvaient les divisions Morand et Gudin, se contenta de se maintenir dans la position de Tengen. Dans ces deux affaires, les Français perdirent deux mille hommes et l'ennemi six mille.

De son côté, Napoléon, pensant avoir assez de forces sous sa main, fit discontinuer à Masséna sa marche sur Abensberg pour se porter sur les derrières, par Friesing, et occuper Landshut avant que les Autrichiens, qui en avaient été repoussés, y rentrassent. Quant à Davout, il lui ordonna de garder sa position de Tengen avec vingt-quatre mille hommes ; puis, afin d'enlever à l'ennemi la route de Kelheim à Landshut, il dirigea sur Rohr le maréchal Lannes, avec les divisions Morand et Gudin, les cuirassiers Saint-Sulpice et les chasseurs Jacquinot. Mettant ensuite, sous le commandement de Lefebvre, les Bavarois battus quelques jours auparavant par les Autrichiens, il prescrivit au maréchal de leur faire reprendre leurs premières positions, les uns par la droite de l'Abens, les autres par la gauche de cette rivière, après qu'ils l'auraient franchie à Abensberg. Enfin, une division de Bavarois, commandée par de Wrede, dut également passer l'Abens à Siegenburg, aussitôt que les Autrichiens se seraient ébranlés.

Ces diverses dispositions exécutées, les Wurtembergeois arrivèrent à leur tour sur le champ de bataille. Napoléon, voyant défiler devant lui ces quarante mille Allemands, qui allaient prendre position contre des Allemands comme eux, les harangua, disant qu'il ne les faisait pas combattre pour lui, mais pour eux, et il chercha à exciter contre l'Autriche les rivalités de provinces qui, n'ayant d'autre raison d'être que les rivalités de maisons régnantes, finissent cependant par diviser les différentes familles d'une même nation. Du reste, quelqu'ait été l'effet que produisirent sur les soldats allemands les paroles de Napoléon, que leur traduisaient leurs officiers, ils se battirent bien ; mais si le patriotisme ne refroidit pas leur élan, c'est que cette circonstance d'avoir à combattre à côté des soldats français et sous les regards d'un chef si renommé, fut un puissant aiguillon pour eux, car la satisfaction de contribuer à l'abaissement de la maison d'Autriche ne suffisait pas pour émouvoir les intelligences et les cœurs au même degré qu'ils le furent quatre années après, lorsque, au cri de liberté, l'Allemagne tout entière se précipita contre nous.

Quoi qu'il en soit, le 20 avril, entre huit et neuf heures du matin, Lannes, qui tenait la gauche de l'armée française, s'avança sur Rohr, avec vingt mille hommes d'infanterie, quinze cents chasseurs, trois mille cinq cents cuirassiers ; il rencontra le général autrichien Thierry (1), qu'il refoula sur Rohr, où vint le soutenir le général Schusteck : mais l'un et l'autre ne purent soutenir le choc des Français ; ils se replièrent sur Rottenbourg. Vai-

____

(1) Thierry était un Français complice de **Dumouriez** et l'un des compagnons de sa fuite.

nément la cavalerie autrichienne voulût-elle couvrir la retraite de l'infanterie, elle fut sabrée par les cuirassiers de Lannes ; et, dans la soirée, Thierry fut fait prisonnier avec trois bataillons, au moment où il s'efforçait d'arrêter ses troupes, qui fuyaient de toutes parts. La déroute commençait même à devenir générale, lorsque le général Hiller qui, longeant l'Abens, descendait par la route de Landshut à Kelheim, pour joindre l'archiduc Louis à Siegenburg, apercevant les fuyards de Thierry et de Schusteck, vint se poster en avant de Rottenbourg. Ce renfort que l'ennemi recevait arrêta Lannes et mit fin à l'action, laquelle coûta aux Français deux cents hommes, et aux Autrichiens quatre à cinq mille, ainsi qu'un nombreux bagage et plusieurs canons.

Pendant ce temps, les Bavarois et les Wurtembergeois avaient vigoureusement abordé le corps de l'archiduc Louis, dans Kirchdorf, sur la gauche de l'Abens. Ce prince résista longtemps ; mais dans l'après-midi, de Wrede ayant passé la rivière par le pont de Siegenburg, l'archiduc se retira sur Landshut, croyant trouver sur sa route le général Hiller, qui, comme nous l'avons vu, était allé secourir Schusteck et Thierry ; il fut donc poursuivi par les Bavarois jusqu'aux environs de Pfaffenhoffen, où les grenadiers du général d'Aspre l'arrêtèrent dans sa retraite.

Dans ces deux affaires, l'une appelée bataille de Tengen, l'autre bataille d'Abensberg, les Autrichiens perdirent treize à quatorze mille hommes.

Cependant Davout avait devant lui le corps de l'archiduc Charles, généralissime de l'armée autrichienne. Ce prince, que les mouvements des Français sur les deux routes de l'Izar au Danube avaient inquiété pour sa gauche, ne la secourut pas ; au lieu de cela, il s'étendit du côté de Ratisbonne, afin de se ménager un passage en Bohême. Ce mouvement, en déterminant la séparation entière des deux ailes de l'armée autrichienne, assura l'opération des Français, qui la complétèrent le lendemain de la bataille d'Abensberg.

A cinq heures du matin, les Autrichiens furent attaqués par l'avant-garde française et forcés de se replier. Les arrière-gardes de l'archiduc Louis et du général Hiller se trouvèrent, à onze heures, en présence de l'armée tout entière de Napoléon, qui s'avançait sur deux colonnes, par les routes parallèles de Landshut au Danube. Or, celle de ces routes qui passe par Pfaffenhoffen est une étroite chaussée pratiquée au milieu des plaines marécageuses d'Abensberg ; des chariots, des caissons et des ambulances l'encombraient de telle sorte, que le plus grand désordre se mit parmi les Autrichiens, qui gagnèrent précipitamment un faubourg de Landshut, appelé Seelingthal. Napoléon, profitant de cet heureux incident, lança sa cavalerie sur celle de l'ennemi qu'elle culbuta en peu d'instants, ce qui détermina la prise de Landshut et de son faubourg par le 17ᵉ d'infanterie légère, non toutefois sans une vive résistance de la part des Autrichiens. Ils ne cédèrent que lorsqu'ils se trou-

vèrent menacés d'une destruction complète . Masséna étant venu rejoindre Napoléon, ils se hâtèrent de se retirer sur l'Inn, en laissant après eux un immense matériel.

Ainsi s'ouvrit la campagne de 1809. La position de l'armée française fut d'abord incertaine et critique. Mais les victoires de Tengen, d'Abensberg et la prise de Landshut lui donnèrent la supériorité sur ses adversaires et dotèrent Napoléon de l'ascendant moral qui le conduisit rapidement sous les murs de Vienne.   Ch. V

V. Autriche (*Guerres avec l'*), et les biographies des principaux personnages cités dans cet article.

ABOLITION (Lettres d'). Le roi, dans l'ancien droit public, jouissait non-seulement du droit de grâce, mais aussi par lettres dites *d'abolition*, il pouvait anéantir un fait reconnu et déclaré criminel par jugement et arrêt. Cette prérogative de la royauté ne s'exerçait guère, ainsi qu'on doit le croire, qu'en faveur des coupables de distinction.

Ce fut par lettres d'abolition que le comte de la Marche, prince du sang de la maison de Condé, échappa au juste châtiment de ses crimes. « Monsieur, lui dit Louis XV en lui remettant les dernières qu'il lui accorda, sachez que je tiens prêtes celles de l'homme qui vous tuera en défendant sa vie contre vous. »   P

Voyez Bourbons (*Famille des*).

ABONDANCE (Greniers d'). On peut dire que l'abondance est le but principal de l'économie politique. Dans un État bien ordonné, le seul défaut de production serait à craindre. Il est loin d'en être toujours ainsi. Rien n'est moins rare que de voir des encombrements de marchandises qui se perdent faute de consommateurs et des bras qui restent inactifs faute de travail. Mais nous traiterons ce sujet plus au long aux mots Production, Echange, Luxe, etc.

Pour le moment, il nous suffira d'envisager l'abondance d'une façon générique et de dire quelques mots en particulier des greniers d'abondance créés et entretenus par l'Etat.

L'abondance des choses utiles à la satisfaction des besoins vrais de l'homme est toujours un bien social. La production se tient constamment, quelqu'effort que l'on fasse, plutôt au-dessous qu'au-dessus de cette satisfaction. Si donc tel citoyen est comblé outre mesure de richesses, c'est que d'autres manquent du nécessaire ; c'est un double mal, sans doute, mais alors ce n'est pas l'abondance qui le cause, c'est le vice de répartition.

Notons que, dans une civilisation où règne la liberté seule, les intérêts étant distincts, la concurrence devient une rivalité désastreuse. Nos intérêts, comme vendeur, sont diamétralement opposés à nos intérêts comme acheteur ; chacun tend à créer le plus possible, non pas précisément des produits, mais des valeurs, et à ce que les autres produisent le moins possible de ces mêmes valeurs, l'intérêt particulier se trouve ainsi en contradiction avec l'intérêt général, l'individu avec la société, et cette contradiction constitue un antagonisme permanent et indéfini qui, trop souvent, altère les sources de l'abondance.

Ce résultat, en ce qui concerne les denrées indispensables d'alimentation, est plus désastreux et a dû frapper davantage les gouvernements. De là la pensée d'y obvier par l'institution de greniers publics, dits *greniers d'abondance.*

Les électeurs de 1789 réclamèrent, dans leurs cahiers, l'établissement des greniers d'abondance, et la première réalisation de ce vœu appartient à la Convention nationale. A cette époque, de toutes parts on criait, non sans raison, aux accapareurs qui, dans un but perfide de renversement politique ou d'avarice, avaient réussi à amener la rareté, et par suite l'élévation artificielle du prix des grains.

Un décret du 9 août 1793 fut alors rendu par le parti montagnard. Il était ainsi conçu :

« Le but de nos ennemis est d'affamer la France, celui de nos législateurs doit être de prévenir la famine et d'assurer des subsistances à chaque partie de la République. Les boulangers ne paraissant quelquefois que trop d'accord avec l'ennemi qui nous assiège, il a fallu prendre des mesures pour que le peuple ne fût pas à leur merci, pour que, dans cette classe utile, mais qui peut être dangereuse, les malintentionnés fussent punis et les bons citoyens récompensés.

« C'est à ce double objet qu'est destiné le projet suivant :

« Il sera formé, dans chaque district, un grenier d'abondance. La trésorerie nationale tiendra cent millions à la disposition du conseil exécutif, sous la surveillance des comités de salut public et des finances, pour l'achat des grains.

« Les conseils généraux de district choisiront, parmi les maisons d'émigrés ou autres maisons nationales, celles qui sont les plus sûres et les plus propres à ce grand établissement.

« Les citoyens sont invités à acquitter *en nature,* dans les greniers d'abondance, les contributions publiques arriérées ou courantes, en totalité ou en partie. On leur délivrera des reconnaissances contenant la quantité, le poids et le prix des grains qu'ils y auront versés, et les percepteurs d'impositions prendront ces reconnaissances pour comptant.

« Il sera construit sur-le-champ, et à la diligence des corps administratifs, des fours publics dans chaque section des villes en proportion de la population de chaque section, indépendamment des fours particuliers existants.

« Les boulangers des villes seront mis, en cas de besoin, en réquisition par les municipalités, pour l'activité des fours publics, aussitôt qu'ils seront construits; il leur sera payé une indemnité.

« Les opérations des boulangers seront surveillées par des commissaires choisis par les sections, lesquels prendront toutes les mesures nécessaires pour prévenir et arrêter les abus.

« Les noms des boulangers qui, dans les circonstances actuelles, auront redoublé d'efforts **pour assurer** les subsistances du peuple, seront proclamés solennellement au sein de la Convention nationale, comme ayant bien mérité de leurs concitoyens.

« Ceux des boulangers qui cesseraient ou suspendraient leurs travaux, seront réputés étrangers à la République, et, comme tels, destitués de leurs droits de citoyens pendant cinq années et punis d'un an de gêne. »

Un autre décret, du 10 septembre suivant, détermina le mode de délivrance des grains ainsi conservés; mais ce ne fut que sous l'Empire que ces divers projets reçurent leur exécution. P. V.

(*V.* Alimentation publique.)

ABONNEMENT. Au point de vue administratif, on appelle ainsi le traité contracté par l'administration des contributions indirectes, pour les droits à percevoir sur les boissons autres que les bières, mais pour les droits de fabrication de ces dernières; pour les droits sur le prix des places et le transport des marchandises par les voitures publiques, et pour les droits de navigation. Cette administration peut également traiter pour la surveillance et la perception de l'octroi; mais, généralement, ce mode ne porte que sur le traitement des employés, l'autorité se réservant la surveillance de la perception du droit et les transactions sur les contraventions. (Ordonnance du 9 décembre 1814, article 947 de la loi du 28 avril 1816.)

Les abonnements peuvent être de trois sortes : 1º *Individuels*, c'est-à-dire contractés avec la régie par un débitant, pour son compte personnel, en remplacement du droit de vente en *détail* dont seraient passibles les boissons qu'il débite; 2º *par corporation*, c'est-à-dire entre la régie et tous les débitants d'une même commune, pour les causes que nous venons d'énoncer; 3º *par commune*, c'est-à-dire par un traité en vertu duquel une commune contracte un abonnement en remplacement de droits sur les boissons dont seraient passibles certains débitants de la localité, mais sans se restreindre au droit de détail, comme dans les deux premiers cas. Depuis la loi du 25 juin 1841, cette sorte d'abonnement n'a lieu que pour les droits d'entrée et de détail et pour les droits d'entrée pour les vendanges.

D'après un décret du 6 mai 1811, les exploitants de mines peuvent également jouir de la faveur des abonnements, pour leurs redevances, dans les conditions prescrites par les articles 31 à 47 de ce décret.

Le principe de l'abonnement, en matière d'impôt, est excellent; il est à regretter qu'il ne soit pas étendu à presque toutes les perceptions qui sont du domaine des contributions indirectes, car il a pour but essentiel de faire disparaître les vexations que fait naître, en plusieurs cas, le mode d'exercice actuel, et il permettrait de faire d'importantes réformes dans le personnel actif de cette administration, tout en procurant au trésor les mêmes produits que ceux obtenus avec la législation en vigueur et tant qu'elle serait maintenue.

Au point de vue de nos doctrines, l'abonnement

aurait cet avantage, s'il était généralisé, de rapprocher vers l'unité, c'est-à-dire l'association des intérêts homogènes. L'association est, pour tout homme doué du sens le plus vulgaire de la raison, le dernier terme du progrès humanitaire ; tout ce qui tend vers ce but doit donc être encouragé, et si le gouvernement dirigeait son action dans cette voie, en ce qui concerne la perception des impôts indirects, nul doute que les contribuables ne lui tinssent compte de cette amélioration, dont chacun et tous retireraient de grands avantages matériels et moraux.

Comme nos principes n'ont rien d'absolu, disons, en terminant, que nous savons très-bien que le mode d'abonnement ne saurait être appliqué à toutes les perceptions d'impôt ; mais nous voudrions qu'il ne fût pas en vigueur pour l'exception, comme cela existe aujourd'hui.   B

ABOUKIR (Combat naval et Bataille d'). *V.* Egypte (*armée d'*).

ABOYEURS. Les situations nouvelles créent souvent des mots nouveaux dont l'acception varie singulièrement, selon les temps et les circonstances. Le mot *aboyeurs* en est un curieux exemple : qui se rappelle aujourd'hui que cette qualification injurieuse, bannie du langage usuel à cause de sa basse trivialité, caractérisait il y a moins d'un siècle une fonction publique et quasi officielle ?

Les phases diverses de l'histoire des aboyeurs ont cela d'intéressant qu'elles jettent une certaine clarté sur différents points restés obscurs dans la grande époque révolutionnaire, et qu'elles nous initient aux premières tentatives et aux premières conquêtes d'une puissance qui a vaincu le monde : la publicité.

On perd trop souvent de vue, dans l'éblouissement des crises ultérieures, le point de départ de la Révolution française. Elle était dans les esprits bien avant de se manifester par des actes, et les députés aux États-Généraux l'apportaient toute faite dans les cahiers des électeurs. Bien avant 1789, l'importance des questions financières, l'imminence d'une banqueroute générale, avaient grandi la position des parlements, qui se posaient en modérateurs des prodigalités de la cour. L'opinion de tous les hommes sensés, les sympathies publiques, étaient avec ceux qui parlaient d'économies ; mais cet appui de l'opinion, cette force morale, devenait stérile au milieu de la nuit et du silence que pouvait faire le gouvernement, maître absolu de tous les moyens de publicité. De quel poids pouvaient être dans des discussions ardentes, et toutes du moment, ces remontrances à huis clos, étouffées entre les murs du prétoire, ne pouvant être imprimées ou commentées qu'à Londres, à Genève ou à La Haye, et ne pénétrant qu'au bout de plusieurs mois, par contrebande ou en cachette, dans quelques salons privilégiés ? Il fallait ou renoncer à la lutte ou trouver un moyen d'intéresser le peuple à une cause qui en réalité était la sienne.

C'est alors et pour la première fois, en 1788,

à propos d'un édit que le parlement de Paris avait refusé d'enregistrer, que les aboyeurs font leur apparition sur la scène politique. Des hommes sont apostés dans les rues, sur les places qui avoisinent le palais, et, devant la foule rassemblée, ils proclament l'arrêt qui vient d'être rendu ; leurs paroles sont recueillies par d'autres propagateurs qui les répandent dans les différents quartiers de la ville ; au bout de quelques heures tout Paris savait la nouvelle. La cour, dépitée et railleuse, baptisa ces hérauts de la robe, sans trompettes et sans panaches, du nom d'*aboyeurs ;* elle avait inventé le mot, qui resta ; plus tard, elle songea à utiliser la chose.

Ce fut lorsque, déjà bien tard, on commença à s'apercevoir que l'opinion publique était un adversaire avec lequel il fallait compter, et dont épigrammes et quolibets ne suffisaient pas à avoir raison. Cette mystérieuse influence qui avait forcé la main à la royauté pour la convocation des Etats-Généraux, ce vertige épidémique qui avait abaissé devant l'humble Tiers les fronts les plus superbes de l'aristocratie et du haut clergé, ce dissolvant non encore analysé, qui détachait une à une les pierres de l'édifice monarchique, ce quelque chose de plus redoutable que les gardes suisses et les dragons du roi, de plus invincible que les murailles de la Bastille, il fallait bien le reconnaître, c'était l'opinion.

Nous n'avons pas besoin de remonter jusqu'en 1789 pour savoir ce que les courtisans entendent par l'opinion ; leurs définitions ont peu varié. Pour eux, l'opinion, dès qu'elle n'accepte pas sans conteste, sans examen, l'immutabilité des privilèges dont ils profitent, des abus dont ils vivent, est le fruit empoisonné des doctrines les plus anarchiques et les plus subversives, œuvre de la basse envie ou de l'ambition déréglée des uns, de la stupidité ou de l'ignorance des autres.

Une aussi fausse appréciation des principaux éléments de la lutte, devait entraîner la cour dans de maladroites manœuvres, et surtout la rendre peu scrupuleuse sur ses moyens d'attaque. A l'apparition des premières feuilles patriotiques, on avait répondu par la publication de journaux royalistes, rédigés dans des vues plus ou moins sincères et par des plumes plus ou moins désintéressées ; dans plusieurs questions spéciales, l'habileté des écrivains conservateurs avait lutté victorieusement contre l'entraînement révolutionnaire ; mais la mauvaise presse, car on l'appelait déjà ainsi, avait entre autres avantages sur sa rivale sa triomphante solidarité avec les prodigieux succès des orateurs de l'opposition dans l'Assemblée nationale.

Quels écrits étaient capables de lutter contre le simple récit de ces immortelles et dramatiques séances ? Quel article pouvait atténuer l'effet d'un discours de Barnave ou de Mirabeau ? Quelle discussion pouvait étouffer le retentissement des bravos enthousiastes, des acclamations enivrées dont les feuilles patriotiques n'avaient qu'à se faire l'écho ? Prenant donc les effets pour les causes, la cour ne vit dans la faveur des journaux hostiles que le contre-coup de ses échecs parlementaires, et dans le succès des orateurs populaires que les applaudissements provoqués par leurs paroles. De quoi s'agissait-il, alors ? D'avoir aussi ses applaudisseurs dont les bravos répercutés par la presse amie, ne pouvaient manquer d'entraîner à leur tour, et cette fois dans une direction honnête et louable, l'enthousiasme populaire. Dans ce but fut organisé un service de spectateurs soldés, assidus aux séances, et chargés, sous la direction de chefs intelligents, d'acclamer les discours ou les paroles des députés royalistes dont on espérait un effet salutaire sur l'opinion. C'était quelque chose d'analogue à ce qui s'est pratiqué depuis dans nos théâtres ; mais le mot de *claqueurs* n'étant pas encore inventé, celui d'*aboyeurs* prévalut.

Il est curieux de lire, dans les *Mémoires de Bertrand de Molleville*, le détail des sommes consacrées à cet usage ; l'auteur n'est pas suspect, il donne les pièces à l'appui ; laissons-le raconter lui-même :

« Sa Majesté me chargea de diriger une machine de surveillance ou d'espionnage , montée originairement par Alex. Lameth, et conduite depuis par M. de Lessart ; je devais, en lui succédant, employer ces espions de la manière la plus utile, et adresser au roi un bulletin des faits intéressants que contiendraient leurs rapports.

« Cette troupe d'espions était composée d'environ trente-cinq individus, dont les uns étaient payés à 10 livres par jour, d'autres à 5 livres, et d'autres à 3 livres. Leur service consistait à assister régulièrement, partie aux tribunes de l'Assemblée, à celles du club des Jacobins et de celui des Cordeliers ; partie à suivre les groupes du Palais-Royal, des Tuileries, les cafés principaux et les cabarets des faubourgs ; à *appuyer*, par tous leurs *applaudissements*, les motions constitutionnelles, et, à plus forte raison, les motions royalistes ; à *huer et même insulter*, quand ils se trouvaient forcés, ceux qui faisaient des motions contre le roi et contre la constitution, et à faire chaque jour un rapport de tout ce qu'ils avaient vu et entendu la veille. Les plus intelligents, et en même temps les plus vigoureux, c'est-à-dire ceux à 10 livres par jour, étaient chargés de *réfuter* dans les groupes les motions incendiaires, et *d'en faire* de leur chef, quand l'occasion s'en présentait sans un grand danger. Le nommé Gilles, plus connu ci-devant sous le nom de Clermont, bas-officier de la garde nationale, très-dévoué au roi, recevait tous ces rapports de la main des espions, les remettait originairement à M. de Lessart, et ensuite à moi, et prenait nos ordres sur les opérations du lendemain. Ces mêmes hommes étaient aussi employés quelquefois à afficher, pendant la nuit, des placards constitutionnels ou royalistes, suivant les circonstances.

« Cet établissement suffisait pour être exactement instruit de tout ce qui se passait à Paris ; mais, avec la répugnance que le roi avait à adopter aucune des mesures énergiques qu'exigeaient les circonstances, ces bulletins, dont la dépense montait à environ 10,000 livres par mois, ne faisaient que l'alarmer et le tourmenter, sans qu'il en résultât aucune utilité. »

Les événements prouvent surabondamment que l'opinion ne se méprit pas ; les sifflets des aboyeurs demeurèrent aussi impuissants que leurs bravos, ou ne servirent qu'à irriter les esprits. L'inefficacité du moyen aurait dû suffire à en faire apprécier la valeur ; la prudence, sinon la loyauté, commandait plus impérieusement chaque jour d'y renoncer, la passion aveugle et obstinée préféra en aggraver les dangers et l'infamie. Cette même fraction du parti royaliste qui avait tout refusé, tout disputé à la Révolution, sentant les chances tourner contre lui, mit son espoir dans l'abus de la victoire du peuple et dans l'exagération de ses exigences. Ce fait, souvent contesté, se révèle dans la seconde partie du rôle assigné aux aboyeurs. — Voici quel était le nouveau plan : les Cazalès et les Maury durent se contenter des applaudissements de leur conscience, de la satisfaction d'un devoir accompli ou des témoignages d'admiration que leur talent arrachait à leurs adversaires. Les aboyeurs eurent désormais une autre besogne.

L'opinion flottait incertaine entre la parole austère de ces inflexibles logiciens, qui tout à l'heure s'appelleront les Montagnards, et les séduisantes doctrines de cette gracieuse et illustre phalange députée par la Gironde, hommes aux mœurs élégantes et faciles ; politiques inspirés par le souvenir de Rome et d'Athènes, esprits pleins de modération et de tolérance, cœurs oublieux et confiants ; de ce côté tout est aimable et souriant, de l'autre tout est sombre et mystérieux. C'est vers l'inconnu qu'il faut marcher, c'est à ce char qui roule dans un nuage noir à la lueur des éclairs, au bruit de la foudre qui approche, c'est à ce char qu'on attelle les aboyeurs ; ils sont là, ils ont repris leur ancienne place, mais ils ont une consigne nouvelle.

Attention et silence ! braves serviteurs du roi ; voyez cette main puissante qui broie la tribune, entendez cette voix qui tonne ; de l'audace, crie-t-elle, de l'audace, toujours de l'audace ; applaudissez, aboyeurs, c'est le 10 août, c'est le 2 septembre , c'est le 21 janvier, applaudissez, c'est Danton !

Cet autre, à la démarche lente, au front impénétrable, devant lequel s'ouvre respectueusement les rangs de la foule, vers lequel se tournent tous les regards, comme si les destinées de la patrie reposaient déjà sur sa tête, vous le reconnaissez, n'est-ce pas ; recueillez bien les sentences qui sortent de sa bouche, froides et inexorables comme des arrêts, applaudissez aboyeurs de la cour, cet homme, c'est le comité de salut public, c'est l'Europe vaincue, c'est la République organisée.

applaudissez, c'est le citoyen incorruptible, c'est le grand tribun des Jacobins ; applaudissez, c'est Robespierre !

Applaudissez à ce rugissement qui sort d'une poitrine haletante et fiévreuse, dévoilant les trahisons, dénonçant les suspects, et demandant des têtes ; applaudissez, applaudissez, vils suppots de l'aristocratie, c'est l'ami du peuple, c'est Marat, applaudissez ; mais hâtez-vous d'aller réclamer votre salaire, car déjà ceux qui vous ont envoyés ne sont plus, et les caisses de la royauté sont taries, votre rôle est terminé ; à d'autres aboyeurs maintenant.

Nous avions hâte d'en finir avec cette ignoble catégorie d'aboyeurs, aussi avons-nous mené à son terme leur triste histoire, sans un souci bien scrupuleux de l'ordre chronologique des événements ; mais, quoique nous ne prétendions pas excuser froidement, et à si grande distance, des faits qui ont leur principale excuse dans la passion du moment, nous croirions faire injure à la conscience humaine et outrager la vérité, en assimilant un trafic cynique et sans foi, avec les écarts d'un dévouement qu'absout dans tous les cas son désintéressement et sa sincérité.

Entre les aboyeurs de la cour et ceux dont il nous reste à parler, là est la différence capitale. La conduite, les procédés des uns et des autres furent souvent les mêmes ; on a pu leur reprocher les mêmes exagérations, les mêmes injustices ; mais tandis que les uns se faisaient sciemment et à prix d'argent, instruments de trahison et de calomnie, les autres, même dans leurs erreurs involontaires, croyaient servir la vérité et la justice. Passons sur les applaudisseurs de l'Assemblée, nous en avons assez longuement parlé pour faire comprendre le rôle des enthousiastes sincères en face de ces claqueurs apostés pour égarer l'opinion. Souvent de déplorables scandales eurent lieu dans les tribunes publiques ; de véritables combats s'engagèrent entre les assistants ; les séances en étaient troublées, parfois même interrompues. Le récit de ces scènes affligeantes, souvent obscur dans les journaux du temps, sera maintenant facilement compris par le lecteur.

L'aboyeur patriote ne regardait pas sa tâche comme accomplie, ni sa journée faite, pour avoir, pendant quelques heures, soutenu de ses bravos, et au besoin, défendu de ses poings, les discours des orateurs populaires ; il se hâtait de courir par la ville, racontant et commentant ce qu'il avait entendu ; les places, les jardins publics étaient les rendez-vous ordinaires où s'échangeaient les nouvelles ; là, d'autres aboyeurs installaient des espèces de bureaux de publicité ambulante, autour desquels la foule se groupait et se renouvelait plusieurs fois par jour ; l'aboyeur montait à sa tribune improvisée et donnait à son auditoire le résumé du journal qui venait de paraître, ou la primeur des bruits vrais ou faux qui lui étaient parvenus ; et comme il n'avait pas, le plus souvent, d'autre industrie que son métier d'aboyeur, avant de lever la séance il s'adressait à la générosité de l'assemblée pour obtenir d'elle les moyens de recommencer sa besogne le lendemain. Il y a dans la *Chronique de Paris*, du 22 mai 1791, un passage qui donne un tableau bien fidèle et bien vivant d'une scène de ce genre ; nos lecteurs nous sauront gré de le leur citer textuellement :

« J'ai vu, près le Palais, vis-à-vis Saint-Barthélemi, une espèce de *lycée populaire* d'un tout nouveau genre.

« Au haut d'un piquet planté entre deux pavés, flottaient des rubans aux couleurs nationales. Un écriteau transversal portait ces mots : *Lecture publique. On donnera aujourd'hui le journal de la maladie et de la mort de Mirabeau, par M. Cabanis, son médecin.*

« Il était sept heures du soir, les ouvriers revenaient de leurs travaux, et la séance était commencée. Je me suis arrêté. Un lecteur, monté sur une chaise, lisait l'ouvrage annoncé à un groupe de peuple qui prêtait une oreille très-attentive, et qui ne rompait le silence que pour faire de plaintifs commentaires sur les dernières paroles et sur la mort du fils aîné de la patrie que nous avons perdu.

« La lecture finie, le professeur de mon lycée a reçu des auditeurs une rétribution volontaire, à laquelle chacun a contribué suivant ses petites facultés, et il a annoncé pour le lendemain *l'éloge du grand Mirabeau, suivi d'un numéro des Philippiques et du voyage du pape en paradis.* »

Un aboyeur, mieux achalandé encore que ceux-là, était celui qui se tenait à la porte du club des Jacobins pendant les séances. La salle pouvait rarement contenir les nombreux auditeurs qui se pressaient pour entendre les motions des orateurs influents ; la foule était souvent aussi compacte en dehors qu'à l'intérieur ; l'aboyeur, monté sur une chaise adossée à l'un des battants de la porte, sur le seuil même, moitié dedans, moitié dehors, plongeait sa tête sous les voûtes de la salle, recueillait les paroles qui s'y prononçaient, les résumait ou les transmettait à ceux placés trop loin pour entendre, faisant ainsi l'office d'écho et doublant la publicité de la redoutable tribune.

Quoique nous soyions déjà loin des aboyeurs stipendiés de la cour, il y a encore, entre eux et les derniers que nous venons de citer, une fâcheuse ressemblance, c'est le prix qu'ils acceptent pour le service qu'ils ont cru rendre ; ce n'est point là encore le véritable aboyeur révolutionnaire, celui que nous croyons pouvoir réhabiliter. Le nôtre,

c'est Camille Desmoulins, semant sur sa route les menaçantes nouvelles de Versailles, haranguant le peuple dans le jardin du Palais-National, et l'entraînant sur ses pas à la Bastille. Les nôtres encore, ce sont ces aboyeurs improvisés, épiant à l'entrée des faubourgs l'arrivée des courriers qui viennent de la frontière ; ils accourent comme poursuivis par des fantômes ou possédés par des démons ; ils crient en courant ; je les vois haletants, couverts de sueur, hagards, poudreux, déguenillés, mais beaux de sauvage énergie ; je les entends, la voix brisée, jeter à la foule les lugubres nouvelles : Verdun s'est rendu, l'ennemi approche, la patrie est en danger, aux armes, citoyens !... Patience, ils auront aussi leurs beaux jours. Les voici, radieux, l'œil inspiré, la voix retentissante comme une trompette : Victoire ! victoire ! les Prussiens sont battus dans l'Argonne, Jourdan triomphe à Fleurus, la République est sauvée ; on les entoure, on les presse, on ne les paie pas ceux-là, on les embrasse.

Dans le jardin des Tuileries, au pied de la terrasse qui longe la Seine, on voit une statue placée à l'un des angles de l'avenue qui traverse les parterres ; elle représente un homme, un soldat couché à terre, et succombant sous le poids de la fatigue ; d'une main, il s'appuie sur le sol et cherche à soulever son corps épuisé ; de l'autre, il tient une palme ; sur son front, qui se dresse dans un effort suprême, la fierté du triomphe se mêle aux ombres de la mort ; sur ses lèvres entr'ouvertes, la parole de joie et de victoire vient d'expirer. C'est l'aboyeur de Marathon. L. L

ABRÉVIATEUR UNIVERSEL (L'). Ce journal, publié par L.-B. Racine et l'abbé Brotier neveu, fut commencé le 1er décembre 1792, pour faire suite au *Journal général de France*, par l'abbé de Fontenay. Interrompu en novembre précédent, l'*Abréviateur* se présenta comme étant l'organe des intérêts du clergé, tels qu'ils avaient été dans le passé. P. V\

ABRIAL (André-Joseph), ministre de la justice sous le Consulat, naquit à Annonay (Ardèche), le 19 mars 1750. Élève du collège Louis-le-Grand, il était avocat au parlement de Paris lorsque la Révolution éclata. La réputation de probité dont il jouissait le fit nommer, en 1791, lors de la nouvelle organisation judiciaire, commissaire du roi près le tribunal du quatrième arrondissement du département de Paris, séant dans l'ancien couvent des Minimes de la place Royale. Quelque temps après, il remplit, par intérim, les mêmes fonctions au tribunal de cassation, en remplacement d'Hérault de Séchelles, titulaire de cet emploi et député à l'Assemblée législative. En l'an VIII, le Directoire exécutif de la République chargea Abrial d'organiser le gouvernement républicain de Naples, et, après le 18 brumaire, le premier consul l'appela au ministère de la justice, que quittait Cambacérès pour devenir deuxième consul. On rapporte qu'en lui annonçant sa nomination, Bonaparte lui dit : « Citoyen Abrial, je ne vous connais pas, mais on m'a dit que vous étiez le plus honnête homme de la magistrature, et c'est pour cela que je vous nomme ministre de la justice. » Mais, quand la police passa momentanément dans les attributions du grand-juge, il pourvut à son remplacement, « parce que, lui dit-il, il était trop honnête pour faire de la police. » Du reste, Napoléon le combla de faveurs. Il le fit sénateur en l'an X, lui donna en l'an XI la sénatorerie de Grenoble, rapportant un revenu de 25,000 fr., indépendant du traitement de sénateur, et le décora de la croix de grand-officier de la Légion-d'Honneur, le 25 prairial an XII. En 1808, Abrial alla proclamer dans le royaume d'Italie le Code Napoléon et organiser les tribunaux. Fait comte et grand'croix de l'ordre de la Réunion en 1812, il possédait conséquemment tous les avantages réels et honorifiques du régime impérial, lorsqu'en 1814, se rappelant d'avoir été royaliste, il vota la déchéance de Napoléon et le retour des Bourbons. Aussi, le 4 juin de la même année, Louis XVIII le créa pair, et comme il ne fit pas partie de la pairie des Cent-Jours, il fut maintenu dans sa dignité au retour du roi.

Souvent choisi pour rapporteur par la chambre, on a de lui un savant rapport sur le divorce. Favorable à la liberté de la presse, il n'en fut pas de même de la liberté individuelle qu'il immola à l'occasion d'une loi sur la contrainte par corps : il blâma la Convention de l'avoir abolie, et justifia l'art. 4 de la loi, qui n'excluait pas les commerçants sexagénaires de l'emprisonnement pour dettes. Toutefois, il combattit l'article 13, qui enlevait aux débiteurs le droit de sortir de prison après un laps de cinq années. La faiblesse de sa santé et une cécité presque complète l'avaient depuis assez longtemps éloigné des affaires, lorsqu'il mourut le 24 novembre 1828. Abrial, membre de plusieurs sociétés savantes, pensait qu'on pouvait obtenir d'utiles résultats du galvanisme et du magnétisme.

H. B.

ABSENTÉISME. En France, et principalement avant la Révolution de 89, on faisait usage du mot *absentéisme*; il servait à désigner l'abus que faisaient les hauts dignitaires et les grands fonctionnaires de l'Etat de la faculté qu'ils avaient de s'absenter de leur résidence pour aller vivre à la cour et y dépenser avec profusion les gros traitements dont ils jouissaient dans ces temps où la population des provinces était écrasée sous le poids d'impôts et de charges de tout genre.

T

ABSOLU. Ce qui est indépendant, dégagé de tout lien, de toute sujétion : autorité absolue, maître absolu, — caractère que les philosophes donnent à certaines idées qui ne dépendent d'aucune condition, et qui restent invariables au milieu des changements que notre existence éprouve.

Le mot *absolu*, pris substantivement, désigne dans le langage philosophique la vérité première et fondamentale, le point de départ de toute réalité, et par conséquent Dieu, source suprême de tous les êtres.

Nous proposant ici de déterminer ce qu'il put y avoir d'absolu dans la Révolution française, en dehors et au-dessus des formes nécessairement relatives qu'elle revêtit, nous donnons à cette expression un sens moins vague, plus réel, et, si l'on peut parler ainsi, plus humain. L'absolu, à nos yeux, c'est, dans les choses comme dans les idées, l'absence de toute restriction, la perfection extrême, la limite au-delà de laquelle il n'y a plus rien, ni pour la raison, ni pour l'imagination. Par exemple, le bonheur absolu serait, pour un être, la satisfaction immédiate, complète, éternelle, de tous ses besoins, de toutes ses tendances, de tous ses désirs, sans aucune place pour la douleur, pour le regret, pour la satiété.

La liberté absolue serait l'indépendance complète, illimitée, en dehors de tout lien, de tout obstacle, de toute restriction.

L'absolu, ainsi compris, n'est pas une conception chimérique : sans doute, il ne se réalise jamais dans les œuvres humaines, mais il apparaît à la raison comme un type parfait, comme l'objet de nos efforts, comme le but que nous devons poursuivre, dont nous pouvons approcher toujours, sans l'atteindre jamais. C'est parce que les physiciens ont conçu l'idée absolue du pendule simple, avec son mouvement éternel, sa vitesse toujours égale, ses oscillations rigoureusement isochrones, qu'ils se sont élevés jusqu'à la perfection actuelle du pendule composé, déjà si précieux pour les recherches scientifiques et la mesure du temps.

Il en fut de même dans toutes les branches de la science, dans toutes les parties de l'industrie : une idée absolue devint toujours le type d'un perfectionnement ultérieur. Il en fut de même, à plus forte raison, dans la série des évolutions qu'ont subies, en s'améliorant, les institutions des peuples.

Si les sociétés humaines sont perfectibles, et l'histoire le démontre ; si elles s'avancent à travers les phases nombreuses d'un progrès tantôt lent, tantôt précipité, vers des destinées toujours meilleures, et toujours au-dessous de leurs aspirations sans cesse renaissantes, c'est que l'humanité, travaillée par l'instinct le plus profond, le plus indestructible, le plus universel, l'amour de soi, poursuit la réalisation d'une idée absolue, la plus générale de toutes les idées, l'idée du bonheur. C'est pour réaliser cette idée, que les hommes, abandonnant leurs forêts sauvages, ont cultivé la terre et se sont construit des demeures ; c'est pour cela que les familles, éparses d'abord, se sont réunies en tribus, ont formé des peuples, et se sont donné des lois ; c'est pour cela que, suivant les époques, ils ont accepté, subi, renversé des chefs, des rois, des tyrans. Les yeux fixés sur cet idéal absolu, l'humanité s'agite, se développe et progresse au milieu des révolutions pacifiques ou sanglantes, au bruit des empires qui s'écroulent, à travers les débris des peuples qui disparaissent.

A ce point de vue élevé et général, toutes les révolutions ont le même principe, l'amour de soi ; elles procèdent d'une même idée absolue, l'idée du bonheur. Faut-il en conclure qu'elles se ressemblent toutes ? Ce serait tomber dans une grave erreur. L'amour de soi est le même dans tous les temps et chez tous les hommes ; mais il revêt successivement des formes bien différentes ; l'idée du bonheur reste absolue à toutes les époques, mais elle renferme dans son étendue, très-complexe, un grand nombre d'idées fort distinctes et également absolues. Ces idées ne se dégageant que par degrés, ne se formulant que l'une après l'autre, deviennent tour à tour le point de départ et la cause des transformations d'une époque. Chacune, en se traduisant dans les institutions, marque une étape du progrès indéfini.

Qu'on ne vienne donc pas dire après Machiavel : Que les révolutions sont circulaires, composées d'un nombre à peu près égal de périodes, et qu'elles s'engendrent les unes les autres, de manière à ramener toujours, en définitive, l'humanité au même point. Qu'on ne dise pas non plus avec Vico : Que les sociétés vont du mauvais au pire, et du pire au mauvais, sans autre espoir que d'éloigner une souffrance présente, et d'atteindre un mieux qui ne vient jamais. Ce sont là de pures hypothèses, auxquelles l'étude attentive des faits donne un éclatant démenti. Non, les révolutions ne sont pas circulaires, et l'humanité, dans sa marche incessante à la recherche de l'absolu, ne ressemble pas au cheval stupide qui, toujours mesurant le même orbe fatal, et toujours aussi loin d'un centre inaccessible, tourne les yeux bandés la meule du pressoir. Si elle a parcouru une fois les diverses stations qu'énumère Vico, sous les noms de théocratie, d'aristocratie, de monarchie, ce n'est point pour y revenir encore, avide d'aller en avant, et toujours ramenée sur ses pas, c'est au contraire pour s'en éloigner à jamais, toujours montant le long de cette ligne en spirale, qui la rapproche de son but, sans lui permettre, à aucune époque, de retourner en arrière.

Si l'on pouvait douter de cet éternel progrès, il suffirait de jeter les yeux sur le point de départ, la marche inflexible, et le résultat général de la révolution de 1789, que nous avons surtout en vue dans cet article. La liberté de la pensée, si vivement disputée, et si chèrement achetée pendant les deux siècles précédents, avait enfin porté ses fruits. De toutes parts on vit s'élever des hommes qui s'attachèrent uniquement à rechercher et à publier la vérité sur toutes choses, à détruire les erreurs, à populariser la science, à décrier les abus. On comprit aussi alors que l'homme n'a pas seulement le droit de connaître la vérité au fond de sa conscience, mais qu'il est appelé aussi à la traduire en fait, dans l'intérêt de son développement et de son bonheur. Principes de jurisprudence, de législation, d'économie politique, de théologie, d'autorité, de gouvernement, tout fut remis en question. La vieille société, sapée dans ses préjugés, dans ses institutions, dans son culte, dans toutes ses bases, s'écroula sous les coups de cette révolution qui, proclamant les idées, jusquelà méconnues, de tolérance, de justice, de liberté, d'égalité, de dignité humaine, ouvrit dans l'avenir une route immense et imperdable aux améliorations matérielles, morales et intellectuelles.

Arrêtons donc notre attention sur la Révolution française, et tâchons de déterminer avec précision quel a été son objet principal, son idéal, son principe absolu.

La Révolution française, et c'est là son éternelle gloire, comprit que l'ordre social, pour être légitime, doit être fondé sur l'ordre naturel ; aussi commença-t-elle par une énergique déclaration de principes, et, remontant à l'origine du droit, elle eut ainsi un flambeau pour éclairer ses pas au milieu des ruines qu'elle amoncelait avant de créer un monde nouveau. Elle proclama d'abord l'indépendance de la personne humaine ; déplaçant le principe d'autorité, elle le fit descendre du ciel pour le mettre dans chaque individu, et par suite dans les masses ; elle conclut en définitive à l'égalité civile, politique et religieuse. On peut donc dire qu'elle fut inspirée par deux idées, la liberté de la personne humaine, et l'égalité du citoyen devant la loi.

De ces deux idées, la première est fondamentale et absolue ; la seconde nous paraît contingente et relative. Il est certain, en effet, que la nature, n'ayant créé ni des peuples, ni des sociétés, mais seulement des individus, tout homme naissant à la vie s'appartient à lui-même, en tant qu'il est une personne. Distinct de tout être, il n'est la propriété d'aucun ; il est libre, il est maître absolu de lui-même ; mais il n'est pas vrai au même degré que tous les hommes soient égaux. Ils se ressemblent sans doute par la forme générale de leurs organes, mais ils diffèrent profondément par l'étendue de leurs facultés, et la nature leur a départi d'une façon très-inégale la force, l'intelligence et le génie. Seulement, dès qu'ils consentent à se réunir en société, comme ils font alors une égale restriction à leur liberté absolue, comme ils s'accordent à donner à cette liberté une même limite, qui est le respect de la liberté d'autrui, ils deviennent par cela même égaux devant la loi, car, en contractant les mêmes devoirs, ils acquièrent, indistinctement, les mêmes droits ; l'égalité est donc le fait bien plutôt de l'état social que de la nature.

Liberté, égalité ! Voilà ce que voulait conquérir la Révolution.

Voilà ce que demandaient unanimement les cahiers des électeurs de 1789, voilà ce que proclamait la déclaration des droits votée par la Constituante, et plus encore celle de 93 ; voilà, en un mot, ce que reconnurent les constitutions de 1791 et de 1793, qui n'en sont que le développement.

Gloire donc à la Révolution ! Elle a compris, formulé, proclamé le principe absolu de la liberté humaine ; elle en a déduit, comme conséquence nécessaire et immédiate : l'égalité de tous les citoyens devant la loi. Bientôt, enchaînée dans son essor, elle reploya ses ailes ; mais ces immortels principes sont restés, et la France, après tant de vicissitudes, les invoque toujours comme la base de son organisation politique.   B. C.

ABSOLUTISME, pouvoir infini, illimité, *absolu*. On a pu voir par l'article précédent, ABSOLU, tout ce qu'il y avait de chimérique dans l'application de l'idée *absolu* aux choses humaines. Tout ici-bas est borné, relatif, mobile ou périssable ; seul l'Être suprême échappe à ces lois qui régissent ses créations ; encore a-t-on longuement et souvent discuté la question de savoir si Dieu, essentiellement juste et bon, a le pouvoir de faire ce que nous croyons être le mal, ce qui implique certaines bornes à la toute-puissance divine.

Nous abandonnons cette thèse aux théologiens, nous voulons nous en tenir à l'acception usuelle du mot ABSOLUTISME, désirant seulement rectifier l'idée que fausse si souvent l'impropriété de l'expression.

Dire d'un pouvoir qu'il est absolu, c'est donc le placer à l'égal, au-dessus même du pouvoir divin. Les Romains étaient logiques, en faisant de leurs empereurs autant de dieux ; mais quels rudes et fréquents démentis le poignard, le poison ou la sédition victorieuse donnaient à l'immutabilité de ce prétendu pouvoir absolu ! Chez les Perses aussi, le pouvoir était absolu, et Xercès prenait ses droits au sérieux, lorsqu'il faisait fouetter de verges la mer indocile qui ne s'apaisait point à son ordre. Et ce conquérant fameux, cet Alexandre, qui avait entrepris, œuvre si difficile et si glorieuse, de commander à ses passions, comme il commandait aux destinées du monde vaincu : représentons-nous sa prodigieuse puissance, fondée sur la tradition et les exploits paternels, démesurément augmentée par une suite non interrompue de succès éclatants, inouïs, consolidée par la réunion, dans sa personne, des qualités les plus éminentes et les plus rares, et demandons-nous ce qu'il y a de commun entre l'absolu et ce pouvoir si immense, si incontesté, que tue dans la fleur de sa jeunesse, au milieu de ses triomphes, la fraîcheur d'un bain, un accès de fièvre ! Veut-on des exemples moins antiques ? En France, il y a deux siècles, après l'abattement de la féodalité, la suppression de toute indépendance communale, la constitution de l'unité française, préparée ou établie, un prince, merveilleusement propre au rôle qu'il devait jouer, monta sur le trône pour recueillir, avec l'héritage de sa couronne, le fruit des travaux des deux plus grands ministres qui aient gouverné la France ; grâce à eux, toutes les forces du pays avaient pu être concentrées sous l'œil et la volonté d'un seul homme, tous les fils administratifs avaient été rassemblés, de façon à ce que la main du maître pût les manier sans peine. La France était tellement personnifiée dans le roi, que Louis XIV pouvait dire : *L'État, c'est moi*, et chasser son fouet à la main les vieux parlements, derniers vestiges d'opposition bourgeoise, respectés par les pouvoirs passés, ombre effacée du seul contrôle qui planât sur le gouvernement nouveau. Le règne de Louis XIV est le type de l'absolutisme français : il eut ses poëtes, ses artistes, qui lui promettaient une gloire et des prospérités sans fin et sans bornes, et qui, n'osant assimiler le

monarque au Dieu vivant, le comparaient à toutes les divinités de l'Olympe et à tous les astres du firmament.

On sait ce que dura cette immutabilité promise : les désastres de la fin du règne firent oublier les splendeurs du début ; l'homme mourut dans l'isolement et l'abandon, sans pouvoir même assurer l'exécution de ses volontés testamentaires. Quant à son pouvoir, la Révolution, son héritière légitime et directe, est là debout pour répondre.

L'absolutisme ne réside donc pas, cela est surabondamment prouvé, dans l'exercice d'un pouvoir plus ou moins étendu, plus ou moins arbitraire et personnel, mais toujours fragile comme toutes les choses de ce monde. Faut-il le chercher dans le principe même des gouvernements réputés absolus ?

Un caractère dont l'absolutisme recevrait une sanction véritable, serait la délégation divine ; mais dire que cela doit être, ce n'est point prouver que cela soit. Les défenseurs du droit divin n'ont jamais donné de solutions satisfaisantes aux objections qui ont été opposées à leur doctrine. A quel signe devons-nous reconnaître l'élu de Dieu ? Et si ayant béni la Providence à l'avènement d'un prince, je n'ai pas le droit de la maudire dans le triomphe de l'usurpateur qui le détrône, vous faites de moi un adorateur de la force ; je suis fataliste et non chrétien. C'est en vain que vous voulez imposer à la raison humaine une soumission aussi aveugle aux décrets de la Providence, la conscience se révolte contre cette obligation d'accepter comme un représentant d'en haut, un Tibère, un Borgia, un Charles IX ; et lorsque, l'histoire à la main, on compare le nombre des mauvais princes avec celui des bons, quand on voit presque toujours la trahison, le parjure, la violence, accompagner la succession des pouvoirs, on se dit que faire remonter à une intervention divine la responsabilité de tant de honte et de si épouvantables forfaits, c'est plus que de l'absurdité, c'est de l'impiété, c'est du sacrilège.

L'absolutisme ne peut donc trouver ni son explication, ni sa raison d'être, dans une délégation qu'aucune révélation ne nous enseigne, et qui ne se manifesterait que par des témoignages opposés à toutes notions de morale, antipathiques à notre cœur, et inadmissibles pour notre intelligence. Cette théorie appartient surtout aux âges théologiques : il en est une autre non moins naïve, tout aussi peu concluante, et qui remonte à la période patriarcale ; celle-là prétend démontrer la légitimité de l'absolutisme par une extension de la loi de famille, une généralisation des droits paternels, le roi est le père de son peuple. La question ainsi posée, est bien plus loin encore d'être résolue ; car en admettant même l'assimilation comme vraie, en supposant aussi étroite entre le prince et ses sujets, qu'entre le père et ses enfants, la solidarité des intérêts, en ne tenant aucun compte de la puissance exceptionnelle et sacrée des liens du sang, le débat se place entre l'état de sauvagerie primitive et le progrès de quatre mille ans ; il s'agit de savoir où est la justice et la vérité, entre nos générations civilisées et quelques peuplades stationnaires, maintenant aux pères le droit de garder leurs fils dans une minorité perpétuelle, et de leur ôter jusqu'à la vie qu'ils leur ont donnée.

Il faut donc accorder d'abord à l'ascendant, sur sa progéniture, cette autorité souveraine, si contraire à toutes les lois du développement, si opposée aux nécessités de la propagation et de la conservation de l'espèce , accepter ensuite comme complète la similitude de condition du maître dans son état, et du patriarche dans sa famille, pour baser le principe de l'absolutisme sur une dérivation des droits paternels. Avons-nous besoin d'insister sur ce que les conséquences logiques d'un pareil système ont d'inadmissible et d'absurde.

Il nous reste à examiner une troisième démonstration du principe d'absolutisme , qui fait résider sa sanction dans le consentement des peuples. Si nous étions moins pénétrés de toutes les impossibilités, du vide, du néant que l'orgueil humain en délire cherche à cacher sous le mot absolutisme, nous ne craindrions pas d'avouer qu'à notre sens cette dernière thèse est plus soutenable que les autres. Il a pu convenir aux intérêts des nations, dans quelques rares et suprêmes circonstances, de concentrer leurs pouvoirs, et d'abdiquer leurs droits entre les mains qu'il jugeait les plus capables et les plus dignes ; le salut public explique, légitime l'abdication des uns et la toute-puissance de l'élu. Mais, dans cette hypothèse, qui implique un mandat temporaire déterminé, que nous voilà loin de cet état de choses permanent, illimité, dont le mot absolutisme prétend être la signification ! De ce qu'un soldat dans la bataille, un matelot dans la tempête, se seront faits instrument aveugle et passif aux mains du pilote et du général, en faut-il conclure qu'après le calme revenu et la campagne terminée, lorsque matelot et soldat seront de retour dans leurs foyers, l'autorité du général ou du pilote demeurera souveraine dans la direction de leur famille et la gestion de leurs intérêts ?

Rien n'est plus difficile que d'expliquer les faits avec des mots dont le sens est faux ou obscur; tout en niant l'absolu et l'absolutisme, le mot revient sans cesse sous notre plume ; nous voudrions, dans notre impartiale sincérité, trouver à ce non sens, introduit par un abus du langage, et accepté par l'irréflexion, une apparence de justification, et lorsque le souvenir de glorieuses et utiles dictatures arrive à notre esprit, il faut nous hâter de prévenir, chez nos lecteurs, toute confusion entre cette autorité, si étendue qu'elle ait pu être, et le pouvoir *absolu*.

Il est des biens que l'homme ne peut aliéner, car leur conservation et leur transmission intacte intéresse l'humanité tout entière. Le suicide est un crime, parce que l'homme appartient à l'ensemble de la création ; s'il ne lui est pas permis de disposer de sa propre vie, comment admettre qu'il puisse engager la liberté de ses enfants? Et si la perfection du souverain élu, si sa jeunesse ga-

rantissent suffisamment à mes yeux la sagesse de son gouvernement et le bonheur de ses sujets, où puiser l'assurance que ses successeurs offriront les mêmes gages à mes descendants? Si déjà ces considérations restreignent chez les sujets le droit d'élection, combien plus encore est atténué chez le souverain ce prétendu pouvoir absolu, si on convient qu'il a pour sanction unique la continuité des services rendus et la permanence du consentement populaire ; dans aucun cas, l'ambitieuse vanité du mot n'aboutit à une subalternéité plus humble. L'absolutisme, ce privilége surhumain, cette émanation d'en haut, n'est plus qu'une fonction révocable, qui descend et dépend d'un caprice populaire, le tout-puissant n'est plus que le serviteur de tous.

Il nous est donc impossible de trouver une application humaine au sens étymologique et grammatical du mot absolutisme ; c'est un présomptueux mensonge de notre idiome, un malentendu de la part de ceux qui le prononcent ou l'écrivent. Ce pouvoir absolu, manié par les mains les plus habiles et les plus fermes, dirigé par les intelligences les plus accomplies, servi par les circonstances les plus favorables, nous l'avons trouvé fragile, précaire et fugitif, comme tout ce qui est humain ; nous avons cherché ensuite l'absolu dans les principes de son essence, et nous n'avons trouvé que des prétentions vaines, basées sur des assimilations fausses, des hypothèses chimériques, ou des paradoxes indiscutables.

Quoique cela ait été dit et écrit bien souvent, et le soit encore chaque jour, sachons bien que ni avant, ni pendant, ni depuis la Révolution, il n'a existé de gouvernement absolutiste ; la France républicaine et démocratique a eu à combattre des autocraties (gouvernement d'un seul), et des aristocraties (gouvernement de quelques-uns), mais l'absolutisme, point. Il y a plus; si on allait au fond des choses, il serait facile de prouver que de tous les pouvoirs qui ont pris part à cette longue et immortelle lutte, la Convention nationale est celui qui s'est le plus rapproché de l'absolutisme, non pas à cause de la grandeur de ses actes, ni de la sanction populaire dont elle était revêtue, ni de l'immense autorité qui lui était conférée, pas même à cause de sa mission sainte, acceptée et remplie, la patrie sauvée , mais en vertu du principe nouveau, posé par elle, comme base de ses devoirs et limite de ses droits, comme essence de son organisation : liberté, égalité, fraternité.

Au point de vue philosophique et moral, l'absolu était donc en elle ; relativement à tout ce que le mot comporte , c'était peu, sans doute, mais ce peu, nous l'avons vainement cherché ailleurs.   L. L.

ABSORPTION POLITIQUE. Nous n'avons pas à nous occuper de l'absorption au point de vue chimique ou physiologique, mais simplement comme machine de gouvernement.

En fait d'autorité, tout ce qui est centre cherche à absorber ce qui l'entoure. L'opération est double et s'effectue à l'extérieur et à l'intérieur. Il n'y a pas un seul despote au monde dont l'aspiration secrète, sinon avouée, ne soit de soumettre à son pouvoir absolu le globe entier. L'empereur de la Chine l'exprime avec une naïveté grandiose et digne des temps anciens. — C'est le souverain de l'empire céleste; tous les peuples sont ses sujets, et tous les rois ou empereurs de ces peuples naissent ses feudataires. — Rien n'est plus logique, et c'est ce qui démontre clairement combien la paix des nations est inconciliable avec le despotisme.

Il en est de même à l'intérieur. Quand Louis XIV s'écriait : « L'État, c'est moi ! » il voulait dire que la France, personnes et choses, était absorbée en lui, n'avait d'autre personnalité que la sienne; en d'autres termes, lui était absolument soumise.

On comprend qu'il est, dans l'absorption comme en tout, des degrés; mais, en principe, c'est l'annihilation d'une personnalité, d'un corps politique quelconque en une autre personnalité ou en un autre corps.

Dans ces derniers temps, ce terme a pris un sens plus spécial. Paganel, dans son *Essai sur la Révolution française*, l'appelle un *ostracisme très-mitigé*. Mais, n'en déplaise à cet écrivain, le moyen s'applique non moins aux monarchies qu'aux républiques. Il n'est peut-être que le despotisme extrême qui dédaigne de le mettre en usage, et le remplace, comme le sultan turc, par l'envoi du cordon, ou comme Tibère, par le bourreau.

Il consiste à se garantir contre l'excessive influence de certains personnages, quel qu'en soit d'ailleurs la cause, en les éloignant des affaires publiques assez pour leur enlever cette influence, mais non jusqu'à les aliéner tout à fait et les pousser ainsi dans l'opposition. Les titres, pensions, décorations, places honoraires sont d'un grand secours en cette occurrence.

Ce qu'il y a de plus curieux, c'est que l'absorption a été l'objet d'un projet de loi en 1793, et que ce projet ne fut repoussé que comme inopportun. Si la loi n'existe pas, la chose a subsisté de tous temps. Le sénat de Napoléon n'était visiblement qu'un absorbant politique de haute pression, dont l'effet ne répondit guère à la grandeur de l'appareil. Aux États-Unis, on a pu observer que plusieurs personnages des plus illustres, ex-chargés d'affaires à Paris et à Londres, sont écartés, avec une persistance significative, de la présidence de l'Union. C'est de l'ostracisme d'un certain genre, mais exercé ici sous une forme et dans des limites parfaitement légitimes. **P. V**

ABSTENTION (*Action de s'abstenir*). L'abstention était, chez les Romains, un bénéfice que les enfants héritiers siens obtenaient du préteur, et en vertu duquel ils abandonnaient les biens de leur père, dont le droit civil les réputait propriétaires. Par ce moyen, ils n'étaient plus censés héritiers, du moins suivant le droit prétorien.

Dans le droit civil français, avant notre Révolution, on entendait par abstention l'omission que faisait un héritier dans une succession collatérale. La succession directe devait se répudier par une renonciation expresse, tandis que la simple abstention suffisait pour une succession collatérale.

Notre législation nouvelle ne reconnaît plus la renonciation à une succession par l'abstention; elle déclare au contraire, formellement, que la renonciation ne peut plus être faite qu'au greffe du tribunal de première instance, dans l'arrondissement duquel la succession s'est ouverte.

On désignait aussi, sous notre ancienne législation, par *abstention de lieu*, une mesure de haute police par laquelle on éloignait certaines personnes de certains lieux. Le mot n'est guère plus en usage aujourd'hui; il n'en est pas de même, malheureusement, de la chose : elle se retrouve sous plus d'un nom dans notre législation.

L'abstention est encore l'action du juge qui se récuse lui-même et refuse de siéger dans une affaire.

Enfin, on appelle abstention l'action d'un membre d'une assemblée, d'un électeur, qui refuse de prendre part à une délibération, à un vote.

Dans nos assemblées délibérantes, l'abstention n'a été que trop souvent le résultat de la pusillanimité. C'était un moyen de ne se compromettre ni avec les vainqueurs ni avec les vaincus. On s'abstenait, parce qu'on n'avait pas le courage de son opinion. On s'abstenait, non dans l'intérêt de la justice et de la vérité, mais par lâcheté, par égoïsme. L'histoire doit flétrir sévèrement une semblable conduite. **C. V**

ACADÉMIE FRANÇAISE. Vers 1629, quelques gens de lettres se réunissaient, une fois par semaine, chez l'un d'eux, Conrart, pour y causer de littérature. Quelques années plus tard, le cardinal de Richelieu apprit l'existence de cette réunion, qu'on avait réussi longtemps à tenir secrète; il fit demander à ceux qui la composaient, par l'intermédiaire de son familier, Boisrobert, *s'ils ne voudraient point faire un corps et s'assembler régulièrement et sous une autorité publique* (1). Les gens de lettres, auxquels cette proposition était faite, s'en affligèrent; ils pensaient que la perte de leur indépendance serait le prix de la protection qui leur était offerte; mais comment refuser ce redoutable patronage? Leur réunion, portée à quarante membres, fut officiellement reconnue par lettres patentes, en 1635. Telle fut l'origine de l'Académie française (2).

(1) Pellisson, *Histoire de l'Académie.*
(2) Jean de Baïf, au seizième siècle, avait établi une académie de beaux-esprits et de musiciens, dans sa maison de plaisance du faubourg Saint-Marceau, à Paris. « En 1570, dit M. Sainte-Beuve, Charles IX octroya à l'académie de Baïf des lettres patentes dans lesquelles il déclare que, pour que ladite académie soit suivie et honorée des plus grands, il accepte le surnom de protecteur et de premier auditeur d'icelle. » Ces lettres, envoyées au parlement pour y être vérifiées et enregistrées, y rencontrèrent des difficultés : l'Université, par esprit de monopole, l'évêque de Paris, par scrupule religieux, intervinrent dans la querelle. Pour en finir, il

Instituée par un ministre qui comprenait la puissance de l'esprit et voulait en faire un des instruments du gouvernement, elle eut trop souvent le malheur de remplir avec un excès de zèle les intentions de son fondateur. Les flatteries dont elle accabla Louis XIV sont demeurées fameuses, et l'on n'a pas oublié qu'elle osa proposer, pour sujet du prix d'éloquence, la question suivante : *Laquelle des vertus du roi mérite la préférence?* Fondée, disait-on, pour épurer et pour fixer la langue française, elle l'appauvrit par son *Dictionnaire*(1), et en retrancha une foule d'expressions populaires et pittoresques, que regrettaient La Fontaine, La Bruyère et Fénelon ; mais on doit avouer qu'elle enrichit de formules nouvelles le vocabulaire des courtisans. Par une pensée libérale, Richelieu avait prescrit dans l'intérieur de l'Académie une égalité absolue ; en y faisant admettre les grands seigneurs, il faisait marcher de pair le talent et la naissance, et révélait aux gens de lettres leur valeur et leur dignité. Cette intention fut bien des fois dénaturée et pervertie par les académiciens : se recrutant eux-mêmes, ils préférèrent souvent les grands noms aux grands talents, reçurent le duc de Richelieu à vingt-quatre ans, tandis qu'ils ajournèrent longtemps Voltaire, et repoussèrent obstinément plusieurs des plus grands noms de notre littérature. En vain Duclos, après quelques élections de ducs et pairs, les suppliait de ne plus *s'enducailler* à l'avenir ; trop souvent encore, jusqu'à la Révolution française, ils justifièrent cette définition attribuée à Voltaire : « L'Académie française est un corps littéraire qui reçoit dans son sein des maréchaux, des grands seigneurs, des prélats, et quelquefois même des gens de lettres. » Il faut convenir cependant que, pendant la seconde moitié du dix-huitième siècle, elle montra plus d'indépendance et de dignité ; que, par les choix comme par les paroles qui retentirent parfois dans ses assemblées, elle éveilla les inquiétudes du pouvoir, et que les idées philosophiques, qui préparèrent la Révolution, trouvèrent souvent parmi elle des champions dévoués.

I

Mais le moment approchait où elle allait expier ses anciennes erreurs. Dès l'Assemblée constituante, son existence fut mise en question. Un fait digne de remarque, c'est qu'on lui reprocha surtout d'être une corporation ; et comme les corporations venaient de disparaître, on voulut

fallut presque un lit de justice. A la mort de Charles IX, la compagnie naissante se mit sous la protection de Henri III, qui lui prodigua des marques de faveur; mais les troubles civils et la mort du fondateur (Baïf) la dispersèrent.

(1) Croirait-on, dit l'auteur d'un livre intitulé : *Esprit des conversations agréables*, que dans le manuscrit de la première édition du *Dictionnaire de l'Académie*, le mot *académie* ait été oublié?

à ce titre lui faire subir le même sort. Dans la séance du 16 août 1790, Lebrun, parlant au nom du comité des finances, proposa un décret portant : 1o *que l'Académie française continuerait d'être placée sous la protection du roi;* 2o qu'une somme annuelle de 25,217 francs lui serait allouée ; 3o qu'on y joindrait annuellement la somme de 1,200 livres *destinées à être données, au nom de la nation, à l'auteur du meilleur ouvrage qui aurait paru, soit sur le droit public, soit enfin sur quelque sujet utile;* 4o que, chaque année, l'Académie serait admise à la barre de l'Assemblée nationale pour y rendre compte des travaux de ses membres et de l'ouvrage qu'elle aurait jugé digne du prix national. La discussion fut ouverte dans la séance du 20 août suivant. Lanjuinais parla contre le décret : « Les académies, dit-il, et tous les autres corps littéraires doivent être libres et non privilégiés ; en autorisant leur formation sous une protection quelconque, *ce serait en faire de véritables jurandes.* » Lanjuinais faisait remarquer en outre, à propos des travaux littéraires de l'Académie, qu'ils s'étaient toujours accomplis avec une extrême lenteur, comme toutes *les entreprises littéraires faites par ordre du gouvernement*, et il opposait à ces travaux l'entreprise gigantesque de l'*Encyclopédie*, poursuivie et accomplie en dehors des académies, malgré les persécutions du gouvernement. Il terminait en proposant la suppression de toute allocation. Liberté entière était laissée aux gens de lettres *de se réunir comme bon leur semblerait.* Ces conclusions étaient sages ; mais Lanjuinais y ajoutait une disposition où perçait déjà l'esprit décentralisateur du futur girondin : il fallait, selon lui, accorder aux départements *la faculté de fournir des fonds d'encouragement aux sociétés libres, lorsqu'il s'agirait de découvertes utiles.* Or, pourquoi accorder à chaque département la faculté que l'on refusait à la nation tout entière ? Pourquoi celle-ci n'aurait-elle pas pu encourager des travaux qui intéressaient l'universalité des citoyens ? Il ne paraît pas, du reste, que cette objection ait été faite à Lanjuinais. L'abbé Grégoire se borna à constater l'*utilité des académies :* « Je sais, ajouta-t-il, que ces sociétés s'occupent en ce moment à se donner des statuts dignes du régime de la liberté ; je demande que les sommes proposées par le comité des finances soient décrétées *provisoirement*, et que les académies soient autorisées à rédiger les statuts pour les présenter à l'Assemblée nationale. » Les conclusions de Grégoire furent adoptées.

Ce fut vers cette époque qu'un membre de l'Académie, Chamfort, portant la question devant le public, rédigea contre l'existence des académies un mémoire écrit avec une âcreté singulière. C'était un rapport qui devait être lu à la tribune par Mirabeau ; mais celui-ci étant mort sans en avoir pu donner lecture, Chamfort publia son travail. Il fut réfuté avec esprit et avec une animosité égale par un autre académicien, Morellet : celui-ci tirait habilement parti de la position fâcheuse de son adversaire, qui, après avoir pendant sa jeunesse concouru pour les prix académiques, après avoir sollicité et obtenu un fauteuil à l'Académie française, découvrait tout à coup, au moment même où cette institution était si violemment attaquée, qu'elle était méprisable, dangereuse, et en réclamait la suppression. Cette guerre de plume n'eut pas de résultats immédiats : l'attention publique était portée vers des intérêts d'une bien autre importance. Du reste, il faut en convenir, les raisons générales qui peuvent ou condamner ou justifier l'existence des compagnies scientifiques et littéraires, n'étaient pas, dans cette question, celles qui frappaient le plus les esprits. L'Académie était alors, comme la nation elle-même, divisée en deux camps, et il est facile de voir que, dès cette époque, le parti de la Révolution y était en minorité. Morellet nous donne ainsi dans ses *Mémoires* la classification des deux partis : « Il y en avait un bon nombre parmi nous qui étaient révolutionnaires dans toute la force de ce mot, La Harpe, Target, Ducis, Sedaine, Lemierre, Chamfort, Condorcet, Chabanon, Beauzée, Bailly ; du bord opposé, nous comptions Marmontel, Maury, Gaillard, le maréchal de Beauveau, Brecquigny, Barthélemy, Ruhlières, Suard, Saint-Lambert, Delille, Vicq-d'Azyr, moi. » On ne peut s'empêcher de sourire de l'étrange hallucination qui faisait prendre à Morellet pour des *révolutionnaires, dans toute la force du terme*, des hommes comme Bailly, Target, etc. Parmi ceux qu'il cite ici, Condorcet est le seul qui se soit prononcé pour la République avant son établissement ; et le seul qui, après sa chute, se soit glorifié d'être encore républicain, c'est Ducis : « Je suis, répondait-il sous l'Empire, quand on lui offrit tour à tour une place au sénat et la croix de la Légion-d'Honneur, je suis catholique, poëte, républicain et solitaire : voilà les éléments qui me composent et qui ne peuvent s'arranger avec les places. »

On comprend que des *révolutionnaires*, comme ceux qui effrayaient si fort Morellet, ne fussent pas de nature à recommander suffisamment l'Académie auprès de la Révolution. Aussi, le 8 août 1793, sur la proposition de Grégoire, parlant au nom du comité de l'instruction publique, on adopta sans discussion le décret suivant : « Toutes les académies et sociétés littéraires patentées par la nation sont supprimées. » Mais, en même temps, on stipulait des pensions pour ceux des académiciens que leur âge mettait hors d'état de travailler : Morellet lui-même, dans ses *Mémoires*, nous apprend qu'il en reçut une. Et, en outre, le rapporteur, en faisant décider l'abolition des académies existantes, proposait de les réorganiser sur un plan nouveau, mieux approprié aux exigences de la société nouvelle : « Citoyens, disait Grégoire, détruire est chose facile, et c'est moins en supprimant qu'en créant que le législateur manifeste sa sagesse ; la vôtre éclatera dans les mesures que vous prendrez, pour que, du milieu des décombres, le sanctuaire des arts, s'élève sous les auspices de la liberté.

présente la réunion organisée de tous les savants et de tous les moyens de science. » Cette pensée fut réalisée par la Convention nationale, quand elle fonda plus tard l'*Institut*, en même temps que le *Conservatoire des arts et métiers*, le *Bureau des longitudes*, le *Conservatoire de musique*, l'*École polytechnique*, l'*École normale* : créations fécondes qui recommanderont toujours auprès des sincères amis des lettres et des sciences la mémoire de cette immortelle assemblée, le souvenir des *vandales* de la Convention.

II

Le 27 vendémiaire an IV, un **représentant** du peuple, le savant Daunou, présenta à la Convention un rapport sur l'organisation de l'instruction publique et un projet qui fut converti en loi le 3 brumaire suivant. Entre autres créations importantes, on y remarquait celle de l'*Institut de France*. C'était bien là *cette réunion organisée de tous les savants et de tous les moyens de science* qu'avait annoncée Grégoire, en prononçant, le 8 août 1793, la destruction des académies. Sous l'ancien régime, chacune de ces compagnies, sans aucun lien commun, avait vécu isolée. L'idée féconde qui avait enfanté le plus vaste monument du dix-huitième siècle, l'*Encyclopédie*, présida à l'organisation de l'Institut ; la fraternité, qui unit toutes les connaissances et toutes les inspirations de l'intelligence humaine, y était reconnue, consacrée, et la Convention avait mis là cette unité puissante à laquelle elle avait assujetti la **France** entière.

L'Institut était divisé en trois classes :
1° Sciences physiques et mathématiques ;
2° Sciences morales et politiques ;
3° Littérature et Beaux-Arts.

Nous ne devons nous occuper ici que de la dernière de ces classes, dont quelques sections correspondaient à l'ancienne Académie française.

La troisième classe comprenait huit sections, chacune composée de six membres résidant à Paris, et de six associés dans les départements :
1° Grammaire ;
2° Langues anciennes ;
3° Poésie ;
4° Antiquités et Monuments ;
5° Peinture ;
6° Sculpture ;
7° Architecture ;
8° Musique et déclamation.

Cette dernière section comprenait une classe d'artistes longtemps déshéritée et flétrie par un préjugé ridicule, les artistes dramatiques. Dans l'intention de ses fondateurs, l'Institut, qui accueillait le poëte dramatique, devait aussi s'ouvrir, selon l'expression de Daunou, pour *l'acteur célèbre qui recrée les chefs-d'œuvre du théâtre en leur donnant l'âme du geste, du regard et de la voix, et qui achève ainsi Corneille et Voltaire*.

Deux sections conservaient surtout les attributions de l'ancienne Académie française. La poésie y tenait son rang comme les autres arts, et l'établissement de la section de grammaire répondait à l'argument favori des partisans de l'Académie, la prétendue nécessité de fixer, par un dictionnaire, les lois de la langue nationale; argument, il faut le dire, dont la valeur était un peu affaiblie par la lenteur de l'Académie à s'acquitter de ce devoir qu'elle proclamait si important.

Quant à cette éloquence fastueuse dont l'ancienne Académie avait laissé de si déplorables modèles, cet art de parler sur des riens et de déguiser, par l'abondance des phrases, la stérilité de la pensée et la sécheresse du sentiment, nous devons confesser qu'il ne trouvait point sa place dans l'organisation nouvelle. Les fondateurs de l'*Institut* avaient estimé sans doute qu'il était inutile d'entretenir, par des récompenses, cette éternelle plaie de la littérature, et qu'ils faisaient assez pour la véritable éloquence, en fondant la classe des sciences morales et politiques, en encourageant la recherche des pensées et des choses plutôt que celle des phrases et des mots.

Cette classification si rigoureuse, et qui peut paraître quelque peu arbitraire, semblait au moins présenter l'avantage d'éloigner de la classe des lettres et des beaux-arts ces membres inutiles dont regorgeait l'Académie française, et qui n'avaient d'autres titres pour y figurer que leur noblesse ou leur place dans le gouvernement.

Nous devons avouer cependant qu'à cet égard la prévoyance des fondateurs fut mise en défaut, et que l'adulation de quelques membres de l'Institut découvrit, chez Bonaparte, devenu premier consul, une spécialité qu'on ne lui avait point soupçonnée jusqu'alors; l'Institut le nomma membre de la section de *mécanique*.

Ce fut par un tour de force aussi étonnant, et beaucoup moins justifié par la valeur de celui qui en était l'objet, que l'Institut trouva des titres littéraires à M. Lacuée, depuis comte de Cessac, à qui on n'en connut jamais d'autres que celui de conseiller d'État, et la faveur du premier consul.

Mais, dans le principe, l'Institut sut se défendre en général de ces retours aux habitudes de l'ancien régime. Sur cent quarante-quatre membres dont il devait se composer, le gouvernement en nomma quarante-huit, lesquels complétèrent ensuite, par l'élection, le nombre fixé par la loi. Ces élections furent faites avec un esprit de justice et d'impartialité bien rares de tout temps, et plus méritoire encore à une époque si agitée. Arnault, dans ses *Souvenirs d'un sexagénaire*, où il se montre si défavorable au régime révolutionnaire, convient cependant que l'esprit de parti fut totalement étranger à la majorité des choix, et qu'on voulut simplement appeler les plus capables dans chaque classe; il en cite en preuve les royalistes Delille et Fontanes, appelés dans la classe de littérature auprès de Joseph Chénier, de Ducis, d'Andrieux et de Lebrun, connus comme républicains.

Cependant l'organisation de l'Institut paraissait détestable, on le conçoit sans peine, à quelques littérateurs qui s'en trouvaient exclus, et aux partisans du régime déchu, qui y voyaient l'œuvre de la Révolution. L'un d'eux, l'abbé Morellet, nous a laissé à ce sujet d'amples détails dans ses Mémoires.

En l'an IX, Lucien Bonaparte, alors ministre de l'intérieur, songeait à rétablir l'Académie française sur ses anciennes bases. *Il fit pressentir* Morellet et Suard, qui réunirent quelques-uns des anciens académiciens pour délibérer sur cette idée approuvée d'avance par ceux qu'elle intéressait : « On nous demanda, dit Morellet, une sorte de » projet ou de *pétition*, qui nous donnât l'air d'a-« voir nous-mêmes sollicité notre rétablissement « dont nous ne nous étions pas avisés les pre-« miers ; et nous nous prêtâmes à ce petit men-« songe politique pour ne pas *contrarier* le minis-« tre. » On voit que ces anciens académiciens étaient restés fidèles aux bonnes traditions, et c'était sans doute parce que l'Académie n'avait jamais eu le tort de *contrarier* les puissances, que le ministre en désirait si fort le rétablissement.

Dans cette *pétition*, dont Morellet nous donne le texte, on demandait la restauration pure et simple de l'Académie, de ses anciens usages, tels que les deux prix annuels de prose et de vers, les discours de réception (1), et le rétablissement de la devise sur ses jetons : A L'IMMORTALITÉ, devise qui, au moment où l'on restaurait cette institution morte et oubliée, ne laissait pas d'avoir son côté plaisant ; mais les *immortels* voulaient ressusciter avec tout le bagage des vieilles institutions.

Cependant, le premier consul et son frère Lucien ayant été *circonvenus*, le rétablissement de l'Académie fut ajourné jusqu'à nouvel ordre.

Qui s'opposa à l'adoption immédiate de ce beau projet? « *L'Institut, les jacobins et les petits littérateurs,* » nous répond Morellet. On comprend l'opposition de l'Institut et des *jacobins;* quant aux *petits littérateurs*, ils n'avaient jamais eu beaucoup à se plaindre de l'ancienne Académie, et

(1) On sait que, sous l'ancien régime, le discours du récipiendaire devait contenir quatre éloges : celui de son prédécesseur; ceux des deux premiers protecteurs de l'Académie, Richelieu et Séguier; et enfin, un compliment pour le prince régnant. Voltaire a résumé en quelques mots tous les discours de réception et les réponses du directeur de l'Académie : « Le récipiendaire ayant assuré que son prédécesseur était un grand homme, que le cardinal de Richelieu était un très-grand homme, le chancelier Séguier un assez grand homme, le directeur lui répond la même chose, et ajoute que le récipiendaire pourrait bien aussi être une espèce de grand homme, et que pour lui, directeur, il n'en quitte pas sa part. L'usage s'est insensiblement établi que tout académicien répéterait ces éloges à sa réception... Ne pouvant trouver des pensées nouvelles, ils ont cherché des tours nouveaux, et ont parlé sans penser, comme des gens qui mâcheraient à vide, et feraient semblant de manger en périssant d'inanition. »

l'exemple de Morellet, reçu dans cette compagnie sans avoir écrit autre chose que quelques feuilles, était bien fait pour les encourager. Mais Morellet n'était pas de cet avis ; furieux de n'être plus *rien*, *pas même académicien*, il avait sans doute sur le cœur ces vers que Joseph Chénier venait d'écrire sur lui :

> Morellet, dont l'esprit trop souvent se repose,
> Enfant de soixante ans, qui promet quelque chose.

Et son esprit ne se reposa point qu'il n'eût atteint ou à peu près le but de ses efforts.

Enfin, grâce à de nouvelles intrigues, un décret du premier consul, du 4 pluviose an XI, détruisit l'organisation établie par la Convention. L'Institut devait être désormais composé de quatre classes au lieu de trois, savoir :

1° Sciences physiques et mathématiques;

2° Langue et littérature françaises;

3° Histoire et littérature anciennes;

4° Beaux-Arts.

On voit tout de suite que c'était, sous des noms nouveaux, rétablir purement et simplement l'ancien régime : la seconde classe, composée de quarante membres, redevenait simplement l'ancienne Académie; la troisième, celle des inscriptions et belles-lettres ; quant à la quatrième, on y avait supprimé la classe de déclamation ; c'était revenir aux anciens préjugés contre les artistes dramatiques.

Mais la modification la plus importante, la plus significative, était la suppression absolue de la classe des sciences morales et politiques, que rien ne remplaçait dans l'organisation nouvelle. Les *idéologues* étaient proscrits.

On pourrait croire que le vieux Morellet, compris, ainsi que ses anciens confrères, dans la deuxième classe, devait enfin être content; on se tromperait. La chose était rétablie, le nom ne l'était pas, et Morellet tenait au rétablissement de l'ancienne dénomination, avec raison, selon nous : « L'influence des mots sur les opinions est puissante, » dit-il à ce sujet ; et, en effet, quoique l'organisation de la deuxième classe de l'Institut fût exactement calquée sur celle de l'ancienne Académie, le nom seul rappelait une origine révolutionnaire que les amis de l'ancien régime avaient intérêt à effacer; car ce nom suffisait pour réfuter les calomnies intéressées des réacteurs, en consacrant le souvenir d'une des fondations les plus importantes du régime républicain.

Mais Morellet avait contre le décret un autre grief, parfaitement injuste, comme l'a prouvé l'événement : « On ne rétablissait pas, dit-il avec douleur, cet heureux mélange des hommes de lettres avec les gens de cour ! » L'adulation se chargea bientôt de prouver à Morellet que ses regrets étaient très-peu fondés, et la nomination de Regnault (de Saint-Jean d'Angely), de Cambacérès, de Maret, etc., dut suffire pour le consoler et le rassurer entièrement.

Cependant, nous devons le dire, la classe de la littérature, sous l'Empire, se recruta en général

parmi les gens de lettres, et donna moins souvent que par le passé le scandale de ces élections courtisanesques qui ont couvert de ridicule l'Académie sous l'ancien régime et depuis 1815. L'Institut se ressentait encore de son origine révolutionnaire; et, d'ailleurs, l'absurde n'est pas si naturel à l'homme qu'il ne lui faille quelque temps pour y revenir et s'y habituer.

Quelques-uns de ses membres restèrent fidèles à leurs antécédents; et parmi ceux-là nous devons signaler Marie-Joseph Chénier, Cabanis, Lemercier, Andrieux, Volney. Leurs opinions libérales se manifestèrent dans quelques occasions, et entre autres dans le choix du sujet proposé pour le concours en 1807 : *Le mérite littéraire et philosophique du dix-huitième siècle*.

Au reste, comme le remarque, dans ses *Mémoires* (1), le ministre de la police pendant les dernières années de l'Empire, M. de Rovigo, la plupart des gens de lettres étaient hostiles au nouveau régime; et, à leur tête, tous ceux qui avaient un nom justement célèbre, madame de Staël, Chateaubriand, Benjamin Constant. M. de Rovigo nous raconte que, frappé de cet inconvénient, il s'occupa d'y remédier dès son entrée au ministère; il se mit en rapport avec quelques académiciens, auxquels il fit donner des places, des pensions; il créa l'un directeur du *Journal de Paris*, l'autre de *la Gazette de France*. Tout cela rentrait du reste dans ses attributions : la direction de la littérature et les encouragements à donner aux gens de lettres dépendaient du chef de la police : M. de Rovigo raconte qu'il fut chargé par Napoléon de distribuer cent mille francs aux gens de lettres qui avaient célébré son hymen avec Marie-Louise. On peut croire que la répartition ne fut pas parfaitement intelligente ni proportionnée au mérite littéraire des pièces récompensées, car M. de Rovigo convient modestement qu'il ne se connaissait pas en poésie; et ce qui tendrait à prouver qu'il n'avait pas tort d'être modeste à cet égard, c'est qu'il ajoute que *la plupart des pièces que le mariage de l'Empereur avait fait éclore, lui parurent plus belles que les vers composés par Racine pour Louis XIV, en pareille occasion*. Or, on a ces poésies réunies en un volume ; il est difficile de rien imaginer de plus mauvais. La pièce de Racine n'est pas merveilleuse, mais au moins est-elle écrite en français.

Pour continuer son rôle de Mécène, auquel il était assez peu préparé, M. de Rovigo voulut faire entrer à l'Académie un écrivain *qui lui était entièrement dévoué*, M. Esménard, et il affirme qu'il lui fit *donner une majorité de suffrages sans laquelle il eût été infailliblement rejeté*. Ce qui pourrait prouver cependant que M. de Rovigo s'abusait un peu sur l'influence qu'il avait alors sur l'Académie, c'est cette autre assertion, par trop invraisemblable, que nous trouvons au même endroit : il prétend que c'est à lui que Chateaubriand dut sa nomination. Quelle que fût alors

(1) Tome V, p. 13.

l'autorité de la police en littérature, il semble pourtant, qu'à la rigueur, Chateaubriand a dû pouvoir se passer de cette étrange protection. M. de Rovigo a négligé d'ailleurs de nous expliquer par quelle fantaisie singulière il s'était si vivement intéressé à un homme notoirement hostile au gouvernement impérial.

Dans ses *Mémoires*, Chateaubriand a raconté avec de grands détails l'histoire de son élection. On sait qu'il succédait à Chénier. Celui-ci l'avait attaqué personnellement, et était resté républicain ; double difficulté à vaincre pour le successeur chargé de faire son éloge, et dont Chateaubriand ne se tira pas également bien. En jugeant l'écrivain, il se souvint beaucoup trop de ses épigrammes ; en jugeant le conventionnel, il fut plus généreux : « *M. de Chénier adora la liberté*, « disait-il dans sa harangue, *pourrait-on lui en* « *faire un crime?* » Ce passage et quelques autres excitèrent la colère de Napoléon, qui s'était fait remettre le manuscrit Le discours ne put être prononcé, malgré un éloge assez vif de *César* et un compliment sur son mariage avec Marie-Louise, que Chateaubriand s'était cru obligé d'y insérer. Cette obligation était en effet très-rigoureuse ; mais, plutôt que de la subir, et de donner ainsi un démenti aux convictions qui éclataient dans une autre partie du discours, il semble que Chateaubriand eût pu se dispenser d'entrer à l'Académie ; sa gloire n'y eût rien perdu ; il pouvait attendre.

Il n'eût pas d'ailleurs attendu longtemps ; trois ans après, l'Empire s'écroulait.

La Restauration rompit le faible lien qui existait encore entre les différentes classes de l'Institut, et leur rendit leur ancien nom.

IV

Jusqu'alors, les académiciens avaient été inamovibles, et l'on ne pouvait citer qu'un exemple d'un académicien exclu par cette compagnie, celui de l'abbé de Saint-Pierre, chassé de l'Académie pour avoir, sous Louis XV, mal parlé de Louis XIV. Encore l'abbé de Saint-Pierre n'avait-il pas été remplacé, et son fauteuil était resté vacant jusqu'à sa mort. La Restauration bannit de l'Académie quelques membres hostiles au nouveau régime, et, par ordonnance, les remplaça. On a peine à concevoir qu'il se soit trouvé des amours-propres assez complaisants et assez peu difficiles pour entrer à l'Académie par une semblable porte. Cela se vit cependant.

Les bannis étaient : Regnault (de Saint-Jean d'Angely), Arnault, Lucien Bonaparte, Etienne, Garat, Sieyès, Rœderer, Maury, Cambacérès, Maret. L'Académie se soumit à cette épuration.

Cependant, la pensée affranchie s'élançait dans des voies nouvelles. L'histoire, la poésie lyrique enfantaient déjà ces œuvres qui resteront comme la gloire de notre siècle. Lamartine, Hugo, Béranger faisaient entendre aux générations nouvelles des accents inconnus ; une jeunesse ardente les soutenait de ses acclamations, de ses sympathies, de ses espérances, et saluait l'avènement de la jeune école, qui avait inscrit sur son drapeau ce mot d'un effet si puissant alors : *Liberté.*

La vieille littérature impériale se sentit menacée. Les vétérans, qui s'étaient endormis sur leurs faciles succès, se réveillèrent en sursaut. La plupart siégeaient à l'Académie. Ils s'y retranchèrent, et tentèrent d'opposer à l'envahissement des idées nouvelles une résistance désespérée.

Ce n'est pas ici le lieu de discuter les théories littéraires de l'école de 1826, ni d'apprécier ses œuvres. Comme toutes les révolutions possibles, la révolution littéraire eût ses grandeurs et ses excès. Mais comme toutes les révolutions aussi, elle trouva sa justification dans le passé qu'elle venait détruire. Quand l'école moderne ne nous aurait rendu qu'un service, celui de balayer toutes ces platitudes dont la littérature de l'Empire avait encombré la scène française, ce serait déjà un service immense dont nous devons lui être éternellement reconnaissants.

On ne peut savoir mauvais gré à la vieille école de n'avoir pas été aussi sensible que nous à ce service. Mais elle eût pu se défendre avec plus d'esprit d'abord et surtout avec plus de loyauté, et ne point tenter de faire intervenir dans des querelles littéraires l'autorité du gouvernement.

On sait que plusieurs académiciens se présentèrent un jour devant Charles X pour obtenir de lui qu'on éloignât de la scène la première œuvre dramatique de Victor Hugo : « En fait de théâtre, répondit le roi, je n'ai, comme tout le monde, que ma place au parterre. » Il est assez triste que des gens de lettres aient pu recevoir du futur auteur des ordonnances une leçon de liberté.

Une démarche plus honorable pour l'Académie, c'est la protestation qu'elle adressa au même roi, en 1827, contre la loi restrictive des libertés de la presse, et qui valut à l'un de ses membres, M. Michaud, une honorable destitution.

Depuis cette époque, les querelles littéraires se sont apaisées ; dans les théories nouvelles, le vrai s'est dégagé du faux ; la raison a fini par avoir raison, même à l'Académie, qui a admis dans son sein plusieurs des écrivains signalés jadis par elle comme les corrupteurs du goût et les apôtres de la barbarie. Elle a fini par recevoir, après plusieurs refus, le chef illustre de la nouvelle école. Mais ses doctrines plus libérales, son attitude plus digne, ne peuvent nous faire oublier le scandale de quelques élections trop récentes, inspirées par de vieilles habitudes de courtisannerie. Trop souvent encore, dans ces derniers temps, et par ses choix et par son langage, l'Académie s'est montrée plus fidèle aux traditions de l'ancien régime qu'à l'esprit de libérale indépendance qu'aurait dû lui léguer l'Institut, fondé par la Révolution.

Eugène D.

V. Institut.

ACADÉMIES DIVERSES. *V.* Beaux-Arts, Littérature, Sciences, etc., etc.

ACAPTE et **ARRIÈRE-CAPTE.** L'acapte était un droit seigneurial que payaient, dans les provinces de Guienne et du Languedoc, les possesseurs de biens de roture, lorsque le seigneur venait à mourir. (Merlin, *Répert. de jurisprudence*, tome I.) Cette définition manque, à notre avis, d'un peu d'exactitude. Car l'acapte, pour être bien comprise, doit être définie ainsi : droits de mutation dus par les censitaires à leurs seigneurs. L'*acapte* proprement dite était le droit auquel la mutation du seigneur donnait lieu, et l'*arrière-capte*, celui qui s'ouvrait par la mutation du tenancier. L'un et l'autre furent supprimés par décrets de l'Assemblée constituante des 15 mars 1790, 15 juin 1791, et par celui de la Convention nationale du 17 juillet 1793.

T.

ACCAPAREMENTS. Nous n'avons pas besoin de définir l'accaparement. On sait que par ce mot on entend, dans le langage des économistes, une spéculation consistant à acquérir, à l'aide de capitaux considérables, la totalité ou la majeure partie des marchandises et denrées, ou des moyens de production qui se trouvent dans un lieu ou dans une circonscription plus ou moins étendue, afin d'en dominer la vente sur le marché, et d'obtenir, à la faveur de la suppression ou de la limitation de la concurrence, des prix plus élevés. Sous quelque forme qu'il se présente, sur quelque classe de denrées qu'il cherche à s'exercer, l'accaparement est toujours une opération des plus condamnables, en ce qu'il tend à fausser les lois fondamentales de l'échange et à altérer les rapports dérivant de la nature des choses ; mais, quand il s'adresse aux objets de première nécessité, l'accaparement devient une manœuvre odieuse, un crime digne d'exécration ; car, dans ses combinaisons meurtrières, il se fait comme un jeu des souffrances et de la vie même des générations humaines.

I

La peur des accaparements et la haine des accapareurs ont tenu une grande place dans la Révolution française ; rien n'est plus aisé à concevoir. Indépendamment des faits de disette qui se produisirent au milieu des terribles agitations et péripéties de cet immense drame politique et social, faits que nous raconterons en temps et lieu, la nation tout entière était alors sous l'impression des frémissements de colère et d'horreur que lui avait causé la révélation tardive d'un pacte abominable, formé, vers les premières années du règne de Louis XV, entre des spéculateurs sans entrailles, de l'aveu et avec la coopération intéressée des plus hauts personnages de l'État, et plus tard, du roi lui-même, pour monopoliser le commerce des grains et s'enrichir en affamant la France. Ce pacte, dont l'exécution avait été poursuivie pendant soixante ans par des associations successives et qui durait encore au moment de la réunion des États-Généraux, avait suscité d'affreuses disettes et fait périr d'inanition des milliers d'individus ; il fut justement flétri par les contemporains du nom de *Pacte de famine.*

On croirait difficilement qu'une semblable spéculation eût pu s'établir et se perpétuer ténébreusement pendant un si long espace de temps, même sous un régime de lettres de cachet et de bastilles ; on aurait peine à s'imaginer qu'elle eût pu être favorisée par les ministres, les intendants de finances, les grands seigneurs, les parlements, et par le chef de l'État lui-même, si le fait n'était attesté par des preuves irrécusables, telles que l'acte de société conclu, le 12 juillet 1767, entre les monopoleurs, de connivence avec le contrôleur général des finances, M. de Laverdy, et des lettres émanant des agents de la compagnie, sans compter le témoignage du malheureux Le-Prévôt de Beaumont, secrétaire du clergé de France, qui passa vingt-deux ans à la Bastille, au donjon de Vincennes, à Charenton, à Bicêtre et à la prison de Bercy, pour avoir voulu dénoncer le pacte de famine au parlement de Rouen.

Ce fut en 1729, sous le ministère de M. Orry, que la France fut pour la première fois livrée aux accapareurs. Les renseignements précis manquent sur cette compagnie originelle, qui devait servir de modèle aux associations postérieures ; ce n'est que par voie d'induction et en se reportant aux catastrophes occasionnées plus tard par la rapacité des compagnies subséquentes, que l'on peut juger de la désastreuse influence que durent exercer ses opérations sur la situation alimentaire du royaume ; il est cependant permis de croire qu'elle ne fut point étrangère à la famine de 1740. En 1741, sous le ministère de M. de Machault, un nouveau pacte fut formé pour affamer le pays. Ici la lumière de l'histoire commence à pénétrer dans les sombres arcanes de cette ligue malfaisante ; on voit surgir des noms et des dates accusatrices ; on cite comme agents secrets de l'entreprise deux négociants, Bouffé et Dufourni, et le succès de leurs infernales mesures éclata par les deux famines de 1741 et de 1752. En même temps figurent au second plan, dans une transparente obscurité, les représentants les plus accrédités des hautes classes de l'époque. La certitude d'énormes profits à réaliser une fois bien acquise, ministres, financiers, riches propriétaires, gens de robe, gens de cour, tous voulurent avoir leur part de cette magnifique curée, que ne dédaignera pas Louis XV lui-même, ce monarque sans cœur, que le peuple, dans un jour d'illusion, avait surnommé *le Bien-Aimé.* Dans le but de favoriser l'œuvre qui, à l'expiration de son bail de douze ans, en avait obtenu le renouvellement pour une période d'égale durée, Louis XV et son gouvernement publièrent le célèbre arrêt du conseil de 1764, qui, sous prétexte de faire hausser le prix des terres, permit l'exportation des grains à l'étranger, et augmenta ainsi, par la faculté de vider à volonté les magasins de l'intérieur, les chances de gain du monopole ; le roi fit une avance de dix millions pour activer la sortie des grains hors du royaume ; et comme dans cet infâme trafic on ne voulait être entravé par aucune réclamation, ni importuné par aucun cri de désespoir, comme on voulait que le pauvre peuple se laissât mourir de faim sans que son râle montât jusqu'à l'oreille de l'opinion publique, un autre arrêt du conseil défend t expressément à tous et à chacun d'écrire sur l'administration des finances, et le lieutenant de police se chargea de fermer la bouche et de briser la plume des récalcitrants.

En 1767, une troisième ligue, encore plus puissante et plus meurtrière que les deux précédentes, vint à son tour exploiter cette mine féconde de l'accaparement qui avait déjà enrichi tant de privilégiés aux dépens des masses populaires (1). Un certain Malisset, ancien boulanger, ancien meunier, et de plus, banqueroutier, au dire de Le-Prévôt de Beaumont, avait été chargé, aux termes d'un traité passé entre lui et le contrôleur général des finances, le 28 août 1765, de la garde, de l'entretien, de la manutention et du recouvrement des magasins de *blés du roi* pendant douze années. Malisset, armé de son bail, s'entendit avec trois autres millionnaires qui l'avaient cautionné auprès du gouvernement ; une convention intervint entre eux, sous les auspices de M. de Laverdy ; l'acte fut rédigé, le 12 juillet 1767, par M. Cromot-Dubourg, alors premier commis des finances. Cet acte était divisé en deux parties : la première, composée de onze articles, avait exclusivement trait aux droits et obligations de Malisset ; la seconde, formée de vingt articles, réglait la proportion des versements à faire par les intéressés, le taux des intérêts, la répartition des bénéfices, la tenue des assemblées hebdomadaires, la situation du directeur-caissier, la cassation des marchés, etc. Par une sorte de dérision cruelle, l'article 19 portait qu'il serait délivré annuellement une somme de douze cents livres aux pauvres, laquelle serait payée par quart, par le caissier à chaque intéressé, pour en faire la distribution ainsi qu'il le jugerait convenable.

La conduite générale de l'entreprise fut naturellement confiée à Malisset, qualifié par Le-Prévôt de Beaumont de *généralissime-agent* ; on fit choix d'un sieur Goujet, pour diriger en sous-ordre et tenir la caisse ; le principal bureau de recette.

(1) A la même époque, en 1766, Beaumarchais était allé tenter à Madrid une opération analogue, qui aurait eu pour point de départ la fourniture des vivres de toutes les troupes d'Espagne. Beaumarchais a raconté lui-même son projet dans une lettre du 28 janvier 1766, adressée à son père, et publiée par M. de Loménie, dans la *Revue des Deux-Mondes* (1846).

appelé *le bureau général des blés du roi*, était à l'hôtel Dupleix, rue de la Jussienne, à Paris ; la compagnie avait de grands magasins d'approvisionnement et des moulins à Corbeil, où se tenait habituellement Malisset, et d'où partaient ses ordres d'achat et de vente. Les trois coopérateurs en nom du généralissime-agent, les trois millionnaires dont nous avons parlé plus haut, étaient Jacques-Donatien Le Ray de Chaumont, chevalier, grand-maître honoraire des Eaux-et-Forêts de France ; Pierre Rousseau, conseiller du roi, receveur général des domaines et bois du comté de Blois, et Bernard Peruchot, régisseur général des hôpitaux des armées du roi. Ces hommes n'étaient pas seuls intéressés au succès du monopole ; derrière eux venaient se grouper secrètement une foule de ministres, d'intendants des finances, d'intendants de provinces, de présidents et de conseillers de cours souveraines, de grands seigneurs, de courtisans et de financiers. Quatre intendants des finances, MM. Trudaine de Montigny, Boutin, Langlois et Boullongne, prirent une part active aux opérations. Ils se distribuèrent la France par quarts, chacun à raison de neuf provinces, et tinrent correspondance avec les intendants provinciaux qui leur envoyaient tous les ans, au mois d'avril, un aperçu des récoltes de leur Généralité. Le lieutenant de police, M. de Sartines, se réserva l'exploitation de la capitale et de l'Ile-de-France, et correspondit avec les lieutenants généraux des bailliages du ressort du parlement de Paris. Tous les parlements, à l'exception de ceux de Rouen et de Grenoble, entrèrent dans la ligue et en partagèrent les profits.

Ainsi protégé par tout ce qu'il y avait de puissant dans le royaume, le roi en tête, et servi par des capitaux considérables, le pacte de famine se développa sans obstacle et étendit le réseau de ses criminelles spéculations sur la France tout entière. Le-Prévôt de Beaumont a raconté, dans le *Prisonnier d'État*, comment il eut connaissance de cette entreprise monstrueuse, par quelle fatalité fut arrêtée chez l'intendant des finances Boutin, la dénonciation qu'il allait en faire au parlement de Rouen, et quelles furent pour lui et pour quelques autres malheureux, les tristes conséquences de cette interception. Malgré les précautions et le mystère dont s'entouraient les accapareurs, d'autres individus, appartenant à la classe aisée, soupçonnèrent aussi l'existence de cette association de malfaiteurs de haut rang, mais la peur des cachots de la Bastille leur imposa silence ; le peuple, tourmenté par la faim, laissa échapper quelques murmures ; on eut raison de lui par les bourreaux et les gibets. La compagnie opérait habilement ; elle savait se plier à toutes les modifications de conduite exigées par l'état plus ou moins prospère des récoltes : dans les années d'abondance, elle se contentait de faire la cherté ; dans les années de stérilité, elle faisait impitoyablement la famine. Elle achetait le blé sur pied, chez le producteur, au lendemain de la moisson, sur les marchés en tout temps, en convertissait une partie en farine

dans ses nombreux moulins, gardait l'autre en grains, et dirigeait le tout, tantôt vers les greniers domaniaux, forteresses et châteaux royaux, tantôt, sous prétexte d'exportation, vers les entrepôts qu'elle avait établis dans les îles de Jersey et de Guernesey. Puis, quand les prix avaient monté par suite de la rareté de la denrée, elle ouvrait ses magasins et entrepôts, et versait avec parcimonie ses grains et farines dans les halles, de manière à ne satisfaire qu'à moitié les besoins du consommateur, et à rester ainsi toujours maîtresse du taux des ventes.

Ses agents et employés étaient présents partout, et elle en avait une armée. Commissionnaires, entreposeurs, commis, emmagasineurs, gardes des magasins, inspecteurs ambulants, blatiers, batteurs, vanneurs et cribleurs en grange, voituriers, épousseteurs, meuniers, contrôleurs, vérificateurs, buralistes, etc., tout marchait sous les ordres de Malisset, l'homme d'action de la compagnie, auquel il était alloué des frais de poste toutes les fois que les nécessités de sa gestion l'entraînaient à plus de vingt lieues de Paris. Quant au mode d'opérations de la société, nous le trouvons parfaitement expliqué dans une lettre rapportée par le *Moniteur* de septembre 1789, et qu'à cause de son importance, nous croyons devoir reproduire en entier :

« Voyez, écrivait à un de ses affidés le directeur de cet odieux trafic, voyez si, sans occasionner de disette trop amère, vous pouvez acheter, depuis Vitry jusqu'aux Trois-Evêchés, une quantité très-considérable de blé, pendant six mois, sans excéder le prix de 20 livres pour le poids de deux cent quarante à deux cent cinquante livres, et faites en sorte que je puisse compter sur sept à huit mille setiers par semaine ; ce a fait pour six mois cent quatre-vingt-douze mille setiers. Commencez par m'en expédier six mille pour Corbeil. Les fonds ne vous manqueront pas chaque semaine ; mais surtout gardez-vous de vous faire connaître, et ne signez jamais vos lettres de voiture. Je ne peux vous procurer de nos sacs ; ils sont timbrés du nom de Malisset, et il serait indiscret de les faire passer chez vous. Vous me mandez que d'autres que vous font de grandes levées de grains ; mais c'est un feu follet qui court sans faire de mal. Au reste, d'après les mesures que nous prenons, ils n'auront pas longtemps la fureur de nuire à nos opérations.

« M. de Montigny, intendant des finances, a donné des ordres de verser aux marchés de Méry-sur-Seine, de Mont-Saint-Père et de Lagny, et d'autres ordres de suspendre les ventes à Corbeil, à Melun et à Mennecy, non pas entièrement, à cause des besoins journaliers, mais de n'exposer par jour, dans ces marchés, que cinquante livres de farine blanche pour la subsistance des petits enfants, ou deux cents boisseaux, moitié blé, moitié seigle. Si, dans vos achats, l'on tient avec trop de rigueur sur le prix que vous offrez, dites qu'il vient d'arriver à Rouen dix-huit bâtiments chargés de blé, et qu'on en attend encore vingt-trois. On ne se doute pas que ces bâtiments sont les nôtres.

« Faites-vous, au surplus, donner des soumissions de vous fournir telle quantité qui vous paraîtra possible au prix actuel du quintal, rendu à Vitry. Quand la disette sera assez sensible dans votre canton, vendez farines et blés ; c'est le moyen de vous y faire acquérir de la considération. Je ne laisserai pas d'ailleurs échapper l'occasion de vous faire mériter encore auprès de M. de Montigny. Si la cherté montait au point d'exciter le ministère public à vous demander d'exposer des blés du roi dans la ville que vous habitez, ne manquez pas d'obéir. Mais versez-en avec modération, toujours à un prix avantageux, et faites aussitôt, d'un autre côté, le remplacement de vos ventes. Il faut espérer que le calme se rétablira dans le lieu où vous êtes ; le canton y est abondant, le blé y est d'un commerce considérable ; conséquemment l'exportation y doit causer moins de sensation et d'inquiétude qu'ailleurs.

« Faites faire vos ventes pour le compte de Malisset, et donnez vos ordres pour que les chargements faits sur la Marne, par M. de Chaumont, l'un des régisseurs au compte du roi, ne soient point coupés. Quoique le nommé Bourré, marinier, vous paraisse suspect, j'ai lieu de croire qu'il ignore que M. de Montigny et M. le contrôleur général sont à la tête de notre opération. Il n'est que le secret qui la puisse soutenir ; et, si elle était connue, non-seulement les intentions de ces ministres se trouveraient traversées, mais encore le commerce de votre pays, les fermiers, les laboureurs et tout le public en souffriraient beaucoup.

« L'approvisionnement de Paris se soutient toujours sur le même pied ; rien ne bronche, l'ordre y est admirable, et la tranquillité la plus parfaite par les soins ardents et assidus de M. de Sartines, qui nous est d'un grand secours, et par les ordres absolus de M. le contrôleur général, que M. de Montigny fait distribuer à propos. Persuadé de votre attention, je suis maintenant bien tranquille sur le secret de mes lettres. J'ai fait voir votre dernière à M. de Montigny ; vous pouvez compter d'en être favorisé au besoin. Pressez vos levées ; il y faut la plus grande diligence. Nous eussions dû faire au moins dix fois plus d'achats depuis que vous avez commencé votre tournée. Il a été arrêté par M. de Montigny que, pour éviter la confusion, MM. les commissaires aux achats rendraient leurs comptes toutes les semaines. En conséquence, vous voudrez bien vous conformer à cet arrangement, à moins que le bien du service n'exige du changement dans cette disposition d'ici au temps de la moisson, où les opérations de la régie se ralentissent nécessairement. »

On voit que la compagnie avait à sa tête des hommes habiles et qui entendaient merveilleusement l'art de spéculer sur les besoins les plus impérieux des populations. Dans ces conditions, avec les immenses ressources dont ils disposaient, organisés comme ils l'étaient dans toutes les provinces, s'appuyant sur l'administration, sur la force publique, sur la finance et sur la cour, favorisés en outre par les entraves fiscales que la législation de l'époque mettait partout à la circulation, par la difficulté des communications, par le peu d'activité du commerce et par l'ignorance où l'on était alors des véritables éléments de sa puissance, il était impossible que les accapareurs n'exerçassent pas sur le mouvement général des grains une influence souveraine. Aussi les dernières années du règne de Louis XV durent-elles être fécondes pour les intéressés, en même temps qu'elles étaient désastreuses pour la France. Trois ans de suite, en 1766, 1768 et 1769, la famine vint sévir sur le pays et remplir les coffres de la société des prélèvements opérés sur la misère, les angoisses et le désespoir des masses affamées. Jusqu'à la mort de Louis XV, entre le gouvernement et le monopole, ce fut à qui poursuivrait avec le plus de zèle et d'avidité le but commun : l'enrichissement du trésor royal, des privilégiés et des hommes d'argent aux dépens de la subsistance du peuple. M. d'Invau et l'abbé Terray, tour à tour contrôleurs généraux, contribuèrent de tout leur pouvoir à la prospérité de l'entreprise ; le dernier accorda même, en 1773, à M. Mirlavaud, qui avait succédé à M. Goujet, en qualité de directeur et caissier de l'association, le titre de *trésorier des grains pour le compte du roi.*

Lorsque Louis XVI fut monté sur le trône et que Turgot eut été appelé aux finances, la situation de la compagnie changea vis-à-vis du gouvernement. Le nouveau roi et son ministre étaient l'un et l'autre trop honnêtes pour prêter leur concours à de semblables spéculations. Turgot fit tout ce qu'il put pour soustraire le royaume aux effets meurtriers de l'accaparement ; il abolit les droits sur les blés et toutes les entraves qui gênaient la liberté indéfinie du commerce des grains. Mais il n'eut pas la main assez forte pour détruire le monopole ; dans deux circonstances critiques, en 1775 et 1776, il fut même obligé d'avoir recours aux accapareurs pour diminuer les horreurs de la famine qu'ils avaient provoquée. Il restait néanmoins leur ennemi, et ils le savaient bien : d'où l'on peut inférer qu'ils ne furent ni les derniers ni les moins ardents à prendre part à cette coalition des vieux abus, en révolte contre les réformes projetées, qui parvint à neutraliser le bon vouloir de Louis XVI et à lui faire renvoyer celui dont il disait : « Il n'y a que M. Turgot et moi qui aimions le peuple. »

Sous Clugny et Taboureau de Réaux, successeurs de Turgot, la compagnie eut le champ libre et put continuer sans obstacle ses fructueuses opérations. Son bail allait expirer ; mais un des articles de ce bail portait qu'il serait renouvelé. Il le fut en effet le 12 juillet 1777, dix jours après l'élévation de Necker au poste de directeur général des finances. Le banquier genevois n'était cependant pas homme à tremper dans ces honteux marchés ; la négociation eut lieu, dit-on, à l'insu du nouveau ministre, par l'entremise de MM. Lenoir (1) et de Sartines ; Louis XVI, dont la religion avait été surprise, crut que le traité qui lui avait été présenté n'avait pour but que de tenir les farines à un prix modéré, et d'opposer une digue aux accapareurs, par la certitude de vastes approvisionnements concertés avec le gouvernement et soldés de ses deniers, jusqu'à concurrence de 900,000 livres. Le nouveau preneur fut M. Dominique Leleu, successeur de Malisset dans les moulins de Corbeil. Necker connut pourtant l'existence de l'association ; mais il fut aussi impuissant que Turgot, ainsi qu'il le constata lui-même quelques années plus tard, en 1789, lorsque, pressé par un représentant de la commune de Paris, qui lui demandait pourquoi il n'avait pas détruit cette ligue malfaisante, il répondit : « Je ne l'ai pas pu. » Le monopole demeura, comme par le passé, maître de l'alimentation du pays, et les provinces du Midi en eurent, en 1778, une cruelle preuve. Si dix ans se passèrent ensuite sans qu'on vît se renouveler avec la même intensité le fléau de la disette, ce fut uniquement, de la part des accapareurs, un acte de prudence motivé par la peur de l'ascendant toujours croissant de l'opinion et par les dispositions personnelles de Louis XVI. Sous M. Joly de Fleury, sous M. d'Ormesson, sous Calonne, sous M. Bouvard de Fourqueux, tour à tour contrôleurs généraux, le pacte de famine, comprenant la nécessité de ne pas faire éclater le peuple en pesant trop lourdement sur lui, resserra ses opérations et mit, qu'on nous passe le mot, une sourdine au scandale de ses bénéfices. Mais, à la veille de l'expiration de

(1) « Le nom de cet homme nous rappelle un trait digne de figurer dans l'histoire du monopole. M. Lenoir avait, en 178 , accordé aux épiciers la permission de cumuler l'état de chandelier. Sur la plainte des syndics des chandeliers, il leur promet de la révoquer et de n'en plus accorder à l'avenir, s'ils voulaient consentir à un marché de suif pour toute la communauté. M. Dominique Leleu se présente, Dominique Leleu, successeur de Malisset dans les moulins de Corbeil. Il offre un marché de suif de sept cents milliers, mais il y mettait un prix excessif. Le lieutenant de police, pour faciliter la conclusion, permet aux chandeliers d'augmenter la chandelle d'un sou la livre. Les syndics signent le traité, et le parlement l'homologue. La communauté, qui n'avait pas même été consultée, forme opposition à l'arrêt d'homologation. La grand'chambre déboute les opposants, avec amende et dépens, les condamne à remplir solidairement toutes les clauses du marché et à 5,000 livres de dommages-intérêts envers M. Leleu. C'est ainsi que le parlement eut la lâcheté d'enregistrer, sans lettres de jussion, un impôt sur la chandelle au profit d'un accapareur de suif

« C'est dans cette affaire qu'échappa à M Lenoir, en présence des maîtres chandeliers, cette naïveté si connue : « Je dois savoir ce que c'est qu'un arrêt du « conseil, puisque j'en fais tous les jours. »

« Que l'on juge par ces deux traits de l'influence que devaient avoir sur l'opinion publique ces arrêts qu'on osait quelquefois lui opposer avec tant d'assurance. » (Note du *Moniteur*, de septembre 1789, dans l'histoire du *Pacte de famine.*)

son bail, et comme pour se dédommager de ces longs ménagements, il frappa un grand coup, un de ces coups terribles qui laissent après eux le deuil et les gémissements.

II

C'était sous le ministère de Loménie de Brienne, archevêque de Toulouse. L'occasion était propice ; la Révolution grondait sourdement ; une agitation immense, fiévreuse, indescriptible, régnait dans les esprits ; il y avait dans la vieille société défaillante un trouble, un malaise, un vague instinct de souffrances et de catastrophes à endurer, éminemment propres à favoriser tous les genres d'agiotage. Le trésor avait d'ailleurs besoin d'argent ; les promesses dorées de Calonne avaient abouti à un gaspillage sans nom et à la ruine ; il fallait à tout prix satisfaire l'avidité des privilégiés, et le prélat incapable et vain, que Marie-Antoinette, engouée de ses prétendues concessions, prenait pour un second cardinal de Richelieu, n'était pas assez scrupuleux pour reculer devant les criailleries d'une plèbe famélique. En avril 1788, un édit royal, auquel le parlement de Bordeaux eut seul le courage de résister, vint renouveler la permission d'exporter les grains hors du royaume. Aussitôt les accapareurs se mirent à l'œuvre ; en peu de temps les énormes approvisionnements de blés qu'ils avaient faits se trouvèrent emmagasinés dans leurs entrepôts de Jersey, de Guernesey, du banc de Terre-Neuve et autres lieux, et leurs agents enlevèrent sur les marchés tout ce que l'exportatation avait laissé de grains disponibles à l'intérieur. Lorsque Necker rentra au ministère, le 26 août, le mal était consommé ; le nouveau directeur des finances se hâta de défendre la sortie des grains ; mais il était trop tard. Le 23 novembre, il accorda une prime d'encouragement pour l'importation des grains d'Amérique ; le 11 janvier 1789, pour les grains et farines venant des ports d'Europe ; ces mesures, prises en vue du commerce honnête et loyal, tournèrent au profit des accapareurs (1).

(1) « C'est un fait notoire, disaient, en 1789, les boulangers de Paris, dans un mémoire adressé au comité des subsistances, qu'à l'époque de l'augmentation du prix des grains, la compagnie Leleu avait ses greniers vides ; cependant 900,000 livres lui étaient soldées par le gouvernement pour qu'elle eût toujours un approvisionnement... Il est notoire encore que les blés exportés du royaume par cette compagnie y ont été réimportés par elle après la prime reçue... Les blés sortis d'abord et importés ensuite ont été reconnus pour être spécifiquement les mêmes que cette compagnie avait achetés dans telle ou telle province... Jusqu'aux sacs qui ont été reconnus. »
MM. Buchez et Roux, auxquels nous empruntons ce fragment, ajoutent, dans l'*Histoire parlementaire de la Révolution française* (tome III), les détails suivants : « Il fut constaté que les sieurs Leleu cachaient les grains qu'ils faisaient exporter dans des tonneaux fabriqués tout exprès, au nombre de plusieurs milliers. Si quelquefois les sacs, marqués de leurs chiffres, reve-

Comme si ce n'était pas assez des éventualités de famine préparées à la France par la main des hommes, le ciel s'était aussi mis de la partie. L'année 1788 avait été affligée d'une sécheresse extraordinaire, qui avait tari les fontaines et les puits et stérilisé la terre. En outre, le 13 juillet, une grêle effroyable avait dévasté soixante lieues de pays et dévoré ce qu'avait épargné la sécheresse. L'hiver survint au milieu de ces sinistres conjonctures, un hiver effrayant et tel que les vieillards les plus avancés en âge ne se souvenaient pas d'en avoir jamais vu de semblable. La gelée commença le 24 novembre, et, dès le 26, la Seine était prise ; le 31 décembre, le thermomètre de Réaumur marquait à Paris dix-huit degrés trois quarts au-dessous de zéro. Qu'on juge de ce que dut être, pendant les longs mois de cet impitoyable hiver, la situation des classes pauvres et de ce qu'il dut s'amasser dans les cœurs de trésors de colère et de haine ! La famine et le froid emportèrent des milliers de victimes ; les survivants gravèrent dans leur mémoire les noms de tous ceux qu'ils soupçonnaient d'être venus aggraver par de détestables spéculations les maux provenant de l'inclémence de la nature. Le gouvernement fit ce qu'il put pour diminuer les rigueurs de la disette ; les monopoleurs tenaient dans leurs mains le sort des populations ; Necker, au risque d'encourir l'accusation de connivence, traita avec eux et leur acheta à un prix excessif une grande quantité de grains et de farines pour les revendre à perte ; il en coûta au trésor, déjà cruellement obéré, un sacrifice de 40 millions. Le 20 avril 1789, le directeur général des finances doubla la prime accordée précédemment aux importateurs de blé étranger. Le 23 avril, une ordonnance ayant pour but de donner une satisfaction plutôt nominale que réelle aux légitimes clameurs du peuple, fut lancée contre les accapareurs ; elle prescrivait aux juges et officiers de police de tenir la main à ce que les propriétaires, fermiers, marchands et autres dépositaires de grains garnissent suffisamment les marchés.

En effet, les ténèbres qui avaient enveloppé jusqu'alors l'existence du pacte de famine commençaient à se dissiper ; les soupçons des masses, longtemps vagues et mal définis, s'étaient changés en certitude. Dans la famine qui exerçait de si terribles ravages, d'un bout à l'autre de la France, les gens éclairés, tout en maudissant la funeste action du monopole, faisaient la part de la médiocrité de la récolte obtenue en 1788. Le peuple, qui ne raisonnait point ses impressions, n'y voyait, lui, qu'un fait d'accaparement. Partout où manquait le grain, il cherchait la main des accapareurs ; des noms fameux par leurs richesses, autant que par leurs rapines, circulaient dans la foule. On citait des ministres, des intendants, des financiers, tout ce qu'il y avait de plus haut placé dans la

naient tels qu'ils étaient partis, après avoir reçu la prime, d'autres fois aussi ces sacs partaient pleins et revenaient vides. »

caste privilégiée. Les boulangers de Paris allèrent même plus loin ; au mois de mars, ils adressèrent une pétition au ministre Necker, puis déposèrent au parlement une plainte, dans laquelle ils dénonçaient une société de spéculateurs sur le monopole du blé et des farines. Le mémoire avait été rédigé par le sieur J. Rutledge.

La communauté des boulangers y exposait comment les sieurs Leleu et compagnie, adjudicataires des moulins de Corbeil, avaient, sous divers prétextes, fait hausser le prix des farines ; comment les boulangers avaient cherché à se fournir ailleurs à meilleur marché ; comment, ayant trouvé toutes les halles circonvoisines vidées par les sieurs Leleu, ils s'étaient vus à la merci de la compagnie de Corbeil, et comment ils avaient été obligés d'enchérir le grain.

Le parlement de Paris repoussa la requête des boulangers. Mieux avisé, ou si l'on veut, plus sympathique aux souffrances des classes pauvres, le parlement d'Aix, à la suite d'une grande émeute à Toulon, habilement arrêtée par Mirabeau, nomma des commissaires qui furent chargés de parcourir les différentes villes pour empêcher les accaparements, prendre connaissance des dépôts de blé et de farine, et contraindre ceux à qui ils appartenaient à venir vendre dans les marchés ce qui était nécessaire pour la consommation journalière. Mais déjà la question ne dépendait plus des cours de justice ; elle était posée dans la rue et dans les campagnes ; les affamés se levaient en criant : « Mort aux accapareurs ! » Marseille donna le signal, au commencement de mars, au moment même où se réunissaient les États-Généraux. Des rassemblements de malheureux qui n'avaient pas de pain se formèrent tout à coup dans cette populeuse cité, menacèrent de piller le Lazaret et les magasins, et provoquèrent ainsi l'armement de la bourgeoisie effrayée. Des bandes semblables parcoururent la Provence, le Languedoc, la Bretagne, la Normandie, la Lorraine, etc., mettant à contribution les châteaux et les fermes, et laissant après elles un long sillon d'épouvante ; il en parut même quelques-unes aux environs de Paris. Partout où ces *brigands* paraissaient ou étaient annoncés, les habitants s'armaient ; on dirigeait des troupes contre eux ; des volontaires marchaient à leur rencontre. Ils se dispersaient alors sans résistance, mais pour aller brusquement se reformer dans un autre lieu.

C'étaient là des symptômes menaçants, et qui faisaient pressentir un formidable orage ; les directeurs et associés du pacte de famine n'en prirent cependant aucun souci. L'entreprise avait, à ce qu'il paraît, pour chefs, à cette époque, Berthier, intendant de Paris, et Lenoir, ancien lieutenant de police ; l'agent de change Pinet en était le caissier général ; les frères Leleu, de Corbeil, avaient la direction des achats et des ventes. Parmi les principaux intéressés, l'opinion publique désignait hautement Foulon, beau-père de Berthier. M. Pinet n'avait pas eu tout d'abord, au sein de la compagnie, l'importance qu'il y avait acquise en dernier lieu. Ses premiers placements dans l'affaire des grains n'avaient été qu'une simple spéculation de commerce. C'était par son intelligence et son activité qu'il avait peu à peu gagné la confiance des meneurs, et mérité qu'on l'initiât à tous les secrets de l'œuvre. Alors on l'avait fait agent de change, pour le mettre à même de trouver plus aisément des capitaux ; et, en effet, dans cette situation nouvelle, l'argent, alléché par la facilité du placement, par l'énormité du produit qui pouvait s'élever de 30 à 75 pour 100, et par l'exactitude des payements, avait afflué dans ses caisses. En 1787, M. Pinet était devenu un des plus puissants financiers du royaume, et de toutes parts on venait lui confier des fonds qu'il employait exclusivement à des achats de grains. En 1789, il n'opérait pas avec moins de cinquante ou soixante millions, rapportant de 70 à 100 pour 100. Le mystère le plus absolu présidait à ses spéculations ; il ne souffrait jamais que ses clients lui demandassent comment il faisait valoir leur argent, et quiconque insistait était remboursé sur l'heure. Chose étrange! cet homme, qui ne se faisait pas scrupule d'aider à affamer toute une nation, avait de l'humanité à sa manière ; il aimait à rendre service aux petites bourses, et acceptait de préférence des sommes minimes, comme s'il eût voulu purifier ses gains, en y faisant participer de pauvres gens, et tranquilliser sa conscience alarmée des calamités dont il était l'instrument, par la considération des biens particuliers qu'il répandait autour de lui. Il répétait souvent : « Ce qui me fait grand plaisir, c'est d'avoir rendu service à beaucoup de malheureux.» Peu de temps avant sa mort, il refusa, dit-on, cinquante mille livres d'un homme riche, de Saint-Germain-en-Laye, et accepta un prêt de douze mille livres qui lui fut offert dans la même ville de la part d'une jeune personne dont ce petit capital formait tout l'avoir : « Voilà, dit-il à l'intermédiaire, de l'argent comme il m'en faut ; j'aime mieux être utile à beaucoup de monde. » Il avait ainsi intéressé à ses secrètes opérations, mais toujours à leur insu, environ quinze cents familles, et s'était acquis, autant par le taux élevé des bénéfices qu'il leur procurait que par sa fidélité constante à ses engagements, une prodigieuse réputation d'habileté et de probité.

Les principaux coopérateurs et associés de l'agent de change Pinet, dans l'exploitation du monopole des grains, n'éprouvaient, eux, ni remords de conscience, ni le besoin d'atténuer à leurs propres yeux, par le souvenir du bien fait à quelques pauvres gens, l'horreur du brigandage exercé sur tous ; c'étaient des hommes durs, rapaces, impitoyables ; leur avidité et leur insensibilité avaient un caractère en quelque sorte proverbial ; on leur prêtait des mots cruels qui, souvent répétés, laissaient comme une trace de feu dans la mémoire du peuple. Une seule considération eût pu les arrêter dans leurs meurtrières spéculations, la peur d'une expiation prochaine et terrible ; mais, engagés dans le mouvement contre-révolutionnaire que le parti de la cour préparait à Versailles et comptait accomplir à la veille du 14 juillet 1789, avec des régiments étrangers, ils croyaient à l'anéantissemen de la Révolution déchaînée par l'Assemblée nationale, et au triomphe de l'ancien régime, gage certain pour eux de sécurité et d'impunité. La prise de la Bastille et le meurtre de Delaunay et Flesselles, éclatèrent comme un coup de foudre. Ce fut parmi les chefs du pacte de famine et parmi les privilégiés de la noblesse et de la finance, qui leur tenaient la main, un sauve-qui-peut général. Berthier essaya de s'enfuir ; Foulon se fit passer pour mort. Nous dirons comment ils furent découverts l'un et l'autre, et quelle sanglante vengeance tirèrent d'eux, à Paris, les masses, excitées peut-être par quelques-uns de leurs complices, qui craignaient des révélations.

Moins compromis, M. Pinet n'avait pas été inquiété ; mais la mort violente de Foulon et de Berthier, la fuite des frères Leleu, le désordre que la crise révolutionnaire venait apporter dans ses affaires, en interceptant la rentrée de ses fonds, et la peur de l'avenir, avaient jeté de sombres préoccupations dans son âme. Le 29 juillet, il sortit de chez lui après avoir paisiblement dîné avec sa famille et invité du monde à souper. Le soir, il n'était pas revenu, et le lendemain on apprit qu'il avait reçu un coup de feu dans la forêt du Vésinet, près de Saint-Germain-en-Laye. Était-ce un suicide ou un assassinat? Quand on le releva pour le transporter à sa maison de campagne, voisine du lieu où il avait été frappé, on trouva auprès de lui un pistolet déchargé ; un second pistolet, encore chargé, était resté dans sa poche, et il fut reconnu que ces deux armes lui appartenaient. D'autre part, avant de mourir, car il vécut encore trois jours, il affirma constamment qu'il avait été assassiné, que ses affaires étaient en bon état, et que personne ne perdrait, si l'on voulait s'entendre. Il témoignait le plus vif désir d'être ramené à Paris, et recommandait particulièrement un portefeuille rouge, comme renfermant la sûreté de ses créanciers. Ce portefeuille ne put être retrouvé, et sa disparition, jointe aux déclarations du moribond, donna naissance à toutes sortes de rumeurs; on prétendit que sa mort était l'œuvre de quelques-uns de ses coassociés, auxquels la diminution de ses ressources l'obligeait de faire d'impérieuses demandes de fonds, et qui redoutaient, en outre, la divulgation du secret de leur complicité; on nomma même, parmi les instigateurs du meurtre, le duc d'Orléans, véhémentement soupçonné d'avoir trempé dans l'affaire des grains. Quoi qu'il en soit de tous ces bruits, une chose est certaine, c'est que M. Pinet laissa un déficit de cinquante-trois millions, et causa ainsi la ruine de quinze cents familles.

Ainsi finit par un immense désastre cette monstrueuse association qui, depuis soixante ans, organisait périodiquement la famine en France, moissonnait l'or du citoyen aisé, se jouait de la misère et de la vie du pauvre, et s'engraissait de la substance de tous.

III

Le pacte de famine une fois brisé par les événements, les accaparements cessèrent-ils ? ou bien la Révolution vit-elle se renouveler, sous d'autres formes et dans d'autres conditions, ces spéculations homicides qui avaient fait tant de victimes ? A coup sûr, pendant tout le cours de la période révolutionnaire, il n'y eut rien de semblable à ces puissantes compagnies qui, sous Louis XV et sous Louis XVI, appuyées sur d'énormes capitaux, protégées par l'autorité royale, les grands seigneurs, les magistrats et les financiers, officiellement investies d'une fonction d'approvisionnement, qui les aidaient à déguiser leurs manœuvres et à donner le change, avaient pu étendre le réseau de leurs opérations d'un bout de la France à l'autre, et monopoliser des récoltes entières. Il fallait, à un brigandage conçu sur d'aussi vastes proportions, une facilité de rapports commerciaux, une sécurité de circulation et des garanties de mystère, que ne comportait plus la phase tourmentée et soupçonneuse dans laquelle on venait d'entrer. Dès que le pays était en ébullition, et la Bastille renversée, le jeu devenait trop difficile et trop périlleux, à tous égards, pour pouvoir être continué sur la même échelle que précédemment. Mais, d'autre part, bien que les preuves manquent complétement, et que l'historien ne rencontre sur son chemin que des rumeurs sans authenticité certaine, il y aurait une grande témérité à affirmer qu'il n'y eut point d'accaparements pendant la Révolution, et que toutes les crises alimentaires que nos pères eurent à traverser, au milieu de tant de souffrances, provenaient uniquement du trouble jeté dans les relations par la Révolution elle-même. Le peuple croyait fermement aux accapareurs, et comment n'y aurait-il pas cru ? Le *Moniteur*, en racontant l'histoire toute récente du pacte de famine, venait de démontrer aux populations que, durant un demi-siècle et plus, elles avaient été exploitées sans pitié, par une bande de malfaiteurs, appartenant aux plus hauts rangs de la société ? Ce qui s'était fait si longtemps ne pouvait-il pas se faire encore ?

Le récit de ce journal, étayé de pièces et de témoignages irrécusables, avait causé partout une sensation indescriptible ; les passions de la foule, déjà si vivement surexcitées, y avaient encore puisé un nouvel accroissement d'activité et de violence, et ce n'était pas seulement au sein des masses que l'on était convaincu de la continuation des accaparements, tout le monde y croyait comme elles : l'Assemblée, les municipalités provisoires, les journalistes, la presse et la tribune retentissaient incessamment de plaintes et d'accusations ; des brochures sans nombre étaient publiées contre les individus soupçonnés de se livrer à cette coupable industrie. A Paris, à propos de l'arrestation d'un sieur Gallet, prévenu de détournement de farines et de spéculation sur les grains, on publiait l'*Intrigue du comité des subsistances dévoilée, la condamnation du sieur Gallet, et les amours criminelles de ses juges avec son épouse*. Dans les pro-

vinces, on allait semant en tous lieux le bruit que les privilégiés de l'ancien régime faisaient, en haine de la Révolution, des amas de blé dans leurs châteaux, et défendaient à leurs fermiers de vendre.

Ce qui contribuait encore à augmenter la persuasion où l'on était de la funeste influence exercée par les accapareurs, c'est que le blé manquait *toujours*, bien que la récolte de 1789 fut des plus abondantes. Toutes ces causes d'exaspération portèrent leurs fruits ; des émeutes éclatèrent en plusieurs endroits, sous la pression de la faim. Dans l'Ouest, aux environs de Mamers, une multitude furieuse se rua, vers la fin de juillet, sur le château de la Davière, s'y empara de M. de Curo, seigneur de Roullée, et de M. de Montesson, le premier accusé d'accaparement, le second de menées contre-révolutionnaires, les mit tous les deux à mort, et promena leurs têtes sanglantes au bout d'une pique, après avoir criblé leurs cadavres de coups de fusil. A Rambouillet, un M. Hoemelle, procureur du roi, son gendre, et un sieur Grausse, furent violemment menacés comme accapareurs de blé et agents des accapareurs, et ne parvinrent que difficilement à s'échapper. A Chartres, on attaqua la maison d'un certain Maillard, que ses concitoyens avaient depuis longtemps surnommé *la Famine*. Le 10 août, aux environs de Verdun, on faillit écharper le curé du village de Monteville, qui avait en réserve la valeur de deux voitures de blé ; des femmes du peuple coururent au presbytère, le fusil sur l'épaule, se saisirent de ces grains, les chargèrent sur des voitures, et les emmenèrent en triomphe à Verdun, où le procureur du roi et l'hôtel de ville leur firent donner à chacune, en guise de récompense, un pain de dix livres et une cocarde patriotique. A Paris, le 21 août, le district de Saint-Etienne-du-Mont, soupçonnant d'accaparement les maisons religieuses, communautés et colléges, demanda à l'assemblée de l'Hôtel de Ville, qu'on y fit une perquisition. La pétition fut accueillie, mais la visite ne donna aucun résultat. Le 12 septembre, on arrêta, rue Saint-Jacques, une voiture chargée de tonneaux de blés, qu'un marchand de vin envoyait hors de Paris, et le marchand fut jeté en prison avec sa femme et un enfant. Le 28 octobre, à Vernon, un agent du comité des subsistances de la capitale, M. Planter, fut assailli par la foule, sous prétexte d'accaparement ; on le traîna à la lanterne ; la corde cassa deux fois. Il fut enfin sauvé par le courage d'un jeune Anglais qui se trouvait présent à cette sauvage exécution. A Montereau, c'était un membre de la municipalité elle-même qui ameutait le peuple contre les marchands officiellement chargés de faire des achats de grains, de farines, pour l'approvisionnement de Paris.

L'histoire de ces désordres locaux est longue, elle remplit toute la Révolution. Les esprits étaient perpétuellement tendus vers la pensée de l'accaparement ; aux yeux du peuple, rendu très-ombrageux par les souvenirs et par la difficulté du vivre, il y avait présomption d'accaparement toutes les fois que les marchés n'étaient pas suffisamment garnis, ou qu'il se faisait un mouvement soit de grains, soit de farines. L'agitation était en outre journellement entretenue par les dénonciations de la presse.

Le 9 novembre 1789, Prudhomme, dans ses *Révolutions de Paris*, en apprenant à ses lecteurs qu'une proclamation du roi accordait de fortes primes à tous négociants qui, du 1er décembre 1789 au 1er juillet 1790, importeraient en France des froments, seigles, orges et farines, venant des divers ports d'Europe ou des États-Unis d'Amérique, ajoutait : « Il est bien essentiel qu'on ne s'y méprenne pas. Ce n'est pas parce qu'il manque du blé en France que le gouvernement s'impose le sacrifice des primes, c'est pour déconcerter les projets des accapareurs, et en même temps l'avidité des cultivateurs qui réservent les blés dans leurs greniers, jusqu'à ce que le prix soit haussé considérablement. Il est plus que probable que ces primes encourageront les négociants français et étrangers, et qu'il n'y aura point de hausse considérable. »

Le 1er septembre 1790, le journaliste Carra publia, dans les *Annales patriotiques de la France*, un article sous ce titre : *Projet d'un nouveau pacte de famine générale.* « On nous écrit de toutes parts, disait-il, et surtout de Châlons-sur-Saône, de Tournus, de Mâcon et de Bourg, département de l'Ain, que les accaparements de grains se font en ce moment avec une ardeur qui n'a pas encore eu d'exemple, pas même l'année dernière : la mesure de blé, qui est de 400 livres pesant, monte déjà, à Tournus, à 50, 51, 52 livres. A Saint-Laurent-les-Mâcon, il a été porté au prix de 51 livres, par une femme qu'on a conduite devant les municipaux, regardés eux-mêmes comme des accapareurs, et qui ont fait peu d'attention à la plainte. Le peuple murmure de tous côtés, et plusieurs personnes disent très-haut que le ministère favorise ces accaparements de grains, tant pour approvisionner l'armée sarde, qui doit entrer sur nos frontières, que pour occasionner des émeutes partout, et faire passer ensuite ce peuple mourant de faim pour un peuple d'anthropophages qu'il est bon de remettre sous la verge d'un despote. D'un autre côté, on sème adroitement le bruit dans les provinces, et même à Paris, surtout à la table des ministériels, que les États-Unis d'Amérique manquent totalement de grains cette année, et qu'en reconnaissance de celui qu'ils nous ont fourni l'année dernière, il est juste que le gouvernement leur en fasse passer un approvisionnement. Sous ce prétexte, qui est de toute fausseté, le ministère fera embarquer une énorme quantité de grains, dont une partie se promènera, comme l'année dernière, sur les mers voisines, pour attendre que le peuple soit au comble du besoin, et dont l'autre sera livrée aux armées autrichiennes que Léopold se propose d'envoyer dans le Brabant, et auxquelles se réuniront les brigands de Trèves et de Saarbruck. Gardes nationales des frontières, souvenez-vous que la patrie compte sur votre zèle et votre vigilance, qu'il s'agit ici de la subsistance de vos femmes et de vos enfants, de leur vie, peut-être, et surtout de notre liberté. Ne vous laissez donc pas endormir dans une fausse sécurité ; voyez comme la rage des ministres et des aristocrates s'exerce sur nos bons frères et camarades les soldats des troupes de ligne, pour les perdre ou nous ravir leur amitié. L'hiver approche, les manœuvres de nos ennemis redoublent, tenons-nous sérieusement sur nos gardes. »

Toutefois, malgré les excitations de la presse et les inquiétudes causées par la question des subsistances, les soulèvements dirigés contre les accapareurs furent un peu moins fréquents en 1790 et 1791 que dans la première année de la Révolution. La nation, debout et armée, veillait à maintenir l'ordre et cherchait à se donner à elle-même le respect de la loi. Mais dans l'hiver de 1791 à 1792, l'effervescence populaire se manifesta avec une plus grande intensité ; ce n'était pas seulement le blé qui manquait à la consommation et qui se payait cher, il y avait aussi disette et renchérissement excessif des autres denrées de première et de seconde nécessité et des matières premières. En janvier 1792, des rassemblements se formèrent tout à coup à Paris et se portèrent vers un magasin d'épicerie du faubourg Saint-Marceau, appartenant, dit-on, à l'ex-constituant Dandré, et renfermant une grande quantité de sucre. Le magasin fut pillé, et le sucre, qui valait 42 sous la livre, vendu à moitié prix (1). A ce sujet, Gorsas, qui rédigeait le *Courrier des départements*, écrivit : « L'expédition du faubourg Saint-Marceau a jeté l'épouvante chez les accapareurs et dans l'âme de ceux qui leur louaient des magasins. L'avant-dernière nuit, les patrouilles rencontraient de toutes parts des voitures chargées de sucre, de cassonade et de café. Dans beaucoup de magasins il n'est resté que la soude accaparée... » Et plus loin : « Nous apprenons à l'instant qu'un magasin de sucre, sis *à la Levrette*, au coin de la rue Saint-Denis, a été pillé au moins en partie. Le maître de ce magasin est accusé d'être l'un des trois accapareurs qui ont des dépôts aux petites écuries du roi. Un autre a été aussi attaqué et non moins endommagé, rue Beaubourg, dans la maison où le fameux scélérat Desrues avait sa boutique et ses ateliers. On assure aussi que la même fermentation existe dans

(1) Montgaillard, dans son *Histoire de France*, accuse Louis XVI d'avoir prêté la main aux spéculations commerciales de Dandré. « L'ex-constituant Dandré, dit-il, avait fait des accaparements considérables de sucre et de café ; il s'était associé avec la maison Cinot et Charlemagne, faisant la grande épicerie, et, en couvrant sous des motifs commerciaux son séjour à Paris, il y était sans danger un des agents secrets de Louis XVI, et correspondait avec ce monarque par l'intermédiaire de Bertrand de Molleville. La plus grande partie des marchandises de Dandré fut pillée et vendue dans les deux journées des 23 et 24. *Louis XVI y perdit, dit-on, plus d'un million.*

les faubourgs, des malveillants se pressent dans la foule et tâchent de suggérer au peuple que M. Pétion est intéressé dans ces accaparements et qu'il s'est rapproché des Dandré, des Barnave, etc. » Prudhomme disait de son côté : « Voilà des extrémités fâcheuses auxquelles le peuple est réduit par les détestables spéculations d'accaparements. Cet infâme trafic sur toutes les matières premières est poussé au comble; il reste impuni ; le peuple se fait justice lui-même. »

Des mouvements plus graves encore eurent lieu dans les provinces. Le plus retentissant et le plus déplorable de tous fut celui qui éclata à Etampes, et qui occasionna la mort du maire Simoneau, riche tanneur de cette ville (3 mars 1792).

• Etampes, dit M. de Lamartine, dans son *Histoire des Girondins*, était un des grands marchés d'approvisionnement de Paris. Il importait plus qu'ailleurs d'y conserver la liberté du commerce et l'affluence des farines. Un attroupement composé d'hommes et de femmes des villages voisins, rassemblés au son du tocsin, marche sur la ville un jour de marché, précédé de tambours, armé de fusils et de fourches, pour taxer les grains, les enlever de force aux propriétaires, se les partager et exterminer, disaient-ils, les accapareurs, parmi lesquels des voix sinistres mêlaient tout bas le nom de Simoneau. La garde nationale s'effaçait; cent hommes du 18ᵉ régiment de cavalerie, en détachement à Etampes, étaient toute la force publique à la disposition du maire. L'officier commandant répondit de ses soldats comme de lui-même. Après de longs pourparlers avec les séditieux pour les ramener à la raison et à la loi, Simoneau rentra à la maison commune, fit déployer le drapeau rouge, proclama la loi martiale et marcha de nouveau contre les révoltés, entouré du corps municipal, et au centre de la force armée. Arrivé sur la place d'Etampes, la foule enveloppe et coupe le détachement. Les cavaliers laissent le maire à découvert, pas un sabre n'est tiré pour sa défense; en vain il les somme, au nom de la loi et des armes qu'ils portent, de prêter secours au magistrat contre ses assassins; en vain il saisit la bride d'un des cavaliers les plus rapprochés de lui en criant : « A moi, mes amis! » Atteint de coups de fourche et de coups de fusil, dans ce geste même de l'appel à la force, il tombe en tenant encore dans la main les rênes du lâche cavalier qu'il implore; celui-ci, pour se dégager, abat d'un revers de son sabre le bras du maire déjà expiré, et laisse son corps aux insultes du peuple. Les scélérats, maîtres du cadavre, s'acharnent sur ses restes palpitants; ils délibèrent s'ils lui couperont la tête. Les chefs font défiler leur troupe en passant sur le corps du maire, et en trempant leurs pieds dans son sang. Puis ils sortent tambour battant de la ville, et vont s'enivrer toute la nuit dans les faubourgs (1). »

Le sang coula aussi à Orléans quelques mois

(1) *V.* Étampes.

plus tard. En septembre, dans ces jours de crise terrible qui suivirent la chute de la royauté, les premières nouvelles de l'invasion prussienne et le massacre des prisons, un malheureux marchand de blé y fut mis en pièces pour avoir proféré en public quelques paroles imprudentes ; son cadavre fut traîné dans les rues et sa tête portée au bout d'une pique. La garde nationale s'assembla et chargea ses canons ; la foule les lui fit décharger et se porta sur deux maisons qu'elle livra au pillage. On rechargea alors les canons; une flammèche tomba sur un caisson de poudre qui sauta; le feu se communiqua à un canon dont le coup, en partant, tua huit personnes. Ce fut une épouvantable scène de confusion, au milieu de laquelle les insurgés forcèrent l'administration municipale à taxer le prix du pain. Aux environs de Chartres, le 28 novembre, des attroupements formidables se formèrent au cri de : « Mort aux accapareurs! » tuèrent un procureur de la commune qui les rappelait au respect de la loi, pillèrent des greniers et des magasins, et manquèrent d'égorger trois membres de la Convention nationale : Lecointre-Puyraveau, Morel et Biroteau, envoyés pour rétablir l'ordre. Ces commissaires durent, pour avoir la vie sauve, signer la taxe des grains. De semblables désordres eurent lieu au Mans, à la Ferté-Bernard, à Saint-Calais, à Lyon, à Dijon, et dans un grand nombre d'autres villes. L'exaspération allait croissant partout; avec l'hiver redoublaient les privations et les souffrances des populations; le blé et les autres denrées de consommation devenaient plus chers et plus rares que jamais. Les cultivateurs et fermiers ne portaient plus rien au marché, les *blatiers*, terrifiés par la clameur universelle qui s'élevait contre les détenteurs de grains, n'osaient plus faire aucun acte de commerce.

La Convention, nouvellement réunie, se débattait vainement pour diminuer l'horreur et le péril de cette situation; la question des subsistances était à l'ordre du jour de ses délibérations ; les discours se succédaient à la tribune. Lequinio donnait pour cause exclusive à la disette, avec le ministre de l'intérieur Roland, la frayeur inspirée aux producteurs et aux négociants par les menaces faites et les violences exercées contre eux; Saint-Just accusait l'émission déréglée du signe numérique et sa disproportion avec les valeurs qu'il avait fonction de représenter, c'est-à-dire l'avilissement des assignats. Mais aucune mesure n'était prise, aucune solution n'était adoptée par l'Assemblée, et le peuple attendait une solution avec d'autant plus d'impatience, qu'il croyait l'avoir trouvée lui-même dans la taxe des denrées. La taxe des denrées, c'était là ce que poursuivaient toutes les émeutes, ce que criaient tous les paysans et tous les ouvriers en révolte, ce qu'exigeaient tous les insurgés triomphants. A Paris, cette opinion était encore plus puissante et plus générale qu'ailleurs ; elle vint se produire, le 28 novembre, à la barre de la Convention, par l'organe d'une députation de la commune : « Les commissaires des sections réunies avec le conseil général de la commune, dit l'orateur, viennent vous présenter le tableau de grands maux, sûrs qu'ils sont d'en obtenir le remède, puisqu'il est en vos mains. La partie la plus nombreuse du peuple, celle qui a fait la Révolution, qui la maintiendra, qui sait aimer la liberté, qui mérite avant tout votre sollicitude, est livrée aux plus grandes inquiétudes, à la plus cruelle misère. Une commission de riches capitalistes veut s'emparer de toutes les ressources territoriales et industrielles; non contente d'entretenir la cherté des subsistances, elle les dénature en travaillant, en empoisonnant les boissons ; une nouvelle aristocratie veut s'élever sur les débris de l'ancienne, par le fatal ascendant des richesses. Les maisons de commerce, de banque, de secours, les caisses prétendues patriotiques étaient liguées avec le tyran des Tuileries, et voulaient le reconduire au despotisme par la disette. La Révolution est faite ; il n'en faut plus. L'Assemblée constituante décréta la suppression des entrées ; le peuple allait être soulagé, mais elle décréta la liberté du commerce, et son bienfait devint nul. Au nom du salut public, nous venons vous demander de rendre aux autorités constituées le droit de taxer les denrées de première nécessité. » Le président de la Convention répondit : « Si une aristocratie nouvelle veut s'élever sur les débris de l'ancienne, elle aura le même sort; le peuple n'a pas conquis la liberté à si haut prix pour la perdre. Si, d'un autre côté, des vampires veulent engloutir les subsistances, ils seront punis par la loi. La Convention examinera l'objet de votre pétition. »

Rien ne fut décidé pourtant, et la cherté des denrées allait s'aggravant de jour en jour. Marat donna le signal de nouvelles explosions. Le 24 février 1793, une députation de blanchisseuses se présenta à la barre de la Convention : « Législateurs, dit-elle, les blanchisseuses de Paris viennent dans le sanctuaire sacré des lois et de la justice déposer leurs sollicitudes. Non-seulement toutes les denrées nécessaires à la vie sont d'un prix excessif, mais encore les matières premières, nécessaires au blanchissage, sont montées à un tel degré, que bientôt la classe du peuple la moins fortunée sera hors d'état de se procurer du linge blanc dont elle ne peut absolument se passer. Ce n'est pas la denrée qui manque, elle est abondante; c'est l'accaparement et l'agiotage qui la font renchérir. Vous avez fait tomber sous le glaive de la loi la tête du tyran, que le glaive de la loi s'appesantisse sur ces sangsues publiques. Nous demandons la peine de mort contre les accapareurs et les agioteurs. » Le lendemain, 25, *l'Ami du Peuple* publia un article ainsi conçu : « Il est incontestable que les capitalistes, les agioteurs, les monopoleurs, les marchands de luxe, les suppôts de la chicane, les robins, les ex-nobles, etc., sont tous, à quelques-uns près, des suppôts de l'ancien régime qui regrettent les abus dont ils profitaient pour s'enrichir des dépouilles publiques ; comment donc concourraient-ils de bonne foi à l'établissement du règne de la liberté et de l'égalité? Dans l'impossibilité de changer leurs cœurs, vu la vanité des moyens employés jusqu'à ce jour pour les rappeler au devoir, et désespérant de voir le législateur prendre de grandes mesures pour les y forcer, je ne vois que la destruction totale de cette engeance maudite qui puisse rendre la tranquillité à l'État. Aujourd'hui ils redoublent de zèle pour désoler le peuple par la hausse exorbitante du prix des denrées de première nécessité et la crainte de la famine. En attendant que la nation, fatiguée de ces désordres révoltants, prenne elle-même le parti de purger la terre de la liberté de cette race criminelle que ses lâches mandataires encouragent au crime par l'impunité, on ne doit pas trouver étrange que le peuple, poussé au désespoir, se fasse lui-même justice. Laissons là les mesures répressives des lois ; il n'est que trop évident qu'elles ont toujours été et seront toujours sans effet... Dans tous les pays où les droits du peuple ne sont pas de vains titres, consignés fastueusement dans une simple déclaration, le pillage de quelques magasins à la porte desquels on pendrait les accapareurs, mettrait fin aux malversations qui réduisent cinq millions d'hommes au désespoir et en font périr des milliers de misère. Les députés du peuple ne sauront-ils donc jamais que bavarder sur ses maux, sans en présenter jamais le remède? »

Ces instigations de Marat eurent l'effet que l'on devait en attendre ; une multitude nombreuse, principalement composée de femmes, se groupa soudain devant les portes des épiciers demeurant rues de la Vieille-Monnaie, des Lombards et des Cinq-Diamants, pénétra dans leurs magasins en poussant des cris de fureur, et les força à réduire leurs prix à 10 sous pour le savon, à 25 pour le sucre, à 15 pour la cassonade, à 13 pour la chandelle. De grandes quantités de denrées furent vendues sur-le-champ à ces divers taux, et rigoureusement soldées, mais, peu à peu, sous l'impulsion de bandes nouvelles qui venaient à chaque instant grossir le rassemblement, le sentiment de moralité relative qui animait la foule s'altéra ; chacun finit par prendre sans payer, et la scène dégénéra en un véritable pillage. Ce fut en vain que la Commune essaya d'intervenir au nom du respect de la propriété ; la force publique, venue d'ailleurs trop tard, fut accueillie par les cris de : « A bas les baïonnettes ! » et ne put obtenir l'évacuation des magasins envahis ; les pillards ne s'é-

loignèrent que lorsque l'œuvre de la dévastation fut entièrement accomplie.

La Convention s'émut de cet attentat, et Marat fut, comme l'on sait, traduit devant le tribunal révolutionnaire, d'où il devait revenir triomphant, mais toute hésitation ne tarda pas à cesser dans le sein de l'Assemblée quant aux mesures à prendre pour diminuer le prix des denrées et marchandises, et assurer la subsistance du peuple. Le 4 mai fut rendu le fameux décret qui portait fixation d'un maximum pour le prix des grains et farines, décret dont les dispositions allaient être successivement étendues à toutes les denrées de première et même de seconde nécessité. Toutefois, au point où les esprits en étaient arrivés, ce n'était pas encore assez ; les classes populaires demandaient davantage : elles voulaient une loi sévère contre les accapareurs. « La véritable source, disent MM. Buchez et Roux, dans l'*Histoire parlementaire de la Révolution*, de la disette et du renchérissement de toutes les denrées nécessaires à la vie, était dans la baisse des assignats, produite par l'agiotage et les accaparements. Les agioteurs, maîtres du numéraire, commençaient par exploiter toutes les mauvaises nouvelles, tout ce qui était capable d'inspirer des doutes sur la stabilité de la Révolution, et ils dépréciaient ainsi la monnaie qu'elle avait créée et dont la valeur reposait uniquement sur une base morale, sur la confiance que l'on accordait au pouvoir conventionnel. Lorsqu'ils avaient opéré une baisse sur les assignats, ils en achetaient aussitôt, et, courant de la Bourse aux marchés, avant que le cours du change n'y fût connu, ils accaparaient les marchandises, faisaient la hausse et revendaient. Dans ce cercle où tournaient une foule d'hommes d'une immoralité devenue proverbiale, et parmi lesquels il faut compter les membres de la Convention nationale Chabot, Julien de Toulouse, Fabre d'Eglantine et Delaunay (d'Angers), les malheurs de la France donnaient et accéléraient le mouvement. Le résultat, pour le peuple, c'est que sa misère croissait en raison même des revers essuyés par les armées de la République ; pour les agioteurs, la conséquence était la possession de tout le numéraire et de toutes les marchandises ; pour le gouvernement, la ruine de son crédit et la démonétisation de son papier. On comprendra facilement, après cela, la haine qu'avaient excitée dans les masses les agents de change, les marchands d'argent, les accapareurs et les banquiers. Il était temps de prendre, à l'égard de cette peste publique, des mesures rigoureuses. Personne ne le demandait, au sein de la Convention, avec plus de colère apparente que les copartageants des bénéfices de tous ces joueurs de Bourse. Ils coloraient ainsi leur complicité, mesurant leurs déclamations en sens contraire aux soupçons auxquels les exposaient les scandales de leur vie privée et les liaisons qu'ils entretenaient. Delaunay (d'Angers) avait fait spontanément, le 9 juillet, un très-long discours pour dévoiler les malheurs de l'agiotage ; ce sujet était thème habituel des motions de Chabot. Or, l'un employait le produit de ses manœuvres à entretenir l'actrice Descoings, l'autre vivait en intimité avec les banquiers Frey, dont il ne tarda pas à épouser la sœur. »

C'était contre ces spéculateurs qu'une pétition violente avait été présentée à la Convention, le 25 juin, quelques jours après la chute des Girondins, par une députation de la section des Gravilliers, réunie à des citoyens de la section de Bonne-Nouvelle et du club des Cordeliers : « Mandataires du peuple, avait dit l'orateur Jacques Roux dans le langage le plus insolent, depuis longtemps vous promettez de faire cesser les calamités du peuple : mais qu'avez-vous fait pour cela ? Vous venez de rédiger une constitution que vous allez soumettre à la sanction du peuple. Y avez-vous proscrit l'agiotage ? Non. Y avez-vous prononcé une peine contre les accapareurs et les monopoleurs ? Non. Eh bien ! nous vous déclarons que vous n'avez pas tout fait. Vous qui habitez la Montagne, dignes sans-culottes, resterez-vous toujours immobiles sur le sommet de ce rocher immortel ? Prenez-y garde, les amis de l'égalité ne seront pas les dupes des charlatans qui veulent les assiéger par la famine, de ces vils accapareurs dont les magasins sont des repaires de filous. Mais, dit-on, qui sait comment les choses tourneront ? C'est ainsi que, par la crainte de la contre-révolution, on cherche à faire hausser le prix des denrées ; mais ne sait-on pas que le peuple veut la liberté ou la mort ? Quel est le but de ces agioteurs qui s'emparent des manufactures, du commerce, des productions de la terre, sinon de porter le peuple au désespoir, pour l'obliger de se jeter dans les bras du despotisme ? Jusqu'à quand souffrirez-vous que ces riches égoïstes boivent dans des coupes dorées le sang le plus pur du peuple ? Si vous montriez de l'insouciance pour l'extirpation de l'agiotage et de l'accaparement, ce serait une lâcheté qui vous rendrait coupables du crime de lèse-nation. Il ne faut pas craindre d'encourir la haine des riches, c'est-à-dire des méchants ; il faut tout sacrifier au bonheur du peuple.... Députés de la Montagne, fondez les bases de la prospérité de la République. Ne terminez pas votre carrière avec ignominie... »

Jacques Roux avait été chassé de la barre de la Convention et son discours désavoué par les pétitionnaires qui l'accompagnaient, mais l'idée principale qu'il y avait exprimée n'en était pas moins l'idée des clubs et des sections ; la promulgation d'une loi contre les accapareurs était devenue une nécessité impérieuse. L'Assemblée le sentit et rendit, le 26 juillet, un décret dont voici le texte :

« La Convention nationale, considérant tous les maux que les accapareurs font à la société, par des spéculations meurtrières sur les plus pressants besoins de la vie et sur la misère publique, décrète ce qui suit :

« Art. 1er. L'accaparement est un crime capital.

« 2. Sont déclarés coupables d'accaparement, ceux qui dérobent à la circulation des marchandises ou denrées de première nécessité, qu'ils altèrent et tiennent enfermées dans un lieu quelconque, sans les mettre en vente journellement et publiquement.

« 3. Sont également déclarés accapareurs ceux qui font périr ou laissent périr volontairement les denrées ou marchandises de première nécessité.

« 4. Les marchandises de première nécessité sont : le pain, la viande, le vin, les grains, farines, légumes, fruits, le beurre, le vinaigre, le cidre, l'eau-de-vie, le charbon, le suif, le bois, l'huile, la soude, le savon, le sel, les viandes et poissons secs, fumés, salés ou marinés, le miel, le sucre, le papier, le chanvre, les laines ouvrées et non ouvrées, les cuirs, les fers et l'acier, le cuivre, les draps, la toile, et généralement toutes les étoffes, ainsi que les matières premières qui servent à leur fabrication, les soieries exceptées.

« 5. Pendant les huit jours qui suivront la proclamation de la présente loi, ceux qui tiennent en dépôt, en quelque lieu que ce soit de la République, quelques-unes des marchandises ou denrées désignées dans l'article précédent, seront tenus d'en faire la déclaration à la municipalité ou section dans laquelle sera situé le dépôt desdites denrées ou marchandises. La municipalité ou section en fera vérifier l'existence, ainsi que la nature et la quantité des objets qui y sont contenus, par un commissaire qu'elle nommera à cet effet, la municipalité ou section étant autorisée à lui attribuer une indemnité relative aux opérations dont il sera chargé, laquelle indemnité sera fixée par une délibération prise dans une assemblée générale de la municipalité ou section.

« 6. La vérification étant finie, le propriétaire des denrées ou marchandises déclarera au commissaire, sur l'interpellation qui lui en sera faite, et consignée par écrit, s'il veut mettre lesdites denrées ou marchandises en vente, à de petits lots et à tout venant, trois jours au plus tard après sa déclaration. S'il y consent, la vente sera effectuée de cette manière, sans interruption et sans délai, sous l'inspection d'un commissaire nommé par la municipalité ou section.

« 7. Si le propriétaire ne veut pas ou ne peut pas effectuer ladite vente, il sera tenu de remettre à la municipalité ou section copie des factures ou marchés relatifs aux marchandises vérifiées existantes dans le dépôt. La municipalité ou section lui en passera reconnaissance, et chargera de suite un commissaire d'en opérer la vente, suivant le mode ci-dessus indiqué, en fixant les prix de manière que le propriétaire obtienne, s'il est possible, un bénéfice commercial, d'après les factures communiquées. Cependant, si le haut prix des factures rendait ce bénéfice impossible, la vente n'en aurait pas moins lieu, sans interruption, *au prix courant* desdites marchandises. Elle aurait lieu de la même manière, si le propriétaire ne pouvait livrer aucune facture. Les sommes résultantes du produit de cette vente lui seront remises, dès qu'elle sera terminée, les frais qu'elle aura occasionnés étant probablement retenus sur ledit produit.

« 8. Huit jours après la publication et proclamation de la présente loi, ceux qui n'auront pas fait les déclarations qu'elle prescrit, seront réputés accapareurs et, comme tels, punis de mort. Leurs biens seront confisqués, et les denrées ou marchandises qui en feront partie, seront mises en vente, ainsi qu'il est indiqué dans les articles précédents.

« 9. Seront également punis de mort, ceux qui seront convaincus d'avoir fait de fausses déclarations, ou de s'être prêtés à des suppositions de noms, de personnes ou de propriétés, relativement aux entrepôts et marchandises. Les fonctionnaires publics, ainsi que les commissaires nommés pour suivre les ventes, qui seraient convaincus d'avoir abusé de leurs fonctions, pour favoriser les accapareurs, seront aussi punis de mort.

« 10. Les négociants qui tiennent des marchandises en gros, sous corde, en balles ou en tonneaux, les marchands débiteurs en détail, connus pour avoir des magasins, boutiques ou entrepôts, ouverts journellemet aux acheteurs, seront tenus, huit jours après la publication de la présente loi, de mettre à l'extérieur de chacun de ces magasins, entrepôts ou boutiques, une inscription qui annonce la nature et la quantité de marchandises ou denrées de première nécessité qui pourraient y être déposées, ainsi que le nom du propriétaire : faute de quoi ils seront réputés accapareurs. Les fabricants seront obligés, sous la même peine, de déclarer la nature et la quantité des matières premières qu'ils ont dans leurs ateliers, et d'en justifier l'emploi.

« 11. Les fournisseurs des armées, autres que les négociants et marchands cités dans l'article précédent, produiront à leurs municipalités ou sections, des extraits des marchés qu'ils ont passés avec la République. Ils indiqueront les achats qu'ils ont faits en conséquence, ainsi que les magasins ou entrepôts qu'ils auraient établis.

« S'il était prouvé que lesdits entrepôts ou magasins ne sont pas nécessités par la teneur des marchés, et que les denrées ou marchandises de première nécessité qui y sont déposées, ne sont pas destinées aux armées, ceux qui auraient établi ces magasins ou dépôts seraient traités comme accapareurs.

« 12. Tout citoyen qui dénoncera des accaparements ou des contraventions quelconques à la présente loi, aura le tiers du produit des marchandises et denrées sujettes à la confiscation; un autre tiers sera distribué aux citoyens indigents de la municipalité de laquelle se trouveront les objets dénoncés ; le dernier tiers appartiendra à la République.

« Celui qui dénoncera des marchandises ou denrées détruites volontairement, recevra une gratification proportionnée à la gravité de la dénonciation.

« Le produit de toutes les autres marchandises ou denrées confisquées en vertu de la présente loi, sera partagé entre les citoyens indigents de la municipalité qui aura procédé auxdites confiscations et la République.

« 13. Les jugements rendus par les tribunaux criminels, en vertu de la présente loi, ne seront pas sujets à l'appel. Un décret particulier de la Convention nationale ou du Corps-Législatif, annoncera l'époque où cette loi cessera d'être en vigueur.

« 14. Dès que la présente loi sera parvenue aux autorités constituées, elles en ordonneront la lecture dans leurs séances publiques, et la feront afficher et proclamer au son de la caisse, afin que personne ne puisse en prétexter l'ignorance. »

Dans les derniers mois de 1793 et les premiers de 1794, d'autres décrets suivirent, destinés à compléter l'ensemble des mesures organisées par la loi que nous venons de transcrire. L'un déclara compris dans les denrées, dont l'accaparement était défendu, les résines, les brais et les goudrons. Un autre prohiba l'exportation, tant par terre que par mer, du pain, de la viande, du poisson, du fruit, du cidre, du vin, de l'eau-de-vie, du vinaigre, de l'huile, du miel, du sel, du sucre, du savon, de la soude, du charbon de terre, de l'acier non ouvré ou simplement fondu, du papier, du drap, des étoffes et bonneterie autres que la soie, enfin de presque toutes les denrées qui ne pouvaient pas être accaparées (15 août 1793). Un troisième décret modifia la répartition du produit des confiscations prononcées contre les accapareurs (27 brumaire an II). Un quatrième innocenta solennellement toutes les insurrections populaires, « occasionnées jusqu'à ce jour, disait le texte, à raison de l'accaparement et surhaussement du prix des denrées, qui ont été comprises dans le décret du *maximum*. Tous jugements et procédures sur les faits y relatifs, furent abolis, et défense fut faite aux officiers de police et juges d'en commencer de nouvelles. On n'excepta de l'amnistie que les crimes d'incendie et de meurtre commis dans ces insurrections (8 frimaire an II). »

Quelque opinion que l'on puisse avoir sur le régime économique institué par les décrets sur le *maximum* et sur les accaparements, régime d'ailleurs simplement provisoire et de circonstance, dans la pensée même de ceux qui concoururent à sa mise en vigueur, il faut bien reconnaître qu'il eut pour effet, en forçant les denrées à se montrer et à se tenir dans des limites de prix rigoureusement fixées, de diminuer la misère et d'assurer la vie matérielle du peuple. Ce régime dura jusqu'au 4 nivose an III, cinq mois après la chute de Robespierre. Lorsque la Convention se fut décidée, sous l'influence des thermidoriens, à abolir toutes les lois portant fixation d'un *maximum* sur le prix des denrées et marchandises, la disette reparut, bien que la récolte de 1794 eût été magnifique; une disette effroyable, une véritable famine. Les cultivateurs se reprirent à dissimuler leurs grains, pour n'avoir pas à les échanger contre des assignats arrivés au

dernier point de dépréciation ; quiconque n'avait
pas de monnaie métallique ou des marchandises à
donner pour avoir du pain, fut exposé à mourir
de faim. « J'ai vu, écrivait un citoyen, dans le langage ampoulé de l'époque, aux auteurs de la *Dé-
cade philosophique*, le 20 floréal an III, j'ai vu de
malheureux habitants de la campagne, non cultivateurs, mourant de faim, demander du grain à
des fermiers, dont les granges étaient pleines. Les
fermiers leur disaient : « Avez-vous de l'or ou de
l'argent? — Non. — Hé bien! apportez-moi de la
marchandise. » J'ai vu alors ces malheureux apporter leurs chemises, leurs habits, pour subsister
huit jours de plus. J'ai vu des cultivateurs, remplis de cupidité et de barbarie, vivre dans l'abondance que leur procurent leur grenier et leur basse-
cour, et nourrir leurs bestiaux de pain blanc, parce qu'ils aiment mieux leurs cochons que les assignats. En arrivant à Paris, j'ai vu d'honnêtes pères de famille sacrifier le quart, le tiers de leurs
rentes d'une année, pour acheter d'un agioteur un
seul louis d'or, et le porter à ce cultivateur avide,
afin d'avoir du pain pour leurs enfants et pour
leurs femmes... »

A Paris, la détresse était telle, qu'au dire de
Toulongeon, on fut obligé de fixer la subsistance
quotidienne de chaque individu à trois onces de
pain et un quarteron de viande. Il y eut de nombreux attroupements. Le 27 ventose, des députations des sections du Finistère et de l'Observatoire, admises à la barre de la Convention, s'exprimèrent ainsi : « Le pain nous manque ; nous
sommes à la veille de regretter tous les sacrifices
que nous avons faits pour la Révolution... Ne laissez pas flotter au milieu de nous l'étendard de la
famine ; déployez tous les moyens que le peuple
a mis entre vos mains, et donnez-nous du pain.
Huit cents de nos camarades attendent notre réponse. Jusqu'à ce que vous ayez satisfait à notre
demande, nous crierons : Vive la République ! »
Pendant que l'orateur parlait, ceux qui l'accompagnaient frappaient du poing sur la barre, en demandant du pain. *Du pain! du pain!* tel fut aussi
le cri que fit entendre la foule, lors de l'échauf-
fourée des 12 et 13 germinal et de l'insurrection
du 1er prairial. Quel rôle joua l'accaparement au
milieu de ces cruelles circonstances? Dans une
société aussi corrompue que celle qui se révéla tout
à coup après le 9 thermidor, et s'étala ensuite si
impudemment sous le Directoire, société de banquiers, d'agioteurs, d'ex-gentilhommes tarés, d'ex-
proconsuls connus pour leurs dilapidations
éhontées, et de filles de joie, sans compter les fournisseurs des armées, auxquels leur mission d'approvisionnement donnait tant de facilités de spéculation sur les denrées de première nécessité, il est
probable qu'on ne se fit pas faute de reprendre les
vieilles traditions de l'accaparement ; mais les
preuves nous manquent pour l'affirmer ; nous n'a-
vons plus même, pour autoriser et guider nos
soupçons, de ces démonstrations violentes de la
multitude, comme nous en avons raconté plusieurs
dans les pages précédentes.

IV

De la période consulaire et impériale, nous
ne savons rien, si ce n'est qu'on retrouve,
dans le Code pénal de 1810, comme un lointain souvenir des haines révolutionnaires contre les accapareurs : « Tous ceux, dit l'article 419,
qui, par des faits faux ou calomnieux, semés à
dessein dans le public, par des suroffres faites
aux prix que demandaient les vendeurs eux-mêmes, par réunion ou coalition entre les principaux
détenteurs d'une même marchandise ou denrée,
tendant à ne la pas vendre, ou à ne la vendre qu'à
un certain prix, ou qui, par des voies ou moyens
frauduleux quelconques, auront opéré la hausse
ou la baisse du prix des denrées ou des marchandises, ou des papiers et effets publics au-dessus
ou au-dessous des prix qu'aurait déterminés la
concurrence naturelle et libre du commerce, seront punis, etc. » Le seul fait que rappelle l'histoire de la Restauration, est l'accusation portée
contre le duc de Richelieu, dans les *Mémoires secrets de d'Allonville*, d'avoir laissé, pendant les disettes de 1816 et 1818, duper la France par la maison Sicard, d'Odessa, qui, au lieu de fournir de
bons grains, n'aurait livré que des grains avariés,
et aurait gagné quinze cent mille francs à ce
marché, sans bourse délier. Sous le règne de
Louis-Philippe, on peut citer, comme fait d'accaparement, dans un ordre d'idées différent de celui
auquel nous nous sommes attachés, la réunion
opérée en 1847 dans les mains d'une seule compagnie, de la presque totalité des mines du bassin
houiller de la Loire. Enfin, au temps où nous vivons, et à une époque toute récente, se rapporte
la circulaire suivante, d'un commissaire départemental de police aux commissaires cantonaux du
département de l'Aube.

« Depuis quelques jours, des accapareurs de
grains parcourent les campagnes et achètent à des
prix bien au-dessus du cours ordinaire des blés
même reconnus de qualité inférieure; plusieurs
même, assure-t-on, achètent en ce moment des
récoltes sur pied.

« Cet état de choses ne peut durer plus longtemps, attendu qu'il jette l'inquiétude parmi les
populations, et notamment parmi les classes malheureuses.

« Veuillez donc employer tous les moyens en
votre pouvoir pour nous faire connaître sans retard ce qui parviendra à votre connaissance, et
même, au besoin, vous conformer à l'article 41 du
Code d'instruction criminelle (1), si des manœuvres coupables venaient à se reproduire pour propager l'inquiétude déjà régnante.

« Vous voudrez bien, à cet égard, vous entendre
avec MM. les maires, et faire connaître à tous les

____

(1) L'article 41 du Code d'instruction criminelle, combiné avec l'article 40, donne le droit aux magistrats de
faire arrêter les personnes accusées par la clameur publique d'accaparer les grains dans les campagnes.

cultivateurs, qu'en cédant aux propositions des accapareurs, ils s'exposent au ressentiment public. »

Quelques jours après la publication de cette pièce, un journal spécial, l'*Echo agricole*, en la commentant, annonçait que, dans plusieurs villes du Nord et de l'Est, les maires avaient cru devoir défendre aux commerçants d'entrer sur le marché pendant la première heure de l'ouverture, afin que le public eût la faculté de se pourvoir, et l'écrivain ajoutait que, dans une de ces villes, l'autorité municipale avait fait vendre, à un prix qu'elle avait fixé, un partie de blé appartenant à un commerçant qui, depuis plusieurs semaines, refusait de vendre.   Ulysse L.

V. Alimentation publique.

ACCINS ou **PRÉCLOTURE.** Ces termes désignaient, dans l'ancien droit, les appartenances et dépendances d'un lieu seigneurial faisant partie du préciput de l'aîné.   P

V. Ainesse (*Droit d'*).

ACCISE (Droit d'). Ce droit a pour caractère général, quelque différence qu'il comporte, de désigner un impôt, une taxe sur les objets de consommation. On divise l'accise en accise générale qui s'étend sur tous les objets de consommation, et en accise spéciale qui ne frappe que sur certains articles.

Le droit d'accise a été introduit dans plusieurs pays, et dans certains le mot *accise* est encore très-usité.

En France, l'accise était un droit féodal, supprimé par décret du 28 mars 1790. — Voici les termes du décret : « Les droits d'accise sur les comestibles, les droits de Leyde sur les poissons, les droits de bouteillage, de Wingeld ou autres sur les vins et autres boissons, les impôts et billots seigneuriaux de même nature, sont abolis sans indemnités. »

Aujourd'hui le mot *accise*, quoique fréquemment employé dans le langage financier, n'a pas une signification aussi étendue que le mot *impôt* ou *contributions indirectes*. On comprend sous cette dernière dénomination la plupart des impôts sur la consommation.   T.

ACCOLADE FRATERNELLE. Les révolutions transforment plus qu'elles ne détruisent ; les lois physiques régissent aussi le monde moral. Dans les crises les plus radicales, au milieu des plus grands naufrages du passé, on voit toujours surnager ce qu'il y avait de respectable et d'utile dans les vieilles coutumes. Qui se serait attendu à voir revivre, au milieu de l'effervescence révolutionnaire de 1789, dans l'organisation de la France républicaine et démocratique, quelques-unes des traditions de la chevalerie féodale ? L'accolade fraternelle n'est pourtant que la résurrection d'un antique usage sous une forme moderne. Jadis, lorsqu'un noble seigneur ou un vaillant capitaine avait fait preuve d'honneur et de vaillance, et qu'il était admis au privilége de devenir chevalier, un de ses amis ou de ses compagnons d'armes, qui s'était porté garant de son courage et de sa loyauté, le conduisait devant l'assemblée de l'ordre ; là, en présence de sa nouvelle et illustre famille, à genoux sur le sol, après avoir prêté le serment requis, proféré les formules solennelles, après avoir été frappé sur l'épaule par le plat de l'épée et avoir revêtu l'armure du vaillant et du fort, l'élu recevait du grand-maître d'abord, puis des autres chevaliers, le baiser fraternel en signe d'adoption.

Il serait facile, en remontant l'échelle des temps, de trouver l'origine de ce cérémonial, bien souvent modifié déjà, dans l'organisation des premières sectes sacerdotales et dans l'initiation aux mystères de l'Inde et de l'Egypte ; mais prenons les choses au point où la Révolution de 1789 les avait trouvées.

Derrière ces pratiques surannées, ces oripeaux passés de mode, derrière ce charlatanisme de mise en scène déguisant mal l'étroitesse et l'insuffisance de l'institution, il y avait une généreuse et féconde idée, l'association ; il y avait un touchant symbole, l'accolade. Ceci ne périra pas, soyez-en certain. La vieille défroque féodale sera secouée et jetée au vent ; armoiries, écussons, tout ce qui rappelle le privilége sera brisé ; tombez, donjons et tourelles, salles d'armes gothiques où s'accomplissaient dans l'ombre, loin des regards profanes, les mystères de la réception, sombres chapelles cachées sous les arceaux de nos cathédrales, sanctuaires ténébreux où les stalles étaient comptées, ouvrez vos portes larges et battantes, car de nouveaux chevaliers vont venir. Voyez cette salle immense, majestueuse dans sa nudité, donnant accès, par ses portes, par ses fenêtres, par ses charpentes disjointes, à la foule enivrée qui l'assiége, c'est le premier sanctuaire de la chevalerie nouvelle ; un banc, une table servent de fauteuil et de tribune à celui que le génie a fait grand-maître de l'ordre nouveau ; le premier de tous, il prête le serment solennel, et la tempête porte l'écho de ses paroles à tout un peuple qui frémit au dehors ; des milliers de bouches répètent le serment ; des milliers de bras levés vers le ciel appellent Dieu comme témoin de cette grande scène ; puis, par une inspiration soudaine, trois hommes aux costumes divers, représentant chacune des classes de la société française qui va se transformer, un prêtre, un noble, un bourgeois, étroitement enlacés, se donnent, au nom de trente millions de citoyens, le baiser d'oubli, d'union et de fraternité ; c'est le Jeu de Paume, c'est l'accolade fraternelle. Attendez, bientôt il n'y aura plus de temples assez vastes pour contenir les adeptes ; viennent les fêtes de la Fédération, et ce sera sous la voûte des cieux, en plein Champ-de-Mars, que les rites s'accompliront.

Et qu'on ne nous accuse pas de fausser ou d'exagérer en rien notre assimilation ; l'esprit chevaleresque, modifié dans sa forme, agrandi dans son but, reparaît et se fait reconnaître aux signes les plus incontestables **dans les éléments** les plus essentiels de la nouvelle organisation. C'est dans un but de délivrance, c'est pour l'affranchissement des opprimés que nos pères se lèvent et s'unissent; ils ont aussi leur oriflamme comme les preux d'autrefois, et chaque citoyen, par le ruban aux trois couleurs dont il décore sa poitrine, semble se rattacher au glorieux étendard de la nouvelle croisade; puis, lorsqu'en vertu de cet axiome, qui veut que les conséquences d'un principe soient proportionnelles à ses bases, la force d'expansion des doctrines de 1789 se sera manifestée au choc des guerres, dans la lutte contre les obstacles ou par la déduction normale des prémisses posées, nous verrons l'ardente et généreuse passion de nos modernes chevaliers embrasser dans ses rêves l'émancipation du genre humain; il n'y a plus de frontières, plus de nationalités, tous les hommes sont égaux, sont frères, et la France libre se doit, comme une sœur aimée, à toute nation qui revendique son indépendance. Nous ne sommes pas les premiers que cette réapparition de l'esprit chevaleresque ait frappés; nous avons l'aveu des adversaires les plus décidés du régime nouveau et les épigrammes qu'avait méritées parfois l'ancienne chevalerie dans ses exagérations et ses folies; c'est à

nous qu'ils les adressent aujourd'hui en nous appelant les paladins humanitaires ou les Don Quichotte de la liberté universelle. La raillerie peut atteindre les vivants, mais quant à ceux qui nous ont précédés et qui ne sont plus, la grandeur impérissable de l'œuvre qu'ils ont accomplie les met au-dessus de pareilles attaques. Raillez, fils des croisés, descendants des nobles preux qui dorment aux champs de Crécy, de Poitiers ou d'Azincourt; nos ancêtres, à nous, n'ont engraissé le sol de la patrie qu'avec les corps des ennemis vaincus et tués; nos chevaliers bleus, sans souliers et sans pain, ont tenu le serment qu'ils avaient fait de sauver la France; Hoche et Marceau valaient Roland, et le son du cor de Roncevaux n'a ni plus de majesté ni plus de poésie que les fanfares allemandes saluant les funérailles de leurs jeunes vainqueurs.

Si nos lecteurs ont bien compris par quelle série de transformations l'esprit révolutionnaire se trouva imprégné de l'enthousiasme chevaleresque, la signification très-sérieuse de l'accolade fraternelle ne leur échappera pas. Ce symbole, adopté dans les assemblées publiques, dans les clubs, comme signe d'acceptation d'un nouveau membre ou comme témoignage de gratitude ou

de sympathie, prenait à l'Assemblée nationale un caractère officiel: lorsque par un vote les membres avaient déclaré qu'un citoyen avait bien mé-

rité de la patrie, le président l'appelait à son fauteuil, et, au nom de la nation, sous les yeux de ses représentants, comme un père satisfait et fier de son enfant, il donnait l'accolade à ce digne fils de la France. Nos dernières chambres législatives avaient encore conservé la tradition de cet usage ; lorsque le président élu remplaçait au fauteuil le président d'âge qui avait dirigé les opérations de l'Assemblée avant la constitution définitive du bureau, après les remerciements votés au vieillard qu'on rendait au repos, son successeur lui donnait l'accolade pour le remercier au nom de tous des services qu'il venait de rendre.

Nous ne croyons pas la coutume perdue ; nous la retrouvons ailleurs sous une forme nouvelle, manifestation variable, mais indestructible d'un sentiment qui ne peut mourir dans le cœur de l'homme, la fraternité. Nos pères, dans les illusions de leur enthousiasme, ont pu embrasser bien des Judas ; mais, dans ces accolades si pleines de généreuses et ardentes sympathies, il y avait un souffle de puissant amour qui finira par embraser l'univers.   L. L.

ACCORDEMENTS. La coutume de Berry accordait pour toutes mutations d'héritages censuels, autres que les successions en ligne directe, 2 sous par livre aux seigneurs ecclésiastiques et 20 deniers aux seigneurs laïques. Ce droit, conséquence du cens dû au titulaire d'une seigneurie pour tous les biens situés sur son territoire, apportait les plus grandes entraves aux transactions immobilières. Il fut aboli par décret de la Convention nationale, du 7 ventose an II.   P.

ACCOUCHEMENTS , ACCOUCHEURS. L'art des accouchements, très-imparfaitement étudié par les anciens, enrichi de quelques procédés par les Arabes, négligé trop longtemps par les médecins occidentaux, n'a pris que dans les temps modernes le rang et l'importance qu'il mérite. En effet, pour la plupart des sciences et pour les arts qui en dérivent, la connaissance et le développement des principes, la partie supérieure pour ainsi dire de l'enseignement, prenant son essor au seizième siècle, est arrivée à la fin du dix-huitième bien près de ce degré où il ne reste plus de découvertes importantes à faire ; mais la connaissance intime des détails, les applications et surtout la vulgarisation des faits acquis appartiennent au dix-neuvième. Il en est de même de l'art des accouchements qui, porté en France à un haut degré de perfection par les travaux de Franco, Ambroise Paré (1560), Guillemeau (1649), Mauriceau (1668), Peu (1694), de La Motte, Grégoire, Levret (1722), Puzos, Petit, Solayrès et Baudelocque (1775-1785), n'était encore enseigné que dans un cercle fort restreint en 1789 ; de sorte que, malgré les efforts de ces hommes distingués et le dévouement de leurs élèves, les erreurs, les préjugés consacrés par la coutume, luttaient avec avantage contre le savoir et les bons préceptes dictés par une raison éclairée.

Jusqu'au dix-septième siècle, les accouchements étaient exclusivement confiés à des femmes désignées sous le nom de *sages-femmes*, ou sous celui de *matrones*, et les hommes n'étaient admis auprès des femmes en travail que dans le cas où la sage-femme se déclarait insuffisante et lorsqu'il fallait pratiquer une opération difficile. Du temps d'Ambroise Paré, le chirurgien indiquait à la sage-femme ce qu'elle devait faire, dirigeait pour ainsi dire sa main par la parole, et n'intervenait directement qu'en dernier ressort. Ces sages-femmes n'avaient aucune éducation scientifique ; ce qu'elles savaient, elles le tenaient par tradition, et en même temps que de l'expérience de leurs maîtresses, elles héritaient de leurs erreurs et de leurs préjugés. Étrangères aux études d'anatomie et aux autres branches de la médecine, elles ne participaient pas aux progrès où les médecins et les chirurgiens étaient amenés par des études plus complètes. Aussi, quand, au dix-septième siècle, des hommes tels que Mauriceau se consacrèrent à l'art des accouchements, que non-seulement ils perfectionnèrent en ce qui était relatif à l'acte même, mais qu'ils y rattachèrent la connaissance des maladies des femmes enceintes et des enfants nouveau-nés, on reconnut bientôt l'insuffisance des sages-femmes. Les uns voulurent refaire leur éducation ; d'autres, à tort peut-être, pensèrent que cette institution devait être entièrement détruite. Cependant, depuis Grégoire, des cours d'accouchement étaient faits régulièrement à Paris ; des élèves distingués en sortaient, mais en trop petit nombre pour doter toutes les parties de la France d'accoucheurs suffisamment éclairés. Ce besoin était tellement senti, qu'au dix-huitième siècle, lorsque fut fondée l'école vétérinaire d'Alfort, un cours d'accouchement y fut institué afin que les vétérinaires pussent répandre dans les campagnes les saines doctrines et les bons préceptes.

Depuis la Révolution, l'enseignement de la médecine a été reconstitué sur de nouvelles bases, et l'art des accouchements n'a pas été oublié. L'institution des sages-femmes a été conservée, mais en même temps soumise aux lois. La loi du 19 ventose an XI établit que « dans les trois facultés, il est ouvert, chaque année, des cours d'accouchements où sont admises gratuitement toutes les femmes qui témoignent le désir d'apprendre à exercer la profession d'accoucheuse. Indépendamment de cette institution, il est établi dans l'hospice le plus fréquenté de chaque département un cours annuel et gratuit d'accouchement théorique destiné particulièrement à l'instruction des sages-femmes. Les élèves sages-femmes doivent avoir suivi au moins deux de ces cours et vu pratiquer pendant neuf mois, ou pratiqué elles-mêmes les accouchements pendant six mois dans un hospice, sous la surveillance du professeur, avant de se présenter à l'examen. Elles sont examinées sur la théorie et la pratique des accouchements, sur les accidents qui peuvent les précéder, les accompagner et les suivre, et sur les moyens d'y remédier. » Par ces dispositions, l'instruction des sages-femmes est assurée, non-seulement dans les grands centres de population, mais dans toutes les parties de la France. D'autres dispositions de la même loi sont destinées à détruire les obstacles matériels qui pourraient s'opposer à leur réception et à en diminuer les frais. « Il y a deux modes de réception pour les sages-femmes : les facultés, les jurys médicaux. Le prix de la réception par les facultés est de 120 francs ; elle donne droit d'exercer dans toute la France. La réception des jurys est gratuite ; mais elle ne permet d'exercer que dans le département où elle a eu lieu. Les sages-femmes ne peuvent employer des instruments dans le cas d'accouchement laborieux, sans appeler un docteur. Les femmes qui pratiqueraient illicitement l'art des accouchements sont condamnées à 100 francs d'amende ; l'amende est double en cas de maladie, et les délinquantes peuvent être passibles d'un emprisonnement qui n'excède pas six mois. Enfin, les naissances doivent être déclarées, en l'absence du père, soit par le médecin, soit par la sage-femme qui a assisté à l'accouchement. »

Comme on le voit, le législateur s'est efforcé de remplacer les matrones par des sages-femmes instruites. Une autre institution a contribué à répandre les bons préceptes sur l'art des accouchements : nous voulons parler des officiers de santé, que nous n'essaierons pas d'apprécier ici sous d'autres rapports (1). Nous dirons seulement qu'à l'époque où ils ont été créés, il manquait alors de médecins pour les campagnes et pour la population ouvrière des villes. La création des officiers de santé fut un coup porté au charlatanisme, et en même temps, pour résister à leur concurrence, les sages-femmes furent obligées d'acquérir l'instruction que leur état exigeait.

C'est ainsi que depuis cinquante ans l'art des accouchements s'est répandu en France. L'enseignement supérieur n'est pas resté, pendant la même période, au-dessous de ce qu'il avait été dans le siècle précédent. A Paris, parmi les circonstances qui ont favorisé ses progrès, il faut compter la réforme et la réorganisation des hôpitaux. Le service des accouchements, qui existait auparavant à l'Hôtel-Dieu, fut remplacé dans de plus grandes dimensions par un hôpital spécial, la *Maternité*. C'est là que des hommes et des femmes distingués ont pu puiser l'expérience la plus étendue. Cet établissement a depuis été complété par la création d'une clinique d'accouchements, où les élèves, après l'enseignement théorique de la faculté, ont pu se livrer à des études pratiques. Parmi les noms qui distinguent l'enseignement du dix-neuvième siècle, nous devons citer ceux de Capuron, Gardier, Desormeaux ; de deux femmes, mesdames Boivin et Lachapelle ; de Dugès, Velpeau, Moreau, Stoltz, Paul Dubois ; de Cazeaux, Chailly, Jacquemier. Leurs travaux ont maintenu la France au niveau qu'elle avait atteint dans le siècle précédent, pendant lequel, comme aujourd'hui, les étrangers venaient

(1) *V.* Médecins.

y chercher l'enseignement ; Smellie (1771), qui l'a fondé en Angleterre, et dont la réputation s'est élevée aussi haut que celle de Levret, était venu suivre à Paris les leçons de Grégoire. Enfin, l'enseignement en France, au dix-neuvième siècle, n'a pas été dépassé par celui qui se fait en Angleterre et en Allemagne, où brille encore le professeur Nægele à Heidelberg.

Le développement et le progrès général des sciences ont encore servi à relever l'étude des accouchements et à lui donner plus d'intérêt. Les travaux importants faits dans la seconde moitié de ce demi-siècle ont jeté de vives lumières sur l'histoire de la grossesse ; les mystères de la fécondation et de la conception, dévoilés presque jusqu'aux dernières limites du possible, sont devenus l'objet d'une étude spéciale désignée sous le nom d'*Embryogénie*, et la lumière éclatante qui les éclaire aujourd'hui dissipe encore bien des conjectures, bien des opinions erronées, en nous montrant toute la simplicité qui fut toujours le caractère des œuvres divines. Obligés de prêter attention à ces découvertes, les accoucheurs sont amenés à élever leur pensée vers les plus hautes régions de la science.

Tel est le niveau supérieur où, de nos jours, l'art des accouchements est parvenu. Par la nécessité des examens, par la multiplicité des cours, le niveau inférieur nous donne des praticiens non-seulement incapables de tomber dans une erreur grossière, mais dans toutes les parties de la France et pour toutes les classes de la société, il se trouve des accoucheurs suffisamment éclairés. Toutefois, cet état de choses, excellent à ce point de vue, ne laisse-t-il rien à désirer sous le rapport des avantages qu'il procure à ceux dont il exige savoir, dévouement, infatigable activité ? Nous ne parlerons pas ici des docteurs en médecine et des officiers de santé ; mais les sages-femmes, soumises à la double concurrence de ces deux classes de médecins, trouvent-elles leur existence convenablement assurée ? Il est malheureusement vrai que la plupart, principalement en rapport avec la classe pauvre, ne trouvent pas une rémunération suffisante des soins qu'elles donnent, et que souvent même elles ne reçoivent aucun dédommagement à leurs pénibles fonctions. Aussi qu'arrive-t-il ? c'est que la plupart des sages-femmes cherchent à se procurer quelque gain par des moyens plus ou moins détournés. Tel est, entre autres choses, ce droit qu'elles réclament de présenter les enfants au baptême, afin d'exiger des parrains une rétribution. Beaucoup prennent chez elles des pensionnaires, et c'est la meilleure part de leurs bénéfices. Mais ces pensionnaires, habituellement, n'appartiennent pas à la partie la plus morale de la société ; presque toujours ce sont des femmes qui veulent cacher leur grossesse et accoucher dans le secret. Ainsi les vices de la société deviennent une des conditions de l'existence des sages-femmes. Sans cesse elles sont sollicitées de pratiquer l'avortement. Il y en a eu d'assez coupables pour ne pas

résister à ces demandes et pour déshonorer ainsi
une profession qui, si on était juste, devrait être
respectée autant que convenablement rétribuée.
Il est donc à déplorer qu'une institution qui, au
commencement de ce siècle, promettait au législateur le plus beau résultat, ait subi une si
grande tache, parce que la loi n'a pas accordé
aux praticiens une protection efficace.

Et pourtant de quelle importance n'est pas l'art
des accouchements ? Il ne s'agit pas seulement
de la délivrance de la femme; il s'agit souvent de
sa vie ou au moins de sa santé pour le reste de
ses jours; il s'agit, par les soins donnés au nouveau-né, de le préserver d'infirmités contre lesquelles, plus tard, il n'y aurait plus de ressources.
En outre, et sous d'autres points de vue que nous
aurons à examiner ailleurs, l'acte le plus important de l'homme, sa fonction providentielle, n'est-
ce pas de se reproduire ? L'intérêt des États
n'est-il pas de réunir de nombreux citoyens et de
les posséder dans les meilleures conditions de
santé, de force physique et d'intelligence; de
maintenir, d'étendre et d'améliorer la race, de
fortifier le sol de remparts vivants, d'exciter les
arts par la contemplation de la beauté physique,
d'inspirer la vertu par l'exemple toujours offert
de la beauté morale, de donner et de conserver
aux peuples ces qualités qui assurent leur grandeur et arrêtent leur décadence ? Il suffit de songer un seul instant à ces vérités, qui sont d'un
ordre éternel, pour avouer que l'éducation de
l'homme doit commencer pour ainsi dire dès l'instant de la conception, et pour connaître toute la
valeur des services rendus par les modestes praticiens qui se livrent à l'art des accouchements.

Dr A,

ACCOURTILLAGE. Comprendra-t-on aujourd'hui que, dans la province de Hainault, un
propriétaire d'un domaine sujet à *terrage* (*V.* ce
mot) était obligé de constituer une rente au seigneur, lorsqu'il changeait la culture de sa propriété, de telle manière que le seigneur ne pût
plus y lever de terrage ? Un décret de la première
Constituante, en date du 15 mars 1789, déclara ces
rentes rachetables, et le 7 ventose an II, la Convention les abolit. Pᵉ

ACCUSATEUR PUBLIC. L'accusateur
est celui qui impute à un autre un crime ou délit
et en poursuit la réparation en justice.

Dans les premiers temps de Rome, chaque
citoyen étant considéré comme partie intégrante
de la puissance publique et exerçant cette puissance directement, avait le droit d'accusation.
Si l'on en croit Pline, Caton, à l'âge de quatre-
vingts ans, aurait été accusé pour la quarante-quatrième fois, et pour la quarante-quatrième fois absous.

On dut réprimer de tels abus. A Athènes, l'accusateur qui n'obtenait pas la cinquième partie des
suffrages, était condamné à une amende de
10,000 drachmes, estimés 900 francs de notre
monnaie. A Rome, on maculait le front de l'accusateur injuste.

Au moyen âge l'accusateur était contraint de
se battre avec l'accusé, ce qu'on appelait le jugement de Dieu, ou bien si l'accusation était reconnue fausse, on lui coupait le poing et on lui
infligeait une amende, selon les temps et les
lieux.

Aux époques secondaires, on sentit la nécessité de distinguer entre les délits privés et les
délits publics, c'est-à-dire entre les dommages
n'intéressant que les particuliers et ceux qui paraissaient plus directement atteindre la société
tout entière. Pour les premiers, il fallait avoir
un intérêt personnel dans l'action, et tout dut se
borner à réclamer une indemnité; pour les seconds, on réserva le droit d'accusation à certains fonctionnaires qui devaient apporter, dans
l'exercice de ce droit, à la fois plus de réserve et
de vigilance.

De là les accusateurs publics. Les seigneurs
avaient leurs procureurs fiscaux, et, en beaucoup
de lieux, les confiscations et amendes leur étaient
allouées à titre d'honoraires; aussi leur arrivait-il
parfois de transiger avec les criminels, ce que
leur défendit expressément, mais assez inutilement, une ordonnance de Charles V, de 1356,
sous peine de destitution.

L'ordonnance de 1670, tit. **XXV**, règle cette
matière et détermine encore mieux qu'on ne l'a-
vait fait la distinction entre les délits privés et les
délits publics, bien que l'action publique restât
encore dépendante de l'action privée et confusé-
ment enchevétrée dans elle.

Dans la séance du 4 août 1790, Thouret s'éleva
contre l'investissement du droit d'accusation publique, appliqué à tous les citoyens, mais il réclama le mode d'élection populaire pour les fonctionnaires spécialement chargés de la poursuite.
L'opinion de Thouret l'emporta, et la constitution
déclara dans son chapitre V, titre III, article 2, que *l'accusateur public serait nommé par
le peuple.*

En outre de ces accusateurs, le décret des
16-29 septembre 1791 reconnaissait les anciens
commissaires du roi, qui assistaient aux débats,
requéraient l'application de la loi, d'après la déclaration du jury, et faisaient exécuter les jugements. C'était une superfétation qui ne tarda pas
à être supprimée par décret du 20 octobre 1792.

Le Code criminel du 3 brumaire an IV, décrété
sous l'empire de la constitution de l'an III, reprit
le système de 1791, seulement les commissaires
du roi furent appelés *commissaires du pouvoir
exécutif,* en vertu de l'art. 234. Ceux établis près
des tribunaux correctionnels furent choisis par
le Directoire et exercèrent les fonctions du ministère public auprès du directeur du jury. C'était
à la fois ramener à la délégation indirecte du
pouvoir central et accorder à l'agent de ce pouvoir une certaine influence sur le jury, représentation directe du peuple en matière judiciaire.

La transformation devint complète sous le Consulat. l'action publique fut déléguée au chef de
l'État, qui l'exerça par des fonctionnaires de son

choix. Juges, commissaires, accusateurs publics, furent nommés par le premier consul, en vertu des articles 41 et 63 de la constitution de l'an VIII. Puis le sénatus-consulte du 28 floréal an XII déclara, sans ambage et sans voile, dans son article 1er : « La justice se rend AU NOM de l'Empereur, par les OFFICIERS qu'il constitue. »

C'est sous cette influence que le Code d'instruction criminelle et le Code pénal, du 28 avril 1810, ont été décrétés. Depuis, il n'a pas été fait, en ce qui concerne le droit d'accusation, de changement notable.

De nos jours donc, le ministère public de l'accusation est exercé par les procureurs généraux ou leurs substituts auprès des cours ; par de simples procureurs auprès des tribunaux correctionnels, et par les commissaires de police ou les adjoints des maires auprès des tribunaux de police.

Ces fonctionnaires, conformément à l'opinion de Merlin (*Répert.*, V. *Accusateur*), seraient passibles de condamnation à une indemnité envers les personnes qu'ils auraient poursuivies injustement et de mauvaise foi. Il suffirait de les prendre à partie et d'en établir la preuve.

Le désistement de la partie civile ne doit pas interrompre l'action publique. C'est ce qu'établissait déjà l'article 19 du titre XXV, de l'ordonnance de 1670, quant aux actes de nature à entraîner une peine afflictive. Notre Code d'instruction criminelle a généralisé ce principe à la plupart des cas. Il y a plus, un membre du ministère public qui recevrait un don pour ne pas poursuivre un crime ou un délit, encourrait la peine de la réclusion. **P. V.**

ACCUSATEUR PUBLIC (L'), *journal.* Les royalistes comprirent facilement que la chute du parti montagnard au 9 thermidor devait amener celle de la République. Redoublant d'efforts et profitant de la liberté illimitée de la presse, que toléra, s'il ne la permit, le nouveau comité de salut public tout girondin, ils créèrent une multitude de journaux. Celui qui fait le sujet de cet article, indique par son titre qu'il eut pour mission de déverser le mépris et la haine sur les hommes de la Révolution. En effet, Richer-Serisy, son rédacteur, les prit à partie, et l'on pourra juger par le passage suivant de son quatrième numéro comment il remplit sa tâche. Il apostrophe Sieyès à l'occasion d'une histoire de sa vie que ce conventionnel venait de publier.

« Souffrez, lui disait-il, que je vous demande à genoux à quels signes divins je dois vous reconnaître? A l'instant, sublime auteur des *Droits de l'Homme*, vous les déroulez à mes yeux. Je les avais vus avant vous et en entier dans le Code américain, et, pour toute réponse, je vous plonge la figure dans le sang... Tombe de ton piédestal, idole ridicule, lui disait-il encore. Rentre dans la poussière dont jamais tu n'aurais dû sortir ; commande à tes prêtres éhontés et perfides de bien épaissir le voile dont ils se couvrent, je consens à ce prix à ne point te reprocher le sang innocent. »

Nous ne sommes certes pas disposé à prendre la défense de l'auteur de la fameuse brochure de 89 : *Qu'est-ce que le Tiers-État?* Mais nous croyons pouvoir affirmer que Richer-Serisy se rendait envers lui coupable d'une insigne mauvaise foi. A la vérité, il n'y avait pas à attendre une juste impartialité de la part d'un homme qui disait à l'un de ses amis, républicain modéré : « Quand nous aurons renversé ce Directoire dont le despotisme et la bassesse vous humilient comme nous, dès le lendemain, nous tirerons l'épée l'un contre l'autre. »

On pourrait croire, d'après cela, que Richer-Serisy avait lieu de maudire la Révolution ? Pas le moins du monde. D'une naissance toute plébéienne, cet événement le surprit enfoui sous les dossiers poudreux d'une étude de procureur. Toutefois, si l'on s'en rapporte à l'auteur de sa notice dans la *Biographie universelle* : « Il avait l'extérieur très-agréable ; il composait de ces riens charmants, et disait, sans effort, de ces mots heureux qui faisaient rechercher les jeunes gens, à une époque où la politique et les disputes de parti n'occupaient pas le monde et surtout les femmes. » Il faut reconnaître que ces avantages dont jouissait, à ce qu'il paraît, à un si haut degré Richer-Serisy, ne devaient guère avoir occasion de se produire au milieu des grandes péripéties du drame révolutionnaire ; à cette époque de *barbarie*, où, en certains moments, on eut en plus grande estime un robuste soldat défendant la patrie aux frontières, qu'un beau diseur de *riens charmants* et de *mots heureux*. Aussi Rœderer, en véritable Alsacien qu'il était, appelait-il Richer-Serisy une *poupée royaliste*.

Cependant, et ce fut peut-être par conformité d'humeur satirique, il eut pour ami Camille Desmoulins, à qui Robespierre reprocha plus d'une fois ses liaisons contre-révolutionnaires.

Du reste, nous qui honorons la fidélité et le dévouement à une cause consciencieusement embrassée, nous dirons que Richer-Serisy, dans les traverses qu'il eut à essuyer comme royaliste, montra une fermeté et une constance honorables. En conspiration permanente contre la République, il prit une part des plus actives aux menées de son parti. Ce fut lui qui, au 13 vendémiaire, présida la commission insurrectionnelle de la section Lepelletier. Mis en accusation pour sa coopération à cette journée, le jury d'accusation le déclara absous, tant la réaction était devenue puissante. Le Directoire cassa cette décision, se fondant sur ce que Richer-Serisy, comme écrivain, aurait dû être jugé par un jury spécial. Mais le tribunal criminel, devant lequel il fut envoyé, le trouva tout aussi innocent que le jury d'accusation. Alors le Directoire eut recours au tribunal de cassation, qui cassa le jugement du tribunal criminel de Paris et porta l'affaire à celui de Versailles.

Pendant ce temps, Richer-Serisy, qui se tenait caché dans l'ancien couvent de Saint-Cyr, ourdissait complots sur complots, concurremment avec

Laharpe, Quatremère de Quincy, Lacretelle jeune et le pharmacien Cadet-Gassicourt (1). Il fut même un instant question d'enlever les cinq Directeurs : cette entreprise se rattachait aux projets de contre-révolution concertés entre le prince de Condé et Pichegru, par l'entremise du libraire Fauche-Borel, et que le Directoire déjoua. Acquitté par le jury de Versailles, comme il l'avait été par celui de Paris, Richer-Serisy reprit la publication de son *Accusateur public*, suspendu par suite de sa mise en accusation, et il le continua jusqu'au 18 fructidor, époque de sa suppression définitive et de la proscription de son auteur. En effet, compris dans le décret qui condamnait à la déportation un grand nombre de députés et d'écrivains, tant royalistes que républicains, il eût partagé leur sort dans les déserts de la Guiane, s'il ne fût parvenu à passer en Suisse, et si, après avoir été ramené en France, ses amis ne lui eussent pas fourni les moyens de gagner l'Espagne. Il alla ensuite en Angleterre, et mourut à Londres en 1803. Deschiens, dans sa *Bibliographie des journaux*, porte à trente-six le nombre de numéros dont se compose la collection, aujourd'hui fort rare, de l'*Accusateur public*. A.-V. D.

ACCUSATION, ACCUSE, V. Instruction criminelle.

ACÉPHOCRATIE (2). La centralisation est l'un des plus difficiles problèmes de la politique générale. Les fluctuations qu'il a subies et les solutions qui lui ont été données dans les diverses parties du monde le prouvent surabondamment. Au moyen âge, un double pouvoir, spirituel et temporel, représenté par le pape et l'empereur, trôna sur l'Europe et ne tenta rien moins que l'envahissement universel. Mais l'unité était à la surface, et la variété régnait au fond sans mélange et sans accord. A la mort de Charlemagne, une première protestation du génie individuel et national se manifesta, et, quelques siècles plus tard, la réforme religieuse en amena le triomphe. Du seizième au dix-neuvième siècle, l'individualisme s'élève à son apogée; la grande unité du moyen âge se brise, et chaque nation s'en détache une à une, selon un ordre vraiment providentiel et facile à prévoir. D'une part, la papauté et la maison d'Autriche, héritières des Césars, s'effacent de plus en plus dans l'ombre, et, d'autre part, l'Angleterre grandit, la Prusse se constitue, l'Espagne rompt ses liens, et la France, résumant en elle les siècles écoulés, pose définitivement les bases des nationalités indépendantes et libres au sein de l'humanité.

Au dix-neuvième siècle, une réaction s'accomplit : l'esprit cherche à pénétrer l'infini; le sentiment religieux ranime son flambeau; l'art s'enivre d'idéal; la synthèse en philosophie, la centralisation en politique reprennent le dessus.

(1) *Mémoires de Mallet du Pan.*
(2) Mot à mot *pouvoir sans tête*; autrement, gouvernement de plusieurs.

Mais précisons la question à la France. En fait, la centralisation y existe, plus forte, sans comparaison, que sous Louis XIV : l'unité des lois et d'impôt l'a cimentée. Nulle ville ne saurait avoir la pensée de nier la suprématie de Paris, et l'exécution des chemins de fer doit accroître encore la centralisation. Lyon seul, par sa puissance et sa position géographiquement centrale, a pu, dans un temps, caresser une velléité de quasi-indépendance. Toutefois, si Lyon mérite à tous égards le titre de seconde ville de France, il n'est guère probable qu'il devienne jamais une seconde capitale.

Mais cette centralisation est-elle un bien ou un mal ?

Certes, s'il est un sujet sur lequel on débite le plus de phrases longues et creuses, c'est assurément celui qui nous occupe. Donnons-nous au moins le mérite d'être court. Un grand Etat étant donné, entre cet Etat et l'individu, il est nécessairement des intermédiaires ; entre l'unité totale et la variété individuelle, se groupent des généralités, de même que les branches servent de transition entre les feuilles et le tronc de l'arbre. Ceux donc qui poussent exclusivement à l'individualisme, à la variété, à la liberté, de même que ceux qui se préoccupent exclusivement d'unité et d'autorité, sont atteints d'un aveuglement égal. Le bon sens indique que l'harmonie sociale dépend de l'accord des deux termes ; que l'unité sans la variété, c'est le despotisme, le vide, l'abrutissement ; que la variété sans l'unité, c'est l'anarchie, la dissolution, la mort. On ne peut donc débattre sérieusement que le plus ou moins à accorder à chacun des deux éléments.

Or, la solution dépend essentiellement des faits, des antécédents, des tendances, de l'état des mœurs, des croyances, de l'industrie ; en un mot, de la civilisation de chaque peuple. D'où il suit qu'il est passablement oiseux de discuter *à priori* une telle question, ainsi que tant de publicistes l'ont fait ; dire avec M. Sismondi, par exemple, que la commune est la vraie *patrie*, c'est ne rien dire. Il est certain, cependant, que dans tout Etat de quelque peu d'étendue, il sera utile à la fois à l'être moral *Etat*, et à l'individu *citoyen*, qu'un corps moindre que le premier et déjà supérieur au second, les relie ensemble et transmette leur action réciproque. Mais dans quelle mesure de force et d'indépendance la commune, dans tel pays donné, sera-t-elle organisée; voilà la vraie question à poser et à résoudre.

La commune est en soi un embrion d'Etat ou un Etat de premier degré, et ce n'est que lorsqu'on la considère relativement à l'Etat proprement dit qu'elle apparaît comme variété et se rattache à la liberté, car relativement à l'individu, c'est déjà une unité, une autorité, un pouvoir. Aussi voit-on les adversaires de la centralisation, telle que la Révolution l'a constituée, s'évertuer constamment à réclamer ce qu'ils nomment l'émancipation communale, départementale et même provinciale. Mais un système purement communal a conduirait évidemment au patriarchat, à la tribu gauloise, au clan de l'Ecosse et d'Irlande. Néanmoins, bien que nous repoussions de toutes nos convictions une telle organisation sociale, il n'en résulte nullement pour nous que la commune, le département et tout autre agrégation secondaire doivent être supprimés ; nous désirons une subordination, non un anéantissement.

Dès le début de la Révolution, la transformation opérée par l'Assemblée constituante des provinces en quatre-vingt-trois départements signala une tendance vers l'unité et la centralisation. En 1793 et 1794, le peuple et la Montagne se montrèrent centralistes ; la Gironde et la bourgeoisie inclinaient au contraire au fédéralisme. Ainsi, dans la séance du 24 septembre 1792, Chabot s'écria : « Le projet le plus fatal de cette secte endormeuse est celui d'établir le gouvernement fédératif qui doit ramener bientôt la royauté. »

Mais pourquoi cette différence?

La masse du peuple, en France, est centraliste de vieille date. Longtemps la politique consista dans la lutte du roi avec les seigneurs, du despotisme central avec le despotisme fédéral. Bourgeoisie et plèbe avaient trouvé dans cette lutte un allégement à la domination féodale qui pesait sur eux, et une satisfaction dans l'abaissement sous le niveau commun de leurs maîtres immédiats et locaux. Mais la bourgeoisie, qui s'était peu à peu élevée à son tour, et par la richesse et par l'instruction, et par l'exercice de fonctions publiques, avait hérité en partie de la puissance des seigneurs, qu'elle espérait, non sans fondement, accaparer chaque jour davantage. Au rebours, le bas peuple, comme on disait alors, resté serf, plus encore par son ignorance que par sa misère, et peu animé d'ailleurs d'espérances ultérieures, avait gardé ses premières impressions.

A cette raison traditionnelle, on peut en ajouter d'autres d'actualité au moment de la Révolution.

La Gironde trouvait son point d'appui dans les provinces, et la Montagne à Paris : de plus, la Montagne était au pouvoir ou prête d'y arriver, et méditait de grandes transformations, difficiles à réaliser à l'intérieur et à défendre contre l'extérieur. Pour cela, elle sentait que la centralisation multipliant ses forces, lui serait d'un plus grand secours. D'ailleurs, dès 1789, le besoin de concentrer dans une forte unité les éléments révolutionnaires s'était fait sentir. Partout, sous le nom de *fédérations*, des centres partiels s'étaient formés, et loin que ces organisations démontrent un esprit de division et d'isolement, elles prouvent, au contraire, chez les révolutionnaires de l'époque, un vif et surabondant désir de concentration. En effet, les communes des environs de Paris, suivant le plan des municipalités de Brissot, avaient tenté de se fédéraliser entre elles. Dans le but d'assurer la circulation des grains et de se défendre de l'invasion étrangère, six mille gardes nationaux, délégués par les villes de la Provence, du Vivarais, du

Languedoc, du Dauphiné, s'étaient assemblés sous les murs de Montélimart pour former une fédération. En janvier 1790, il y eut à Valence une assemblée fédérative de neuf mille citoyens. Du Sud-Est, l'élan avait gagné tout le Midi ; on avait vu réunis à Draguignan huit mille soldats-citoyens ; à Lyon, cent cinquante mille ; dans les Vosges, quatre-vingt mille ; ces diverses fédérations adressèrent à la commune de Paris des propositions d'affiliation, des serments d'assistance et de fraternité ; on avait été même sur le point de réaliser le projet de l'abbé Fauchet, à savoir, d'unir toute la milice du royaume par un acte fédératif et d'en donner le commandement au général Lafayette. Ce projet avait été mis en avant de nouveau, lorsque la députation de Bretagne s'était présentée à la commune de Paris ; au nom de cette même commune, Bailly, en sa qualité de maire, avait lu, le 5 juin 1790, devant l'Assemblée constituante, une adresse des Parisiens à tous les Français, dans laquelle on voit poindre le principe de l'indivisibilité de l'Etat : « Nous ne sommes plus Bretons ni Angevins, ont dit nos frères de la Bretagne et de l'Anjou ; comme eux, nous disons : Nous ne sommes plus Parisiens, nous sommes tous Français. Faisons de ces fédérations une fédération générale... Qu'il sera beau le jour de l'alliance des Français! Un peuple de frères... les régénérateurs de l'empire... un roi citoyen!... » L'auteur de l'adresse terminait en demandant que le pacte fédératif fût constitué, et l'Assemblée renvoya au comité de constitution le mode de l'élection et le nombre de députés à élire. Mais on comprit qu'aller plus loin ce serait substituer aux pouvoirs existants un autre pouvoir qui, à juste titre, aurait pu se croire leur supérieur, puisqu'il aurait été en réalité la véritable représentation nationale, et on en resta là, du moins officiellement ; car, plus tard, un comité central de fédérés, établi dans la salle de correspondance des Jacobins, prit une large part à l'insurrection du 10 août 1792.

Que prouvent ces faits, si ce n'est le besoin de se réunir et de s'associer dans un but commun? Que constatent tous ces discours, tous ces actes, si ce n'est l'élaboration rapide et grandiose de l'unité nationale, en d'autres termes, de la centralisation.

On nous objectera l'exemple de la Suisse et des Etats-Unis, les deux seules républiques importantes du globe, et toutes deux fédératives. Nous ne contestons pas que la forme fédérative ne convienne à la naissance de la démocratie : l'émancipation s'est faite en Europe par les communes ; mais nous prétendons que tout développement ultérieur ne s'accomplit qu'à la condition d'un certain degré de concentration. D'ailleurs, ces deux grandes républiques sont dans des conditions particulières de relations extérieures, et les Etats-Unis, notamment, malgré l'immense développement de leur puissance, sont encore dans un état naissant où se manifeste néanmoins une tendance vers l'unité de gouvernement et de civilisation.

Il en est autrement en France ; certes, par suite du long régime de centralisation auquel elle a été soumise, on n'aurait peut-être pas beaucoup à craindre une grande diversité d'idées et de mœurs, mais, par l'application d'un système fédéral, elle se trouverait infailliblement amoindrie dans sa puissance extérieure ; elle tomberait, pour le moment du moins, au troisième rang des nations européennes et ne tarderait pas, en face des empires voisins, à voir son indépendance compromise. Nécessité lui est donc de se conserver tout à la fois centralisée et démocratique.

P. V.

ACIER, *V.* **Fers.**

ACQUITS DE COMPTANT. On appelait ainsi des bons signés du roi, que les trésoriers des finances devaient acquitter sans exiger du porteur ni récépissé, ni signature. L'origine des acquits de comptant remontait à François Ier, et l'abus qu'en firent ses successeurs alla toujours croissant. Cependant ils ne dépassèrent pas dix millions sous Louis XIV ; mais, sous Louis XV, ils atteignirent la somme alors énorme de cent dix-sept millions. Louis XVI, personnellement économe, n'en souscrivit guère que pour payer les dettes de sa femme, celles de ses frères, principalement du comte d'Artois, et pour enrichir leurs favoris et favorites.

Les historiens modernes se sont pour la plupart étonnés de cette faculté que le prince s'attribuait de puiser ainsi à volonté dans le trésor *public*. Ils n'ont pas réfléchi qu'en France la royauté, issue du régime féodal, n'était pas une fonction, une magistrature, mais une *propriété* dont l'impôt était le *revenu*. Cela n'avait pas été toujours ainsi, mais cela l'était devenu lorsque la Révolution éclata.

P.

V. **Impôt** et **Royauté.**

ACQUITS-PATENTS. On donnait ce nom à des mandements du roi à ses trésoriers de payer telle somme comptant.

Pour bien apprécier l'importance de ce droit et calculer les abus auxquels il pouvait donner lieu, on doit rappeler ici que les trésoriers du roi n'étaient pas toujours spécialement chargés des finances du domaine de la couronne, mais qu'à certaines époques de la monarchie, ils le furent en même temps de l'administration des finances de l'Etat, de sorte que la charge de trésorier du roi et celle de receveur général se trouvaient exercées par la même personne. Or, les acquits-patents, souvent émis sans examen préalable des ressources financières de la *circonscription* du trésorier qui devait les payer, celui-ci se trouvait forcé de frapper les populations d'un surcroît d'impôts pour y satisfaire.

En 1790, ce qui restait de ce droit a été complètement aboli. Les chefs de l'Etat ne peuvent plus disposer aujourd'hui que du revenu qui leur est alloué par leur liste civile.

T.

ACTE CONSTITUTIONNEL ou **CONSTITUTION** dite **DE** 1793 (1). Cette constitution signale le triomphe momentané de la Montagne. Elle fut votée au milieu de la plus haute effervescence des opinions et des plus graves événements du dehors. La Bretagne et la Normandie étaient en partie soulevées ; l'étranger attaquait nos frontières au Nord et sur le Rhin ; l'Est était envahi par les coalisés ; les Prussiens avaient mis le siége devant Mayence ; l'armée des Alpes venait de recevoir un échec, et celle des Pyrénées se trouvait dans la plus triste situation. Enfin, pour compléter ce sombre tableau, les Vendéens occupaient Fontenay et Saumur.

I

La Convention nationale, au début de sa session, avait senti la nécessité de donner une constitution à la France ; tous les partis cherchaient le moment de la produire, et l'Assemblée avait invité tous les publicistes français et étrangers à lui transmettre leurs idées sur un pacte social fondé sur le principe démocratique le plus avancé.

Dès le 11 octobre 1792, un comité de constitution fut formé ; il se composait de Sieyès, Thomas Payne, Brissot, Pétion, Vergniaud, Gensonné, Barrère, Danton et Condorcet. Les suppléants étaient : Barbaroux, Hérault de Séchelles, Lanthenas, Jean de Bry, Fauchet et Lavicomterie.

On voit que l'élément girondin dominait dans ce comité. Aussi Condorcet fut-il chargé de rédiger le projet : il le présenta à la Convention les 15 et 16 février 1793, et le fit précéder d'un rapport dont il inséra l'analyse dans la *Chronique de Paris*. Nous la donnons en son entier, comme une pièce importante de ce grand procès encore pendant entre les idées qui s'élaboraient dans le salon de madame Roland et celles qui s'émettaient à la tribune du club des Jacobins :

« Ce qui paraît distinguer surtout la constitution proposée à la Convention, c'est une attention scrupuleuse à conserver les droits de l'égalité naturelle, à donner à l'exercice immédiat de la souveraineté du peuple la plus grande étendue possible. Ainsi, tous les habitants du territoire sont admis au titre de citoyen français. Ni les professions qui entraînent une dépendance personnelle, ni la pauvreté ne sont plus des motifs d'exclusion. Tous les citoyens âgés de vingt-cinq ans sont éligibles à toutes les places conférées par le choix des citoyens. Les professions diverses séparent les hommes en différentes classes ; leur volonté les distribue inégalement sur la surface du territoire : il faut donc qu'il ne résulte de la loi aucun avantage d'une profession sur une autre, aucun

(1) Quelquefois on trouve cette constitution sous le titre de Constitution de l'an II. C'est une erreur ; la Convention ne s'est servi de l'ère républicaine qu'à partir du 6 octobre 1793, et l'acte constitutionnel est du 24 juin précédent.

inégalité d'influence entre les portions différentes d'un même territoire. Les pouvoirs nationaux ne doivent être soumis ni à l'influence d'une société, ni à celle d'une ville, mais dépendre du peuple seul, et du peuple tout entier.

« La constitution d'Angleterre est faite pour les riches; celle d'Amérique, pour les citoyens aisés; la constitution française devait l'être pour tous les hommes. La différence des temps, des circonstances, surtout le progrès des lumières, ont dû amener cette progression. Dans tous les pays libres, on a craint, et avec raison, l'influence de la *populace*; mais donnez à tous les hommes les mêmes droits, et il n'y a plus de *populace*.

« La constitution nouvelle est représentative quant à la législation, à l'administration : elle est démocratique pour les lois constitutionnelles et pour la censure des lois oppresives ou injustes émanées de ses représentants. Elle est représentative pour tout ce qui ne peut être ni bien fait, ni fait à temps que par une assemblée, pour ce qui, sans aucun danger pour la liberté, peut être confié à des représentants ; elle est immédiatement démocratique pour tout ce qui peut être fait à la fois par des assemblées séparées, pour ce qui ne peut être délégué sans exposer les droits du peuple.

« Les élections se font immédiatement par les citoyens. On a cherché une méthode qui permît de faire concourir à une même élection un nombre quelconque d'assemblées séparées. Cette méthode n'exigera des citoyens qui donnent leur suffrage que des opérations très-promptes, très-simples et très-faciles ; et le résultat exprimera plus fidèlement le vœu réel de la majorité que celui des méthodes d'élire adoptées jusqu'ici. Cette méthode conserve beaucoup plus d'égalité entre les votants. Elle a permis de rendre très-courte la durée de toutes les fonctions, et on n'a mis aucune borne à la rééligibilité. C'est à la fois respecter davantage les droits des citoyens et encourager les fonctionnaires à mériter la confiance publique.

« Les membres du Corps législatif sont élus par départements, d'après la population seulement, ce qui est encore un hommage au principe de l'égalité. Les citoyens de tous les départements élisent les membres du conseil national ; on a cherché à donner à ce conseil peu de pouvoir et beaucoup d'activité ; il n'est pas le rival, mais l'agent du pouvoir législatif ; il choisit parmi les administrateurs de chaque département un commissaire chargé de correspondre avec lui, et de lui rendre compte. Il serait absurde que les agents de l'administration générale de l'État fussent privés de ce moyen d'agir et de prendre des informations nécessaires. Mais cette absurdité était la suite d'une autre beaucoup plus grave.

« La fréquence des élections, pour les places du conseil et pour celles des administrations, ôte à cette institution jusqu'à l'apparence du moindre danger, et il faut avouer que si l'on prenait autant de précautions contre des fonctionnaires fré-

quemment renouvelés que contre des fonctionnaires permanents, on aurait tous les inconvénients de la mobilité et aucun de ses avantages.

« Des administrations de départements, de grandes communes divisées en sections, dans chacune desquelles on place un agent municipal, remplacent l'ancienne division en départements, districts et municipalités.

« Les tribunaux civils sont remplacés par un jury, et on impose l'obligation de ne s'y présenter qu'après s'être soumis à la décision d'arbitres librement choisis. Les jurés, soit pour le civil, soit pour le criminel, seront immédiatement choisis par le peuple. Un jury national, qui sera convoqué auprès du tribunal d'un des départements, remplace la haute cour nationale. L'Assemblée nationale peut ordonner la mise en jugement; mais les citoyens ne sont privés, en aucun cas, du droit de n'être accusés que par un jury soumis à toutes les formes de la loi. Des censeurs judiciaires siégeant successivement dans les départements remplacent le tribunal de cassation. Ainsi, l'ordre judiciaire offre plus de simplicité, d'économie et de respect pour les droits des citoyens que celui qui existe en ce moment.

« On propose d'abolir la peine de mort pour les délits privés.

« La guerre ne peut être déclarée que par une décision du Corps législatif, prise par un scrutin signé. Dans les cas importants, où l'on croit rendre public le nom des votants, on a substitué un scrutin signé aux votations à haute voix ; par là, on en conserve tous les avantages, et on en évite tous les inconvénients.

« Le peuple pourra, dans tous les temps, demander la réforme de la constitution. Une Convention nationale en dressera le plan pour le soumettre à l'acceptation des citoyens ; mais elle sera bornée à cette seule fonction. Les autres pouvoirs conserveront leur action, et jamais leur réunion dans les mêmes mains ne pourra effrayer les amis de la liberté. »   U

II

Au fond et dans son ensemble, le projet de Condorcet ne diffère pas essentiellement de l'acte constitutionnel du 24 juin 1793, ainsi que nous le verrons en nous occupant des détails. Toutefois, dans les déclarations des droits qui les précèdent l'un et l'autre, se révèle l'intervalle immense qui divisait si profondément la Gironde et la Montagne.

En effet, Condorcet place la liberté au premier rang des droits ; la constitution de 93 donne la priorité à l'égalité ; et, dans cette classification, il y a tendance manifeste à donner à la Révolution un but opposé. La Gironde la faisait consister dans une organisation du pouvoir, et la Montagne, peut-être sans qu'elle s'en rendît bien compte, tendait à changer les bases de l'ordre social lui-même.

Aussi, le projet de Condorcet fut-il l'objet de violentes attaques de la part des journalistes dévoués à la Montagne, et fut-il censuré avec amertume par les Jacobins.

« La nouvelle constitution ne mérite pas d'être analysée, écrivait Marat ; j'observerai seulement que les vices nombreux qui la déparent ont fait mettre en question si les membres de la faction criminelle qui l'ont rédigée ont eu le dessein de jeter la nation dans le découragement, en lui présentant cet essai informe au lieu d'un travail précieux qui devait couronner ses espérances. »

Couthon, dans la séance du club des Jacobins, du 17 février 1793, critiqua spécialement la déclaration des droits proposés ; elle lui parut d'une abstraction affectée. « Les droits naturels n'y sont pas assez clairement exposés, disait-il : une constitution doit être le catéchisme du genre humain ; il faut qu'elle soit à la portée de tout le monde. » Il invita ensuite la société à ouvrir une discussion sur ce sujet, et de nommer une commission pour élaborer un projet dont il serait fait lecture à la Convention, et qu'appuyeraient les membres de la Montagne. Cette commission, élue séance tenante, compta, parmi ceux qui la formèrent, Thuriot, Bentabolle, Robespierre, Billaud-Varennes et Saint-Just, ceux-là mêmes qui devaient exercer une si grande influence sur la rédaction de l'acte constitutionnel du 24 juin. Ce fut comme membre de cette commission que, dans la séance des Jacobins, du 21 avril, Robespierre lut la célèbre déclaration des droits qui porte son nom (1).

La tribune des Jacobins continua de retentir de diatribes contre le projet de Condorcet et ses partisans; ceux-ci prétendaient qu'il fallait se hâter de l'adopter, afin que « le peuple fût plus fort pour repousser ses ennemis de l'extérieur, disait Buzot. » Mais, aux Jacobins, on interprétait cet empressement en accusant les Girondins de profiter de l'absence de cent quatorze députés patriotes pour donner une constitution liberticide ; puis on ajoutait que, pour déjouer les trames des ennemis de la liberté, il fallait que les sections de Paris protestassent formellement contre tous les articles de la constitution qui seraient décrétés pendant l'absence des patriotes, et qu'elles invitassent les départements et les députés absents à faire les mêmes protestations.

Mais ce fut au sein de la Convention que les divergences de doctrine se formulèrent avec une véritable grandeur, et il faut dire que pendant ces solennels débats, les Girondins se servirent plus d'une fois de moyens d'une déplorable mesquinerie. Ainsi, dans la séance du 20 février, Amar signala que, dans le projet imprimé, on avait intercalé des articles qui n'avaient pas été lus publiquement. Ces articles tendaient, disait Amar, à introduire le système anglais des deux chambres, puisqu'ils portaient que l'Assemblée législative se diviserait en deux sections pour la discussion des lois. La Montagne jeta les hauts cris et accusa le comité de

constitution de trahir la confiance de la Convention. A cette accusation, le girondin Ducos répliqua que les comités avaient toujours le droit de faire imprimer à la suite de leurs projets de décrets des appendices, et comme les clameurs du côté gauche l'interrompaient à chaque instant, il apostropha les membres qui le composaient, en leur disant qu'il leur rendait la justice de croire qu'ils n'étaient pas d'une ignorance assez crasse pour confondre les deux chambres avec la division du Corps législatif. Or, nous verrons, à propos de la constitution de l'an III (1), que les appréhensions des Montagnards étaient fondées.

La discussion commença définitivement dans la séance du 17 avril. Elle s'ouvrit par un rapport de Romme, analysant tous les différents projets adressés au comité. L'Assemblée en décréta l'impression. Il était conçu dans les mêmes dispositions d'idées et de sentiments que le projet de Condorcet. L'article 1er de la déclaration des droits était ainsi conçu : « Les *droits naturels*, civils et politiques des hommes, sont la liberté, etc. »

A ce sujet, Lasource réclama : « Je n'entends pas bien ce que le comité a voulu dire par ces mots : *droits naturels*. Dans l'état de pure nature, il n'existe pas de droits, si ce ne sont ceux de la force. Ces droits, l'homme les abandonne dès qu'il entre en société... » Garran-Coulon répliqua : « Que l'homme étant né sociable, les droits sociaux étaient en même temps des droits naturels. » Ils avaient raison l'un et l'autre, et, pour les accorder, l'Assemblée, sur la proposition de Vergniaud, adopta la rédaction suivante à l'unanimité: « Les droits de l'homme, en société, sont la liberté, l'égalité, etc. » .

Dans la séance du 19 suivant, la discussion porta sur la liberté de la presse et des cultes. L'art. 8 du projet était ainsi conçu : « La liberté de la presse, ou tout autre moyen de publier sa pensée, ne peut être interdite, suspendue ou limitée. »

Durand-Maillane proposa d'ajouter à l'article ces mots : « Si ce n'est dans les cas déterminés par la loi. » C'était, il est vrai, enlever la liberté de la presse à l'arbitraire administratif; mais c'était en même temps la soumettre aux pouvoirs législatif et judiciaire et étouffer la règle dans l'exception, et, au fond, cela revenait à dire : Il vous sera permis de publier tout ce que vous voudrez, si on ne vous le défend pas. Buzot, Robespierre, Pétion demandèrent le rejet de la proposition, et l'Assemblée passa outre.

Quant au libre exercice du culte, c'était l'article 9 du projet qui le consacrait. Il résulte des explications données à la tribune qu'il ne s'agissait pas de la liberté de conscience, asile inviolable en soi, mais de la liberté de l'exercice de tout culte extérieur. Vergniaud eut le tort de s'opposer à cet article, sous prétexte que, dans une déclaration des droits sociaux, l'on ne pouvait consacrer des principes *absolument étrangers à*

(1) *V.* Robespierre.

l'ordre social. Cet esprit, fort distingué, d'ailleurs, avait donc une idée bien insuffisante de la religion et du culte pour les croire absolument étrangers à l'ordre social ! Mais l'eût-on admis, que l'importance de reconnaître la liberté des cultes n'eût pas été moins grande. Gensonné et Danton appuyèrent Vergniaud, en ce sens que l'article, selon eux, devait être mieux placé dans un chapitre particulier de la constitution. Ce dernier avis prévalut.

Le 24, la question relative à la propriété fut débattue. Robespierre énonça à cette occasion une phrase qui a été répétée depuis avec non moins de justesse : « Vous devez savoir, dit-il, que cette loi agraire, dont vous avez tant parlé, n'est qu'un fantôme créé par les fripons pour épouvanter les imbéciles. » Puis, se plaçant au point de vue du droit purement individuel, il chercha simplement à poser des limites au droit de propriété.

A Robespierre succéda Saint-Just. Il posa en principe que tout peuple est propre à la vertu ; qu'on ne l'y force pas, mais qu'on l'y conduit par la sagesse. « Le Français, ajoutait-il, est facile à gouverner : il lui faut une constitution douce... Ce peuple est vif et propre à la démocratie : mais il ne doit pas être trop lassé par l'embarras des affaires publiques : il doit être régi sans faiblesse ; il doit l'être aussi sans contrainte. » Remontant ensuite à l'origine des sociétés, l'orateur avançait que l'ordre social était dans la nature même des choses et n'empruntait de l'esprit humain que le soin d'en mettre à leur place les éléments divers. Il terminait par une critique savante de la constitution proposée, et démontrait, avec la logique puissante qui caractérisait son talent, qu'il renfermait un fédéralisme qu'il fallait en écarter avec soin (1).

Dans la séance du 25 avril, Anacharsis Clootz développa une sorte de panthéisme transcendantal, dans lequel l'humanité était Dieu. Et en vertu de ce principe, ce bon Clootz demandait que les Français prissent immédiatement le nom de *Germains* ou d'*Universels*, et se constituassent non pas en nation, mais en *association humanitaire*.

Michel-Edme Petit, qui le remplaça à la tribune, se plaignit de l'oubli ou du dédain des orateurs en général pour l'idée du devoir. « Je ne puis m'empêcher de marquer l'espèce de danger de notre déclaration des droits du citoyen séparée de la reconnaissance formelle de nos devoirs. Les devoirs que la société impose sont : travailler de corps et d'esprit, se suffire à soi-même et être utile aux autres par son travail ; remplir avec zèle et courage les fonctions publiques dont on peut être honoré, obéir à la loi comme à l'autorité la plus sainte et la plus respectable ; prêter main-forte à son exécution ; être toujours prêt à s'armer pour défendre la République, et la défendre au péril de sa vie ; honorer

(1) V. Saint-Just.

son père et sa mère ; aimer sa femme et ses enfants ; élever ceux-ci dans l'amour de la République, de la liberté, de l'égalité ; respecter le lien conjugal et la fille de son prochain ; ne rien faire et rien dire, ne rien écrire de contraire aux bonnes mœurs ; respecter les propriétés territoriales et industrielles d'autrui et sa réputation... » Ce fut peut-être le discours de Petit qui inspira Vergniaud, lorsque, dans la séance du 8 mai, il se moqua des esprits engoués à l'excès des républiques anciennes. Il fit ensuite l'éloge du projet présenté par Condorcet, et sollicita la Convention d'en hâter l'acceptation. « La nation, jusqu'à ce jour indulgente pour nos fautes, dit-il, s'apprête à nous juger avec rigueur. Elle veut une constitution. Sa malédiction attend celui d'entre vous qui chercherait à retarder l'exécution de sa volonté suprême. »

III

Ces dernières paroles de Vergniaud renfermaient les intentions secrètes de son parti. La Gironde voulait, en effet, la dissolution de l'Assemblée conventionnelle ; comptant sur les départements, elle espérait revenir, à la législature prochaine, avec une majorité plus imposante que celle dont elle disposait, et, par ce moyen, s'emparer de l'administration suprême de la République. Les Montagnards qui ne l'ignoraient pas, et qui préparaient le coup d'Etat populaire du 31 mai, prolongeaient le plus qu'ils pouvaient la discussion. Robespierre, qui prit la parole le 10 mai, s'étendit donc longuement sur les vices de l'ancien gouvernement, et développa non moins longuement une série de dispositions législatives tendant à investir le plus possible le peuple de l'exercice de sa souveraineté. A ses yeux, la balance des pouvoirs n'était qu'une chimère métaphysique : le peuple étant tout, il doit être son propre tribun.

Ce même jour, la Convention décréta le premier article de la constitution, portant que la République est une et indivisible.

Trois jours après, la crise devint imminente. Condorcet la décida : « Citoyens, dit-il, vous ne pouvez vous dissimuler les dangers auxquels nos troubles extérieurs et nos divisions intestines exposent la République... Le remède à ces troubles, à ces divisions, la nation entière vous l'a indiqué, c'est l'établissement d'une constitution républicaine. » Et pour conclusion, il proposa formellement que si cette constitution n'était pas achevée au 1er novembre prochain, la Convention serait de fait dissoute et les assemblées primaires convoquées de droit pour en élire une nouvelle. Cette motion souleva une effroyable tempête. « Je ne connais pas de plus sûr moyen de faire la contre-révolution, s'écria Thuriot, qui fit en outre observer que le comité avait eu quatre mois pour élaborer son projet. Au surplus, ajouta-t-il, je demande que, par appel nominal, chaque membre soit tenu de venir déclarer à la tribune s'il se sent le courage de faire une constitution, de demeurer à son poste et sauver la République. » Alors Lasource intervint au débat pour proposer l'impression en même temps que l'ajournement de la proposition de Condorcet, ce que la Convention adopta. Or, c'était une défaite qu'éprouvait le parti girondin. Il la répara en faisant, avec grands applaudissements, obtenir les honneurs de la séance à une députation de Bordelais, qui vint demander en termes impératifs que l'Assemblée eût à donner, dans le plus bref délai, une constitution à la République. La discussion recommença. Saint-Just, qui la reprit, émit l'opinion que la représentation devait être fondée, non sur la division du territoire, mais sur la population. Il alla même jusqu'à dire que, pour qu'il y ait unité dans un État, il faudrait qu'il y eût unité des suffrages ; car ce ne peut être, en effet, que par une fiction de la loi que le député qui représente une partie soit censé représenter le tout.

La discussion n'avançait donc pas ; mille incidents l'interrompaient. Tantôt arrivaient des députations des sections demandant, les unes, qu'on s'occupât sans désemparer de l'acte constitutionnel ; les autres, l'expulsion de vingt-deux girondins. Puis, survenaient des nouvelles des armées et de la Vendée ; des dénonciations contre les ministres, les généraux ; tout cela amenant d'épouvantables tumultes pendant lesquels, et à plusieurs reprises, les députés furent sur le point de s'entr'égorger.

Le triomphe de la Montagne, au 31 mai, mit fin à cette situation violente. Le projet de Condorcet fut mis à l'écart, et le comité de salut public, renouvelé, dut en présenter un nouveau sous huit jours. De ce comité étaient : Barrère, Cambon, Danton, Guyton-Morveau, Treilhard, Lacroix, Bernier, Delmas, Robert-Lindet ; mais Delmas, malade, et Robert-Lindet en mission, ne purent prendre part au travail, pour lequel on appela comme adjoints Hérault de Séchelles, Ramel, Couthon, Saint-Just et Mathieu.

Le 10 juin, le rapport du comité fut lu à la Convention par Hérault de Séchelles. Ce rapport est surtout remarquable en ce qu'il est dégagé de tous ornements et précautions oratoires : le but est tout d'abord indiqué nettement. Il s'agissait de fonder le gouvernement le plus démocratique qui ait encore existé. « C'est toujours à la dernière limite que nous nous sommes attachés à saisir l'humanité, dit Hérault, et si quelquefois nous nous sommes vus contraints de renoncer à cette sévérité de théorie, c'est qu'alors la possibilité n'y était plus : la nature des choses, les obstacles insurmontables dans l'exécution, les vrais intérêts du peuple nous commandaient ce sacrifice ; car ce n'est pas assez de servir le peuple, il ne faut jamais le tromper. »

Venant à la constitution elle-même, Hérault de Séchelles aborda la question des élections : il distingua l'élection des représentants de l'élection des fonctionnaires. Il attribua la première au peu-

ple tout entier, au suffrage univesel, comme nous disons aujourd'hui, et la seconde à des électeurs de deuxième degré. « Nous avons cru essentiel, disait-il, d'établir une forte différence entre la représentation d'où dépendent les lois et les décrets et la nomination de ce grand nombre de fonctionnaires publics à qui, d'une part, il est indispensable de faire sentir leur dépendance dans leur origine et leurs fonctions, tandis que de l'autre le peuple doit reconnaître qu'il n'est pas en état de les choisir. Voilà quelle a été notre intention en laissant aux assemblées nationales le choix de toutes les fonctions qui ne seraient pas celles des représentants et du grand jury national. »

Ce grand jury national était un rouage nouveau introduit dans l'organisation politique. Il avait pour but, selon Hérault, « de venger le citoyen opprimé dans sa personne des vexations, s'il pouvait en survenir, du corps législatif et du conseil exécutif. »

Ce dernier, également sorti de l'élection, ne portait aucun caractère de représentation ; il était seulement chargé de l'exécution de la volonté du peuple par l'intermédiaire d'agents nommés par lui, et parmi lesquels étaient les ministres.

Enfin, distinguant la loi d'un décret, le projet du comité en attribuait la sanction au peuple réuni dans ses assemblées primaires.

De toutes parts des députations vinrent féliciter la Convention. La commune de Paris, les municipalités, les membres des divers tribunaux, les clubs, les sections, affluèrent à la barre, aux cris répétés de : Vive la République ! vive la Montagne !

Toutefois, mais surtout dans le club des Cordeliers, le projet de constitution fut amèrement critiqué ; il le fut même dans celui des Jacobins, principalement par Chabot, qui se plaignit que l'acte constitutionnel n'assurait pas du pain à ceux qui n'en avaient pas ; il se plaignit aussi de ce qu'on n'avait pas immédiatement établi l'impôt progressif, et présenta le conseil exécutif comme créant un pouvoir liberticide.

Mais cette opposition prit un caractère presque séditieux dans la manière dont la formula Jacques Roux au nom des sections des Gravilliers et Bonne-Nouvelle, et au nom du club des Cordeliers (1).

Cet événement signala l'existence d'un dissentiment déplorable entre les vainqueurs du 31 mai, et fit prévoir la réalisation prochaine de cette prophétie de Vergniaud : « La Révolution est comme Saturne, elle dévorera ses enfants. »

Quoi qu'il en soit, le 24 juin, au bruit du canon et des acclamations d'une foule immense répandue sur le Carrousel et dans le jardin des Tuileries, la Convention vota l'acte constitutionnel, auquel le peuple, convoqué en assemblées primaires, donna sa sanction.

En voici le texte officiel :

1 V. ACCAPAREMENTS, page 80.

IV

ACTE CONSTITUTIONNEL

Précédé de la Déclaration des Droits de l'Homme et du Citoyen

PRÉSENTÉ AU PEUPLE FRANÇAIS PAR LA CONVENTION
NATIONALE, LE 24 JUIN 1793.

—

DÉCLARATION DES DROITS DE L'HOMME ET DU CITOYEN.

« Le peuple français, convaincu que l'oubli et le mépris des droits naturels de l'homme sont les seules causes des malheurs du monde, a résolu d'exposer dans une déclaration solennelle ces droits sacrés et inaliénables, afin que tous les citoyens, pouvant comparer sans cesse les actes du gouvernement, avec le but de toute institution sociale, ne se laissent jamais opprimer et avilir par la tyrannie, afin que le peuple ait toujours les bases de sa liberté et de son bonheur, le magistrat la règle de ses devoirs, le législateur, l'objet de sa mission.

« En conséquence, il proclame, en présence de l'Être suprême, la déclaration suivante des droits de l'homme et du citoyen:

« Art. 1er. Le but de la société est le bonheur commun.

« Le gouvernement est institué pour garantir à l'homme la jouissance de ses droits naturels et imprescriptibles.

« 2. Ces droits sont l'égalité, la liberté, la sûreté, la propriété.

« 3. Tous les hommes sont égaux par la nature et devant la loi.

« 4. La loi est l'expression libre et solennelle de la volonté générale; elle est la même pour tous, soit qu'elle protège, soit qu'elle punisse: elle ne peut ordonner que ce qui est juste et utile à la société; elle ne peut défendre que ce qui lui est nuisible.

« 5. Tous les citoyens sont également admissibles aux emplois publics. Les peuples libres ne connaissent d'autres motifs de préférence dans leurs élections que les vertus et les talents.

« 6. La liberté est le pouvoir qui appartient à l'homme de faire tout ce qui ne nuit pas aux droits d'autrui : elle a pour principe la nature; pour règle, la justice; pour sauvegarde, la loi; sa limite morale est dans cette maxime : *Ne fais pas à un autre ce que tu ne veux pas qu'il te soit fait.*

« 7. Le droit de manifester sa pensée et ses opinions, soit par la voie de la presse, soit de toute autre manière, le droit de s'assembler paisiblement, le libre exercice des cultes, ne peuvent être interdits.

« La nécessité d'énoncer ses droits suppose ou la présence ou le souvenir récent du despotisme.

« 8. La sûreté consiste dans la protection accordée par la société à chacun de ses membres pour la conservation de sa personne, de ses droits et de ses propriétés.

« 9. La loi doit protéger la liberté publique et individuelle contre l'oppression de ceux qui gouvernent.

« 10. Nul ne doit être accusé, arrêté ni détenu que dans les cas déterminés par la loi et selon les formes qu'elle a prescrites. Tout citoyen appelé ou saisi par l'autorité de la loi doit obéir à l'instant; il se rend coupable par la résistance.

« 11. Tout acte exercé contre un homme hors des cas et sans les formes que la loi détermine, est arbitraire et tyrannique; celui contre lequel on voudrait l'exécuter par la violence a le droit de le repousser par la force.

« 12. Ceux qui solliciteraient, expédieraient, signeraient, exécuteraient ou feraient exécuter des actes arbitraires, sont coupables et doivent être punis.

« 13. Tout homme étant présumé innocent jusqu'à ce qu'il ait été déclaré coupable, s'il est jugé indispensable de l'arrêter, toute rigueur qui ne serait pas nécessaire pour s'assurer de sa personne doit être sévèrement réprimée par la loi.

« 14. Nul ne doit être jugé et puni qu'après avoir été entendu ou légalement appelé, et qu'en vertu d'une loi promulguée antérieurement au délit. La loi qui punirait des délits commis avant qu'elle existât serait une tyrannie ; l'effet rétroactif donné à la loi serait un crime.

« 15. La loi ne doit décerner que des peines strictement et évidemment nécessaires : les peines doivent être proportionnées au délit et utiles à la société.

« 16. Le droit de propriété est celui qui appartient à tout citoyen de jouir et de disposer à son gré de ses biens et de ses revenus, du fruit de son travail et de son industrie.

« 17. Nul genre de travail, de culture, de commerce, ne peut être interdit à l'industrie des citoyens.

« 18. Tout homme peut engager ses services, son temps; mais il ne peut se vendre ni être vendu; sa personne n'est pas une propriété aliénable. La loi ne connaît point de domesticité : il ne peut exister qu'un engagement de soins et de reconnaissance entre l'homme qui travaille et celui qui l'emploie.

« 19. Nul ne peut être privé de la moindre portion de sa propriété, sans son consentement, si ce n'est lorsque la nécessité publique légalement constatée l'exige, et sous la condition d'une juste et préalable indemnité.

« 20. Nulle contribution ne peut être établie que pour l'utilité générale. Tous les citoyens ont droit de concourir à l'établissement des contributions, d'en surveiller l'emploi et de s'en faire rendre compte.

« 21. Les secours publics sont une dette sacrée. La société doit la subsistance aux citoyens malheureux, soit en leur procurant du travail, soit en assurant les moyens d'exister à ceux qui sont hors d'état de travailler.

« 22. L'instruction est le besoin de tous. La société doit favoriser de tout son pouvoir les progrès de la raison publique et mettre l'instruction à la portée de tous les citoyens.

« 23. La garantie sociale consiste dans l'action de tous, pour assurer à chacun la jouissance et la conservation de ses droits : cette garantie repose sur la souveraineté nationale.

« 24. Elle ne peut exister, si les limites des fonctions publiques ne sont pas clairement déterminées par la loi et si la responsabilité de tous les fonctionnaires n'est pas assurée.

« 25. La souveraineté réside dans le peuple; elle est une et indivisible, imprescriptible et inaliénable.

« 26. Aucune portion du peuple ne peut exercer la puissance du peuple entier ; mais chaque section du souverain assemblée doit jouir du droit d'exprimer sa volonté avec une entière liberté.

« 27. Que tout individu qui usurperait la souveraineté soit à l'instant mis à mort par les hommes libres.

« 28. Un peuple a toujours le droit de revoir, de réformer et de changer sa constitution. Une génération ne peut assujettir à ses lois les générations futures.

« 29. Chaque citoyen a un droit égal de concourir à la formation de la loi et à la nomination de ses mandataires ou de ses agents.

«30. Les fonctions publiques sont essentiellement temporaires; elles ne peuvent être considérées comme des distinctions ni comme des récompenses, mais comme des devoirs.

« 31. Les délits des mandataires du peuple et de ses agents ne doivent jamais être impunis. Nul n'a le droit de se prétendre plus inviolable que les autres citoyens.

« 32. Le droit de présenter des pétitions aux dépositaires de l'autorité publique ne peut, en aucun cas, être interdit, suspendu ou limité.

« 33. La résistance à l'oppression est la conséquence des autres droits de l'homme.

« 34. Il y a oppression contre le corps social lorsqu'un seul de ses membres est opprimé : il y a oppression contre chaque membre lorsque le corps social est opprimé.

« 35. Quand le gouvernement viole les droits du peuple, l'insurrection est pour le peuple et pour chaque portion du peuple le plus sacré et le plus indispensable des devoirs.

« Visé par les inspecteurs des procès-verbaux.

« *Signé* S.-E. Monnel et Bezard.

Collationné à l'original par nous président et secrétaires de la Convention nationale. A Paris, le 25 juin 1793, l'an second de la République.

« *Signé* Collot-d'Herbois, *président ;* Durand-Maillane, Ducos, Ch. Delacroix. Gossuin, P.-A. Laloy et Méaulle, *secrétaires.* »

ACTE CONSTITUTIONNEL.

De la République.

« Art. 1er. La République française est une et indivisible.

De la distribution du Peuple.

« 2. Le peuple français est distribué pour l'exercice de sa souveraineté en assemblées primaires de cantons.

« 3. Il est distribué pour l'administration et pour la justice en départements, districts, municipalités.

De l'état des Citoyens.

« 4. Tout homme né et domicilié en **France**, âgé de vingt et un ans accomplis ;

« Tout étranger âgé de vingt et un ans accomplis, qui, domicilié en France depuis une année,

« Y vit de son travail,

« Ou acquiert une propriété,

« Ou épouse une Française,

« Ou adopte un enfant,

« Ou nourrit un vieillard ;

« Tout étranger enfin, qui sera jugé par le Corps législatif avoir bien mérité de l'humanité,

« Est admis à l'exercice des droits de citoyen français.

« 5. L'exercice des droits de citoyen se perd :

« Par la naturalisation en pays étranger ;

« Par l'acceptation de fonctions ou faveurs émanées d'un gouvernement non populaire ;

« Par la condamnation à des peines infamantes ou afflictives, jusqu'à réhabilitation.

« 6. L'exercice des droits de citoyen est suspendu :

« Par l'état d'accusation ;

« Par un jugement de contumace, tant que le jugement n'est pas anéanti.

De la Souveraineté du Peuple.

« 7. Le peuple souverain est l'universalité des citoyens français.

« 8. Il nomme immédiatement ses députés.

« 9. Il délègue à des électeurs le choix des administrateurs, des arbitres publics, des juges criminels et de cassation.

« 10. Il délibère sur les lois.

Des Assemblées primaires.

« 11. Les assemblées primaires se composent de citoyens domiciliés depuis six mois dans chaque canton.

« 12. Elles sont composées de deux cents citoyens au moins, de six cents au plus, appelés à voter.

« 13. Elles sont constituées par la nomination d'un président, de secrétaires, de scrutateurs.

« 14. Leur police leur appartient.

« 15. Nul n'y peut paraître en armes.

Montmartre. — Imp. Pillot.

« 16. Les élections se font au scrutin, ou à haute voix, au choix de chaque votant.

« 17. Une assemblée primaire ne peut, en aucun cas, prescrire un mode uniforme de voter.

« 18. Les scrutateurs constatent le vote des citoyens qui, ne sachant pas écrire, préfèrent de voter au scrutin.

« 19. Les suffrages sur les lois sont donnés par *oui* et par *non.*

« 20. Le vœu de l'assemblée primaire est proclamé ainsi : *Les citoyens réunis en assemblée primaire de. . . . . au nombre de. . . . . votants, votent pour ou votent contre, à la majorité de.....*

De la Représentation nationale.

« 21. La population est la seule base de la représentation nationale.

« 22. Il y a un député en raison de quarante mille individus.

« 23. Chaque réunion d'assemblées primaires, résultant d'une population de trente-neuf mille à quarante-un mille âmes, nomme immédiatement un député.

« 24. La nomination se fait à la majorité absolue des suffrages.

« 25. Chaque assemblée fait le dépouillement des suffrages et envoie un commissaire pour le recensement général, au lieu désigné comme le plus central.

« 26. Si le premier recensement ne donne point de majorité absolue, il est procédé à un second appel, et on vote entre les deux citoyens qui ont réuni le plus de voix.

« 27 En cas d'égalité de voix, le plus âgé a la préférence, soit pour être ballotté, soit pour être élu. En cas d'égalité d'âge, le sort décide.

« 28. Tout Français exerçant les droits de citoyen est éligible dans l'étendue de la République.

« 29. Chaque député appartient à la nation entière.

« 30. En cas de non acceptation, démission, déchéance ou mort d'un député, il est pourvu à son remplacement par les assemblées primaires qui l'ont nommé.

« 31. Un député qui a donné sa démission ne peut quitter son poste qu'après l'admission de son successeur.

« 32. Le peuple français s'assemble tous les ans, le 1er mai, pour les élections.

« 33. Il y procède, quel que soit le nombre des citoyens ayant droit d'y voter.

« 34. Les assemblées primaires se forment extraordinairement, sur la demande du cinquième des citoyens qui ont droit d'y voter.

« 35. La convocation se fait, en ce cas, par la municipalité du lieu ordinaire du rassemblement.

« 36. Ces assemblées extraordinaires ne délibèrent qu'autant que la moitié, plus un, des citoyens qui ont droit d'y voter sont présents.

Des Assemblées électorales.

« 37. Les citoyens réunis en assemblées primaires nomment un électeur à raison de deux cents citoyens, présents ou non; deux depuis trois cent un jusqu'à quatre cents; trois depuis cinq cent un jusqu'à six cents.

« 38. La tenue des assemblées électorales et le mode des élections sont les mêmes que dans les assemblées primaires.

Du Corps législatif.

« 39. Le Corps législatif est un, indivisible et permanent.

« 40. Sa session est d'un an.

« 41. Il se réunit le 1er juillet.

« 42. L'assemblée nationale ne peut se constituer si elle n'est composée au moins de la moitié des députés plus un.

« 43. Les députés ne peuvent être recherchés, accusés ni jugés en aucun temps, pour les opinions qu'ils ont énoncées dans le sein du Corps législatif.

« 44. Ils peuvent, pour fait criminel, être saisis en flagrant délit; mais le mandat d'arrêt ni le mandat d'amener ne peuvent être décernés contre eux qu'avec l'autorisation du Corps législatif.

Tenue des séances du Corps législatif.

« 45. Les séances de l'Assemblée nationale sont publiques.

« 46. Les procès-verbaux de ses séances seront imprimés.

« 47. Elle ne peut délibérer, si elle n'est composée de deux cents membres au moins.

« 48. Elle ne peut refuser la parole à ses membres, dans l'ordre où ils l'ont réclamée.

« 49. Elle délibère à la majorité des présents.

« 50. Cinquante membres ont le droit d'exiger l'appel nominal.

« 51. Elle a le droit de censure sur la conduite de ses membres dans son sein.

« 52. La police lui appartient dans le lieu de ses séances et dans l'enceinte extérieure qu'elle a déterminée.

Des fonctions du Corps législatif.

« 53. Le Corps législatif propose des lois et rend des décrets.

« 54. Sont compris sous le nom général de *loi* les actes du Corps législatif concernant :

« La législation civile et criminelle;

« L'administration générale des revenus et des dépenses ordinaires de la République;

« Les domaines nationaux;

« Le titre, le poids, l'empreinte et la dénomination des monnaies;

« La nature, le montant et la perception des contributions;

« La déclaration de guerre;

« Toute nouvelle distribution générale du territoire français;

« L'instruction publique;

«Les honneurs publics à la mémoire des grands hommes.

« 55. Sont désignés sous le nom particulier de *décret* les actes du Corps législatif concernant :

« L'établissement annuel des forces de terre et de mer ;

« La permission ou la défense du passage des troupes étrangères sur le territoire français ;

« L'introduction des forces navales étrangères dans les ports de la République ;

« Les mesures de sûreté et de tranquillité générale ;

« La distribution annuelle et momentanée des secours et travaux publics ;

« Les ordres pour la fabrication des monnaies de toute espèce ;

« Les dépenses imprévues et extraordinaires ;

« Les mesures locales et particulières à une administration, à une commune, à un genre de travaux publics ;

« La défense du territoire ;

« La ratification des traités ;

« La nomination et la destitution des commandants en chef des armées.

« La poursuite de la responsabilité des membres du conseil, des fonctionnaires publics ;

« L'accusation des prévenus de complots contre la sûreté générale de la République ;

« Tout changement dans la distribution partielle du territoire français ;

« Les récompenses nationales.

De la formation de la Loi.

« 56. Les projets de loi sont précédés d'un rapport.

« 57. La discussion ne peut s'ouvrir, et la loi ne peut être provisoirement arrêtée que quinze jours après le rapport.

« 58. Le projet est imprimé et envoyé à toutes les communes de la République, sous ce titre : *Loi proposée.*

« 59. Quarante jours après l'envoi de la loi proposée, si, dans la moitié des départements, plus un, le dixième des assemblées primaires de chacun d'eux, régulièrement formées, n'a pas réclamé, le projet est accepté et devient *loi.*

« 60. S'il y a réclamation, le Corps législatif convoque les assemblées primaires.

De l'Intitulé des Lois et des Décrets.

« 61. Les lois, les décrets, les jugements, et tous les actes publics, sont intitulés : *Au nom du Peuple français, l'an.... de la République française.*

Du Conseil exécutif.

« 62. Il y a un conseil exécutif composé de vingt-quatre membres.

« 63. L'assemblée électorale de chaque département nomme un candidat. Le Corps législatif choisit sur la liste générale les membres du conseil.

« 64. Il est renouvelé par moitié, à chaque législature, dans le dernier mois de sa session.

« 65. Le conseil est chargé de la direction et de la surveillance de l'administration générale ; il ne peut agir qu'en exécution des lois et des décrets du Corps législatif.

« 66. Il nomme, hors de son sein, les agents en chef de l'administration générale de la République.

« 67. Le Corps législatif détermine le nombre et les fonctions de ces agents.

« 68. Ces agents ne forment point un conseil, ils sont séparés, sans rapports immédiats entre eux ; ils n'exercent aucune autorité personnelle.

« 69. Le conseil nomme, hors de son sein, les agents extérieurs de la République.

« 70. Il négocie les traités.

« 71. Les membres du conseil, en cas de prévarication, sont accusés par le Corps législatif.

« 72. Le conseil est responsable de l'inexécution des lois et des décrets et des abus qu'il ne dénonce pas.

« 73. Il révoque et remplace les agents à sa nomination.

« 74. Il est tenu de les dénoncer, s'il y a lieu, devant les autorités judiciaires.

Des relations du Conseil exécutif avec le Corps législatif.

« 75. Le conseil exécutif réside auprès du Corps législatif ; il a l'entrée et une place séparée dans le lieu de ses séances.

« 76. Il est entendu toutes les fois qu'il a un compte à rendre.

« 77. Le Corps législatif l'appelle dans son sein, en tout ou en partie, lorsqu'il le juge convenable.

Des corps administratifs et municipaux.

« 78. Il y a, dans chaque commune de la République, une administration municipale ;

« Dans chaque district, une administration intermédiaire ;

« Dans chaque département, une administration centrale.

« 79. Les officiers municipaux sont élus par les assemblées de commune.

« 80. Les administrateurs sont nommés par les assemblées électorales de département et de district.

« 81. Les municipalités et les administrations sont renouvelées tous les ans par moitié.

« 82. Les administrateurs et officiers municipaux n'ont aucun caractère de représentation.

« Ils ne peuvent, en aucun cas, modifier les actes du Corps législatif, ni en suspendre l'exécution.

« 83. Le Corps législatif détermine les fonctions des officiers municipaux et des administrateurs, les règles de leur subordination et les peines qu'ils pourront encourir.

« 84. Les séances des municipalités et des administrations sont publiques.

De la Justice civile.

« 85. Le code des lois civiles et criminelles est uniforme pour toute la République.

« 86. Il ne peut être porté aucune atteinte au droit qu'ont les citoyens de faire prononcer sur leurs différends par des arbitres de leur choix.

« 87. La décision de ces arbitres est définitive, si les citoyens ne se sont pas réservé le droit de réclamer.

« 88. Il y a des juges de paix élus par les citoyens des arrondissements déterminés par la loi.

« 89. Ils concilient et jugent sans frais.

« 90. Leur nombre et leur compétence sont réglés par le Corps législatif.

« 91. Il y a des arbitres publics élus par les assemblées électorales.

« 92. Leur nombre et leurs arrondissements sont fixés par le Corps législatif.

« 93. Ils connaissent des contestations qui n'ont pas été terminées définitivement par les arbitres privés ou par les juges de paix.

« 94. Ils délibèrent en public ;

« Ils opinent à haute voix ;

« Ils statuent, en dernier ressort, sur défenses verbales ou sur simple mémoire, sans procédures et sans frais ;

« Ils motivent leurs décisions.

« 95. Les juges de paix et les arbitres publics sont élus tous les ans.

De la Justice criminelle.

« 96. En matière criminelle, nul citoyen ne peut être jugé que sur une accusation reçue par les jurés ou décrétée par le Corps législatif ;

« Les accusés ont des conseils choisis par eux ou nommés d'office ;

« L'instruction est publique ;

« Le fait et l'intention sont déclarés par un juré de jugement ;

« La peine est appliquée par un tribunal criminel.

« 97. Les juges criminels sont élus tous les ans par les assemblées électorales.

Du Tribunal de cassation.

« 98. Il y a pour toute la République un tribunal de cassation.

« 99. Ce tribunal ne connaît point du fond des affaires ;

« Il prononce sur la violation des formes et sur les contraventions expresses à la loi.

« 100. Les membres de ce tribunal sont nommés tous les ans par les assemblées électorales.

Des Contributions publiques.

« 101. Nul citoyen n'est dispensé de l'honorable obligation de contribuer aux charges publiques.

De la Trésorerie nationale.

« 102. La trésorerie nationale est le point central des recettes et dépenses de la République.

« 103. Elle est administrée par des agents comptables nommés par le conseil exécutif.

« 104. Ces agens sont surveillés par des commissaires nommés par le Corps législatif, pris hors de son sein, et responsables des abus qu'ils ne dénoncent pas.

De la comptabilité.

« 105. Les comptes des agents de la trésorerie nationale et des administrateurs des deniers publics, sont rendus annuellement à des commissaires responsables nommés par le conseil exécutif.

« 106. Ces vérificateurs sont surveillés par des commissaires à la nomination du Corps législatif, pris hors de son sein, et responsables des abus et des erreurs qu'ils ne dénoncent pas.

Le Corps législatif arrête les comptes.

Des forces de la République.

« 107. La force générale de la République est composée du peuple entier.

« 108. La République entretient à sa solde, même en temps de paix, une force armée de terre et de mer.

« 109. Tous les Français sont soldats ; ils sont tous exercés au maniement des armes.

« 110. Il n'y a point de généralissime.

« 111. La différence des grades, leurs marques distinctives et la subordination ne subsistent que relativement au service et pendant sa durée.

« 112. La force publique employée pour maintenir l'ordre et la paix dans l'intérieur, n'agit que sur la réquisition par écrit des autorités constituées.

« 113. La force publique, employée contre les ennemis du dehors, agit sous les ordres du conseil exécutif.

« 114. Nul corps armé ne peut délibérer.

Des Conventions nationales.

« 115. Si, dans la moitié des départements, plus un, le dixième des assemblées primaires de chacun d'eux, régulièrement formées, demande la révision de l'acte constitutionnel, ou le changement de quelques-uns de ses articles, le Corps législatif est tenu de convoquer toutes les assemblées primaires de la République, pour savoir s'il y a lieu à une Convention nationale.

« 116. La Convention nationale est formée de la même manière que les législatures, et en réunit les pouvoirs.

« 117. Elle ne s'occupe, relativement à la constitution, que des objets qui ont motivé sa convocation.

Des rapports de la République française avec les nations étrangères.

« 118. Le peuple français est l'ami et l'allié naturel des peuples libres.

« 119. Il ne s'immisce point dans le gouvernement des autres nations; il ne souffre pas que les autres nations s'immiscent dans le sien.

« 120. Il donne asile aux étrangers bannis de leur patrie pour la cause de la liberté ;

« Il le refuse aux tyrans.

« 121. Il ne fait point la paix avec un ennemi qui occupe son territoire.

De la garantie des droits.

« 122. La constitution garantit à tous les Français l'égalité, la liberté, la sûreté, la propriété. la dette publique, le libre exercice des cultes, une instruction commune, des secours publics, la liberté indéfinie de la presse, le droit de pétition, le droit de se réunir en sociétés populaires, la jouissance de tous les droits de l'homme.

«123. La République française honore la loyauté, le courage, la vieillesse, la piété filiale, le malheur. Elle remet le dépôt de sa constitution sous la garde de toutes les vertus.

« 124. La déclaration des droits et l'acte constitutionnel sont gravés sur des tables, au sein du Corps législatif et dans les places publiques.

« Visé par les inspecteurs des procès-verbaux.

« *Signé* S.-E. Monnel et Bezard.

« Collationné à l'original, par nous président et secrétaires de la Convention nationale. A Paris, le 25 juin 1793, l'an second de la République française.

« *Signé* Collot-d'Herbois, *président ;*

«Durand-Maillane, Ducos, Ch. Delacroix, Gossuin, P.-A. Laloy et Méaulle, *secrétaires.* »

V

On avait remis à l'anniversaire du 10 août pour célébrer l'approbation solennelle que le peuple avait donnée à cette constitution. La veille, Gossuin, au nom de la commission chargée de réunir les procès-verbaux d'acceptation, lut son rapport en présence des envoyés de toutes les assemblées primaires. On y signalait le district de Lons-le-Saulnier (Jura) comme infecté de l'esprit anglais, et la commune de Saint-Donan (Côtes-du-Nord) comme ayant demandé. la seule, il

est vrai, le fils de Louis XVI pour roi. Le rapport fut terminé par les cris de ; Vive la Liberté! vive l'Égalité!

Nous donnons la description détaillée de la fête du 10 août; car, de même que la constitution qu'elle était destinée à célébrer, elle a toujours été regardée comme un type en ce genre par le parti démocratique en France, et offre de plus le tableau, pris sur nature, de l'état des esprits et des mœurs à cette époque. Nous la tirons du procès-verbal imprimé par ordre de la Convention.

David avait été l'ordonnateur de cette fête

« Au point du jour, la Convention, les envoyés des assemblées primaires, les autorités constituées de Paris, les sociétés populaires et le peuple se réunirent sur l'emplacement de la Bastille. Au milieu des ruines s'élevait la statue colossale de la *Nature*; de ses mamelles, qu'elle pressait de ses mains, s'épanchaient dans le bassin deux sources d'eau pure. Le peuple assemblé, le canon tonna; puis se firent entendre des airs et des chants patriotiques.

« Le président Hérault de Séchelles prit la parole :

« Souveraine du *sauvage* et des nations civilisées, ô *nature*! dit-il, ce peuple rassemblé aux premiers rayons du jour, devant ton image, est digne de toi : il est libre. C'est dans ton sein, c'est dans tes sources sacrées, qu'il a recouvré ses droits, qu'il s'est régénéré. Après avoir traversé tant de siècles d'erreurs et de servitude, il fallait rentrer dans la simplicité de tes voies pour retrouver la liberté et l'égalité. O nature! reçois l'expression de l'attachement éternel des Français pour tes lois; et que ces eaux fécondes qui jaillissent de tes mamelles, que cette boisson pure qui abreuva les premiers humains, consacrent dans cette coupe de la fraternité et de l'égalité les serments que te fais la France en ce jour, le plus beau qu'ait éclairé le soleil depuis qu'il a été suspendu dans l'immensité de l'espace. »

« Le président remplit une coupe de forme antique de l'eau qui tombait du sein de la nature, et fit des libations autour de la statue. Il but et présenta la coupe aux plus âgés des envoyés des départements, qui burent à leur tour.

« Le cortège suivit les boulevards : les sociétés populaires portaient sur leur bannière un œil ouvert au sein des nuages, emblème de leur vigilance.

« La Convention était précédée de la déclaration des Droits de l'Homme et de l'acte constitutionnel; elle était environnée des assemblées primaires, unies par un ruban tricolore. Chacun d'eux portait d'une main un bouquet d'épis de blé et de fruits, et de l'autre une pique et une branche d'olivier.

« Un char suivait, sur lequel étaient les élèves des Quinze-Vingts. On voyait des enfants trouvés portés dans des berceaux; des artisans munis des outils de leur profession, et enfin une charrue traînée par leurs enfants, un vieillard et sa vieille épouse.

« Du milieu de la multitude, s'élevait une enseigne sur laquelle on lisait ces mots :

« *Voilà les services que le peuple infatigable rend à la société humaine.*

« Huit chevaux blancs, ornés de panaches rouges, traînaient un char triomphal, portant l'urne où étaient les cendres des guerriers morts pour la patrie. A la suite venait un tombereau contenant les attributs de la royauté et de l'aristocratie, avec cette inscription :

« *Voilà toujours ce qui a fait le malheur de la société humaine.*

« A moitié de l'étendue des boulevards, un arc de triomphe était élevé au souvenir du 14 juillet 1789.

« Là le président prononça un nouveau discours en ces termes :

« Quel spectacle! la faiblesse du sexe et l'héroïsme du courage! O liberté! ce sont là de tes miracles! C'est toi, qui dans ces deux journées où le sang à Versailles commença à expier les crimes des rois, allumas dans le cœur de quelques femmes cette audace qui fit fuir ou tomber devant elles les satellites du tyran. Par toi, sous des mains délicates, roulèrent ces bronzes, ces bouches de feu qui firent entendre à l'oreille d'un roi le tonnerre, augure du changement de toutes tes destinées. Le culte que t'ont voué les Français a été impérissable à l'instant où tu es devenue la passion de leurs compagnes. O femmes! la liberté attaquée par tous les tyrans, pour être défendue, a besoin d'un peuple de héros : c'est à vous à l'enfanter. Que toutes les vertus guerrières et généreuses coulent, avec le lait maternel, dans le cœur de tous les nourrissons de la France. Les représentants du peuple souverain, au lieu de fleurs qui parent la beauté, vous offrent le laurier, emblème du courage et de la victoire : vous le transmettrez à vos enfants. »

« Alors le président couronne de lauriers quelques femmes présentes à la cérémonie.

« A la place de la Révolution se dressait la statue de la Liberté, entourée d'arbres, encombrée de bonnets rouges et de guirlandes de fleurs. Un bûcher était allumé où furent brûlés les insignes royaux et aristocratiques.

« Le président accompagna cet acte symbolique des paroles suivantes :

« Ici la hache de la loi a frappé le tyran. Qu'ils périssent aussi ces signes honteux d'une servitude que les despotes affectaient de reproduire sous toutes les formes à nos regards; que la flamme les dévore; qu'il n'y ait plus d'immortel que le sentiment de la vertu qui les a effacés. Justice! Vengeance! Divinités tutélaires des peuples libres, attachez à jamais l'exécration du genre humain au nom du traître qui, sur un trône relevé par la générosité, a trompé la confiance d'un peuple magnanime. Hommes libres! peuple d'égaux, d'amis et de frères, ne composez plus les images de votre grandeur que des attributs de vos travaux, de vos talents, de vos vertus. Que la pique et le bonnet de la liberté; que la charrue et la gerbe de blé; que les emblèmes de tous les arts par qui la société est enrichie, embellie, forment désormais toutes les décorations de la République. Terre sainte! couvre-toi de ces biens réels qui se partagent entre tous les hommes, et deviens stérile pour tout ce qui ne peut servir qu'aux jouissances exclusives de l'orgueil. »

« Aussitôt après ce discours, le président prit une torche enflammée et l'appliqua contre le bûcher. Du milieu des flammes s'élancèrent trois mille oiseaux, portant au cou de minces banderolles tricolores où étaient écrits ces mots : *Nous sommes libres, imitez-nous.*

« Dévant les Invalides, un monument signalait sa victoire sur le fédéralisme ; sur la cime d'un rocher était exhaussée une statue colossale représentant le peuple français. Tandis que d'une main forte il renouait le faisceau des départements, un monstre dont les extrémités inférieures étaient terminées en dragon de mer, sortant des roseaux d'un marais fétide, s'efforçait d'atteindre en rampant jusqu'au faisceau pour le rompre. Le colosse, écrasant sous ses pieds la poitrine du monstre, de sa massue balancée sur sa tête, allait le frapper d'un coup mortel.

Le président prit encore ici la parole :

« Peuple français, dit-il, te voilà offert à tes propres regards sous un emblème fécond en leçons instructives. Ce géant dont la main puissante réunit et rattache en un seul faisceau les départements qui font sa grandeur et sa force, c'est toi. Ce monstre dont la main criminelle veut briser le faisceau et séparer ce que la nature a uni, c'est le fédéralisme. Peuple dévoué à la haine et à la conjuration de tous les despotes, conserve toute ta grandeur pour défendre ta liberté. Qu'une fois au moins sur la terre, ta puissance soit alliée à la vérité et à la justice... Que tes bras étendus de l'Océan à la Méditerranée, et des Pyrénées au Jura, embrassent partout des frères, des enfants ! Retiens sous une seule loi et sous une seule puissance une des plus belles portions de ce globe, et que les peuples esclaves qui ne savent admirer que la force et la fortune, témoins de tes vastes prospérités, sentent le besoin de s'élever comme toi à cette liberté qui t'a fait l'exemple de la terre. »

« A l'entrée du Champ-de-Mars s'élevaient deux ormes unis par un ruban tricolore, auquel était suspendu un niveau, allégorie de cette égalité sociale qui relient tous les hommes sur un plan commun et les nivelle devant la loi.

« Alors la Convention, les quatre-vingt-sept commissaires des départements, tous les envoyés des assemblées primaires montèrent les degrés de l'autel de la patrie, et le président, parvenu au point le plus élevé, ayant à ses côtés le vieillard le plus avancé en âge parmi les commissaires des départements, de cette hauteur publie le recensement des votes des assemblées primaires de la République et proclame en ces mots la constitution :

« Français ! vos mandataires ont interrogé dans quatre-vingt-sept départements votre raison et votre conscience sur l'acte constitutionnel qu'ils vous ont présenté ; quatre-vingt-sept départements ont accepté l'acte constitutionnel. Jamais un vœu plus unanime n'a organisé une République plus grande et plus populaire. Il y a un an, notre territoire était occupé par l'ennemi ; nous avons proclamé la République, nous fûmes vainqueurs. Maintenant, tandis que nous constituons la France, l'Europe l'attaque de toutes parts : jurons de défendre la constitution jusqu'à la mort ; la République est éternelle.

« Immédiatement après, le président porte dans l'arche placée sur l'autel de la patrie l'acte constitutionnel et le recensement des votes du peuple français.

« Des salves d'artillerie et de formidables acclamations accueillirent la proclamation.

« Les quatre-vingt-sept commissaires remirent au président les piques qu'ils portaient, il les forma en faisceau, qu'il lia d'un ruban tricolore.

« Descendue de l'autel de la patrie, la Convention nationale traversa une partie du Champ-de-Mars, et se rendit, vers l'extrémité, au temple funèbre, orné de décorations antiques ; le char suivait. La Convention se répandit sous les colonnes, sous les portiques. Tous les spectateurs, placés au-dessous, se tenaient découverts et dans un profond silence. Le président, penché sur l'urne des morts, que d'une main il tenait embrassée, tandis que de l'autre il montrait au peuple la couronne destinée aux martyrs de la liberté, leur adressa les hommages et pour ainsi dire le culte de la patrie :

« Terminons, dit-il, cette auguste journée par l'adieu solennel que nous devons à ceux de nos frères qui ont succombé dans les combats. Ils ont été concourir à la constitution de leur pays ; ils n'ont pas dicté les articles de la *charte* française, mais ils les avaient préparés, inspirés par leur dévouement héroïque, ils ont écrit la liberté avec leur sang. Hommes intrépides, cendres chères et précieuses ! urne sacrée ! je vous salue avec respect, je vous embrasse au nom du peuple français ; je dépose sur vos restes protecteurs la couronne de lauriers que la patrie et la Convention nationale m'ont chargé de vous présenter. Ce ne sont plus des pleurs que nous donnerons à votre mémoire ; l'œil de l'homme n'est pas fait pour en répandre. Pour qui ces larmes ? Serait-ce pour vos parents et pour vos amis ? Votre renommée les console. Ils se sont dit que vous étiez fortunés de reposer dans la gloire : ils n'ont jamais pu souhaiter que vous fussiez exempts du trépas, mais dignes d'avoir vécu. Serait-ce pour vous ? Ah ! combien vous avez été heureux ? Vous êtes morts pour la patrie ; pour une terre chérie de la nature, aimée du ciel ; pour une nation généreuse qui a voué un culte à tous les sentiments, à toutes les vertus ; pour une République où les places et les récompenses ne sont plus réservées à la faveur, comme dans les autres États, mais assignées par l'estime et par la confiance ; vous vous êtes acquittés de votre fonction d'homme et d'homme français, vous êtes entrés sous la tombe après avoir rempli la destinée la plus glorieuse et la plus désirable qu'il y ait sur la terre ; nous ne vous outragerons pas par des pleurs.

« Mais, ô frères ! c'est en vous admirant, c'est surtout en vous imitant que nous voulons vous honorer ; et si, comme il est doux de le supposer quand on aime, les morts conservent quelque sentiment pour ceux qui vivent, je viens vous dire au nom de tous vos amis que vous avez laissés sur le sol de la France, que nous sommes prêts à nous dévouer à votre exemple, impatients d'atteindre l'ennemi et de continuer votre valeur.

afin qu'on dise que vous étiez vraiment nos proches, et que votre cœur s'en réjouisse. Je viens même de vous surpasser; car, si nous ne faisions que consommer le fonds de gloire que vous nous avez légué; si nos vertus ne luttaient pas avec les vôtres, notre infériorité contristerait vos mânes. La mort moissonne également le lâche et le brave. Quand la destinée nous rappellerait près de vous, comment pourrions-nous supporter votre accueil. Une voix terrible s'écrierait : Vous combattiez cependant pour la justice et pour la liberté! Non, chers concitoyens! guerriers magnanimes! nous serons dignes de vous, nous n'aurons à recevoir que vos embrassements, vos éloges; nous vous aurons vengés; nous vous raconterons que nos mains ont achevé votre ouvrage; que vos armes, dont nous avons hérité, étaient invincibles; que la République triomphe; cette République qui, à elle seule, tient tête à tous les tyrans, à toutes les viles passions conjurées, à tous les peuples qui se déshonorent; cette République que l'humanité a chargée de sa cause et qui doit sauver l'univers. »

Après ces paroles, la fête était terminée. Cette constitution ainsi produite, approuvée et fêtée, resta cependant sans exécution. Les discordes civiles mal apaisées, les embarras du dehors renaissants sans cesse, maintinrent le gouvernement dans un état révolutionnaire et dictatorial, jusqu'à ce qu'une réaction se faisant jour, on remplaça la constitution par une autre. Elle n'en est pas moins l'un des documents constitutionnels les plus considérables de la démocratie française (1).

P. VE

V. les mots : CONVENTION NATIONALE, DÉMOCRATIE, FÉDÉRALISME, GIRONDINS et MONTAGNARDS.

ACTE ADDITIONNEL AUX CONSTITUTIONS DE L'EMPIRE. Le 26 février 1815, Napoléon partit de l'île d'Elbe avec Cambronne, Drouot, Bertrand et un millier d'hommes; le 1er mars, il était à Cannes; le 7, à Grenoble; le 10, à Lyon, et, le 20, aux Tuileries, à neuf heures du soir! Ce fut une course triomphale.

Cependant Napoléon comprit qu'il ne s'agissait plus, pour lui, de dominer l'Europe, mais de s'assurer l'attachement de la France en lui donnant des institutions libérales. Lorsque Labédoyère s'était rangé sous ses drapeaux, il lui avait dit : « Sire, les Français vont tout faire pour Votre Majesté, mais il faut que Votre Majesté fasse tout pour eux. Plus d'ambition, plus de despotisme : nous voulons être libres et heureux. Il faut abjurer, Sire, ce système de conquête et de puissance qui a fait le malheur de la France et le vôtre. » Et Napoléon lui avait répondu : « C'est

pour la rendre libre et heureuse que je me suis jeté dans une entreprise qui pouvait ne pas avoir de succès et me coûter la vie; mais nous aurions eu la consolation de mourir sur le sol de la patrie... — Et de mourir, avait répliqué Labédoyère, pour son honneur et sa liberté. » Puis, Napoléon, s'adressant aux députations qui arrivaient le féliciter, à Grenoble, de son heureux retour, les assurait qu'il voulait être moins le souverain de la France que le meilleur de ses citoyens. A Lyon, rapporte Fleury de Chaboulon, il lui disait : « Je sais que les discussions que les Bourbons ont laissé établir ont déconsidéré et affaibli le pouvoir. Les idées libérales lui ont repris tout le terrain que je lui avais fait gagner; je ne chercherai point à le reprendre, il ne faut jamais lutter contre une nation : c'est le pot de terre contre le pot de fer. Les Français seront contents de moi. Je sens qu'il y a du plaisir et de la gloire à rendre un grand peuple libre et heureux. Je donnerai à la France des garanties : je ne lui avais point épargné la gloire, je ne lui épargnerai point la liberté. Je ne garderai de pouvoir que ce qu'il me faudra pour gouverner. Le pouvoir n'est jamais incompatible avec la liberté. » Enfin, Napoléon, dans ses proclamations et dans ses discours, s'engagea, solennellement, à donner une charte non octroyée, disait-il, mais inviolable, et qui serait l'œuvre du peuple et de lui.

Arrivé à Paris, une foule de projets de constitutions lui furent présentés; le conseil d'Etat, lui aussi, élabora le sien, et presque tous étaient marqués au coin du libéralisme le plus avancé. On avait été jusqu'à proposer le retour au Consulat.

Benjamin Constant, esprit éclairé, ami du progrès, mais qui réunissait en lui les défauts et les qualités de l'école girondine-doctrinaire, fut chargé par l'Empereur de recueillir les débris des diverses constitutions qui, successivement, avaient régi la France. Toutefois, Napoléon résista, avec opiniâtreté, à ce qu'il fût fait un pacte constitutionnel qui ne se rattachât point à son propre passé. Aussi voulut-il qu'on lui donnât le titre d'*Acte additionnel aux constitutions de l'Empire.* Et, en effet, les impérialistes eurent la principale influence sur sa rédaction. Du reste, il ne différait guère de la charte de Louis XVIII; toutefois, avec cette notable différence qu'il reconnaissait solennellement la souveraineté du peuple. Aussi l'acte fut-il soumis à son acceptation. En voici le texte :

ACTE ADDITIONNEL AUX CONSTITUTIONS DE L'EMPIRE.

« Paris, 24 avril 1815.

« NAPOLÉON, par la grâce de Dieu et les constitutions, empereur des Français, à tous présents et à venir, salut :

« Depuis que nous avons été appelé, il y a quinze années, par le vœu de la France, au gouvernement de l'Empire, nous avons cherché à perfectionner, à diverses époques, les formes con-

---

(1) La constitution, renfermée dans un coffre de bois précieux, sur lequel un modèle de charrue était posé, fut placée sur une crédence et en vue du public, derrière le fauteuil du président de la Convention.

stitutionnelles, suivant les besoins et les désirs de la nation, et en profitant des leçons de l'expérience.

« Les constitutions de l'Empire se sont ainsi formées d'une série d'actes qui ont été revêtus de l'acceptation du peuple ; nous avions alors pour but d'organiser un grand système fédératif européen, que nous avions adopté comme conforme à l'esprit du siècle et favorable aux progrès de la civilisation. Pour parvenir à le compléter et à lui donner toute l'étendue et toute la stabilité dont il était susceptible, nous avions ajourné l'établissement de plusieurs institutions intérieures plus spécialement destinées à protéger la liberté des citoyens. Notre but n'est plus désormais que d'accroître la prospérité de la France par l'affermissement de la liberté publique ; de là, résulte la nécessité de plusieurs modifications importantes dans les constitutions, sénatus-consultes et autres actes qui régissent cet Empire.

« A ces causes, voulant d'un côté conserver du passé ce qu'il y a de bon et de salutaire, et de l'autre rendre les constitutions de notre Empire conformes en tout aux vœux, aux besoins nationaux, ainsi qu'à l'état de paix que nous désirons maintenir avec l'Europe, nous avons résolu de proposer au peuple une suite de dispositions tendantes à modifier et perfectionner ces actes, à entourer les droits des citoyens de toutes leurs garanties, à donner au système représentatif toute son extension, à investir les corps intermédiaires de la considération et des pouvoirs désirables, en un mot, à combiner le plus haut point de liberté politique et de sûreté individuelle avec la force et la centralisation nécessaires pour faire respecter par l'étranger l'indépendance du peuple français et la dignité de notre couronne.

En conséquence, les articles suivants, formant un acte supplémentaire aux constitutions de l'Empire, seront soumis à l'acceptation libre et solennelle de tous les citoyens, dans toute l'étendue de la France (1).

TITRE I.

Dispositions générales.

« **Art.** 1er. Les constitutions de l'Empire, nommément l'acte constitutionnel du 22 frimaire an VIII, les sénatus-consultes des 14 et 16 thermidor an X, et celui du 28 floréal an XII, seront modifiées par les dispositions qui suivent. Toutes les autres dispositions sont maintenues et confirmées.

« 2. Le pouvoir législatif est exercé par l'Empereur et par deux chambres.

« 3. La première chambre, nommée chambre des pairs, est héréditaire.

« 4. L'Empereur en nomme les membres, qui sont irrévocables, eux et leurs descendants mâles, d'aîné en aîné, en ligne directe. Le nombre des

pairs est illimité. L'adoption ne transmet point la dignité de pair à celui qui en est l'objet. Les pairs prennent séance à vingt et un ans, mais n'ont voix délibérative qu'à vingt-cinq.

« 5. La chambre des pairs est présidée par l'archichancelier de l'Empire, ou, dans le cas prévu par l'article 5 du sénatus-consulte du 28 floréal an XII, par un des membre de cette chambre, désigné par l'Empereur.

« 6. Les membres de la famille impériale, dans l'ordre de l'hérédité, sont pairs de droit ; ils siègent après le président. Ils prennent séance à dix-huit ans, mais n'ont voix délibérative qu'à vingt et un.

« 7. La seconde chambre, nommée chambre des représentants, est élue par le peuple.

« 8. Les membres de cette chambre sont au nombre de six cent vingt-neuf ; ils doivent être âgés de vingt-cinq ans au moins.

« 9. Le président de la chambre des représentants est nommé par la chambre à l'ouverture de la première session. Il reste en fonctions jusqu'au renouvellement de la chambre. Sa nomination est soumise à l'approbation de l'Empereur.

« 10. La chambre des représentants vérifie les pouvoirs de ses membres et prononce sur la validité des élections contestées.

« 11. les membres de la chambre des représentants reçoivent pour frais de voyage et durant la session, l'indemnité décrétée par l'Assemblée constituante (1).

« 12. Ils sont indéfiniment rééligibles.

« 13. La chambre des représentants est renouvelée de droit, en entier, tous les cinq ans.

« 14. Aucun membre de l'une ou l'autre chambre ne peut être arrêté, sauf le cas de flagrant délit, ni poursuivi en matière criminelle ou correctionnelle, pendant les sessions, qu'en vertu d'une résolution de la chambre dont il fait partie.

« 15. Aucun ne peut être arrêté ni détenu pour dettes, à partir de la convocation, ni quarante jours après la session.

« 16. Les pairs sont jugés par leur chambre en matière criminelle ou correctionnelle, dans les formes qui seront réglées par la loi.

« 17. La qualité de pair et de représentant est compatible avec toutes les fonctions publiques, autres que celles de comptable.

« Tous les préfets et sous-préfets ne sont pas éligibles par le collége électoral du département ou de l'arrondissement qu'ils administrent.

« 18. L'Empereur envoie dans les chambres des ministres d'État et des conseillers d'État, qui siègent et prennent part aux discussions, mais qui n'ont voix délibérative que dans le cas où ils sont membres de la chambre, comme pairs ou élus du peuple.

« 19. Les ministres qui sont membres de la

---

(1) Ce préambule est, je crois, l'ouvrage de M. Benjamin Constant.   (Fleury de Chaboulon.)

(1) Cette indemnité était fixée à 15 francs par jour, ce qui, vu la dépréciation monétaire et les progrès de la civilisation, équivalait à peu près aux 25 francs que recevaient les membres des deux dernières assemblées.

chambre des pairs ou de celle des représentants, ou qui siégent par mission du gouvernement, donnent aux chambres les éclaircissements qui sont jugés nécessaires, quand leur publicité ne compromet pas l'intérêt de l'État.

« 20. Les séances des deux chambres sont publiques. Elles peuvent néanmoins se former en comité secret : la chambre des pairs, sur la demande de dix membres; celle des députés sur la demande de vingt-cinq. Le gouvernement peut également requérir des comités secrets pour des communications à faire; dans tous les cas, les délibérations et les votes ne peuvent avoir lieu qu'en séance publique.

« 21. L'Empereur peut proroger, ajourner et dissoudre la chambre des représentants. La proclamation qui prononce la dissolution convoque les colléges électoraux pour une élection nouvelle, et elle indique la réunion des représentants dans six mois au plus tard.

« 22. Durant l'intervalle des sessions de la chambre des représentants, ou en cas de dissolution de cette chambre, la chambre des pairs ne peut s'assembler.

« 23. Le gouvernement a la proposition de la loi ; les chambres peuvent proposer des amendements ; si ces amendements ne sont pas adoptés par le gouvernement, les chambres sont tenues de voter sur la loi, telle qu'elle a été proposée.

« 24. Les chambres ont la faculté d'inviter le gouvernement à proposer une loi sur un objet déterminé, et de rédiger ce qui leur paraît convenable d'insérer dans la loi. Cette demande peut être faite par chacune des deux chambres.

« 25. Lorsqu'une rédaction est adoptée dans l'une des deux chambres, elle est portée à l'autre ; et si elle est approuvée, elle est apportée à l'Empereur.

« 26. Aucun discours écrit, excepté les rapports des commissions, les rapports des ministres sur les lois qui sont présentées et les comptes qui sont rendus, ne peut être lu dans l'une ou l'autre des chambres.

TITRE II.

Des colléges électoraux et du mode d'élection.

« 27. Les colléges électoraux de département et d'arrondissement sont maintenus, conformément au sénatus-consulte du 16 thermidor an X, sauf les modifications qui suivent :

« 28. Les assemblées de canton rempliront chaque année, par des élections annuelles, toutes les vacances dans les colléges électoraux.

« 29. A dater de l'an 1816, un membre de la chambre des pairs, désigné par l'Empereur, sera président à vie et inamovible de chaque collége électoral de département.

« 30. A dater de la même époque, le collége électoral de chaque département nommera, parmi les membres de chaque collége d'arrondissement, le président et deux vice-présidents : à cet effet, l'assemblée du collége électoral de département précédera de quinze jours celle du collége d'arrondissement.

« 31. Les colléges de département et d'arrondissement nommeront le nombre de représentants établi pour chacun par l'acte et le tableau ci-annexé, n° 1 (1).

« 32. Les représentants peuvent être choisis indifféremment dans toute l'étendue de la France.

« Chaque collége de département ou d'arrondissement, qui choisira un représentant hors du département ou de l'arrondissement, nommera un suppléant, qui sera pris nécessairement dans le département ou l'arrondissement.

« 33. L'industrie et la propriété manufacturière et commerciale auront une représentation spéciale.

« L'élection des représentants commerciaux et manufacturiers sera faite par le collége électoral du département, sur une liste d'éligibles dressée par les chambres de commerce et les chambres consultatives réunies, suivant l'acte et le tableau ci-annexé, n° 2.

TITRE III.

De la loi de l'impôt.

« 34. L'impôt général direct, soit foncier, soit mobilier, n'est voté que pour un an; les impôts indirects peuvent être votés pour plusieurs années. Dans le cas de la dissolution de la chambre des représentants, les impositions votées dans la session précédente sont continuées jusqu'à la nouvelle réunion de la chambre.

« 35. Aucun impôt direct ou indirect, en argent ou en nature, ne peut être perçu; aucun emprunt ne peut avoir lieu, aucune inscription de créance au grand-livre de la dette publique ne peut être faite; aucun domaine ne peut être aliéné ni échangé; aucune levée d'hommes pour l'armée ne peut être ordonnée; aucune portion du territoire ne peut être échangée qu'en vertu d'une loi.

« 36. Toute proposition d'impôt, d'emprunt ou de levée d'hommes, ne peut être faite qu'à la chambre des représentants.

« 37. C'est aussi à la chambre des représentants qu'est porté d'abord : 1° le budget général de l'État, contenant l'aperçu des recettes et la proposition des fonds assignés pour l'année à chaque département du ministère; 2° le compte des recettes et dépenses de l'année ou des années précédentes.

TITRE IV.

Des ministres et de la responsabilité.

« 38. Tous les actes du gouvernement doivent être contresignés par un ministre ayant département.

(1) Ce tableau, celui dont il est question art. 33, n'étant d'aucune importance, n'ont point été joints ici. (*V.* Élections.)

« 39. Les ministres sont responsables des actes du gouvernement, signés par eux, ainsi que de l'exécution des lois.

« 40. Ils peuvent être accusés par la chambre des représentants, et sont jugés par celle des pairs.

« 41. Tout ministre, tout commandant d'armée de terre et de mer, peut être accusé par la chambre des représentants, et jugé par la chambre des pairs, pour avoir compromis la sûreté ou l'honneur de la nation.

« 42. La chambre des pairs, en ce cas, exerce, soit pour caractériser le délit, soit pour infliger la peine, un pouvoir discrétionnaire.

« 43. Avant de prononcer la mise en accusation d'un ministre, la chambre des représentants doit déclarer qu'il y a lieu à examiner la proposition d'accusation.

« 44. Cette déclaration ne peut se faire qu'après le rapport d'une commission de soixante membres tirés au sort. Cette commission ne fait son rapport que dix jours au plus tôt après sa nomination.

« 45. Quand la chambre a déclaré qu'il y a lieu à l'examen, elle peut appeler le ministre dans son sein pour lui demander des explications. Cet appel ne peut avoir lieu que dix jours après le rapport de la commission.

« 46. Dans tout autre cas, les ministres ayant département ne peuvent être appelés ni mandés par les chambres.

« 47. Lorsque la chambre des représentants a déclaré qu'il y a lieu à examen contre un ministre, il est formé une nouvelle commission de soixante membres, tirés au sort comme la première, et il est fait par cette commission un nouveau rapport sur la mise en accusation. Cette commission ne fait son rapport que dix jours après sa nomination.

« 48. La mise en accusation ne peut être prononcée que dix jours après la lecture et la distribution du rapport.

« 49. L'accusation étant prononcée, la chambre des représentants nomme cinq commissaires pris dans son sein, pour poursuivre l'accusation devant la chambre des pairs.

« 50. L'article 75 du titre VIII de l'acte constitutionnel du 22 frimaire an VIII, portant que les agents du gouvernement ne peuvent être poursuivis qu'en vertu d'une décision du conseil d'État sera modifié par une loi.

TITRE V.

Du pouvoir judiciaire.

« 51. L'Empereur nomme tous les juges. Ils sont inamovibles et à vie, dès l'instant de leur nomination, sauf la nomination des juges de paix et de commerce, qui aura lieu comme par le passé ;

« Les juges actuels, nommés par l'Empereur, aux termes du sénatus-consulte du 12 octobre 1807, et qu'il jugera convenable de conserver, rece-

vront des provisions à vie avant le 1er janvier prochain.

« 52. L'institution du jury est maintenue.

« 53. Les débats en matière criminelle sont publics.

« 54. Les délits militaires, seuls, sont du ressort des tribunaux militaires.

« 55. Tous les autres délits, même ceux commis par les militaires, sont de la compétence des tribunaux civils.

« 56. Tous les crimes et délits qui étaient attribués à la haute cour impériale, et dont le jugement n'est pas réservé par le présent acte à la chambre des pairs, seront portés devant les tribunaux ordinaires.

« 57. L'Empereur a le droit de faire grâce, même en matière correctionnelle, et d'accorder des amnisties.

« 58. Les interprétations des lois demandées par la cour de cassation seront données dans la forme d'une loi.

TITRE VI.

Droits des citoyens.

« 59. Les Français sont égaux devant la loi, soit pour les contributions aux impôts et charges publics, soit pour l'admission aux emplois civils et militaires.

« 60. Nul ne peut, sous aucun prétexte, être distrait des juges qui lui sont assignés par la loi.

« 61. Nul ne peut être poursuivi, arrêté, détenu ni exilé, que dans les cas prévus par la loi, et suivant les formes prescrites.

« 62. La liberté des cultes est garantie à tous.

« 63. Toutes les propriétés possédées ou acquises en vertu des lois, et toutes les créances sur l'État, sont inviolables.

« 64. Tout citoyen a le droit d'imprimer et de publier ses pensées, en les signant, sans aucune censure préalable, sauf la responsabilité légale, après la publication, par jugement par jurés, quand même il n'y aurait lieu qu'à l'application d'une peine correctionnelle.

« 65. Le droit de pétition est assuré à tous les citoyens. Toute pétition est individuelle. Ces pétitions peuvent être adressées, soit au gouvernement, soit aux deux chambres : néanmoins, ces dernières mêmes doivent porter l'intitulé : *A Sa Majesté l'Empereur*. Elles seront présentées aux chambres sous la garantie d'un membre qui recommande la pétition. Elles sont lues publiquement; et si la chambre les prend en considération, elles sont portées à l'Empereur par le président.

« 66. Aucune place, aucune partie du territoire ne peut être déclarée en état de siège, que dans le cas d'invasion de la part d'une force étrangère ou de troubles civils :

« Dans le premier cas, la déclaration est faite par un acte du gouvernement;

« Dans le second cas, elle ne peut l'être que par la loi. Toutefois, si le cas arrivant, les chambres ne sont pas assemblées, l'acte du gouvernemen déclarant l'état de siège, doit être converti en une proposition de loi dans les quinze premiers jours de la réunion des chambres.

« 67. Le peuple français déclare en outre que, dans la délégation qu'il a faite de ses pouvoirs, il n'a pas entendu et n'entend pas donner le droit de proposer le rétablissement des Bourbons ou d'aucun prince de cette famille sur le trône, même en cas d'extinction de la dynastie impériale, ni le droit de rétablir, soit l'ancienne noblesse féodale, soit les droits féodaux et seigneuriaux, soit les dîmes, soit aucun culte privilégié et dominant, ni la faculté de porter aucune atteinte à l'irrévocabilité de la vente des domaines nationaux ; il interdit formellement au gouvernement, aux chambres et aux citoyens, toute proposition à cet égard.

« Donné à Paris, le 22 avril 1815.

« *Signé* NAPOLÉON.

« Par l'Empereur,

« *Le ministre secrétaire d'État,*

« *Signé* LE DUC DE BASSANO. »

Tous les historiens de l'époque des Cent-Jours s'accordent à reconnaître que l'*Acte additionnel aux constitutions de l'Empire* ne répondit point à l'attente générale.

« On fut surpris, affligé, mécontent, dit Fleury de Chaboulon, quand on vit qu'il n'était qu'une modification des anciennes constitutions et des sénatus-consultes : le rétablissement de la chambre des pairs excita non moins vivement le mécontentement public. Enfin, les amis de la liberté et de l'égalité reprochèrent à Napoléon de leur avoir donné un acte informe, plus favorable que la charte et que toutes les constitutions précédentes, à la noblesse et à ses institutions.

Quoi qu'il en soit, l'*Acte additionnel* fut soumis à la sanction du peuple. Une assemblée de députations des collèges électoraux et de l'armée fut convoquée pour le 26 du mois de mai : mais cette cérémonie, à qui l'on donna le nom de *Champ-de-Mai*, n'eut lieu que le 1er juin. Elle était un souvenir des antiques réunions de la nation des Francs, sous les deux premières races : elle rappelait aussi les fédérations générales de la Révolution.

Voici le récit qu'en fait le *Moniteur :*

« Le trône de l'Empereur s'élevait en avant du bâtiment de l'École-Militaire et au centre d'une vaste enceinte demi-circulaire dont les deux tiers formaient, à droite et à gauche, de grands amphithéâtres où quinze mille personnes étaient assises. L'autre tiers, en face du trône, était ouvert. Un autel s'élevait au milieu ; au delà, et à environ cent toises, s'élevait un autre trône isolé qui dominait tout le Champ-de-Mars.

« L'Empereur, rendu au Champ-de-Mars avec le cortège, apparut sur son trône au bruit des acclamations universelles. La messe a été célébrée par monseigneur l'archevêque de Tours, qu'assistaient Son Éminence monseigneur le cardinal de Bayane, et quatre autres évêques.

« La messe étant dite, MM. les membres de la députation centrale des collèges électoraux de France se sont avancés au pied du trône, dont ils ont monté l'escalier pour voir de plus près l'Empereur et pour être mieux vus de lui ; ils étaient au nombre d'environ cinq cents ; ils ont été présentés à Sa Majesté par S. A. S. le prince archichancelier de l'Empire. Alors l'un des membres, M. Dubois (d'Angers), représentant de Maine-et-Loire, a prononcé d'une voix forte et animée l'adresse suivante au nom du Peuple français :

« Sire, le Peuple français vous avait décerné la couronne : vous l'avez déposée sans son aveu : ses suffrages viennent vous imposer le devoir de la reprendre.

« Un contrat nouveau s'est formé entre la Nation et Votre Majesté.

« Rassemblés de tous les points de l'Empire, autour des tables de la loi, où nous venons inscrire le vœu du Peuple, ce vœu, cette source légitime du pouvoir, il nous est impossible de ne pas faire retentir la voix de la France, dont nous sommes les organes immédiats ; de ne pas dire en présence de l'Europe, au chef auguste de la Nation, ce qu'elle attend de lui, ce qu'il doit attendre d'elle.

« Nos paroles seront graves comme les circonstances qui les inspirent.

« Que veut la ligue des rois avec cet appareil de guerre dont elle épouvante l'Europe et afflige l'humanité ? Par quel acte, par quelle violation, avons-nous provoqué leur vengeance, motivé leur agression ? Avons-nous, depuis la paix, essayé de leur donner des lois ? Nous voulons seulement faire et suivre celles qui s'adaptent à nos mœurs. Nous ne voulons point du chef que veulent pour nous nos ennemis, et nous voulons celui dont ils ne veulent pas. Ils osent vous proscrire personnellement, vous, Sire, qui, maître tant de fois de leurs capitales, les avez raffermis généreusement sur leurs trônes ébranlés. Cette haine de nos ennemis ajoute à notre amour pour vous. On proscrirait le moins connu de nos citoyens, que nous devrions le défendre avec la même énergie : il serait comme vous sous l'égide de la loi et de la puissance française. On nous menace d'une invasion ! Et cependant, resserrés dans des limites que la nature ne nous a point imposées, que longtemps, et avant votre règne, la victoire et la paix mêmes avaient reculées, nous n'avons point franchi cette étroite enceinte, par respect pour des traités que vous n'avez point signés et que vous avez offert de respecter. Ne demande-t-on que des garanties ? Elles sont toutes dans nos institutions et dans la volonté du Peuple français unie à la vôtre. Ne craint-on pas de nous rappeler des temps, un état de choses naguère si différents et qui pourraient encore se reproduire ? Ce ne serait pas la première fois que nous aurions vaincu l'Europe armée contre nous. Les droits sacrés, imprescriptibles, que la moindre peuplade n'a jamais réclamés en vain au tribunal de la justico et de l'histoire, c'est à la Nation française qu'on ose les disputer une seconde fois, au dix-neuvième siècle, à la face du monde civilisé! Parce que la France veut être la France, faut-il qu'elle soit dégradée, déchirée, démembrée, et nous réserve-t-on le sort de la Pologne? Vai-nement veut-on cacher de funestes desseins sous l'apparence du dessein unique de vous sépa-rer de nous pour nous donner à des maîtres avec qui nous n'avons plus rien de commun, que nous n'entendons plus, et qui ne peuvent pas nous en-tendre; qui ne semblent appartenir ni au siècle, ni à la Nation, qui ne les a reçus un moment dans son sein que pour voir proscrire et avilir par eux ses plus généreux citoyens. Leur présence a détruit toutes les illusions qui s'attachaient en-core à leur nom. Ils ne pourraient plus croire à nos serments; nous ne pourrions plus croire à leurs promesses. La dîme, la féodalité, les privi-léges, tout ce qui nous était odieux était trop évi-demment le but et le fond de leur pensée, quand l'un d'eux, pour consoler l'impatience du présent, assurait ses confidents *qu'il leur répondait de l'a-venir*. Ce que chacun de nous avait regardé pen-dant vingt-cinq ans comme titres de gloire, comme services dignes de récompenses, a été pour eux un titre de proscription, un sceau de réprobation. Un million de fonctionnaires, de magistrats, qui, depuis vingt-cinq ans, suivent les mêmes maxi-mes, et parmi lesquels nous venons de choisir nos représentants, cinq cent mille guerriers, notre force et notre gloire, six millions de propriétaires investis par la Révolution, un plus grand nombre encore de citoyens éclairés qui font une profes-sion réfléchie de ces idées, devenues parmi nous des dogmes politiques, tous ces dignes Français n'étaient pas les Français des Bourbons; ils ne voulaient régner que pour une poignée de privi-légiés, depuis vingt-cinq ans punis ou pardonnés. L'opinion même, cette propriété sacrée de l'homme, ils l'ont poursuivie, persécutée jusque dans le paisible sanctuaire des lettres et des arts.

« Sire, un trône, un moment relevé par les ar-mées étrangères et environné d'erreurs incura-bles, s'est écroulé en un instant devant vous, parce que vous nous rapportiez de la retraite, qui n'est féconde en grandes pensées que pour les grands hommes, tous les errements de notre vé-ritable gloire et toutes les espérances de notre vé-ritable prospérité. Comment votre marche triom-phale, de Cannes à Paris, n'a-t-elle pas dessillé tous les yeux? Dans l'histoire de tous les peuples et de tous les siècles, est-il une scène plus nationale, plus héroïque, plus imposante? Ce triomphe, qui n'a point coûté de sang, ne suffit-il pas pour dé-tromper nos ennemis? En veulent-ils de plus sanglants? Eh bien! Sire, attendez de nous tout ce qu'un héros fondateur est en droit d'at-tendre d'une Nation fidèle, énergique, généreuse, inébranlable dans ses principes, invariable dans le but de ses efforts, l'indépendance à l'extérieur et la liberté au dedans.

« Les trois branches de la législature vont se

mettre en action; un seul sentiment les animera: confiant dans les promesses de Votre Majesté, nous lui remettons, nous remettons à nos repré-sentants et à la chambre des pairs, le soin de revoir, de consolider, de perfectionner de concert, sans précipitation, sans secousse, avec maturité, avec sagesse, notre système constitutionnel et les institutions qui doivent en être la garantie. Et cependant, si nous sommes forcés de combat-tre, qu'un seul cri retentisse dans tous les cœurs: marchons à l'ennemi qui veut nous traiter comme la dernière des nations! Serrons-nous autour du trône où siége le père et le chef du Peuple et de l'armée.

« Sire, rien n'est impossible, rien ne sera épargné pour nous assurer l'honneur et l'indé-pendance, ces biens plus chers que la vie. Tout sera tenté, tout sera exécuté pour repousser un joug ignominieux. Nous le disons aux nations: puissent leurs chefs nous entendre! S'ils accep-tent vos offres de paix, le Peuple français atten-dra de votre administration forte, libérale, pater-nelle, des motifs de se consoler des sacrifices que lui a coûté la paix; mais si l'on ne nous laisse que le choix entre la guerre et la honte, la Nation tout entière se lève pour la guerre; elle est prête à vous dégager des offres trop modérées, peut-être, que vous avez faites pour épargner à l'Eu-rope un nouveau bouleversement. Tout Français est soldat: la victoire suivra vos aigles, et nos ennemis, qui comptaient sur nos divisions, re-gretteront bientôt de nous avoir provoqués. »

« L'énergie et la sensibilité de l'orateur se sont communiquées de proche en proche à tous les assistants, et l'enceinte entière du Champ-de-Mars a retenti des cris de: *Vive la Nation! vive l'Empereur!*

« En ce moment, S. A. S. le prince archichan-celier a proclamé le résultat des votes portant que l'acte additionnel aux constitutions de l'Em-pire est accepté à la presque unanimité des vo-tants.

« Le chef des hérauts d'armes, sur l'ordre de Sa Majesté, transmis par S. Exc. le grand-maître des cérémonies, a dit:

« Au nom de l'Empereur, je déclare que l'acte additionnel aux constitutions de l'Empire a été accepté par le Peuple français. »

« De nouvelles acclamations se font entendre de toutes parts.

« Le grand chambellan ayant fait apporter devant le trône une table sur laquelle était placé l'acte additionnel aux constitutions de l'Empire, S. A. S. le prince archichancelier a remis la plume à S. A. I. le prince Joseph, qui l'a présentée à l'Em-pereur, et Sa Majesté a revêtu de sa signature l'acte de promulgation de la constitution.

« La table ayant été retirée, l'Empereur, cou-vert, a parlé en ces termes:

«Messieurs les électeurs des colléges de département et d'arrondissement ; messieurs les députés de l'armée de terre et de mer au Champ-de-Mai,

« Empereur, consul, soldat, je tiens tout du Peuple. Dans la prospérité, dans l'adversité, sur le champ de bataille, au conseil, sur le trône, dans l'exil, la France a été l'objet unique et constant de mes pensées et de mes actions.

« Comme ce roi d'Athènes, je me suis sacrifié pour mon Peuple, dans l'espoir de voir se réaliser la promesse donnée de conserver à la France son intégrité naturelle, son honneur et ses droits.

« L'indignation de voir ses droits sacrés, acquis par vingt-cinq années de victoires, méconnus et perdus à jamais ; le cri de l'honneur français flétri ; les vœux de la Nation m'ont ramené sur ce trône qui m'est cher, parce qu'il est le *palladium* de l'indépendance, de l'honneur et des droits du Peuple.

« Français ! en traversant au milieu de l'allégresse publique les diverses provinces de l'Empire pour arriver dans ma capitale, j'ai dû compter sur une longue paix ; les nations sont liées par les traités conclus par leurs gouvernements, quels qu'ils soient.

« Ma pensée se portait alors tout entière sur les moyens de fonder notre liberté par une constitution conforme à la volonté et à l'intérêt du Peuple. J'ai convoqué le Champ-de-Mai.

« Je ne tardai pas à apprendre que les princes qui ont méconnu tous les principes, froissé l'opinion et les plus chers intérêts de tant de peuples, veulent nous faire la guerre. Ils méditent d'accroître le royaume des Pays-Bas, de lui donner pour barrières toutes nos places frontières du Nord, et de concilier les différends qui les divisent encore, en se partageant la Lorraine et l'Alsace.

« Il a fallu se préparer à la guerre.

« Cependant, devant courir personnellement les hasards des combats, ma première sollicitude a dû être de constituer sans retard la Nation. Le Peuple a accepté l'acte que je lui ai présenté.

« Français, lorsque nous aurons repoussé ces injustes agressions, et que l'Europe sera convaincue de ce qu'on doit aux droits et à l'indépendance de vingt-huit millions de Français, une loi solennelle, faite dans les formes voulues par l'acte constitutionnel, réunira les différentes dispositions de nos constitutions aujourd'hui éparses.

« Français, vous allez retourner dans vos départements. Dites aux citoyens que les circonstances sont grandes !!! qu'avec de l'union, de l'énergie et de la persévérance, nous sortirons victorieux de cette lutte d'un grand Peuple contre ses oppresseurs ; que les générations à venir scruteront sévèrement notre conduite ; qu'une nation a tout perdu quand elle a perdu l'indépendance. Dites-leur que les rois étrangers que j'ai élevés sur le trône, ou qui me doivent la conservation de leur couronne ; qui tous, au temps de ma prospérité, ont brigué mon alliance et la protection du Peuple français, dirigent aujourd'hui tous leurs coups contre ma personne. Si je ne voyais que c'est à la patrie qu'ils en veulent, je mettrais à leur merci cette existence contre laquelle ils se montrent si acharnés. Mais dites aussi aux citoyens que tant que les Français me conserveront les sentiments d'amour dont ils me donnent tant de preuves, cette rage de nos ennemis sera impuissante.

« Français, ma volonté est celle du Peuple ; mes droits sont les siens ; mon bonheur, ma gloire, mon honneur, ne peuvent être autres que l'honneur, la gloire et le bonheur de la France. »

« Il serait difficile de décrire l'émotion qui s'est manifestée sur tous les visages aux accents de Sa Majesté, et les cris prolongés qui ont suivi son discours.

« Alors monseigneur l'archevêque de Bourges, premier aumônier, faisant les fonctions de premier grand aumônier, s'est approché du trône, a présenté, à genoux, les saints Évangiles à l'Empereur, qui a prêté serment en ces termes :

« Je jure d'observer et de faire observer les constitutions de l'Empire. »

« Le prince archichancelier, s'avançant au pied du trône, a prononcé le premier le *serment d'obéissance aux constitutions et de fidélité à l'Empereur.* L'assemblée a répété d'une voix unanime : *Nous le jurons !*

« Pendant le discours et le serment, les membres de la députation centrale des colléges, au lieu de retourner à leurs places dans l'enceinte circulaire en face du trône, se sont assis, sur les marches mêmes du trône, auprès de l'Empereur, qui s'est vu environné d'eux comme un père de sa famille. Ils ne se sont retirés que pendant le *Te Deum,* qui a été chanté après le serment, et au moment où les présidents des colléges électoraux se sont avancés pour recevoir les aigles destinées aux gardes nationales de leurs départements respectifs ; l'aigle de la garde nationale du département de la Seine, celle du premier régiment de l'armée et celle du premier corps de la marine ont été tenues, ainsi que l'annonçait le programme de la cérémonie, par les ministres de l'intérieur, de la guerre et de la marine. L'Empereur, ayant quitté le manteau impérial, s'est levé de son trône, s'est avancé sur les premières marches ; les tambours ont battu un ban, et Sa Majesté a parlé en ces termes :

« Soldats de la garde nationale de l'Empire, soldats des troupes de terre et de mer, je vous confie l'aigle impériale aux couleurs nationales ; vous jurez de la défendre, au prix de votre sang, contre les ennemis de la patrie et de ce trône ! Vous jurez qu'elle sera toujours votre signe de ralliement : vous le jurez ! »

« Les cris prolongés : *Nous le jurons !* ont retenti dans l'enceinte, et c'est au milieu de ces acclamations et environné des aigles de tous les corps armés de la France, que l'Empereur est allé se placer avec tout son cortége sur le trône élevé au milieu du Champ-de-Mars, où, en qualité de colonel de la garde nationale de Paris et de la garde impériale, il a donné les aigles aux présidents du département et des six arrondissements, et aux chefs de sa garde. Le comte Chaptal, président des colléges électoraux de Paris, et le lieutenant général comte Durosnel tenaient l'aigle de la garde nationale, et le lieutenant général comte Friant, celle de la garde impériale. Toutes les troupes ont marché par bataillon et par escadron, et ont environné le trône ; les officiers placés en première ligne, l'Empereur a dit :

« Soldats de la garde nationale de Paris, soldats de la garde impériale, je vous confie l'aigle impériale aux couleurs nationales. Vous jurez de périr, s'il le faut, pour la défendre contre les ennemis de la patrie et du trône. (Toute cette armée, qui, groupée autour du trône, était à la portée de sa voix, a interrompu l'Empereur par les cris mille fois répétés : *Nous le jurons !*) Vous jurez de ne jamais reconnaître d'autre signe de ralliement. (De nouveaux cris unanimes ont fait entendre : *Nous le jurons !* Les tambours ont battu un ban et le silence s'est rétabli.) Vous, soldats de la garde nationale de Paris, vous jurez de ne jamais souffrir que l'étranger souille de nouveau la capitale de la grande nation. C'est à votre bravoure que je la confierai. (Les cris : *Nous le jurons !* ont été répétés mille fois.) Et vous, soldats de la garde impériale, vous jurez de vous surpasser vous-mêmes dans la campagne qui va s'ouvrir, et de mourir tous plutôt que de souffrir que les étrangers viennent dicter la loi à la patrie. »

« (Les acclamations, les cris : *Nous le jurons !* ont retenti de nouveau et se sont prolongés dans toute l'étendue du Champ-de-Mars.)

« Alors les troupes, qui formaient à peu près cinquante mille hommes, dont vingt-sept mille de gardes nationales, ont défilé devant Sa Majesté aux cris de : *Vive l'Empereur !* et aux acclamations d'un peuple immense qui couvrait le Champ-de-Mars jusqu'à la Seine. »

Tel est le récit du *Moniteur.* La cérémonie éclatante, et principalement militaire, déplut à la masse de la population, et l'on donna, le 4 juin suivant, une fête toute populaire pour contrebalancer ce mauvais effet.   **P. V.**

V. les mots Champ-de-Mars, Élections, Fédérations et Napoléon.

ACTES DES APOTRES (les), *journal.* Lorsque la société païenne fut arrivée au dernier degré de corruption et d'avilissement, une doctrine nouvelle apparut, Évangile d'émancipation jeté au milieu d'un monde composé d'oppresseurs et d'opprimés, de tyrans et d'esclaves. Cette bonne nouvelle venait élever les petits, abaisser les grands, diviniser la pauvreté et la souffrance, maudire la richesse et l'orgueil ; elle venait, en un mot, proclamer ce grand principe : Tous les hommes sont égaux devant Dieu. Or, les *Actes des Apôtres* sont la première histoire du nouveau culte à son berceau.

En 1789, lorsqu'éclata la Révolution, la tyrannie féodale avait fait la société française semblable presque en tout point à la société païenne. En lisant le titre du journal dont il s'agit en ce moment, on serait donc porté à croire que l'on y trouve, comme dans les Actes des premiers Apôtres, les premières luttes et les premiers triomphes des principes régénérateurs proclamés par les États-Généraux. L'erreur serait grande. Les *Actes des Apôtres*, au contraire, seraient plus exactement appelés le *Charivari royaliste de 1789*, si la grossièreté, le cynisme de la langue que l'on y parle ne mettaient un intervalle immense entre le journal qui porte aujourd'hui ce nom, et celui dont nous avons à retracer ici les principaux caractères.

Le titre de ce journal est aussi bizarre que sa composition et son mode de publication. A ces mots, les *Actes des Apôtres*, les rédacteurs ajoutaient : *Commencés le jour des morts, et finis le jour de la Purification.* Quelques feuilles portent ce sous-titre : *Ou l'art de désopiler la rate.* Les livraisons plus ou moins étendues ne paraissaient qu'à des époques indéterminées. Leur date même était un sarcasme contre la Révolution. Ainsi le premier numéro porte : *L'an de la liberté 0* ; sur d'autres on trouve : *L'an des assignats... L'an de l'égalité en misère...* etc., etc... La publication était divisée en chapitres : un certain nombre de chapitres formaient *une version*, qui commençait par une introduction ou prologue et se terminait par un épilogue.

Les rédacteurs ordinaires des *Actes des Apôtres* furent Champcenez, Mirabeau le jeune, Bergasse, Monnier, Lally-Tolendal, Suleau, Stanislas Clermont-Tonnerre, Montlausier et autres royalistes, qui ne reculaient devant aucun moyen pour anéantir la Révolution et ramener tous les abus du régime féodal. A leur tête, se trouvaient le vicomte de Rivarol et Peltier.

De Rivarol était un roué plein de ressources. C'est avec douleur que nous le voyons prostituer ses facultés aux intrigues politiques les plus basses et les plus viles. Agent actif de corruption, acheteur infatigable des consciences, il organisa, contre les principes de 1789, une armée d'écrivains vendus, de chanteurs de *ponts-neufs*, d'orateurs de sections, d'applaudisseurs à l'Assemblée

nationale et aux clubs, de buveurs dans les cabarets, et d'ouvriers dans les ateliers. Ces nobles soldats des intérêts de la noblesse et du clergé coûtaient, chaque mois, à la France, près de 200,000 livres, d'après les comptes officiels, et le vicomte de Rivarol, général en chef de cette armée, touchait pour sa solde 25,000 livres par an.

Jean-Gabriel Peltier, né à Nantes, de parents livrés au haut commerce, achevait ses études à Paris, à l'époque de la Révolution. Il en avait adopté d'abord les principes par ambition ; mais bientôt il crut voir son intérêt dans un autre camp et soutint l'ancien régime.

Il avait de l'audace, un esprit mordant, un cynisme de pensées et de langage qui dépassa souvent celui du Père Duchesne. Il aimait la lutte avec passion ; et on pourrait presque dire qu'il n'entreprit la défense du trône et de l'autel que parce que personne ne croyait plus ni au trône ni à l'autel, et que, de ce côté seulement, il trouvait le plus d'ennemis à combattre. Lorsque les hommes de son parti eurent, grâce aux baïonnettes étrangères et à la trahison, reconquis la France et rétabli le trône des Bourbons, poussé par sa nature hargneuse et son désappointement, il lutta contre son propre parti et le traita avec aussi peu de ménagement qu'il avait fait de la Révolution.

Dès le mois d'août 1789, Peltier débuta dans la carrière politique par un écrit adressé à l'Assemblée nationale et intitulé : *Sauvez-nous ou sauvez-vous.* Ce titre piquant et la forme caustique qu'il sut donner à ce pamphlet caractérisent le genre d'esprit de cet écrivain.

Après les journées des 5 et 6 octobre, il publia une seconde brochure : *Domine, salvum fac regem.* Il accumula dans cette œuvre toutes les accusations que la cour, à tort ou à raison, faisait répandre sur Mirabeau et le duc d'Orléans. Plus tard, il émigra, se montra fort hostile à Napoléon, devint le chargé d'affaires près du gouvernement britannique de l'empereur d'Haïti, qu'il opposait gaiement à Bonaparte, et mourut dans un grenier à Paris, le 31 mars 1825, après avoir postulé sans succès auprès des ministres de Louis XVIII. A ce sujet, on cite de lui cette épigramme :

> Toby, chef des pourceaux savants ;
> Munito, toi qui comptes aussi bien que Barème ;
> Gentil Coco, qu'on admire et qu'on aime,
> Doux et sensibles éléphants,
> Des rives de l'Indus colossaux ornements.
> Au roi des animaux cédez le diadème ;
> Allez à Paris, mes enfants,
> Allez voir un dindon qui se plume lui-même.

Le 2 novembre 1789, le jour des Morts, parut le *Journal des Actes des Apôtres*, pour disparaître en octobre 1791. Il eût dû adopter pour enseigne : *Le loup devenu berger.* Du reste, point d'intention sérieuse en le fondant, si ce n'est celle de chercher à jeter du ridicule sur les fastes de la Révolution. « Le ridicule, le ridicule, répètent souvent les rédacteurs, est la seule arme qu'il faut employer dans le genre de combat qui nous est offert. » — « Cette feuille est le chef-d'œuvre du génie de la malignité, dit Toulongeon, et elle aurait réussi contre l'Assemblée, si le stylet du ridicule n'eût été une arme trop courte pour l'atteindre. »

Il est facile de comprendre, d'après cette manière de combattre la Révolution, que les *Actes des Apôtres* sont à peu près dénués d'intérêt historique. Des satires, des épigrammes, des chansons, des parodies, quelques caricatures sur les hommes, sur les Assemblées nationales, sur quelques-unes des institutions nouvelles, telles sont les compositions que nous offre la collection, assez volumineuse d'ailleurs, de cette feuille contre-révolutionnaire.

Toutefois, nous devons mentionner quelques articles plus sérieux que les autres, au moins dans la forme, et servant d'introduction aux *versions*. On entendait mêler l'utile à l'agréable, le sévère au léger, et ne pas abandonner à la parade toutes les colonnes du journal. C'étaient des études historiques, très-partiales, sur les révolutions de France ou d'autres pays, et qui, par leurs accidents divers ou par leurs résultats, pouvaient s'appliquer à la situation politique du moment. Les rédacteurs affichaient, pour but, dans ces narrations, de donner au peuple français des enseignements utiles.

Nous citerons ici, comme l'un des plus remarquables, l'épilogue de la première *version*. C'est un morceau éloquent sur la liberté de la presse. L'article est bon, moins l'intention, car les royalistes d'alors demandaient la liberté de la presse, pour la détruire, dans le cas où elle les aurait conduits à leur fin. Voici plusieurs des passages de cet épilogue :

« Un gouvernement vraiment libre est celui dans lequel le pouvoir législatif est organisé de manière que ceux qui l'exercent soient intéressés à ne faire que de bonnes lois. Dans un tel gouvernement, la liberté de la presse doit être illimitée. Elle ne peut avoir aucun inconvénient. Tout citoyen, dans un tel gouvernement, doit conserver le droit d'examiner tous les actes du Corps législatif et du pouvoir exécutif, sans quoi la liberté de la presse n'est qu'un vain nom ; et il ne faut pas se lasser de le répéter, la liberté de la presse est le boulevard d'une constitution libre.

« ..... La liberté de la presse est le droit qu'a tout citoyen de manifester ses opinions par la voie de l'impression : cette liberté doit être illimitée ; elle ne peut être assujettie à aucune restriction. »

La grande considération que font surtout valoir ici les rédacteurs des *Actes des Apôtres*, c'est que les mandataires de la nation ne cessent jamais de dépendre de la nation, et que celle-ci se réserve toujours le droit d'examiner les lois qu'elle attend d'eux.

« L'honorable poste dont nous les avons revêtus, disaient-ils, nous a donné *la propriété de leurs personnes* pendant le temps *qu'ils l'occuperont*. Leur existence, leur sommeil est à nous... etc. »

Ne dirait-on pas des apôtres... de la liberté ? Dans quelques-uns de ces articles, la critique décèle, non la conviction, mais le dépit de la colère. C'est l'impression qu'on éprouve en lisant l'introduction de la cinquième *version*, destinée à combattre notre première constitution. En voici la conclusion :

« Si je lis au bas des traits de l'immortel Benjamin :

« *Eripuit cœlo fulmen, sceptrumque tyrannis,*

je vois, en descendant plus bas, ce sceptre, enlevé, il est vrai au despotisme, tombé dans les mains de douze cents nouveaux Titans, et j'appelle, pour les punir, la foudre que Franklin arrachait des mains de Jupiter... »

Appel honnête et modéré de gens qui, ne pouvant combattre avec de bonnes raisons l'œuvre de la Constituante, demandaient au ciel la destruction de cette Assemblée !

A part ces rares compositions, on ne trouve, comme nous l'avons dit, dans les *Actes des Apôtres*, que des facéties et de grossières personnalités. Citons des exemples.

Bailly, à qui ses contemporains donnèrent le surnom de *Vertueux*, se montra très-dévoué à Louis XVI et à sa famille. Il avait donc droit à l'estime des royalistes ; mais on ne lui pardonnait pas le serment du Jeu de Paume. Lorsqu'il fut élu maire de Paris, les *Apôtres* publièrent contre lui cette épigramme :

Pourquoi ce grand flandrin, ce hideux simulacre,
Sylvain, à la mairie est-il donc appelé ?
Pourquoi ? Quand sur la place on va prendre un fiacre,
On s'adresse au premier qui se trouve attelé.

Voici maintenant le portrait de Mirabeau :

Sur ton exécrable visage
La nature grava ton cœur ;
Dans tes yeux, sur ton front sauvage,
Chaque muscle en peint la noirceur.
Enfin cette mère si sage,
Par qui tout être est animé,
Surprise de l'avoir formé,
Eut horreur de son propre ouvrage.

Plus tard, Mirabeau était mourant, et bien qu'il eût vendu ses convictions pour 50,000 livres par mois et cherché à relever le pouvoir qu'il avait contribué si puissamment à renverser, les rédacteurs des *Actes des Apôtres* écrivirent :

Pleurons, pleurons, ô Fauchet !
C'en est fait,

> Notre grand homme succombe,
> Et peut-être avant un an,
> En plein champ,
> On pissera sur sa tombe.

Lorsqu'il fut mort, les *Apôtres* s'empressèrent de lui composer des épigraphes. Voici la plus courte :

> Ci-gît de Mirabeau la dépouille funeste ;
> N'agitez point sa cendre, elle exhale la peste.

Lafayette lui-même ne trouva pas grâce auprès de ces honnêtes gens de l'époque. Le journal de Peltier le désignait sans cesse sous les titres d'Aga des janissaires, de général de hasard. Voici le sort qu'il lui prédisait, lorsque la France aurait été envahie par les hordes étrangères :

> Quand l'Espagnol, le Savoyard
> Feront, d'un ton vif et gaillard,
> Ronfler bombes, canons, pétard,
> En vain prendras ton papelard ;
> Pour le coup il sera trop tard,
> Et tu finiras par la hart.

Parmi les hommes de la Révolution, que les *Apôtres* ont poursuivi de leur fureur, nous avons choisi les plus modérés, ceux que des royalistes auraient dû traiter avec quelque ménagement, pour les sacrifices qu'ils avaient faits à la cause royale. Nous n'avons point parlé de Barnave, *le boucher* ou *le féroce ; du duc d'Orléans, le monstre odieux ;* de Talleyrand, *l'escroc ;* de Camus, *traître pire que les harpies ;* de Robespierre, *la chandelle d'Arras ;* de *l'Anon des moulins* (Camille Desmoulins. Le style était à la hauteur de la colère.

Plus que tous autres journalistes, les *Apôtres* ont abusé des jeux de mots.

Dans une parodie de la grande scène de la *Mort de César,* Mirabeau-César s'adresse ainsi à Populus-Antoine :

> ..... Tu vois qu'à mon gré je les joue et les blouse ;
> Tous ces tiers plumitifs, procureurs couronnés,
> Que je puis, en flattant, conduire par le nez,
> Nous assurent des chefs du grand aréopage ;
> Je veux leur faire à tous un très-digne partage.
> Connaissant leurs désirs, je donne aux plus ardents
> Quelques Etats, et l'or de Londres à d'Orléans.
> Je délègue à Lasnon l'empire des prairies ;
> Barnave aura de droit celui des boucheries.
> Muguet aura les fleurs ; au nazillant Buzot
> Tous les veilleurs du coin paieront un impôt.
> Le trop heureux Bailly palpera les épices ;
> Les lapins de Clapier combleront les délices.
> Collinet des moutons réglera les destins ;
> Bouillotte aura les jeux, et Grégoire les vins ;
> Martinet régnera sur la gente enfantine ;
> Fricot présidera toujours à ma cuisine.
> Le riche Nourissart et le précieux Roulhac
> Régneront au pays de l'heureux Pourceaugnac.
> Bazoche aura le pas sur les clercs de notaires ;
> Lanusse aura sous lui tous les apothicaires.
> Dutrou doit présider aux plus aimables jeux,
> Et Nicodème aura le royaume des cieux.
> Brocheton sur les eaux étendra son empire ;
> Nos curés pourront tous bien boire et mal écrire ;

> Et l'enchanteur Merlin, par des charmes nouveaux,
> Fascinera les yeux sur nos doctes travaux.
> Tous les deux, étonnés du nœud qui les rassemble,
> Les rois Bracq et Perdrix doivent régner ensemble.
> Sous lui, le roi Target aura tous les ballons ;
> Lameth doit aux couvents guider nos escadrons.
> Ce que Bouche et Lanusse auront de disponible
> A Cochon purement doit être réversible.
> Au vertueux Bandit je donne les forêts ;
> Et quand, suivant le cours de mes vastes projets,
> J'irai dicter des lois dans une autre contrée,
> Il représentera ma personne sacrée.
> Chassebœuf de Poissy sera le commandant ;
> Chapelier des castors sera le président.
> Lapoule aura les grains, Colombier la volée ;
> La Beste aura l'esprit de toute l'Assemblée (1).

Tels sont les morceaux, riches d'esprit, de délicatesse, d'élégance, que les *Apôtres*, gens comme il faut, servaient au public.

L'Assemblée constituante en masse ne fut pas épargnée par la verve satirique des collaborateurs de Rivarol et de Peltier. Lorsqu'elle vint siéger au Manège, les *Apôtres* publièrent cette épigramme :

> Qu'il est changé, sandis ! ce manége ordurier,
> Où, sous mon ami Villemotte,
> Je caracolais, l'an dernier !
> — Bon ! reprend un homme à calotte,
> Il est toujours plein de fumier.

Voici un vœu on ne peut plus charitable, qu'ils ont formé contre elle :

> Pour récompenser le mérit
> De nos divins législateurs,
> Dans ces beaux jours tout nous excite,
> Français, à les combler d'honneurs.
> Que celui donc qui nous gouverne
> Les décore de grands colliers,
> Et qu'il les fasse chevaliers,
> Mais chevaliers de la lanterne.

Et pour qu'on ne se trompe pas sur la nature de ce vœu, pour rendre leur pensée plus claire en la complétant, on lit en note ces mots : « Cet ordre ne serait pas dispendieux ; il consisterait en une corde de la grosseur du petit doigt, qu'on passerait au cou de ces messieurs, et au bout de laquelle pendrait une petite lanterne en verre de couleur. »

Lorsque les *Apôtres,* lassés par ces accès de fureur, éprouvaient le besoin de prendre quelque repos, ils se contentaient des épigrammes telles que celles-ci :

RÉPONSE LACONIQUE D'UN ANGLAIS.

> Que dites-vous de ces douze cents rois
> Qui règlent aujourd'hui les destins de la France ?
> Combien la monarchie à leurs nouvelles lois
> Devra d'éclat et de prépondérance !
> Expliquez-vous, parlez avec toute assurance,

(1) Tous les noms cités dans cette pièce appartenaient à des membres de la Constituante.

Que dites-vous, monsieur, d'eux et de leurs décrets?
— Tant de rois sont, monsieur, de fort mauvais sujets.

Voici l'épitaphe de l'Assemblée constituante :

Pauvres à son convoi, monarque aucun jamais
Autant n'eut et n'aura que l'auguste Assemblée,
   N'eût-elle que ceux qu'elle a faits
Dans un an, dans un mois! non, dans une journée!

Brissot appelait cette gaieté des *Apôtres* « le
rire convulsif qui caractérise les esclaves. »

Passons maintenant à la garde nationale. Tout
le monde connaît les services que la garde nationale rendit à la famille royale; eh bien! dans une
épître à *Nos Seigneurs*, épître qui avait la prétention d'indiquer aux représentants ce qu'ils
avaient à faire *pour réparer le mal arrivé depuis
la Révolution*, on lit ces vers :

Dès qu'aux faubourgs, Honoré Mirabeau
Fait retentir sa trompette guerrière,
Nos citoyens, brûlant d'un feu nouveau,
Pendent aux flancs leur vaillante rapière,
Et sur l'oreille ils mettent leur chapeau.
Oh! quel plaisir d'endosser l'uniforme
Et de paraître affronter les hasards !
Riche harnais, pourpoint qui les transforme,
Et de faquins fait autant de Césars !
Pour batailler chacun se croit idoine;
Sous le mousquet chacun se croit altier :
Mais ce n'est point l'habit qui fait le moine,
Ni le plumet qui fait le cavalier.
Et l'on m'a dit que ces braves soldats,
Grands pourfendeurs et fervents patriotes,
Lorsqu'il s'agit de voler aux combats,
Ne manquent point de salir leurs culottes :
Le piteux cas! et la vilaine affaire!
Certain raillard les appelle culs-blancs;
Du bon côté c'est qu'il les considère;
Car à l'envers ils sont bien différents.

Ces derniers traits et quelques autres du même
genre montrent que les *Apôtres* n'avaient pas
plus de pudeur que de goût. Nous n'approuvons
pas cependant, pour notre compte, les patriotes
du Palais-Royal d'avoir, le 23 mai 1790, brûlé
une édition des *Actes des Apôtres*. A un auto-
da-fé, nous préférons le mépris et l'oubli.

Pr. É.

ACTEURS, ACTRICES. *V.* COMÉDIENS.

ADÉLAIDE (EUGÈNE-LOUISE-ADÉLAÏDE
D'ORLÉANS), *Mademoiselle*, fille de Louis-Phi-
lippe-Joseph, alors duc de Chartres, plus tard duc
d'Orléans, dit *Égalité*, et de Louise-Marie-Adé-
laïde de Bourbon-Penthièvre. Le 23 août de l'année 1777, deux filles jumelles venaient au monde.
Elles semblaient viables à peine. L'aînée, mademoiselle d'Orléans, mourut le 1er février 1782, à
la suite d'une rougeole. Sa sœur, mademoiselle
de Chartres, reçut alors le nom de mademoiselle
d'Orléans.

I

Vers l'époque où naquit mademoiselle d'Orléans, au sein de ce dix-huitième siècle, si fécond
en penseurs, en savants et en beaux-esprits, une
femme qui eut beaucoup d'amis et beaucoup d'ennemis, de nombreux admirateurs et de nombreux
détracteurs, se faisait remarquer dans le monde
par son esprit, ses grâces, ses talents, non moins
que par ses intrigues et ses excentricités. C'était
madame de Sillery, depuis comtesse de Genlis.
Ce fut à cette dame que le duc de Chartres confia
non-seulement l'éducation de Mademoiselle, mais
encore celle des princes, ses fils ; de sorte que
madame de Sillery se trouva tout à la fois investie du rôle de *gouvernante* et de *gouverneur*.

Afin d'écarter de ses élèves cet entourage qui,
de bonne heure, pervertit l'esprit des princes, ou
peut-être aussi pour mieux captiver leur exclusive
attention, madame de Sillery quitta le Palais-
Royal pour aller habiter un pavillon de l'hôtel que
le duc d'Orléans avait fait construire rue Belle-
Chasse. Ce fut là que Mademoiselle reçut de madame de Genlis cette instruction littéraire, philosophique et artistique qui lui assura pour toujours,
dans le monde, une supériorité que la modestie,
art ou vertu chez les grands et chez les gens
d'esprit, lui faisait aisément pardonner. Toutefois,
madame de Genlis a soin de faire observer, dans
ses *Mémoires*, que l'instruction religieuse de Mademoiselle était à la hauteur de ses autres connaissances. Il est vrai que ces *Mémoires* ont été
publiés sous la Restauration, époque où la dévotion était à la mode.

Mademoiselle d'Orléans visita, avec sa gouvernante, les principaux établissements scientifiques,
religieux et industriels qui existaient alors en
France. En vertu d'un privilége dont les princes
et princesses du sang royal étaient en possession,
Mademoiselle vit s'ouvrir devant elle les portes
d'un couvent de trapistes, dont l'entrée était interdite aux femmes. La spirituelle gouvernante
raconte qu'elle ne fut pas médiocrement surprise
d'entendre, à leur sortie du couvent, le religieux
qui leur avait servi de conducteur, demander à
prendre le *seing* de Mademoiselle. On s'expliqua :
Le mot seing était ici le synonyme de signature.
Il s'agissait du nom de la princesse à inscrire sur
le livre des visiteurs. Or, notre trapiste qui, sans
doute, ne visait pas au calembour, dut, non
moins que ses interlocutrices, rougir de sa mé-
prise.

Il fut question de marier Mademoiselle au duc
d'Angoulême, fils du comte d'Artois. Il manquait
au jeune prince cinq mois encore pour qu'il eût
atteint l'âge auquel le mariage pouvait avoir lieu.
Bientôt, la rapidité et la gravité des événements
firent oublier ce projet ou en rendirent l'exécution impossible. S'il se fût réalisé, qui peut dire
quelle influence cette union eût exercée sur les
destinées de la branche aînée des Bourbons !

Vers ce temps-là aussi, mademoiselle d'Orléans
ressentit un des grands chagrins de sa vie, qui
devait être éprouvée par tant de vicissitudes. La
duchesse d'Orléans se plaignait de ce que madame
de Sillery écartait ses élèves de leur mère, dans
le but de capter toute leur confiance; elle ajoutait
que les principes qu'ils recevaient étaient d'ailleurs en désaccord avec les siens. Peut-être aussi

la duchesse avait-elle, comme épouse, des griefs que sa fierté la contraignait de dissimuler. Bref, madame de Sillery dut s'éloigner.

La Chronique de Paris, année 1791, s'exprime ainsi à ce sujet : « Ce que nous avons entendu dire partout des motifs de cette retraite fait beaucoup d'honneur à madame de Sillery ; mais les bons patriotes voient, avec peine, interrompue une éducation si intéressante, et pour les élèves, et pour l'institutrice. »

L'éloignement de madame de Sillery ne devait pas être de longue durée. Mademoiselle d'Orléans, accoutumée aux soins et à la présence de sa gouvernante, tomba malade. Le duc d'Orléans, alarmé, écrivit à madame de Sillery pour la conjurer de revenir en toute hâte auprès de son enfant. « Madame de Sillery, n'écoutant que son cœur, écrit son mari, se rendit aux désirs du prince. »

Ce retour produisit sur la jeune malade un effet salutaire. Cependant, les médecins prescrivirent les eaux de Bath. Mademoiselle partit donc pour l'Angleterre, accompagnée de sa chère gouvernante et de Pétion.

On était en 1791 ! Quelques mois s'écoulèrent ; le duc d'Orléans écrivait à madame de Genlis de revenir en France : mais l'horizon politique s'assombrissait à un tel point, qu'elle ne crut pas devoir obtempérer aux instances du prince. Ce dernier envoya à Londres Maret, depuis duc de Bassano, avec ordre de lui ramener la princesse. Nouvelle résistance de la part de la gouvernante. Enfin, elle se décide à obéir ; mais ne voulant pas remettre à des mains étrangères le dépôt qui lui était confié, elle résiste aux injonctions personnelles de Maret, et rentre en France au mois de novembre 1792.

C'était trop tard ! Mademoiselle d'Orléans, qui venait d'atteindre sa quinzième année, était inscrite sur la liste des émigrés ; elle n'eut d'autre parti à prendre que celui de se réfugier, toujours accompagnée par madame de Sillery, en Belgique, auprès de son frère aîné, le duc de Chartres, qui commandait alors une des divisions de l'armée française. Après la bataille de Nerwinde, en mars 1793, les Français durent évacuer la Belgique, et le duc de Chartres ramena sa sœur et madame de Genlis de Tournai à Saint-Amand. Pendant leur séjour en Belgique, ces deux dames eurent aussi pour compagne la jeune Paméla, fille adoptive de madame de Sillery, et dont l'existence romanesque n'est pas un des épisodes les moins énigmatiques de la vie de l'auteur des *Chevaliers du Cygne*. Or, comme la présence de mademoiselle d'Orléans et de ses compagnes, au camp de Dumouriez, coïncidait avec la présence à l'armée du duc de Chartres à l'époque même où le général méditait quelque chose de semblable aux projets qui, plus tard, se renouèrent au Palais-Royal et à l'hôtel Laffitte, n'est-on pas en droit de se demander si le séjour de ces dames au milieu de l'armée, ne se rattachait pas au succès même de cette conspiration ?

« M'étant rendu auprès du général, dont j'étais connu assez particulièrement, dit le citoyen Proly, dans *le procès-verbal des conférences des trois commissaires de la Convention envoyés près de Dumouriez*, je le trouvai dans une maison occupée par madame de Sillery, mesdemoiselles *Egalité* et *Paméla*. Le général était accompagné des généraux *Valence*, *Egalité* et d'une partie de son état-major ; il était, de plus, entouré par beaucoup de monde, et notamment d'une députation des districts de Valenciennes et de Cambrai. »

Dumouriez glisse rapidement, dans ses Mémoires, sur la présence de ces dames à l'armée et sur ses rapports avec elles. Madame de Genlis, comme si elle prévoyait cette accusation, se défend de toute coopération à l'audacieuse et criminelle intrigue qui s'ourdissait alors. Quoi qu'il en soit, on ne peut nier que la vue de mademoiselle d'Orléans, si intéressante par son âge, par sa position et par la distinction de sa personne ; que la présence d'une femme aussi spirituelle, aussi rompue à l'intrigue que madame de Genlis, ayant à ses côtés la poétique et séduisante Paméla, ne fussent de nature à enflammer, à passionner les jeunes officiers que Dumouriez se proposait d'entraîner avec lui, et ne servissent, par conséquent, les conceptions aventureuses du Monck orléaniste.

On sait le dénouement de la conspiration. Frappé d'un décret d'accusation au moment où son père et ses frères étaient arrêtés et transférés comme prisonniers d'Etat au fort Lagarde, à Marseille, le duc de Chartres n'eut qu'à se dérober, par une fuite rapide, au péril qui planait sur sa tête. En même temps qu'il prenait le chemin de la Suisse, où l'on se donnait rendez-vous, mademoiselle d'Orléans et madame de Genlis atteignaient, à travers une foule d'obstacles et de dangers, les avant-postes autrichiens.

Etrange destinée des familles princières, qui, depuis un demi-siècle, en France et dans deux branches différentes, passent successivement du trône à l'exil et de l'exil au trône, pour retomber encore du trône à l'exil, et toujours avec l'espoir de reprendre un jour le chemin du trône !

Afin d'échapper plus facilement aux soupçons, à l'espèce d'inquisition dont elle pouvait être l'objet, Mademoiselle se faisait passer pour la nièce de madame de Genlis, qui voyageait sous le nom supposé de *Lennox*, dame irlandaise. A Mons, Mademoiselle tomba malade de la rougeole dans une auberge. Reconnue et dénoncée aux Autrichiens par le prince de Lambesc, elle fut traitée avec égards par le baron Mack, qui lui facilita les moyens de gagner la Suisse. Nos fugitives, qui avaient à éviter tout à la fois la rencontre des troupes françaises et des soldats autrichiens, arrivèrent à Schaffouse, après sept jours de marches, de fatigues et de périls inouïs. Mademoiselle y retrouva son frère, le duc de Chartres. Mais les inimitiés qui la poursuivaient dans le camp autrichien ne se lassèrent pas de la suivre ailleurs. C'est ainsi qu'à Zug, un émigré qui l'avait reconnue, passant auprès d'elle d'un air des plus impertinents, sur une promenade publique, accrocha à dessein avec ses éperons, la robe de Mademoiselle et la déchira. Quelques jours ensuite, elle faillit être victime d'une tentative d'assassinat qu'un écrivain orléaniste attribue à des *chevaliers errants de la fidélité*. Deux pierres énormes furent lancées, à travers les fenêtres d'une auberge, dans une petite chambre où Mademoiselle se tenait habituellement. Une de ces pierres atteignit le chapeau de paille déposé par la princesse sur le dossier d'une chaise qu'elle venait de quitter. Le duc de Chartres, armé d'un bâton ferré, qui, dans ses mains, était une arme redoutable, se mit vaine-

ment à la poursuite des misérables que leur haine pour le nom d'Orléans entraînait, envers une jeune fille, à une lâcheté aussi méprisable.

L'accusation d'orléanisme était presque aussi terrible à l'étranger qu'en France. Reconnaissant l'impossibilité d'habiter plus longtemps la Suisse, dont l'hospitalité et la neutralité alors, comme plus tard, pour d'autres proscrits, étaient une chimère, le duc de Chartres parvint, avant de s'éloigner, à faire entrer sa sœur et madame de Genlis au couvent de Sainte-Claire, à Bremgarten, canton de Zurich. Il fut aidé, dans cette négociation, par M. de Montesquiou, qui vivait alors retiré dans cette contrée.

Alliée à des familles princières, à des têtes couronnées, Mademoiselle, au milieu de ses malheurs, crut pouvoir solliciter leur appui. Elle écrivit donc d'abord au duc de Modène, son oncle, auprès duquel elle espérait se réfugier. Des considérations politiques déterminèrent le duc de Modène à répondre négativement. Il se contenta d'envoyer à sa nièce une somme de 180 louis.

Plus tard, sans ressources et sans nouvelles de sa famille, — madame de Genlis lui avait caché la mort tragique du duc d'Orléans, son père, et, sous prétexte qu'ils ne renfermaient que des impiétés et d'abominables récits, écartait d'elle tous les papiers publics, — Mademoiselle écrivit à madame la princesse de Conti, sa tante, qui habitait Fribourg. Après lui avoir fait, dans une lettre touchante, le tableau de ses infortunes, Mademoiselle priait également sa tante de la recevoir auprès d'elle. Quelques jours après, la princesse de Conti envoyait à Bremgarten madame de Pont-Saint-Maurice, pour y chercher sa nièce. Mademoiselle se sépara donc, pour la deuxième fois, de madame de Genlis. Cette nouvelle séparation, dans les circonstances où elle s'accomplissait, était plus poignante encore que la première.

Il ne fut pas donné à Mademoiselle, après avoir quitté le couvent de Sainte-Claire, de rejoindre immédiatement la princesse de Conti. Elle dut rester pendant trois mois cachée, dans un village, aux environs de Fribourg, puis entrer dans un couvent de cette ville, où elle vécut deux années dans une retraite absolue. De la Suisse, Mademoiselle se rendit, avec sa tante, en Bavière, puis en Hongrie. Enfin, après huit ans d'épreuves, de souffrances, de périls de toute nature, Mademoiselle rejoignit, avec sa tante, madame la duchesse d'Orléans, sa mère, qui habitait, à cette époque, Figuières, en Catalogne. Au mois de juin 1808, cette ville fut bombardée par les Français, et Mademoiselle se réfugia, avec sa mère, dans le couvent de Villa-Sacra. Elle en sortit bientôt pour s'embarquer à Toruella de Nongry, afin d'aller rejoindre, conformément aux ordres de sa mère, le duc d'Orléans, qu'elle espérait trouver à Malte. Après avoir touché à Gibraltar, Mademoiselle arrivait à Malte au moment où son frère, le comte de Beaujolais, venait d'y mourir, et à l'instant où son frère aîné venait de partir pour l'Angleterre. Elle le suit et le retrouve enfin à Portsmouth, au mois de janvier 1809! Ils revinrent ensemble à Malte. Le mariage du duc d'Orléans, avec la fille du roi des Deux-Siciles, étant arrêté, le duc et sa sœur, avant de procéder à cet hymen, furent prendre, à Mahon, la duchesse, leur mère, qu'ils conduisirent à Palerme. Mademoiselle y résida, avec son frère, jusqu'en 1814. A cette époque, Mademoiselle et tous les membres de sa famille rentrèrent en France.

La princesse y retrouva madame de Genlis, envers laquelle, pour nous servir des expressions de cette dame, mademoiselle d'Orléans fut toujours parfaite dans ses rapports.

En 1815, Mademoiselle accompagna le duc, son frère, investi du commandement général des départements du Nord. Pendant les Cent-Jours, elle se retirait avec lui à Twickenham et rentrait, avec son frère, en 1817, au Palais-Royal.

II

Ici se termine la partie, en quelque sorte romanesque, de la vie de madame Adélaïde, et commence sa vie politique. En effet, habitant le Palais-Royal, le même séjour que son frère, la princesse se retrouva, tout d'abord, en rapport avec les anciens amis et partisans de sa famille. Persécutés, pendant et depuis la Révolution, ils conservaient, comme tous les hommes de parti, l'espoir de voir, dans un temps plus éloigné, réussir, triompher cette intrigue séculaire, que Montjoie appelle LA CONJURATION D'ORLÉANS.

La mort du duc de Berry, en 1819, vint ajouter aux chances dynastiques de la branche cadette; mais bientôt ces chances s'évanouirent à la naissance du duc de Bordeaux. Aussi, a-t-on prétendu que madame Adélaïde, ayant pris le nouveau-né des bras de madame de Gontaut pour le tenir un moment sur ses genoux, on vit la physionomie de la princesse refléter certaine expression de dépit et de mécontentement; expression sans doute exagérée par les ennemis du Palais-Royal.

Sous la Restauration, madame Adélaïde vivait,

également avec son frère, dans cette société de libéraux, hommes d'Etat en disgrâce, députés de l'opposition, écrivains, poètes et artistes, qui fréquentaient assidûment le Palais-Royal; société dont MM. de Talleyrand et Laffitte, les généraux Sébastiani et Foy, Béranger et Casimir Delavigne, étaient, après le duc et sa sœur, le point de ralliement. Enfin, lorsque vint à éclater la Révolution de 1830, le rôle politique de madame Adélaïde et l'influence qu'elle exerçait sur son frère se dessinèrent plus énergiquement. A cet instant solennel, où, sur les débris de la monarchie tombée, devait apparaître une dynastie nouvelle: à l'instant où le chef de la famille d'Orléans touchait du doigt la couronne, depuis si longtemps but des convoitises de sa race, sa main craintive, indécise, semblait hésiter à la saisir, quand sa sœur lui cria : « Prenez donc ! »

Qui ne sait, en effet, que, en l'absence de Louis-Philippe, qui, pendant la période révolutionnaire de 1830, s'était retiré au Raincy, maison de plaisance dans la forêt de Bondy, comme pour se ménager, à tout événement, un *alibi*, la députation, qui, venue de Paris à Neuilly, croyant y trouver le duc d'Orléans, fut reçue par sa femme et par madame Adélaïde? La duchesse d'Orléans, qui, Bourbon d'origine, joignait, comme la plupart des membres de cette maison, à une certaine timidité de caractère le respect de ce qu'on appelle les droits légitimes, parut effrayée, presque indignée des propositions que lui apportaient, au nom de la Révolution victorieuse, MM. Thiers et Scheffer, un journaliste et un peintre? Mais madame Adélaïde, qui, dans son cœur, avait deux grandes passions, les seules peut-être de sa vie, une amitié ardente pour son frère et une inimitié non moins ardente contre la branche aînée, prenant résolûment la parole, s'engage à communiquer et, au besoin, à faire accepter à son frère les propositions qui lui étaient faites. Puis elle expédie au Raincy M. de Montesquiou, avec mission de mettre un terme aux indécisions de Louis-Philippe et de hâter son retour à Neuilly. En pareille circonstance, Chateaubriand ou d'Arlincourt aurait dit : Dieu le veut! Louis-Philippe, lui, s'écria : « Ma sœur le veut !... »

En effet, le duc revient à Neuilly, portant à son chapeau une cocarde tricolore faite de la main de madame Adélaïde. Quelques jours après, lorsque le jeune duc de Chartres faisait ranger en bataille, devant le Palais-Royal, le 1er régiment de hussards dont il était colonel, madame Adélaïde, elle-même, paraissait au balcon, portant à son bonnet une large cocarde tricolore. Les démonstrations de cette nature manquent rarement leur effet sur les masses ; elles varient suivant les temps et les dynasties. La politique, comme la science, n'a-t-elle pas ses empiriques et ses charlatans !...

A quelques jours de là, rencontrant dans les salons du Palais-Royal le peintre Scheffer, madame Adélaïde lui demanda ce qu'il pensait de la situation? — Madame, lui répondit le grand artiste, le trône de Juillet a dans les révolutionnaires des ennemis bien dangereux. — Oh ! reprit madame Adélaïde, les plus dangereux ne sont point les libéraux, ce sont *les carlistes!*

A ces paroles et dans chacun des faits que nous venons de raconter, on reconnaît que la *vendetta* orléaniste avait, ainsi que nous le disions plus haut, dans le cœur de madame Adélaïde un de ses foyers les plus vivaces. Néanmoins, nous devons constater que, dans une entrevue qui eut lieu au Palais-Royal, entre le nouveau roi, la reine Amélie et Chateaubriand, entrevue où madame Adélaïde était présente, cette princesse fut, envers cet illustre défenseur de la légitimité, pleine de convenance et d'égards. On n'en saurait dire autant de l'attitude et du langage de Louis-Philippe et de la duchesse.

La part d'action exercée sur les résolutions de Louis-Philippe, pendant les négociations entre l'hôtel Laffitte et le Palais-Royal, étant acquise à l'histoire, on doit admettre également que cette même action, que cette même influence, se sont étendues à la politique et aux événements ultérieurs du règne. L'habileté et la politique tant vantées de Louis-Philippe pourraient bien n'être autres que la politique et l'habileté de madame Adélaïde. Avant de se rendre dans le cabinet du roi, les ministres et les ambassadeurs passèrent, plus d'une fois, dans le cabinet de la princesse, sa sœur. Madame Adélaïde était donc auprès de son frère, et à un autre titre, ce que madame de Maintenon fut auprès d'un autre monarque.

Ce n'était pas seulement dans l'administration intérieure du royaume que se faisait sentir l'action plus ou moins patente de madame Adélaïde, elle pesait encore sur la conduite et les résolutions des représentants de la France dans les cours étrangères. Si les ambassadeurs de Louis-Philippe recevaient de lui des instructions particulières, en dehors de celles qu'ils tenaient de l'hôtel des Capucines, c'est-à-dire du ministre des affaires étrangères, il résulte d'une correspondance fort active entre le maréchal Sébastiani, ambassadeur à Londres, et madame Adélaïde, que cette princesse avait aussi ses rapports occultes avec ces mêmes ambassadeurs. La partie rendue publique de cette correspondance se rattache aux négociations suscitées en 1838, 39 et 40 par cette grosse question d'Orient, cauchemar interminable de cette vieille Europe, de cette Europe caduque et boursicotière, qui, plongée dans un sommeil fébrile, craint de s'éveiller au bruit de belliqueux événements.

« Oui, disait dans une lettre datée du 12 octobre 1839, le maréchal Sébastiani, émettant son opinion sur les négociations pendantes, oui, je pense comme votre Altesse Royale, *la Russie se trouvera prise dans ses propres filets.* » — Il ressort de cette citation une double vérité également acquise à l'histoire, savoir : que madame Adélaïde n'était rien moins que favorable à l'alliance russe, et que son action politique continuait aux Tuileries, comme au Palais-Royal. Que de faits se passent ainsi dans la vie, dans l'his-

toire des peuples, et dont les véritables causes, dont les véritables auteurs sont inconnus pour le vulgaire !

Madame Adélaïde possédait une immense fortune provenant de la restitution des biens de sa famille, dans lesquels elle était rentrée à son retour en France, et de son dividende dans le milliard des émigrés. La princesse consacrait une partie de ses revenus à des libéralités, à des dons, qui, habilement, judicieusement distribués, devaient avoir pour résultat d'augmenter la popularité du nom et de la dynastie d'Orléans dans les rangs du peuple, de l'armée, de la marine, et dans le monde des artistes et des gens de lettres.

Objet de la constante et vive amitié du roi, son frère ; investie de sa confiance, initiée aux secrets de l'Etat, exerçant sur les destinées et sur la politique de son pays une notable influence, entourée de la vénération, de la tendresse de ses neveux et nièces, qu'elle idolâtrait de son côté, madame Adélaïde semblait n'avoir rien à envier, icibas, quand le *Moniteur,* du 31 décembre 1847, publia ces lignes : « L'état de madame la princesse Adélaïde, sœur du roi, qui était indisposée depuis quelques jours, est devenu tellement grave cette nuit, que tout espoir de guérison doit être abandonné. Son Altesse Royale a reçu les sacrements de l'Eglise en présence du roi et de la famille royale. » Le lendemain, madame Adélaïde expirait aux Tuileries, dans la nuit du 31 décembre 1847 au 1er janvier 1848. Quelques jours après, son corps, après avoir été exposé, aux Tuileries, dans une chapelle ardente, était déposé dans les caveaux du château de Dreux, sépulture de sa famille. Le roi et la reine des Français, le roi et la reine des Belges, et tous les princes et princesses de la famille d'Orléans, assistèrent à ces obsèques.

Ce fut sous les auspices de cette lugubre cérémonie que s'inaugura l'année 1848, qui devait être à la branche cadette ce que 1830 avait été à la branche aînée. Si madame Adélaïde eût vécu quelques mois, quelques semaines encore, peut-être eût-elle conjuré, par l'habileté et la sagesse de ses conseils, la tempête de Février. Les présages abondaient ; mais l'esprit de sagesse semblait s'être retiré de Louis-Philippe, en même temps que sa sœur, que son Egérie était descendue dans la tombe. Que voulez-vous ! Les gouvernements et les dynasties ont, comme les joueurs, leur bonne ou mauvaise veine ; quand l'une ou l'autre est épuisée, les trônes, les fortunes s'écroulent ou s'élèvent !...

La fortune de madame Adélaïde, évaluée à 1,800,000 francs de rente, représentant un capital de 60 millions, fut ainsi répartie, par suite de ses dispositions testamentaires : 1 million pour acquitter des legs particuliers ; 2 millions au jeune duc de Chartres, frère du comte de Paris ; 10 millions au duc de Nemours, plus les forêts de Raincy et d'Armanvilliers ; les 47 millions restant ont été partagés entre le prince de Joinville, qui eut dans son lot la forêt d'Arc-en-Barrois, et le duc de Montpensier, qui eut dans le sien les terres et château de Randan en Auvergne, résidence favorite où madame Adélaïde passait, dans la belle saison de l'année, les loisirs que lui laissaient la politique, ses relations de famille et la gestion de sa fortune.

P.

ADÉLAIDE DE FRANCE. *V.* MESDAMES, TANTES DE LOUIS XVI.

ADÉLIE (DÉCOUVERTE DE LA TERRE). Le 21 février 1840, Dumont-d'Urville, commandant les corvettes françaises l'*Astrolabe* et la *Zélée*, se trouvait dans les mers antarctiques, vers le 66e degré de latitude sud et le 158e de longitude est. Il accomplissait alors la troisième année de son dernier voyage d'explorations maritimes, et trois ans plus tard, il succombait avec sa famille dans l'horrible catastrophe du chemin de fer de la rive gauche de Versailles! Déjà, dix-neuf mois auparavant, il avait découvert, dans les mêmes mers, entre le 63e et le 64e degrés de latitude sud, plusieurs terres dont les deux principales avaient été nommées par lui *Terre Joinville* et *Terre Louis-Philippe*. Cette dernière fut ainsi appelée, parce que ce roi avait lui-même déterminé comme but de ce voyage les explorations vers le pôle austral.

Dès le 19 février, Dumont-d'Urville avait vu apparaître à l'horizon une ligne brune, basse, uniforme. La permanence de cette ligne, qu'aucune circonstance atmosphérique n'avait altérée, et qui reparut encore le lendemain, convainquit le chef de l'expédition que c'était une terre qu'il avait sous les yeux, et non une de ces montagnes de glace qui couvrent les mers des pôles. Tous ses efforts tendirent dès lors vers cette ligne. « Je tenais infiniment, dit-il, à pouvoir offrir à nos géologues des échantillons de cette portion de notre globe, les premiers, sans aucun doute, qui auront été soumis aux regards des hommes. »

Le 20 février, le calme de la mer retint les deux corvettes, comme à l'encre, à la même place. Ce n'est que le 21 que Dumont-d'Urville put s'occuper de la découverte qu'il espérait faire. Voici comment il en raconte lui-même les détails :

« A cinq heures trente minutes du soir, MM. Duroch, Dumoutier et Lebreton s'embarquèrent dans ma baleinière, et MM. Dubauzet et Leguillou dans la pirogue du capitaine Jacquinot (c'était le commandant de la *Zélée*). Le ciel nous fut favorable. Les matelots, qui partageaient eux-mêmes l'ardeur et l'enthousiasme de leurs officiers, ramèrent avec une vigueur incroyable, et, dès onze heures de la nuit, les deux canots rentraient à bord, après avoir accompli leur rude et longue corvée. Les deux embarcations étaient chargées de cailloux arrachés à la roche vive; c'étaient des granites de teintes variées, plus ou moins battues par la lame. Ils rapportaient aussi quelques pingoins qui me parurent d'une espèce différente de celles que nous avions observées dans notre première course aux glaces. Enfin, M. Dumoutier me remit quelques fragments d'une grande fucacée jetée par la lame sur la roche. Du reste, on n'avait observé aucune trace vivante d'être organisé, soit dans le règne animal, soit dans le règne végétal. »

Quant au nom d'*Adélie* donné à cette terre nouvellement découverte, voici l'explication de Dumont-d'Urville lui-même : « Cette désignation, dit-il, est destinée à perpétuer le souvenir de ma profonde reconnaissance pour la compagne dévouée qui a su, par trois fois, consentir à une séparation longue et douloureuse, pour me permettre d'accomplir mes projets d'explorations lointaines. Ces pensées seules m'avaient poussé dans la carrière maritime depuis ma plus tendre enfance. De ma part, ce n'est donc qu'un acte de justice, une sorte de devoir que j'accomplis, auquel chacun ne pourra s'empêcher de donner son approbation. »

La terre Adélie forme une portion des côtes septentrionales d'un continent dont font aussi partie les *îles* volcaniques *de Belleny* et la *terre* de *Victoria de Ross*.

C'est aussi à cette découverte qu'il faut rapporter la solution de l'importante question de la position du pôle magnétique austral. En effet, pendant que MM. Duroch, Dumoutier, Lebreton, Dumouzet et Leguillou s'approchaient de la terre, MM. Dumoulin et Couprent étaient expédiés sur une très-grosse glace, à deux mille de distance, pour s'y livrer à des observations magnétiques. C'est par suite de ces observations que M. Dumoulin mit le pôle magnétique austral par 72 degrés de latitude sud et 134 degrés 30 minutes de longitude orientale, en répondant de ce point à un degré près.

Pr. E.

ADJOINTS AUX ADJUDANTS GÉNÉRAUX, AU MAIRE, ADJOINTS NOTABLES POUR LES JUGEMENTS CRIMINELS.
V. ADJUDANTS GÉNÉRAUX, COMMUNES ET JURY.

ADJUDANTS, COMMANDANTS.
V. ADJUDANTS GÉNÉRAUX.

ADJUDANTS GÉNÉRAUX. Avant 1789, il y avait dans l'armée un état-major général, constitué en dehors des lois et des institutions militaires, qui, toutes, d'ailleurs, étaient conçues en faveur du privilège de la fortune et de la naissance. Le mode de nomination et d'avancement dans cet état-major général n'avait d'autres règles que le caprice des ministres, auxquels, parfois, des généraux influents et quelques femmes de cour, intrigantes ou galantes, arrachaient des brevets d'aide de camp pour leurs fils, leurs favoris ou leurs amants. Ces *officiers d'état-major*, dont quelques-uns étaient encore enfants (1), montaient vite en grade ; et, pour satis-

(1) Villars attribuait les défaites des armées de Louis XIV *au mauvais choix d'une partie des généraux et à tant de colonels enfants. Ces abus* augmentèrent sous la Régence et sous le règne de

faire à toutes ces prétentions, il fallait sans cesse ajouter de nouveaux échelons dans la hiérarchie, créer des grades sans fonctions, et, dans ces grades, des classes différentes. On comptait encore, au moment de la Révolution, des brevets ou commissions de colonels de *sept espèces différentes*, à peu près autant de lieutenants-colonels et de majors, et enfin *neuf espèces de capitaines*.

II

On réclama contre cet état de choses. Ce fut d'abord au roi que s'adressèrent les réclamations, puis aux Etats-Généraux et à l'Assemblée constituante ; et ce ne furent pas seulement les sous-officiers et les soldats qui les présentèrent, mais *tous les officiers de troupes*, les colonels exceptés. Les *cahiers de doléances, signés d'eux*, qui se trouvent aux archives publiques, *déposent de la nature, de l'intensité et de l'unanimité de leurs plaintes* « sur les abus nombreux et enracinés qui obstruaient le mécanisme de l'armée, et qui produisaient le désordre, l'indiscipline et le découragement. Ils exprimèrent, de plus, que, pour détruire de si graves abus et en rendre le retour impossible, il fallait l'intervention de la puissance législative, *et que la constitution militaire émanât de la constitution générale...* » (*Mémoires sur l'avancement*, par le général Préval, page 121.)

Les *cahiers des bailliages*, qui nommèrent des députés aux Etats-Généraux, en 1789, chargèrent ces députés de demander aussi *plus de stabilité pour l'état militaire* et son affranchissement absolu de la versatilité et du favoritisme ministériels. Il n'est donc pas étonnant que, dans un moment où il était si nécessaire à la Révolution naissante de se rattacher l'armée par la justice, les questions militaires aient été mises des premières à l'ordre du jour, et que, parmi ces questions, celle de l'état-major ait, par ses abus criants, fixé plus particulièrement l'attention des mandataires du peuple. La création des *adjudants généraux* fut l'une des mesures par lesquelles l'Assemblée nationale préluda aux réformes dans l'organisation vicieuse de l'état-major général de l'armée. Elle fut décrétée le 5 octobre 1790. Les adjudants généraux furent d'abord fixés au nombre de *trente* pour toute l'armée, dont *dix-sept* avaient le grade de colonel, et *treize* celui de lieutenant-colonel.

Le 7 janvier 1791, Alexandre Lameth faisait, au nom du *comité militaire*, un rapport à l'Assemblée nationale, suivi d'un projet de décret, pour régulariser l'avancement des adjudants généraux et des aides de camp.

« L'utilité de ces classes d'officiers, disait-il dans son rapport, est généralement reconnue ;

Louis XV. Les causes en sont connues, et elles subsistèrent sous Louis XVI, ce qui fit dire et écrire à Joseph II, empereur d'Autriche : « Qu'en France on voyait des *colonels en lisières.* »

mais l'*influence de la faveur s'était tellement emparé de leur composition, elle avait si peu consulté la justice envers les militaires et l'avantage du service*, que ces places, justement odieuses au reste de l'armée, par la manière dont on y était admis, perdaient encore, par l'arbitrage des choix, presque toute leur utilité. (*V.* Etat-major.)

« Le principe de l'ordre nouveau doit être tout opposé ; il faut, et ce sera, je l'espère, le résultat des travaux de votre comité, que l'on ne *connaisse plus autre chose que la ligne*, qu'elle soit ce qu'elle doit être, l'armée *tout entière* ; que les *adjudants généraux*, que les *aides de camp* en soient tirés immédiatement et ne puissent acquérir de grades qu'en y rentrant ; que les généraux eux-mêmes y aient tous leurs places marquées ; qu'enfin, il n'y ait plus deux espèces de service, deux espèces d'armée, et que tous les élémens de la force militaire, assimilés et rapprochés, présentent cette unité, contractent entre eux cette cohésion, première qualité d'un corps destiné à recevoir un mouvement uniforme, à se mouvoir en masse, à frapper pour ainsi dire ensemble, et dont toutes les parties ne sauraient, par conséquent, être trop intimement liées.

« Ces places, par la nature de leur service et pour l'utilité de leur institution, ne peuvent être *attribuées qu'au choix* ; mais ce *choix* sera assujetti aux mêmes lois que pour les autres grades militaires ; il n'altérera pas la proportion déjà établie dans les règles de l'avancement, et donnera un moyen de concourir à la perfection du service... Il ne pourra avoir lieu que sur les sujets qui, admis, *comme tous le seront à l'avenir, à travers l'épreuve d'un examen sévère*, seront parvenus, par la seule ancienneté, au grade de capitaine. Il sera borné, pour les adjudants généraux et les aides de camp réunis, au tiers de la totalité des places qui sont au choix ; enfin, ces officiers, sortis de la ligne pour s'exercer dans les fonctions d'un autre genre, y rentreront immédiatement et ne pourront acquérir un nouveau grade, soit par l'ancienneté, soit par le choix, qu'en reprenant le commandement des troupes. »

Le rapport continuait en ces termes :

« Ces places, nécessairement attribuées au choix, ne devaient pas nuire à l'avancement des autres officiers par l'ancienneté, ni les priver de l'avantage d'obtenir eux-mêmes, par le choix, un avancement plus rapide. Nous avons donc pensé que la nomination des *adjudants généraux* devait être comprise dans la part des places qui a été précédemment attribuée au choix, et que, sur cette part, le tiers, tout au plus, pouvait leur être accordé.

« ... Par le résultat de ces dispositions, les officiers qui obtiendront des places d'adjudants généraux auront été, comme tous les officiers de l'armée, *admis par des examens qui constateront leur capacité*, ils auront acquis, dans les grades de sous-lieutenants, lieutenants et capitaines, la connaissance du service et des évolutions militaires. Entrés dans l'état-major de l'armée, ils auront puisé, dans de nouvelles études et dans une carrière plus vaste, des connaissances plus étendues : appelés sans cesse auprès des généraux pour concerter avec eux les grands mouvements des troupes et les seconder dans l'exécution ; chargés par eux de reconnaître les terrains, les positions, de s'assurer des inconvénients ou des avantages qu'ils présentent sous le double rapport de l'attaque et de la défense ; employés à reconnaître les postes, les camps, les champs de bataille, à étudier toutes les opérations pour les marches d'armées, les fourrages, les cantonnements, enfin toutes les opérations de la guerre, ils se seront formé le coup d'œil et auront acquis cet ensemble de connaissances et de talents qui constitue la science du général. »

Il appliquait les mêmes observations aux *aides de camp*.

Voici maintenant le projet de décret qui suivait ce rapport :

DÉCRET SUR L'AVANCEMENT DES ADJUDANTS GÉNÉRAUX
DE L'ARMÉE.

« Art. 1er. Les adjudants généraux institués par le décret du 5 octobre 1790, au nombre de trente, dont treize du grade de lieutenant-colonel ; dix-sept du grade de colonel, seront pris, *au choix du roi*, dans toutes les armes, et auront droit à l'avancement suivant les règles établies ci-après.

« 2. Les places d'adjudants généraux, du grade de lieutenant-colonel, seront données *par le choix du roi*, sur toutes les armes, à des capitaines ou à des lieutenants-colonels en activité dans ce grade depuis deux ans au moins.

« 3. Les places d'adjudants généraux, du grade de colonel, seront données *par le choix du roi*, sur toutes les armes, à des lieutenants-colonels ou à des colonels en activité dans ces grades depuis deux ans au moins.

« 4. Lorsqu'un officier, par sa nomination à une place d'adjudant général, obtiendra un nouveau grade, cette nomination comptera, *pour le choix du roi*, dans le tiers des places qui lui a été attribué par le décret du 21 septembre.

« 5. Les adjudants généraux ne pourront obtenir un nouveau grade qu'en parvenant à un emploi titulaire dans l'arme où ils auront précédemment servi, soit à leur tour d'ancienneté, soit au choix du roi.

« En conséquence, les adjudants généraux conserveront ou prendront rang pour leur avancement dans leur arme, avec les officiers du grade dont ils sont pourvus comme adjudants généraux, et parviendront ainsi au grade d'officier général.

« 6. Les adjudants généraux ne pourront avoir, avec les aides de camp, qu'un tiers des places réservées au choix du roi.

« 7. Le premier choix des adjudants généraux sera *fait par le roi*, parmi les officiers des trois états-majors de l'armée, de la cavalerie et de l'infanterie.

« 8. Les officiers de ces états-majors qui ne seront pas compris dans le nombre de ceux conservés prendront rang dans leur arme parmi les officiers du grade dont ils sont pourvus. »

Le nombre des adjudants généraux étant devenu bientôt insuffisant, par l'augmentation progressive des armées, fut porté de *trente-trois* (le nombre légal était déjà dépassé) à *quarante* par une *loi d'urgence* décrétée par l'Assemblée nationale, le 30 août 1792, loi qui augmenta en même temps et proportionnellement le nombre des lieutenants généraux et des maréchaux de camp.

II

Malgré les précautions dont on entoura l'institution des adjudants généraux et des aides de camp pour la protéger contre les envahissements de la faveur et de l'intrigue, les abus signalés par Alex. Lameth reparurent. Par suite de *nouveaux besoins*, on avait créé des *adjudants généraux adjoints*, auxquels on avait ajouté des *aides ou faisant fonctions d'adjoints* ; c'était là que l'influence encore debout de la naissance, celle de la fortune, du crédit près les députés à l'Assemblée nationale, s'était réfugiée.

Dans un rapport et projet de décret sur la situation des armées, présentés au nom des comités militaires et de salut public, par Dubois-Crancé, le 18 pluviose an III de la République (1), le rapporteur s'exprime ainsi sur cet éternel sujet de plaintes et de réclamations :

« . . . Le service de l'état-major étant le plus doux, le plus agréable, celui qui, rapprochant le plus un individu des généraux et des représentants du peuple, le met à portée d'obtenir avec plus de facilité un emploi supérieur ; c'est à qui, dans les armées, sera *adjoint* à l'état-major ou *aide de camp*, pour devenir promptement *adjudant général*, et passer ensuite au grade de *général de brigade* ou même *de division* ! de sorte qu'il y a dans les armées *tel officier, chargé de commander dix ou douze mille hommes et même plus, qui n'a jamais fait manœuvrer un peloton d'infanterie ou une compagnie de cavalerie.*

« Vos états-majors sont même en partie composés de jeunes gens de la première RÉQUISITION, qui, au lieu d'obéir à la loi générale, qui assignait leur place parmi les VOLONTAIRES, ont obtenu d'emblée la faveur d'être *adjoints*.....

« Vos comités ont considéré cette violation de la loi comme une injustice faite à toute l'armée. Ils vous proposent de couper la racine d'un abus

(1) Ce projet de décret avait pour but l'embrigadement des bataillons de volontaires avec les bataillons de la ligne (*V.* EMBRIGADEMENT), et de revenir au principe de *l'ancienneté de grade* au lieu de *l'ancienneté de service*, pour la part de l'avancement revenant à l'ancienneté ; c'était le prélude de la loi du 14 germinal de cette même année, qui consacra ce principe rationnel, ainsi que *l'élection par les égaux et les supérieurs,* et non plus par les inférieurs.

qui est la source de mille autres plus importants, en *renvoyant* comme *volontaires* dans les bataillons, tous les *adjoints et aides de camp qui n'appartiennent à aucun corps* (1). Quant à ceux qui, conformément à la loi, ont été choisis dans les différents grades en activité dans l'armée, comme souvent ces officiers n'ont point exercé les fonctions relatives à leur grade, il est indispensable, lorsqu'ils seront dans le cas de monter d'un degré, de les faire rentrer dans la ligne, afin que, joignant la pratique à la théorie, ils s'habituent à manier les hommes, ils sachent faire manœuvrer un bataillon avant de commander une armée.

« C'est ainsi que, faisant circuler les individus, vous vous assurerez de leur instruction; vous rendrez à l'état militaire tous ses droits; vous ramènerez l'émulation dans toute l'armée, opérant la ruine de cette espèce de privilège par lequel, de même que sous l'ancien régime, vos états-majors s'étaient attribué presque exclusivement les emplois supérieurs. »

Le rapport de Dubois-Crancé et certain article du projet de décret ayant soulevé des murmures dans la Convention et des réclamations parmi les officiers généraux, il crut devoir ajouter quelques observations à ce rapport :

« Le premier objet, dit-il, qui a paru donner de l'inquiétude, est l'*obligation où seront les officiers d'état-major, non employés sur le nouveau tableau, de rétrograder au grade dans lequel ils auraient été six mois en activité.*

« Je commence par déclarer que cette opération ne portera sur aucuns *officiers généraux*, à moins qu'ils ne soient notoirement connus pour incapables de leurs fonctions..... on propose au contraire une augmentation de vingt officiers généraux inspecteurs; d'où il résulte que, bien loin d'avoir des réformes à faire dans les grades de généraux divisionnaires et de brigade, il se trouvera des places à remplir.....

« Il n'en est pas de même des adjudants généraux : on les a créés sans mesure, et souvent sans autre motif que des sollicitations réitérées auprès des représentants du peuple ; il s'en trouve, d'après la loi, plus de deux cents à réformer; plusieurs sont des jeunes gens sans expérience, et qui, par la nature de leurs fonctions, peuvent facilement compromettre le sort d'une armée. On ne sait pas assez que le métier d'un *adjudant général* exige plus de connaissances militaires; qu'il est souvent plus difficile et plus important, pour le succès de la guerre, que celui d'un général de brigade, qui n'a que sa colonne à maintenir et à conduire à l'ennemi.

(1) On voit, d'après ces paroles, combien la loi présentée par Lameth, et adoptée par l'Assemblée nationale, avait été violée en effet. Mais cela n'était pas étonnant, cette loi ayant laissé toutes ces nominations au *choix du roi!* et le roi, une fois déchu, les ministres, les généraux et les représentants du peuple, en mission près des armées, s'étaient arrogé ce droit qui mieux mieux, de sorte qu'il y avait quelquefois des nominations triples pour le même emploi. (*V.* AVANCEMENT.)

« Il est donc de la dernière urgence *que les adjudants généraux soient choisis parmi les hommes de la meilleure espèce ; et comme il s'en trouve deux cents et plus* à réformer, dont la plupart ne sont que provisoires, il est naturel de les rendre aux corps où ils ont servi, pour être juste à leur égard, et ne pas les priver d'activité. »

Les deux articles de ce projet de décret, qui fut adopté et mis à exécution, concernant les adjudants généraux et adjoints, étaient ainsi conçus:

« Art. 9. Tous les *adjoints* à l'état-major, tous les aides de camp qui, en violation de la loi du 21 février 1793 (vieux style), sont employés en cette qualité, sans appartenir à aucun corps, sont tenus de cesser leurs fonctions à l'époque du 1er germinal ; ceux de ces adjoints ou aides de camp qui, au 15 août 1793, étaient de l'âge de la *réquisition*, seront obligés de prendre parti comme *volontaires* dans telle arme qu'ils jugeront convenable de choisir dans l'armée à laquelle ils sont attachés.

« Art. 10. Il n'y aura, à compter du 1er germinal prochain, qu'un seul et même grade pour les adjudants généraux, ce sera celui de *chef de brigade* (colonel) ; et ils ne pourront être choisis désormais que parmi les chefs de bataillon ou les chefs d'escadron de l'armée, qui auront acquis *six mois* de service actif dans ce grade et dans un corps de l'armée; ce *choix*, ainsi que celui des officiers généraux, appartiendra à la Convention nationale, sur la présentation du comité de salut public. »

Si toutes ces mesures, ces précautions législatives n'eurent pas pour effet d'extirper tous les abus toujours inhérents aux états-majors d'une armée, du moins influèrent-elles sur la composition du personnel des adjudants généraux de la manière la plus heureuse, en y appelant ce que les armées de la République possédaient de plus distingué en hommes de talent, de courage et de capacité. Il y eut encore, à diverses époques, plusieurs autres lois ou décrets concernant les adjudants généraux ; une instruction du 1er juin 1791, réglait leurs fonctions. Nous avons vu comment ils furent successivement augmentés, jusqu'en l'an III. Une loi de l'an VII (23 fructidor), en fixait le nombre à cent dix, en tout, et seulement du rang de chef de brigade (colonel) ; mais en l'an VIII, le nombre en fut porté à trois cent cinquante-huit, dont cent trente-huit seulement du grade de colonel ou chef de brigade ; le reste était des chefs de bataillon, le grade de lieutenant-colonel n'existant plus alors sous aucune dénomination. Le développement prodigieux qu'avaient pris les armées avait nécessité cette augmentation. Jusqu'à cette époque, ils avaient porté des insignes presque semblables à ceux des officiers généraux : le chapeau galonné, la ceinture, les broderies, etc.; mais leur dénomination, leur costume, ainsi que leurs fonctions et leur importance, se modifièrent. Le général Foy, dans son *Histoire de la guerre de la Péninsule*, tome 1er, a tracé rapidement leur histoire :

« *Les fils des hommes en place*, dit-il, *les nobles anciens et les nobles nouveaux*, tous ceux qui voulaient faire la guerre commodément et arriver de plein saut aux honneurs et au pouvoir, se jetaient dans l'emploi d'aide de camp. Napoléon essaya d'enchaîner leur *fureur d'avancement;* il décida que, pour avoir droit à un grade supérieur, les aides de camp devraient servir dans les corps d'infanterie et de cavalerie, où l'on apprend à conduire les soldats en vivant avec eux. (C'est ce qu'avait fait la Convention nationale, et ce que lui, Napoléon, avait aboli.) L'influence des alentours du souverain contraria souvent les saines doctrines du généralissime, et la règle souffrit de fréquentes infractions. *Il est de la nature des cours d'infecter les armées.* Cependant, les officiers qui avaient le goût de l'étude se consacrèrent au travail de l'état-major. Desaix, Saint-Cyr (Gouvion), Abattucci, Decaen, et tant d'autres de même ordre, ont été adjudants généraux; des fonctions imparfaitement définies furent ainsi agrandies par le mérite personnel de ceux qui les remplissaient. Il en fut autrement en Italie. Le général Bonaparte tint peu de compte de gens qui ne maniaient ni machines de guerre ni soldats : il considéra le service de l'état-major comme un passage et non comme une carrière. Les adjudants généraux étaient presque assimilés aux officiers généraux par la ressemblance du nom et de l'uniforme; le premier consul les dépouilla de ces ornements, et, joignant ensemble *deux mots étonnés de se voir accouplés*, il les appela *adjudants-commandants* (1). Les portes de l'avancement leur furent presque fermées, lorsqu'elles étaient ouvertes à tout le monde; voulait-on punir un chef de corps négligent ou coupable, on le faisait *adjudant-commandant*. Accordant moins d'estime à une classe d'officiers placée haut dans la hiérarchie (2), il fallut s'attendre à en tirer moins de services. »

En effet, à partir de cette époque, on ne voit pour ainsi dire plus d'illustrations militaires venir de l'état-major des armées de l'Empire, quoique beaucoup de généraux y aient encore gravi assez rapidement les échelons qui devaient les porter au sommet de la hiérarchie; mais leurs noms sont rarement de ceux qu'on cherche dans nos fastes

(1) Napoléon n'aimait pas les adjudants généraux, à cause de leur dénomination. Il eut, au contraire, toujours une grande préférence pour ses anciens aides de camp. Napoléon avait cependant été nommé lui-même adjudant général, chef de brigade, immédiatement après la prise de Toulon; mais il est vrai qu'il n'eut pas le temps d'en exercer les fonctions, attendu que sa nomination au grade de général de brigade arriva presque aussitôt que la première.

(2) Ils avaient, comme on l'a vu, le grade et portaient les insignes de colonels ou chefs de brigade. Ils étaient ce que sont aujourd'hui nos *colonels d'état-major.*

militaires et sur les marbres ou le bronze de nos monuments.

S'il fallait nommer tous nos généraux marquants qui ont passé par le grade et l'emploi d'adjudant général, il serait plus facile de prendre la liste des généraux et des maréchaux, et d'en extraire ceux qui ne l'ont pas été; car ce sont ces derniers qui sont les exceptions. Nous entendons toutefois, les généraux d'un certain ordre et d'une réputation bien établie.

P. M.

Lieutenant-colonel de cavalerie en retraite.

ADMINISTRATION. On comprend sous ce nom les différents rouages qui servent à imprimer le mouvement à la machine gouvernementale. Chacune des parties qui composent ce tout appelé *gouvernement* possède aussi son mécanisme propre : de là ce grand nombre d'administrations particulières qui vont s'alimenter au budget de l'État.

Pour arriver à une appréciation éclairée de l'organisation actuelle, il faut se reporter par la pensée au régime antérieur à 1789 et suivre l'administration du pays à travers les phases diverses qu'elle a subies depuis lors. C'est une étude aride à entreprendre, mais qui, nous l'espérons, ne sera pas sans utilité pour nos lecteurs.

I

L'ancien gouvernement de la France était absolu, et absolu dans la pire acception de ce mot. Les hontes et les misères du siècle dernier sont là pour prouver que le despotisme n'avait même pas su produire dans notre malheureux pays les résultats qu'on a pu constater dans d'autres monarchies, l'unité, l'ordre, la force, et une certaine mesure de bien-être matériel. L'arbitraire, le désordre et la vénalité étaient l'essence de ce gouvernement et se retrouvaient dans toutes les branches de l'administration. Il s'est pourtant rencontré des écrivains pour faire entendre des doléances hypocrites sur la perte des libertés dont la France, à les en croire, était en possession aux temps heureux de la monarchie traditionnelle. Temps heureux, en effet, que ceux où la liberté individuelle était protégée par les lettres de cachet, la liberté de conscience par les dragonnades, la liberté de la presse par la Bastille et par les bûchers de la Grève; où la noblesse et le clergé, propriétaires du sol, n'avaient à supporter que la part la plus minime des charges publiques; où le tiers-état, c'est-à-dire tout ce qui travaillait et produisait, était taillable et corvéable à merci au profit des abbés de cour, des favoris de ruelle et des maîtresses du roi!

Les États-Généraux n'avaient jamais été convoqués que dans des circonstances critiques et à des intervalles très-éloignés, et depuis leur dernière réunion, en 1614, sous le règne de Louis XIII, il était pourvu par des édits royaux à tous les besoins du gouvernement. Dans le roi seul résidait le pouvoir législatif, mais les édits n'étaient exécutoires qu'après avoir été enregistrés par les parlements. Ces corps judiciaires, qui, sans aucun fondement, avaient élevé la prétention d'être considérés comme les représentants des États-Généraux, se permettaient de temps à autre de faire des remontrances et même de refuser l'enregistrement des édits, ou tout au moins d'y surseoir. La royauté avait flatté les parlements tant qu'elle avait cru avoir besoin de s'appuyer sur eux pour faire tomber en désuétude l'institution des États-Généraux ; mais une fois ce but atteint, elle ne songea plus qu'à renverser le nouvel obstacle qui se dressait devant elle, quelque faible et insignifiant qu'il fût d'ailleurs. La lutte ne pouvait être longue, et elle fut terminée le jour où Louis XIV, entrant au parlement de Paris le fouet à la main, ordonna qu'il ne pourrait plus lui être fait de remontrances qu'après l'enregistrement des édits. L'importance politique des parlements cessa dès

lors d'exister ; les tentatives qu'ils firent pour la ressaisir n'eurent aucun succès, et ils durent se résigner à enregistrer tout ce qui leur était présenté, en ajoutant cette clause : *Du très-exprès commandement du roi*, lorsqu'ils avaient la main forcée et qu'ils voulaient mettre leur responsabilité à couvert vis-à-vis du public. (*V.* Etats-Généraux et Parlements.)

Les édits royaux, les ordonnances des cours souveraines et les arrêtés des magistrats subalternes formaient donc les bases de l'ancien droit administratif.

Le nombre des ministres n'était pas aussi considérable avant la Révolution qu'il l'est devenu depuis ; mais l'expédition des affaires ne se faisait pas pour cela avec plus de promptitude et de régularité. La répartition des attributions était essentiellement vicieuse ; elle manquait d'unité, et toutes les parties du service public se trouvaient enchevêtrées de manière à donner lieu à des conflits et à des tiraillements continuels. Les départements ministériels étaient au nombre de cinq. Le ministre des affaires étrangères, outre ses attributions spéciales, était chargé de l'administration des provinces de Guienne, Normandie, Champagne et Berry. Au ministère de la maison du roi ressortissaient toute la partie de l'armée comprise dans la maison militaire, les affaires des cultes et l'administration des provinces suivantes : Ile-de-France, Languedoc, Provence, Bourgogne, Bretagne, comté de Foix, Béarn, Picardie, Touraine, Auvergne, Bourbonnais, Nivernais, Marche, Limousin, Angoumois, Orléanais, Poitou, Saintonge et Aunis. Le ministre de la guerre avait, par le taillon, impôt dont nous parlerons plus loin, un doigt dans la manipulation des finances ; les provinces d'Artois, Flandre, Lorraine, Alsace, Franche-Comté, Dauphiné, Roussillon et Corse lui étaient en outre dévolues. Le ministère de la marine ne comprenait, en plus de ses attributions actuelles, que les consulats et les chambres de commerce. Enfin le département des finances, ayant à sa tête un contrôleur général, se composait d'un assemblage de services fort divers, tels que l'administration des domaines, les écoles vétérinaires, les forges et fonderies, les primes pour la pêche de la morue et de la baleine, les épizooties et les subsistances, les eaux et forêts, les bâtiments de l'Etat, les ponts et chaussées et les mines, les prisons, hôpitaux, dépôts de mendicité et autres établissements de ce genre, les gabelles, les cinq grosses fermes et les fermes particulières, la régie du tabac, les différentes impositions et les droits sur les octrois, la poudre à poudrer, les cartes à jouer, etc., etc., le contrôle des matières d'or et d'argent, les poudres et salpêtres, et les étapes et convois militaires.

On peut déjà, d'après ce qui précède, se former une idée du chaos de l'ancienne administration et des dépenses inutiles qu'elle devait nécessairement entraîner. Voilà l'armée, par exemple, divisée en deux parties ayant des administrations bien distinctes, avec des trésoriers et des commissaires de l'ordinaire et de l'extraordinaire des guerres, c'est-à-dire de la maison du roi et des troupes de ligne. Cette même armée, en station et en campagne, était payée sur le budget de la guerre; en marche dans l'intérieur, elle retombait à la charge du département des finances. Aussi, lorsqu'un ministre de la guerre se laissait entraîner à des dépenses exagérées et avait épuisé avant le temps les crédits qui lui étaient alloués, il lui suffisait d'ordonner un changement général de garnisons, et il n'avait plus à s'occuper de la subsistance des troupes, qui incombait dès lors au contrôleur général. Le duc de Choiseul se trouva un jour dans ce cas, et il mit si bien les troupes en mouvement d'un bout de la France à l'autre, que l'Angleterre se crut menacée d'une invasion et demanda des explications. Le contrôleur général, de son côté, obligé de pourvoir à une dépense considérable et non prévue, foulait de son mieux les populations pour en tirer de nouveaux subsides, et l'infortuné Jacques Bonhomme payait en fin de compte ces promenades intempestives.

Les provinces, dans l'ancienne division de la France, formaient autant de gouvernements qui étaient donnés à des princes ou à des seigneurs de la première noblesse. Comme ces hauts personnages n'avaient généralement d'autre souci que de recueillir tous les avantages attachés à leur position, et qu'ils eussent cru déroger en s'occupant des détails du commandement, on avait établi, pour les suppléer, des lieutenants généraux des provinces. Chaque ville, chaque place, un peu importante, avaient d'ailleurs en particulier leur gouverneur et leur lieutenant de roi, indépendants, à plusieurs égards, de l'autorité du gouverneur de la province. Il existait encore, dans certains gouvernements, des commandants des troupes qui jouissaient d'un pouvoir fort étendu, de telle sorte qu'il ne restait souvent aux gouverneurs que le titre et les émoluments de leur place.

La division, par provinces, avait surtout un caractère politique et gouvernemental : envisagées sous le rapport purement administratif et financier, les provinces formaient des généralités qui avaient chacune un bureau de trésoriers de France, et étaient placées sous l'autorité de magistrats appelés *intendants de justice, police et finances*, dont les fonctions, avec des pouvoirs plus étendus, se rapprochaient beaucoup de celles des préfets de notre époque. Leurs attributions s'étendaient en effet sur les divers services qui ressortissaient au département des finances, c'est-à-dire sur tous les services civils et sur une partie de ceux de la guerre.

Il serait trop long et trop fastidieux d'entrer dans tous les détails de l'ancienne administration du pays. Nous la verrions compliquer à plaisir les affaires les plus simples, parce que c'était un moyen de créer des charges et des offices, et que la vente des emplois publics servait à remplir l'escarcelle toujours béante de la royauté; se heurter à chaque pas contre les droits des princes apanagés, les priviléges des seigneurs et les franchises des villes et des corporations, parce que princes, seigneurs, villes et corporations étaient autant de puissances dans l'état, qui avaient à leurs gages des fonctionnaires spéciaux chargés de défendre leurs immunités; lutter sans cesse contre les parlements qui cherchaient à se consoler de leur nullité politique en empiétant sur le domaine de l'administration, et vider chaque jour de nouveaux conflits avec ces corps moitié judiciaires et moitié administratifs qu'on avait été obligé d'établir pour contrôler les actes et restreindre les déprédations de fonctionnaires incapables et corrompus.

L'existence des juridictions que nous venons de mentionner en dernier lieu était en effet un des caractères distinctifs de l'ancienne administration française. A chaque branche des services publics répondait un tribunal spécial qui centralisait les résultats obtenus et connaissait de toutes les contestations qui pouvaient surgir dans l'application des lois et règlements. C'est ainsi qu'on portait devant les bureaux des trésoriers de France les difficultés relatives aux travaux publics, aux domaines nationaux, aux péages, aux pensions, etc. Les attributions de la cour des aides s'étendaient à tout ce qui concernait la répartition et le recouvrement des impôts. L'action de la cour des monnaies s'exerçait sur la fabrication, la mise en circulation et les altérations du numéraire. La fameuse table de marbre du palais était une juridiction qui connaissait en dernier ressort des jugements rendus par les diverses maîtrises des eaux et forêts. Les chambres ecclésiastiques jugeaient les différends auxquels donnait lieu la levée des décimes et des impositions extraordinaires sur le clergé. La gabelle avait sa juridiction du grenier à sel. Les fermiers généraux, on le sait, obtenaient, moyennant une somme annuelle dont le montant était déterminé par leur bail, le droit de percevoir à leur profit certains impôts de consommation. Toutes les questions qui naissaient de l'exercice de ce droit, les faits de contrebande et autres, étaient du ressort de ces tribunaux, de sinistre mémoire, connus sous le nom de *chambres ardentes*. Les juges, nommés sur la présentation des fermiers généraux, n'avaient garde de jamais donner tort à leurs patrons, et se montraient surtout inexorables vis-à-vis des pauvres hères qui tombaient entre leurs mains. Frauder les droits de la ferme était un crime de trop grande importance pour qu'on pût l'expier autrement que sur une roue ou sur un gibet. Qu'importait à ces juges corrompus la misère des populations, pourvu que les financiers pussent offrir une chère délicate aux nobles convives intéressés dans leurs opérations et faire assaut de procédés généreux aux pieds des duchesses de la cour ou des filles de l'Opéra.

Nous passerons sous silence les nombreuses juridictions subalternes offrant à certains égards un caractère administratif, et nous dirons seulement quelques mots des deux corps qui, jadis, ont tenu la place occupée depuis par le conseil d'Etat. Les attributions du grand conseil et du conseil privé n'étaient pas très-nettement définies et pouvaient être facilement confondues. Ces deux juridictions jouissaient des prérogatives des cours souveraines et jugeaient en dernier ressort les affaires contentieuses dont la connaissance leur était attribuée. Au grand conseil étaient généralement renvoyées les questions de conflit entre les cours et tribunaux, et les affaires qui, à des titres divers, pouvaient intéresser le clergé et les ordres religieux. Le conseil avait plus spécialement à s'occuper des matières de finances et des discussions entre l'Etat et les particuliers. Au surplus, conseil et grand conseil étaient constamment en lutte avec les parlements, chacun, à tour de rôle, faisant des incursions sur le territoire ennemi et s'efforçant d'attirer à lui la plus grande part d'influence. Là, comme dans les autres parties de l'administration, régnaient une confusion et des déchirements que le *quos ego* de la majesté royale était impuissant à conjurer.

L'assiette et le recouvrement de l'impôt constituent une des parties les plus essentielles de l'administration, et le passé, d'ailleurs, diffère tellement du présent sous ce rapport, que nous devons nécessairement entrer à cet égard dans quelques explications. L'ancienne monarchie, qui avait fait de l'antagonisme des provinces un de ses moyens de gouvernement, ne pouvait accepter l'idée de les soumettre pour l'impôt à un traitement uniforme. Cela eût été trop simple et surtout trop équitable; le despotisme a besoin du privilége pour régner. Il y avait donc des provinces soumises au régime des fermes générales, et d'autres qui en étaient exemptes, système ingénieux qui entraînait comme conséquence la nécessité d'établir plusieurs lignes de douanes dans l'intérieur du pays. Pour la consommation du sel, il y avait des provinces de grandes et de petites gabelles, des provinces rédimées et des provinces franches de la gabelle; on appelait

ces dernières pays de *Franc-Salé*. La province entière n'était même pas toujours soumise au même régime; ainsi, tandis que la majeure partie de la Normandie était comprise dans les pays de grande gabelle, une portion de la basse Normandie formait une circonscription spéciale sous le nom de pays de *Quart-Bouillon*. Dans certaines provinces, l'impôt était perçu directement, tandis que d'autres provinces étaient admises à l'acquitter par voie d'abonnement. Il y avait encore des provinces réputées étrangères et d'autres traitées à l'instar de l'étranger, et tous ces noms représentaient autant de régimes différents. Cherchons à nous reconnaître au milieu de ce chaos et à déterminer les sources principales qui alimentaient alors le budget de la France.

Les provinces, sous le rapport de l'impôt, pouvaient être divisées en trois grandes catégories : pays d'Election, pays d'Etats, pays Conquis. Les provinces conquises, — dénomination qui était employée dans le langage officiel, — étaient, malgré leur titre, renouvelé du *vœ victis!* beaucoup mieux traitées que les autres; elles étaient exemptes de la taille, qui était remplacée par un aide ordinaire ou extraordinaire généralement assez modéré, et, pour les autres impôts, elles étaient reçues à abonnement et pouvaient les répartir et les recouvrer comme bon leur semblait. La royauté cherchait, en les traitant avec faveur, à s'attacher les cœurs de ses nouveaux sujets. Pour certains des pays conquis, et notamment pour l'Alsace, tout ce qui concernait les impositions était réglé par le département de la guerre. Nous citons ce fait comme un exemple de plus du défaut d'ordre et d'unité dans l'administration.

Dans les pays à Etats, il ne devait en principe être levé aucun nouvel impôt sans le consentement des assemblées provinciales; mais depuis longtemps les droits de ces Etats étaient réduits à la condition de lettre morte. Des membres de ces assemblées se permettaient-ils quelques remontrances bien timides, bien respectueuses, des commissaires du gouvernement se trouvaient là pour déclarer que Sa Majesté ne voulait pas de résistance, et que les Etats seraient cassés s'ils ne répondaient pas aux intentions du roi. Une opposition plus vive venait-elle à se déclarer, les mêmes commissaires s'écriaient insolemment : « Eh bien ! messieurs, révoltez-vous; on vous conquêtera. »

Les représentants du monarque avaient, on le pense bien, leurs motifs particuliers pour se montrer aussi zélés. Indépendamment de la table ouverte qu'ils tenaient au nom de Sa Majesté pendant la durée des Etats, et où les gentillâtres de province allaient chaque soir casser les verres et tirer des coups de pistolet après avoir bu la santé du roi, ils savaient qu'un vote favorable aux demandes de la cour était toujours suivi d'un travail de gratifications tant pour eux que pour les meneurs de l'assemblée. Une lettre de madame de Sévigné, écrite au moment où les Etats de Bretagne venaient de se séparer, montre l'idée qu'on se faisait jadis, dans un certain monde, de l'administration des provinces : « On a, dit cette dame, donné 100,000 écus de gratification : 2,000 pistoles à M. de Lavardin, autant à M. de Molac, à M. Boucherat, au premier président, au lieutenant de roi, etc.; 2,000 écus au comte des Chapelles, autant au petit Coëtlogon ; enfin des magnificences. Voilà une province ! »

La corruption et l'intimidation ayant fait des États provinciaux les dociles instruments de la cour, le sort des pays qui possédaient ce dernier reste des anciennes franchises locales ne pouvait plus différer, d'une manière bien sensible, de celui des provinces qui en étaient privées. Les pays à États étaient taillables comme les pays d'élection; seulement, ils jouissaient en général du bénéfice de l'abonnement, et la plupart d'entre eux n'étaient pas compris dans le bail des fermes. Sous le rapport du bien-être et des charges publiques, ils pouvaient être considérés comme tenant le milieu entre les pays conquis, que nous avons dit être les plus favorisés, et les pays d'élection, qui étaient les plus misérables de tous. Il nous reste à parler de ces derniers, qui formaient la plus grande partie de la France, et à expliquer le système d'impôt que, tant bien que mal, on y voyait fonctionner. Ce que nous en dirons s'appliquera, sauf les différences qui viennent d'être signalées, aux pays d'États et aux pays conquis.

On appelait pays d'Élection ceux dans lesquels il existait des tribunaux de ce nom, composés, dans l'origine, de citoyens élus par les habitants pour présider à la répartition des impôts, et, plus tard, d'officiers en charge commissionnés par le pouvoir et placés dans la dépendance absolue des intendants. Les pays d'élection se divisaient eux-mêmes en pays d'abonnement et en districts vérifiés : ces derniers étaient de beaucoup les plus nombreux et les plus étendus, et c'est d'eux que nous allons plus spécialement nous occuper.

Les contributions étaient directes ou indirectes : les contributions directes comprenaient les impôts ordinaires et extraordinaires : les premiers, établis à perpétuité ; les seconds, censés provisoires, mais qui duraient autant que les autres. Les deux principales branches de l'impôt ordinaire étaient la taille et la capitation, qui, l'une et l'autre, renfermaient un assez grand nombre de subdivisions.

La taille était personnelle, réelle ou commerciale et industrielle, suivant qu'elle était levée sur des individus n'ayant ni propriété ni industrie, sur des propriétaires ou des locataires de biens-fonds, ou sur des marchands ou des artisans. La quotité du principal de la taille était, suivant les localités, d'un dixième, de trois vingtièmes, et quelquefois d'un cinquième du revenu présumé. Comme la taille avait été établie dans l'origine pour subvenir à la solde des troupes réglées, et que les nobles étaient alors tenus de servir en personne et à leurs frais, ils ne furent pas sou-

mis à cet impôt. Lorsque, par la suite, les gentilshommes cessèrent d'être astreints au service militaire et qu'ils reçurent une solde de la royauté, l'exemption de la taille, par un privilége monstrueux, fut maintenue en leur faveur pour une étendue de terrain qui ne devait pas s'élever au delà de quatre charrues par tête de noble. Il ne pouvait, bien entendu, être question de soumettre à la taille les biens du clergé, la propriété divine ne pouvant, d'après le droit canon, avoir rien à démêler avec les charges terrestres.

Le brevet de la taille était arrêté en conseil des finances, et son montant réparti entre les diverses généralités. Les intendants avaient ensuite à partager entre les élections de la province la somme à laquelle leur généralité avait été imposée. Puis venait la troisième opération appelée *département :* c'était la répartition entre les paroisses et communautés de la somme qui devait être perçue sur l'élection. Enfin des commissaires aux rôles avaient pour mission de taxer les habitants des paroisses. Tout cela, au premier abord, peut paraître assez régulier, et cependant l'impôt était réparti et perçu de la façon la plus arbitraire et la plus inégale. Commissaires, élus, subdélégués, intendants et ministres, tous avaient la conscience de l'œuvre de ténèbres qu'ils étaient chargés d'accomplir. La levée des impôts s'accomplissait dans l'ombre et le mystère. Les provinces, l'élection, la paroisse, ne connaissaient jamais que le chiffre de leur propre taxe ; on les laissait dans l'ignorance sur le sort des circonscriptions voisines, afin d'éviter des récriminations qui, le plus souvent, n'eussent été que trop fondées. La cour des aides elle-même ne pouvait obtenir le tableau général des impositions levées sur les provinces, « à cause, disaient les lettres patentes de Sa Majesté, des dangereuses conséquences que cette communication pourrait entraîner. » L'impôt à tous les degrés était donc soumis à la loi du bon plaisir.

Étaient compris dans le brevet de la taille : 1° la taille proprement dite ; 2° le taillon de la gendarmerie ; 3° la solde de la maréchaussée ; 4° l'étape ; 5° les 2 sous pour livre sur les quatre impositions précédentes. Il y avait une dernière colonne qui portait pour titre : *Impositions en vertu d'arrêts particuliers,* et qui ne concernait que certaines provinces, élections ou paroisses.

La capitation frappait indistinctement sur toutes les têtes : c'était un impôt odieux, qui ne reposait sur aucune base, sur aucun principe, et qui était fixé chaque année par une simple lettre du contrôleur général. Les diverses opérations de répartition étaient laissées à la discrétion absolue des intendants. Pour les gens du tiers, la capitation était généralement calculée au marc la livre du montant de la taille ; dans ses fixations les plus élevées, elle pouvait atteindre le centième du revenu pour les nobles et le cinquantième pour les nouveaux anoblis. Au principal de la capitation on ajoutait toujours un certain nombre de deniers par livre pour faire face à des dépenses extraordinaires.

Les impositions extraordinaires ne pesaient que sur le revenu; mais la fortune des particuliers ou le produit de leur industrie était évalué de la manière la plus arbitraire et la plus fiscale. Les intendants jugeaient seuls les difficultés qui s'élevaient à cet égard, et ils décidaient en dernier ressort. En temps de paix, l'impôt extraordinaire n'était jamais moindre du vingtième du revenu; mais, dans les moments difficiles, il s'élevait à deux et même à trois vingtièmes.

Les divers impôts dont nous venons de parler, réunis au produit des domaines et des forêts, et au don gratuit du clergé, qui s'élevait, année moyenne, à 3 millions, formaient le revenu direct de l'Etat. Les revenus indirects comprenaient le produit des différentes fermes générales et particulières, des droits réunis connus sous le nom de *louaches*, de *loteries*, etc., etc. On arrivait ainsi à une recette de 420 à 450 millions, que les deux genres d'impôts, directs et indirects, concouraient à former par portions à peu près égales. Mais, par suite du mauvais système d'administration en vigueur à cette époque, les frais de perception et les rentes à servir pour les emprunts contractés au nom des provinces absorbaient une notable partie des ressources destinées aux besoins de l'Etat, et c'est ainsi que dans le compte des finances publié par Necker en 1784, les versements faits au trésor public par les différentes caisses du royaume, déduction faite des charges qu'elles étaient tenues d'acquitter, ne sont plus estimés qu'à 264 millions. Le surplus des recettes était employé à payer une certaine quantité de rentes, et principalement une infinité de charges et d'emplois, dont la provision était assignée sur les caisses particulières, sans préjudice des nombreux fonctionnaires dont les appointements figuraient au budget de l'Etat. Jamais il n'exista, je crois, de comptabilité plus embrouillée que celle de l'ancien régime, ni de rouages plus compliqués que ceux de son administration. Chaque nature de recettes et de dépenses avait ses receveurs généraux et particuliers, ses trésoriers, ses payeurs, etc., et ces comptables, si multipliés, ne répondaient même pas à un centre unique, car il y avait en France plusieurs chambres des comptes qui se partageaient le soin de vérifier les dépenses publiques.

Il serait difficile de donner une idée tant soit peu exacte des anciennes administrations municipales. Il n'existait à cet égard aucune règle précise, et les choses variaient suivant les traditions et les franchises locales, et surtout suivant la loi du pays. Or, il ne faut pas oublier qu'il y avait alors en France cent quarante coutumes différentes ayant toutes force de loi. Nous pouvons seulement dire, d'une manière générale, que, dans les campagnes, les paroisses étaient administrées sous la double inspiration du seigneur et du curé, et que, dans les villes où le peuple était tenu dans un autre genre de servage

par les corporations des métiers, les affaires municipales ne se traitaient, sous la surveillance des intendants, qu'au gré et à l'avantage des gros marchands et des riches bourgeois.

De toutes les administrations particulières, l'administration de la marine est peut-être celle qui a éprouvé le moins de changements, malgré les conflits perpétuels qui ont existé dans ce corps entre la plume et l'épée. La hiérarchie différait peu de celle d'aujourd'hui et se composait d'élèves, d'écrivains, d'écrivains principaux, de commissaires ordinaires, de commissaires généraux et d'intendants. Les fonctions des officiers de plume consistaient dans l'achat, la réception, la surveillance et l'emploi de toutes les matières servant à la construction, à l'équipement et à l'armement des vaisseaux, dans la police et la levée des matelots, et dans la tenue de toutes les écritures du corps. Les officiers d'épée avaient sur ces diverses opérations le droit d'inspection, de contrôle et de plainte au ministre. En mer, chaque capitaine devenait maître absolu à son bord, et l'officier de plume, réduit alors à un rôle secondaire, n'était plus que l'économe des deniers et du matériel de l'Etat. Cet équilibre a toujours subsisté, sauf quelques modifications, dans le détail desquelles nous ne saurions entrer, à moins de faire de cet article un véritable volume.

Quant à l'administration militaire, nous avons déjà vu qu'elle était partagée en deux parties, l'ordinaire et l'extraordinaire des guerres; cette administration était confiée à des commissaires qui, seulement pour les troupes de ligne, se divisaient en commissaires ordinaires des guerres, commissaires provinciaux et commissaires ordonnateurs. Il y avait en outre des commissaires spéciaux pour les corps de l'artillerie et du génie et des commissaires des vivres. Les intendants étaient chargés de la direction des services administratifs dans les armées. Les colonels et capitaines étant propriétaires de leurs régiments et compagnies, le gouvernement traitait avec eux, par abonnement, pour l'habillement et l'entretien des troupes, et les commissaires avaient surtout pour mission de s'assurer du nombre d'hommes présents sous les armes avant d'établir les états de payement. Les conseils d'administration des corps furent établis sous le règne de Louis XVI, et l'armée dut au comte de Saint-Germain une comptabilité plus régulière. Mais la noblesse, qui alimentait presque exclusivement les corps d'officiers, supportait toujours impatiemment la révision des gens de plume, et s'efforçait par tous les moyens d'échapper à leur contrôle. Les influences de cour et la complication des rouages venaient en aide à son mauvais vouloir, et dans l'administration de l'armée comme dans toutes les autres, la Révolution eut à nettoyer les écuries d'Augias. *V.* Adjudants généraux.

Nous n'avons encore rien dit des concussions et des dilapidations de toute espèce, dont l'admi.

nistration offrait le spectacle, et qui s'exerçaient aux dépens des contribuables. La noblesse traitait la France en pays conquis et croyait simplement user de son droit quand elle mettait au pillage le trésor de l'État. Nous emprunterons au compte des finances, rédigé par Necker, quelques détails à ce sujet :

« Il était, dit le célèbre financier, une autre sorte de largesses dont on avait extrêmement abusé; je veux parler des intérêts dans les affaires de finances, usage introduit successivement et par l'effet de circonstances particulières.

« Les mélanges d'état par des alliances, l'accroissement du luxe, le prix qu'il oblige de mettre à la fortune, enfin l'habitude, ce grand maître de toutes choses, avaient fait des grâces qui peuvent émaner du trône la ressource générale; acquisitions de charges, projets de mariage et d'éducation, pertes imprévues, espérances avortées, tous ces événements étaient devenus une occasion de recourir à la munificence du souverain; on eût dit que le trésor royal devait tout concilier, tout aplanir, tout réparer; et comme la voie des pensions, quoique poussée à l'extrême, ne pouvait ni satisfaire les prétentions, ni servir assez bien la cupidité honteuse, l'on avait imaginé d'autres tournures, et l'on en eût inventé chaque jour : les intérêts dans les fermes, dans les régies, dans les étapes, dans beaucoup de places de finances, dans les pourvoiries, dans les marchés de toute espèce et jusque dans les fournitures d'hôpitaux, tout était bon, tout était devenu digne de l'attention des personnes souvent les plus éloignées par leur état de semblables affaires. Indépendamment de ces différents objets, on sollicitait encore les engagements de domaines de Votre Majesté, les échanges onéreux à ses intérêts, l'accensement favorable de terres en non-valeur, ou la concession de forêts qu'on prétendait abandonnées; enfin venaient aussi les payements de faveur sur des pensions arréragées, l'acquittement de vieilles créances quelquefois achetées à vil prix, leur admission dans les emprunts, etc.. etc.»

Nos lecteurs doivent être maintenant suffisamment édifiés sur les formes et les abus de l'administration dans l'ancien régime. La France, avec un pareil système, marchait droit aux abîmes; une révolution radicale pouvait seule sauver le pays et permettre à la richesse publique de se développer graduellement. A d'autres de raconter au prix de quels efforts d'intelligence et de dévouement cette Révolution fut accomplie; à nous la tâche plus modeste de suivre l'administration dans les transformations successives qu'elle a subies depuis lors.

II

C'est à l'Assemblée constituante qu'était réservé l'honneur d'atteindre un but vainement poursuivi par Charlemagne, Louis XI et Richelieu, et de réaliser un rêve qu'avaient caressé de tout temps les intelligences supérieures. Cette assemblée osa,

d'une main ferme, porter la hache dans l'édifice vermoulu de la féodalité et éleva, sur ses débris, l'immortel monument de l'unité nationale.

Le décret du 11 août 1789, suite de la fameuse nuit du 4, où les ordres privilégiés s'étaient vus forcés de donner une satisfaction éclatante aux exigences de l'esprit public, renfermait les dispositions suivantes, qui allaient changer de fond en comble l'administration du pays :

« Art. 1er. L'assemblée nationale détruit entièrement le régime féodal. . . . .

. . . .

« Art. 7. La vénalité des offices de judicature et de municipalité est supprimée dès cet instant.

. . . .

« Art. 9. Les priviléges pécuniaires, personnels ou réels, en matière de subsides, sont abolis à jamais. La perception se fera sur tous les citoyens et sur tous les biens, de la même manière et de la même forme. . . . .

« Art. 10. Une constitution nationale et la liberté publique étant plus avantageuses aux provinces que les priviléges dont quelques-unes jouissaient, et dont le sacrifice est nécessaire à l'union intime de toutes les parties de l'empire, il est déclaré que tous les priviléges particuliers des provinces, principautés, pays, cantons, villes et communautés d'habitants, soit pécuniaires, soit de toute autre nature, sont abolis sans retour, et demeureront confondus dans le droit commun de tous les Français.

« Art. 11. Tous les citoyens, sans distinction de naissance, pourront être admis à tous les emplois et dignités ecclésiastiques, civils et militaires, et nulle profession utile n'emportera dérogeance. »

Les provinces, qui formaient, à proprement parler, autant de nationalités distinctes, ne durent plus exister, à partir de ce moment, qu'à l'état de souvenirs historiques, et la division de la France en départements, conçue par Sieyès et développée par Thouret, fut décrétée par l'Assemblée nationale, le 22 décembre 1789. Malgré les résistances et les réclamations locales, cette grande et difficile opération de la division du territoire, qui devait servir de base à la nouvelle organisation administrative, fut achevée en moins de trois mois, et le décret final fut rendu le 28 février 1790.

Il y eut alors au chef-lieu de chaque département une administration composée de trente-six membres et divisée en deux sections : l'une, appelée *conseil de département*, devait seulement tenir une session annuelle d'un mois, tandis que l'autre, formée de huit membres, sous le nom de *directoire de département*, restait constamment en activité pour l'expédition des affaires. La même organisation fut adoptée pour les districts, connus plus tard sous le nom d'*arrondissements*, et pour les communes. La loi supprimait, en effet, toutes les anciennes administrations des villes, bourgs, paroisses et communautés, les consulats, les vigneries, les échevinats, les capitoulats, etc., etc., et déclarait que « toutes les municipalités du royaume, soit de ville, soit de campagne, étant de même nature et sur la même ligne dans l'ordre de la constitution, elles devaient toutes porter le titre commun de municipalité, et le chef de chacune d'elles celui de maire. »

La municipalité fut subordonnée au district, et le district au département. Les diverses administrations ne devaient s'immiscer ni dans les fonctions législatives ni dans les fonctions judiciaires, et restaient dans un état de sujétion vis-à-vis du roi et de l'Assemblée. La correspondance officielle n'appartenait, dans chaque administration, qu'au directoire, véritable pouvoir exécutif au petit pied. Des procureurs-syndics étaient attachés aux administrations, pour veiller aux intérêts des départements, des districts et des municipalités, instruire les affaires en instance, et donner la suite convenable à celles qui avaient reçu une solution. L'Assemblée nationale, dans une instruction du mois d'août 1790, a d'ailleurs tracé le tableau des fonctions et des devoirs des administrations qu'elle venait de créer : « Les fonctions des conseils de département, est-il dit dans cette pièce, sont de délibérer sur tout ce qui intéresse l'ensemble du département, de fixer d'une manière générale tant les règles de l'administration que les moyens d'exécution ; enfin, d'ordonner les travaux et la dépense de chaque année et d'en recevoir les comptes. Les fonctions des directoires sont d'exécuter tout ce qui a été prescrit par les conseils et d'expédier toutes les affaires particulières.

« Les fonctions propres au pouvoir municipal, sont de régir les biens et revenus communaux, de diriger les travaux à la charge de la commune, de maintenir la tranquillité, la salubrité, etc., de pourvoir à la répartition, à la perception et au versement des contributions directes, etc. »

Les membres des diverses administrations dont il vient d'être parlé étaient nommés par les électeurs, et devaient se renouveler par moitié tous les ans. Aussitôt après leur entrée en activité, les commissaires départis, les intendants, les délégués, tous les fonctionnaires, en un mot, qui composaient l'ancienne administration des provinces, durent cesser l'exercice de leurs charges et emplois.

La réorganisation des différents services marchait de front avec celle de l'administration provinciale, et nécessitait une nouvelle répartition des attributions ministérielles. Une loi du 27 avril 1791 fixa à six le nombre des administrations centrales ayant chacune un ministre à leur tête. Ces six ministères étaient ceux de la justice, de l'intérieur, des finances, de la guerre, de la marine et des affaires étrangères. Le ministère de la maison du roi disparaissait dans cette combinaison, et deux nouveaux ministères, la justice et l'intérieur, étaient créés. D'après les termes de la loi, le nombre et les attributions des ministères ne pouvaient être changés qu'en vertu d'un acte

du pouvoir législatif. Toutes les affaires qui ressortissaient précédemment au chancelier et au garde des sceaux passèrent au département de la justice avec les nouvelles juridictions qui venaient d'être établies. Le ministère de l'intérieur, démembrement de celui des finances, eut en partage tout ce qui concernait la sûreté publique, la garde nationale, les relais de poste et les messageries, la correspondance avec les directoires départementaux, les hôpitaux, les cultes, l'instruction publique, les arts, musées, académies et bibliothèques, les bâtiments publics, les manufactures nationales, les travaux publics, la navigation intérieure, les ponts et chaussées, l'agriculture, le commerce intérieur, les brevets d'invention, etc., etc.

Ces premières mesures donnaient à l'Assemblée constituante les moyens d'accomplir d'autres réformes non moins urgentes, et elle continua vigoureusement la grande œuvre qu'elle avait entreprise. Le système d'impôt fut transformé radicalement, et ce fut surtout aux véritables détenteurs de la richesse publique, aux propriétaires du sol, que l'État demanda les ressources qui lui étaient nécessaires. C'était la mise en pratique de la déclaration des droits de l'homme, qui portait que les impositions seraient réparties également entre tous les citoyens, en raison de leurs facultés, et la conséquence des doctrines soutenues par les économistes du dix-huitième siècle, aux yeux desquels le produit des immeubles formait l'unique source de la richesse nationale dont les apparentes variétés ne pouvaient jamais être, en définitive, que des transformations du revenu foncier. L'impôt fut divisé par l'Assemblée constituante en deux grandes parties, contributions foncière et mobilière sur les revenus, impositions sur les capitaux.

La contribution sur les revenus présumés embrassait : 1° L'impôt foncier assis sur le revenu net des immeubles ; 2° l'impôt mobilier, assis sur les revenus du contribuable, évalués d'après la valeur locative de l'habitation ; 3° l'impôt des patentes, assis sur la valeur locative du logement de l'industriel ou du commerçant, et du local nécessaire à l'exploitation de son industrie.

La contribution sur les capitaux comprenait : 1° Les droits d'enregistrement, de timbre, d'hypothèque et de succession ; 2° les droits de douane, reportés aux frontières du royaume par la suppression des fermes.

Toutes les autres contributions indirectes, droits d'aides sur les boissons, droits de la gabelle sur les sels, droits sur les tabacs, etc., etc., qui semblaient devoir peser exclusivement sur le producteur, furent successivement abolis. Les droits d'octroi eux-mêmes furent supprimés, et ce fut pour remplacer ces divers impôts de consommation, et fournir aux départements et aux municipalités les moyens de pourvoir aux dépenses locales que la Constituante établit les sous additionnels aux contributions foncière et mobilière. Elle décréta également, pour l'assiette et la répartition de l'impôt foncier, l'établissement du cadastre par

masse et par parcelles, qui devait donner le moyen
de réaliser le principe d'égalité proportionnelle
dans les charges publiques.

Cette grande et difficile opération du cadastre,
à peine terminée de nos jours, et qui a coûté aux
départements 150 millions environ, comprend un
plan de masse qui présente la circonscription de
chaque commune et sa division en sections, et
puis des plans de détails ou parcellaires pour
chaque propriété. Le levé des plans est l'œuvre
des géomètres du cadastre; mais l'expertise qui
a pour objet d'évaluer le revenu net imposable de
la propriété cadastrée est confiée à des propriétaires nommés par le conseil municipal. Ce mode
de procéder ne laisse guère de place, on le comprend, à l'arbitraire de l'administration. Il ne
reste au directeur des contributions, pour arriver
à la répartition de la somme à laquelle la commune est imposée, qu'à dresser les états de section dans l'ordre des numéros du plan cadastral,
les matrices de rôles indiquant les parcelles qui
appartiennent à chaque propriétaire, et le rôle
cadastral qui contient le montant de la contribution foncière en principal et centimes additionnels, le chiffre du revenu cadastral de la commune, et la proportion dans laquelle chaque propriétaire doit acquitter sa part de contributions.

D'après les règles posées par l'Assemblée constituante, et qui n'ont subi depuis lors que des
modifications peu importantes, la répartition de
l'impôt foncier entre les départements se fait par
le pouvoir législatif et doit être comprise dans la
loi annuelle du budget. Les bases générales sont
renouvelées tous les cinq ans, afin que les charges soient toujours en rapport avec la population et les revenus des départements, selon les
états dressés par les soins de l'autorité administrative. Le conseil général de chaque département, sur les tableaux fournis par la direction
des contributions, fait ensuite la répartition entre les arrondissements. Le conseil d'arrondissement répartit à son tour entre les communes, et
l'autorité municipale, représentée par une commission de répartiteurs, opère, avec l'aide des
états qui lui sont fournis, une dernière répartition entre les propriétaires. Ce travail est le plus
délicat de tous, puisqu'il s'attaque aux individus,
tandis que les mesures qui le précèdent n'ont
pour objet que des divisions territoriales.

En même temps qu'elle posait les bases du
nouveau système d'impôts et d'administration générale, l'Assemblée constituante supprimait toutes
les compagnies de finances, régies, fermes générales et particulières; elle faisait disparaître du
budget les dépenses abusives, et décidait que le
compte d'emploi des finances de l'État lui serait
chaque année présenté par les ministres. Il était
d'ailleurs pourvu par des décrets spéciaux à la
réorganisation administrative des différents services, mines, hôpitaux, monnaie, douanes, eaux
et forêts, ponts et chaussées, timbre, enregistrement et domaines, et les mesures adoptées répondaient si bien à des besoins réels, que, malgré

leur haine de la Révolution, les gouvernements
monarchiques qui se sont succédé depuis le commencement du siècle, ont cru devoir conserver,
sauf quelques changements peu importants, l'organisation de cette époque.

L'Assemblée constituante avait décrété la formation d'un conseil d'État composé des ministres, et la constitution de 1791 consacrait le droit
des citoyens d'appeler au roi, en son conseil, des
actes et des décisions des administrateurs de département ou de district. Mais les anciennes juridictions administratives n'avaient pas été rem-
placées, et différentes lois renvoyèrent au tribunal
de cassation, récemment institué, et aux tribunaux
ordinaires, tous les procès pendants aux conseils
des parties, des finances, des dépêches, et aux
commissions du conseil. Il fut d'ailleurs décrété
que les fonctions judiciaires seraient distinctes
et demeureraient toujours séparées des fonctions
administratives, et que les administrations ne
pourraient, sous aucun prétexte, être appelées en
cause devant les tribunaux. Ces principes, in-
scrits dans la constitution de 1791, ont été re-
produits par toutes les constitutions postérieures
à celle-ci. Ce fut encore la Constituante qui posa
les règles suivies depuis lors relativement à la
prohibition du cumul de plusieurs fonctions administratives et à l'incompatibilité de ces fonctions avec d'autres emplois publics.

III

La réorganisation administrative, dont l'Assemblée nationale venait de jeter les bases, fut
poursuivie par la Convention avec cette énergie
qu'on retrouve dans tous ses actes. Aux termes
de la constitution de 1793, le Corps législatif devait soumettre à l'acceptation du peuple, réuni
dans les assemblées primaires, les lois d'administration générale, et ne pouvait rendre de décrets
que pour les mesures spéciales aux diverses administrations. On conserva dans chaque commune une administration municipale, dans chaque district une administration intermédiaire, et
dans chaque département une administration centrale. Les séances de ces assemblées étaient publiques et leurs membres élus et renouvelés tous
les ans par moitié. Un conseil exécutif, composé
de vingt-quatre membres, était chargé des soins
du gouvernement et nommait, en dehors de son
sein, les agents en chef de l'administration générale de la République. Le Corps législatif arrêtait les comptes de finances et confiait à des
commissaires la surveillance des opérations de la
trésorerie nationale.

La constitution portait que nul citoyen ne serait dispensé de l'honorable obligation de contribuer aux charges publiques; mais la Convention,
par deux décrets en date des 18 mars et 9 juin
1793, élucida cette disposition en déclarant, d'une
part, que l'absolu nécessaire à la subsistance des
citoyens serait exempt de toute contribution, et,
d'autre part, que l'impôt serait progressif sur le

luxe et les richesses tant foncières que mobilières.

Les événements se précipitèrent de telle sorte, que la constitution de 1793 ne fut jamais mise en vigueur. L'établissement du gouvernement révolutionnaire, par décret du 14 frimaire an II, attribua au comité de salut public un véritable pouvoir dictatorial. Toutes les parties du service public furent soumises aux lois d'une centralisation puissante. Le pouvoir exécutif fut remplacé par douze commissions particulières qui correspondaient avec le comité de salut public, auquel elles étaient subordonnées. Ces commissions étaient ainsi réparties : 1° Administrations civiles, police et tribunaux ; 2° instruction publique ; 3° agriculture et arts ; 4° commerce et approvisionnements ; 5° travaux publics ; 6° secours publics ; 7° postes, transports et messageries ; 8° finances ; 9° organisation et mouvements des armées de terre ; 10° marine et colonies ; 11° armes, poudres et exploitation des mines ; 12° relations extérieures.

Le comité de salut public, âme de toutes ces commissions, se réunissait aux Tuileries, dans les petits appartements de Louis XVI. Il fut, à cette époque de crise suprême, le moteur universel, le guide et le modérateur des événements. Les appartements du château étaient occupés par des bureaux d'un aspect sombre et sévère, encombrés de papiers et de paquets. Sur les mate-

las étendus çà et là, de nombreux commis pouvaient à peine goûter quelques rares instants de sommeil. Le comité se réunissait tous les soirs à dix heures ; mais, par le fait, il était en permanence, et à toute heure du jour et de la nuit on était certain de rencontrer la majeure partie de ses membres assis autour d'une table ovale couverte d'un tapis vert, des cartes et des rapports déployés sous leurs yeux, et méditant sur ces grandes mesures qui devaient leur créer des titres impérissables à la reconnaissance de la postérité.

Le comité de salut public avait dans les caves du château une typographie complète, où l'on imprimait, la nuit, les rapports, les arrêtés et les décrets adoptés dans la journée. A côté de lui, mais dans sa complète dépendance, siégeait le comité de sûreté générale, centre politique et administratif, où venaient aboutir tous les comités révolutionnaires de France.

Les principales bases du gouvernement révolutionnaire adopté par la Convention, sur les conclusions de Billaud-Varennes, étaient celles-ci : Tous les corps constitués et tous les fonctionnaires étaient placés sous l'inspection immédiate du comité de salut public, pour les mesures de gouvernement, d'administration et d'intérêt général, et pour tout ce qui concernait la police générale et intérieure. La surveillance particulière appartenait au comité de sûreté générale. Ces deux comités étaient tenus, à la fin de chaque mois, de rendre compte de leurs travaux à la Convention nationale. Les procureurs-syndics des départements, districts et municipalités, et leurs substituts, exposés à subir les influences locales et placés un peu trop en dehors de l'action du pouvoir exécutif, étaient remplacés par des agents nationaux spécialement chargés de requérir et de poursuivre l'application des lois, de dénoncer les négligences des fonctionnaires et toutes les infractions aux ordres du gouvernement. Ces agents devaient correspondre directement avec les comités de salut public et de sûreté générale pour l'exécution des mesures dites *révolutionnaires*. Les représentants du peuple devaient se tenir en communication constante avec les autorités.

Une mesure importante, et qui devait être féconde en bons résultats pour l'administration du pays, marqua l'inauguration du gouvernement révolutionnaire ; nous voulons parler de la création du *Bulletin des Lois*, sans lequel il serait difficile, même aux administrateurs les plus laborieux, de trouver dans le dédale de nos dispositions législatives celles qui sont applicables à telle ou telle question.

« Tel homme, disait Merlin, croit, en se conformant à un décret de l'Assemblée constituante, sur une matière qui le concerne, se mettre parfaitement en règle : point du tout ; il apprend bientôt que ce décret a été rapporté par un autre de l'Assemblée législative. Il se hâte d'obéir à celui-ci, et il se figure qu'on ne peut rien lui demander au delà : erreur ! un arrêté d'une administration locale lui fait connaître, en rejetant sa prétention, que ce second décret a lui-même disparu pour faire place à un troisième que la Convention nationale a rendu sur la même matière, et qui, suivant cette administration, forme le dernier état de la législation en cette partie. On croirait que là du moins se ferme le cercle des méprises : nullement ; l'affaire parvient jusqu'au ministre, qui, à son tour, apprend à l'administration que le troisième décret, sur lequel est basée sa décision, est modifié par une loi plus récente encore, et que c'est à cette loi, restée jusqu'à présent sans atteinte, qu'il faut uniquement s'attacher. »

Pour obvier à ces inconvénients trop réels, la Convention décida que les lois et décrets d'intérêt public seraient imprimés dans un bulletin numéroté qui servirait à les notifier aux autorités constituées. On arrêta même que les lois, rapports, discours et adresses dont la publicité dans les pays étrangers paraîtrait utile à la République seraient traduits pour y être envoyés. Pour chaque commune, les lois devaient être promulguées dans les vingt-quatre heures de la réception, par une publication à son de trompe ou de tambour :

indépendamment de cette proclamation, les nouvelles lois devaient être lues chaque décadi, dans un lieu public, par le maire ou les présidents de section.

Jamais la probité de l'administration française n'avait été mise à d'aussi rudes épreuves que sous la Convention, et jamais, — les ennemis les plus ardents de la Révolution ont été obligés de le reconnaître, — elle n'a été aussi, incontestée. Ces hommes qui disposaient à leur gré des biens des émigrés et des suspects, qui pouvaient puiser à pleines mains dans les richesses des pays conquis, ont tous vécu et sont morts pauvres. Leur vie était simple et frugale, et leur désintéressement tel, que les amis de ces hommes de bien, de ces grands citoyens, durent souvent se cotiser pour subvenir aux frais de leurs modestes funérailles. Le pouvoir n'enivrait personne à cette époque, et il suffit, pour s'en convaincre, de jeter les yeux sur les figures austères des principaux membres du comité de salut public. « Vos fonctions, disait Robespierre aux administrateurs, seront honorées, mais pénibles, et ne vous procureront que le nécessaire ; partout, c'est vous qui, les premiers, donnerez l'exemple des vertus. Votre tête répondra de tous vos actes. » Et cette responsabilité n'était pas un vain mot. Le 1er germinal an II, on avait vu comparaître devant le tribunal révolutionnaire des représentants concussionnaires, Chabot, Fabre, etc.; des administrateurs infidèles, Ancard, commissaire à l'armée de Mayence ; Leclerc, chef de division au ministère de la guerre ; Vincent, secrétaire général du même ministère, et le lendemain l'échafaud avait fait justice de tous ces coupables. Quand les hommes de cette époque parlaient de la probité et des vertus républicaines, ce n'était pas, on le voit, de vaines paroles qui sortaient de leur bouche.

Le 9 thermidor an II vint changer complétement la face des affaires et eut les plus funestes résultats pour l'administration du pays. A partir de ce moment, le niveau moral de la société va sans cesse en s'abaissant ; la sévère probité des Montagnards va faire place à la corruption et aux orgies du Directoire.

La municipalité de Paris qui, sous le gouvernement révolutionnaire, avait exercé une influence extraordinaire sur la marche des affaires publiques et sur la Convention nationale elle même, ne survécut pas au 9 thermidor. Le conseil général de la commune, s'appuyant sur les assemblées de section, sur les comités révolutionnaires et sur la célèbre société des Jacobins, avait été d'un puissant secours pour la partie démocratique de la Convention. Mais les temps étaient changés ; la commune devenait désormais un obstacle pour la réaction, et l'administration de la ville de Paris, qui avait dignement rempli sa tâche dans les circonstances les plus difficiles, dut être organisée sur un nouveau pied. Cette réorganisation fut comprise dans la constitution dite *de l'an III*. Mentionnons encore, avant de parler du nouvel acte constitutionnel, un décret du 28 germinal qui rétablit les administrations de département et de district, et leur rendit les fonctions qui leur étaient attribuées par les lois antérieures au 31 mai 1793.

IV

La constitution du 5 fructidor an III délégua le pouvoir exécutif à un directoire composé de cinq membres qui devaient être nommés par le Corps législatif. Les ministres, que nous avons vu précédemment remplacés par des commissions, furent rétablis, et leur nomination fut abandonnée aux directeurs. La Convention, — car l'Assemblée législative conservait encore ce titre, — se réserva seulement le soin de déterminer les attributions et de fixer le nombre des nouveaux ministères. Il dut y en avoir six au moins et huit au plus.

La nouvelle constitution établit dans chaque département une administration centrale de cinq membres, renouvelée par cinquième tous les ans. Les districts furent supprimés et remplacés par des cantons dans chacun desquels il fut créé au moins une administration municipale. Dans les communes au-dessous de cinq mille habitants, il y eut un agent municipal et un adjoint. La réunion des agents municipaux de chaque commune du canton formait la municipalité du canton. Chaque commune de cinq mille habitants jusqu'à dix mille eut en propre une administration municipale. Dans les communes ayant plus de dix mille habitants, il y eut plusieurs administrations municipales et un bureau central pour les objets jugés indivisibles par le Corps législatif. Le Directoire exécutif nommait auprès de chaque administration départementale et communale, un commissaire toujours révocable, qui était chargé de surveiller et de requérir l'application des lois. Les chefs des administrations se trouvant ainsi placés à la discrétion du pouvoir exécutif, il n'y avait plus que la qualification à changer pour en faire des préfets.

La Convention avait simplifié, autant que les circonstances le permettaient, le mécanisme gouvernemental ; mais, sous l'anarchie directoriale, on vit reparaître la confusion et les complications de toute nature. Les ressorts de l'administration étaient brisés : les ordres donnés sans force étaient reçus sans obéissance. Les intrigants, les factieux, les agents de l'étranger même se pressaient pour envahir les emplois vacants par la destitution ou la mort des patriotes. Tous les actes du gouvernement étaient faits d'ailleurs pour avilir les hommes et devaient inspirer le plus profond dégoût aux citoyens honnêtes. La délation et le plus odieux espionnage étaient à l'ordre du jour ; le Directoire les érigea en institution légale par l'établissement du ministère de la police, qui fut confié, le 11 nivose an IV, à Merlin (de Douai). L'immoralité devint alors une des principales bases du gouvernement : les agents provocateurs furent une puissance dans l'État ; on prit à tâche d'effrayer les citoyens dont on ne pouvait espérer des sympathies et de développer les mauvais penchants de l'humanité en semant partout des terreurs imaginaires. Jamais, en un mot, l'arbitraire, le désordre et la corruption n'exercèrent une plus déplorable influence sur les destinées d'un pays.

La réaction thermidorienne avait atteint les armées, et la désorganisation y était à son comble. « Jourdan, dit M. Thiers, n'avait pas un équipage de pont pour passer le Rhin, ni un cheval pour traîner son artillerie et ses bagages. Kléber, devant Mayence, n'avait pas le quart du matériel nécessaire pour assiéger une place ; les soldats désertaient tous à l'intérieur. Le gouvernement ne savait pas les nourrir, il ne savait ni occuper, ni réchauffer leur ardeur par de grandes opérations ; il n'osait pas ramener par la force ceux qui désertaient leurs drapeaux. On savait que les jeunes gens de la première réquisition, rentrés dans l'intérieur, n'étaient ni recherchés, ni punis. A Paris même, ils étaient dans la faveur des comités dont ils formaient souvent la milice volontaire. Aussi, la quantité des désertions était considérable ; les armées avaient perdu le quart de leur effectif, et on sentait ce relâchement général qui détache le soldat du service, mécontente les chefs et met leur fidélité en péril. Le député Aubry, chargé, au comité de salut public, du personnel de l'armée, y avait opéré une véritable réaction contre tous les officiers patriotes, en faveur de ceux qui n'avaient pas servi dans les grandes années de 93 et 94. » *V.* Aubry, ministre de la guerre.

Il n'y avait plus de Saint-Just pour contenir les fonctionnaires prévaricateurs, et l'administration militaire, autorisée par de hauts exemples, offrait le spectacle des plus honteuses et des plus criminelles dilapidations. L'institution des commissaires des guerres, qui avait été maintenue, mais simplifiée par la Convention, fut reconstituée à nouveau, sur des bases peu différentes, par la loi du 28 nivose an III. Il va sans dire que cette réorganisation ne changea rien à l'état désastreux de l'administration des armées ; le vice n'était pas tant dans les institutions que dans les hommes, et la forme importait peu, puisque le fond ne devait pas changer.

Pendant que les armées mouraient de faim et manquaient de souliers, le sort de la population civile n'était pas beaucoup plus enviable. Les agents et les employés du gouvernement, payés en assignats qui avaient perdu toute valeur, et profondément découragés, daignaient à peine remplir leurs fonctions, et le besoin les rendait accessibles à tous les genres de séduction. C'est sous le Directoire que la France a traversé la plus terrible de ses crises financières. Un agiotage effréné avait pris la place du commerce, et pendant que toutes les denrées nécessaires à la vie devenaient d'une excessive rareté et atteignaient les prix les plus élevés, le gouvernement était tombé dans un tel discrédit qu'on vit un jour la rente 5 pour cent cotée à 6 fr. 25 c. Ce chiffre peut donner une idée de la confiance qui régnait alors et de la facilité des transactions.

Le Directoire, cependant, avait recours aux expédients les plus désespérés pour se procurer des ressources et conjurer la banqueroute, qui était imminente, et la famine, dont les cris menaçants venaient troubler les banquets du Luxembourg. Il appela à son aide l'ancien esprit de fiscalité, reconstitua les droits de greffe, et modifia les droits d'enregistrement de la Constituante en introduisant dans ses lois les doctrines des fermiers généraux sur les droits de contrôle. C'est encore au Directoire que nous devons l'impôt des portes et fenêtres établi par la loi du 6 frimaire an VII, l'impôt personnel des trois journées de travail, et les décimes de guerre que nous payons encore après quarante ans de paix.

V

La constitution consulaire de l'an VIII ne changea rien à l'organisation du ministère; les règles de la responsabilité des ministres furent seules modifiées. Cette constitution, qui dirigeait d'une manière patente les institutions vers un but monarchique, abolit complétement le mode d'élection établi pour les administrations départementales, et se borna à cet égard à poser le principe suivant : « Le premier consul nomme et révoque à volonté les membres des administrations locales. » Les développements ne se firent pas attendre, et, le 28 pluviose an VIII, intervint la loi portant organisation de l'administration départementale et municipale. Nous vivons encore sous le régime de cette organisation, que les lois subséquentes n'ont modifiée que dans les détails, et il est nécessaire, par conséquent, d'en faire comprendre le mécanisme à nos lecteurs.

La loi du 28 pluviose établit dans chaque département un préfet, un conseil de préfecture et un conseil général.

Le préfet est le premier des agents du pouvoir administratif et exerce, sous les ordres du chef de l'Etat et des ministres, l'autorité gouvernementale dans son département. Véritable ministre, agissant seulement dans un cercle plus restreint, il doit procurer l'exécution des lois, ordonnances et règlements. Le préfet correspond avec tous les ministres et exécute toutes les dispositions applicables à son département, quel que soit le genre de service auquel elles appartiennent; ses relations habituelles sont plus particulièrement établies avec le ministre de l'intérieur, qui a dans ses attributions l'administration départementale et communale.

Le préfet, comme organe des intérêts généraux, transmet aux agents inférieurs placés sous ses ordres les lois, ordonnances, règlements, instructions et décisions qu'ils doivent faire exécuter, et fait parvenir aux ministres compétents leurs réponses et leurs observations. D'après la loi de pluviose, il nommait les maires et adjoints des communes ayant moins de cinq mille habitants, les médecins des hospices, etc.; il pouvait suspendre les maires et adjoints, même ceux des villes au-dessus de cinq mille habitants, qui étaient à la nomination du chef de l'Etat. Le préfet a toujours été en possession du droit de suspendre les conseils municipaux et même les conseils généraux de département dans certains cas prévus par la loi. Il fait toutes les injonctions et prend toutes les mesures que les circonstances de temps et de lieux rendent nécessaires pour l'exécution des lois et des ordres du gouvernement. Il rend exécutoires les rôles des contributions directes, préside aux opérations du recrutement dans les conseils de révision, requiert, en cas de besoin, la force publique, et prononce sur les questions de voirie et d'alignements, d'exploitation de minières, d'aménagement des eaux, d'établissements d'usines ou ateliers insalubres, d'exploitations théâtrales, etc. Il a la direction et la surveillance administrative des intérêts économiques des communes, des hospices, hôpitaux, bureaux de bienfaisance et de certains autres établissements reconnus comme étant d'utilité publique. Il est enfin ordonnateur des dépenses publiques dans un assez grand nombre de cas. Les actes par lesquels se manifeste l'autorité des préfets portent le titre d'*arrêtés*, fixé par la loi du 15-27 mars 1791.

La gestion des intérêts départementaux est partagée entre le conseil général et le préfet. Le conseil général répartit les contributions directes entre les arrondissements, délibère sur les intérêts du département, émet des vœux, prend des décisions et vote les dépenses. Le préfet prépare le budget départemental, administre les revenus, exécute les décisions du conseil, mandate les dépenses, rend compte de son administration et exerce les actions judiciaires du département.

Nommés par le pouvoir central, les membres des conseils généraux, des conseils d'arrondissement et des conseils municipaux étaient généralement choisis parmi les plus forts contribuables de la circonscription.

Les conseils de préfecture, créés par la loi du 28 pluviose, doivent seconder le préfet dans les détails de l'administration. Ils exercent en outre les attributions contentieuses précédemment accordées aux directoires de département par les lois du 30 juin et du 2 juillet 1790, du 11 septembre 1791, et par la constitution de l'an III (article 193), qui subordonnait les administrations municipales aux administrations de département et celles-ci aux ministres, et donnait aux ministres, chacun dans sa partie, le droit d'annuler les actes des administrations départementales, et à celles-ci le droit d'annuler les actes des administrations municipales, lorsque ces actes étaient contraires aux lois ou aux ordres des autorités supérieures.

Les attributions contentieuses des conseils de préfecture ont été déterminées depuis lors par un grand nombre de lois et de règlements d'administration publique ; elles s'étendent principalement aux questions concernant les contributions, les marchés, fournitures et travaux publics, le domaine de l'État, l'administration des communes et des établissements publics, la voirie, la salubrité publique et l'exercice des droits politiques.

Le préfet peut présider le conseil de préfecture et a voix prépondérante en cas de partage. Comme tous les fonctionnaires administratifs, les conseillers de préfecture sont nommés par le pouvoir exécutif et révocables à sa volonté. Leur nombre a varié suivant les époques. La loi du 28 pluviôse le fixait à cinq, quatre ou trois, selon l'importance du département.

L'organisation de l'an VIII reconstitua les anciens districts sous le nom d'*arrondissements*, et il y eut dans chacun d'eux un sous-préfet et un conseil d'arrondissement, qui eut pour mission de sous-répartir entre les communes les contributions directes et de délibérer sur les intérêts de la circonscription. Le sous-préfet fut chargé de la partie active de l'administration.

Les fonctions des sous-préfets sont, sur une échelle moindre, à peu près les mêmes que celles des préfets ; mais ces fonctionnaires, placés sous la dépendance absolue de l'administration supérieure, sont rarement appelés à exercer une autorité qui leur soit propre, et ils doivent être considérés surtout comme des agents de transmission, de surveillance et d'information. Ils peuvent néanmoins, dans certains cas, prendre des arrêtés comme les préfets.

La loi du 28 pluviôse fit disparaître les cantons en tant que division administrative, et ils n'existèrent plus que sous la forme de circonscriptions de justices de paix. Les administrations municipales, établies d'une manière collective par la constitution de l'an III, se trouvèrent ainsi supprimées. Il y eut à leur place dans chaque commune un conseil municipal nommé par le préfet, et, au lieu des agents municipaux, les conseils eurent à leur tête un maire et des adjoints désignés, suivant le chiffre de la population, par le chef du gouvernement ou par les préfets.

Les maires sont chargés de la tenue des registres de l'état civil, que la loi du 25 septembre 1792 a enlevés au clergé ; ils sont en outre officiers de police judiciaire et officiers de simple police ; ils stipulent au nom des communes dont ils sont les mandataires légaux ; ils ont enfin pour devoir de faire exécuter les lois et de prendre toutes les mesures que peut nécessiter leur qualité de délégués du gouvernement pour l'administration générale.

Les fonctions des conseils municipaux sont d'entendre et de débattre le compte des recettes et des dépenses municipales qui leur est présenté par le maire, de régler le partage des affouages, pâtures, récoltes et fruits communs, de faire la répartition des travaux nécessaires à l'entretien et aux réparations des propriétés communales, et de délibérer sur les besoins locaux, les emprunts, les octrois, les centimes additionnels et les procès à soutenir ou à intenter par la commune.

Les commissaires de police existaient depuis la Constituante ; ils avaient succédé aux anciens commissaires du Châtelet ; mais l'organisation consulaire eut pour effet d'en augmenter le nombre dans une proportion considérable, et toutes les localités de quelque importance se trouvèrent dotées de cette institution. La police ayant d'ailleurs un caractère plutôt judiciaire et politique qu'administratif, nous n'avons pas à nous en occuper ici d'une manière plus spéciale, et nous nous contenterons de dire que la loi du 28 pluviôse (article 12 et suivants) a régi son organisation jusqu'à nos jours. *V.* Police.

La loi qui réorganisait les administrations locales établit pour le département de la Seine et la ville de Paris un régime exceptionnel emprunté à la constitution de l'an III. Il y eut dans le département de la Seine deux préfets, l'un chargé de l'administration proprement dite, et l'autre de la police. La ville de Paris fut divisée en douze arrondissements municipaux administrés chacun par un maire et deux adjoints. Le conseil général du département fut en même temps appelé à remplir les fonctions de conseil municipal pour la ville de Paris. Cette organisation n'a pas changé depuis lors.

Il est encore une institution qui date du Consulat, et qui a toujours joué un grand rôle dans l'administration du pays, c'est le conseil d'État, dont nous allons faire connaître les attributions.

La constitution du 22 frimaire an VIII statuait (article 52) que, sous la direction des consuls, le conseil d'État serait chargé de rédiger les projets de loi et les règlements d'administration publique, et (article 53) que c'était parmi les membres de ce conseil que seraient toujours pris les orateurs chargés de porter la parole au nom du gouvernement devant le Corps législatif.

Le règlement du 5 nivôse an VIII, par lequel les consuls réglèrent l'organisation du conseil d'État, ne laissa effectivement aux ministres qu'un droit d'initiative relativement aux mesures qu'ils jugeraient utiles pour leurs départements : tous les projets devaient être envoyés au conseil d'État, dont l'intervention était déclarée indispensable pour la préparation, la présentation et la discussion des lois.

Le conseil d'État, par les règles de son institution, fut encore appelé à délibérer sur les matières de haute administration, telles que conflits d'attributions, demandes en autorisation de poursuites contre les agents du gouvernement, prises maritimes, appels comme d'abus, vérification des bulles de Rome et des statuts des congrégations religieuses, naturalisations, rectifications d'erreurs au grand-livre de la dette publique, dessèchement des marais, concessions de mines, autorisations d'établissements insalubres, organisation des comptoirs de la Banque, acceptation des legs faits aux départements, villes ou communautés, etc., etc. Les différents comités, entre lesquels se partageait le conseil, et qui répondaient aux divers départements ministériels, durent en outre, par la suite, donner aux ministres les avis officieux qui leur étaient demandés.

L'article 52, cité plus haut, portait que le conseil d'Etat serait chargé de résoudre les difficultés qui pourraient s'élever en matière administrative. Le règlement du 5 nivose alla plus loin, et décida que le conseil d'Etat, sur le renvoi qui lui serait fait par les consuls, des questions en litige, aurait à développer le sens des lois. C'est ainsi que les avis interprétatifs du conseil d'Etat, approuvés par les consuls, et plus tard par l'Empereur, et insérés au *Bulletin des Lois*, acquièrent, et ont conservé jusqu'à nos jours, force de loi.

Le règlement du 5 nivose attribuait d'ailleurs au conseil d'Etat le droit de prononcer sur les affaires contentieuses dont la décision était précédemment abandonnée aux ministres. Cette disposition n'a jamais été exécutée, et les ministres ont continué jusqu'ici à statuer sur les questions qui concernent leurs départements ; mais depuis l'an VIII un grand nombre de lois, de décrets et d'ordonnances ont établi l'intervention du conseil d'Etat dans les affaires contentieuses de l'administration en autorisant le recours des parties intéressées devant cette juridiction. La loi toutefois ne reconnaît qu'implicitement ce droit d'appel contre les décisions des administrations inférieures. C'est de cette manière que, depuis son institution, le conseil d'Etat a été successivement appelé à connaître des décisions des commissions de travaux publics et de desséchement, des arrêtés des préfets, pris en conseil de préfecture, des décisions ministérielles en matière contentieuse, de certaines décisions du conseil de l'instruction publique, des recours en cassation contre les arrêts de la cour des comptes, des questions d'incompétence à l'égard des corps administratifs, des questions d'excès de pouvoir, et des demandes en interprétation des actes du gouvernement.

L'importance et l'étendue des attributions du conseil d'Etat expliquent suffisamment le rôle éclatant qu'il a joué sous le Consulat et sous l'Empire. C'est dans cette assemblée qu'ont été élaborés les Codes qui nous régissent; c'est dans son sein qu'étaient généralement choisis les administrateurs des pays conquis et les fonctionnaires chargés de la haute surveillance administrative des départements de l'Empire et des divers services publics.

Plusieurs ministères nouveaux furent créés sous le Consulat ; nous allons en parler successivement et faire connaître leurs attributions.

Un arrêté du 4 nivose an VIII institua un ministre secrétaire d'Etat qui devait servir de lien de correspondance entre le chef de l'Etat, d'une part, et le Corps législatif et le conseil d'Etat, d'autre part, et centraliser tout le travail des autres ministères. Le ministre d'Etat acquit sous l'Empire une importance extrême dont on se rendra facilement compte après avoir lu les passages suivants, extraits des *Souvenirs intimes de la Révolution et de l'Empire*.

« A moins de cas extraordinaires, il n'y avait jamais de conseil des ministres.

« Les ministres à département (c'était la désignation employée) remettaient à l'Empereur, dans son cabinet, le travail qu'ils avaient préparé.— Toutes les propositions de décis en minute étaient laissées sur la table de l'Empereur, qui les envoyait au ministre secrétaire d'Etat; ce dernier examinait lui-même, et il ne devait se dispenser de ce soin sous aucun prétexte, les diverses propositions des ministres, analysait leurs rapports, et dans vingt-quatre heures, dans un travail tête-à-tête, en rendait compte à l'Empereur. — C'est alors seulement, et après avoir demandé, séance tenante, les renseignements qu'il voulait avoir, que l'Empereur signait; le ministre secrétaire d'Etat contresignait, et toutes les minutes, rapportées à la secrétairerie d'Etat, y restaient. — Une expédition en était à l'instant envoyée à chaque ministre, qui apprenait, seulement par ce renvoi, le sort de ses propositions et les nominations du personnel de son département. — La signature de l'Empereur et celle du ministre secrétaire d'Etat figuraient seules sur les nominations, arrêtés, etc., à quelque ministère qu'ils appartinssent.

« En temps de guerre, tout le travail des ministres était porté au quartier impérial par un auditeur au conseil d'Etat envoyé par l'archichancelier. — Les portefeuilles étaient remis au ministre secrétaire d'Etat, qui ne quittait jamais l'Empereur. — Au bivouac, sous les tentes, le travail était fait avec la même attention. Le ministre rendait compte dans la nuit suivante, et, quelquefois une heure avant la bataille, Napoléon signait, désapprouvait ou changeait les propositions de décrets envoyées de Paris; mais tout de suite ses décisions étaient expédiées : il appelait cela mettre la besogne à jour.

« L'auditeur repartait en toute hâte avec les portefeuilles et les expéditions toutes contresignées par le ministre secrétaire d'Etat, et elles étaient adressées à chaque ministre par l'archichancelier. Les minutes allaient à la secrétairerie d'Etat pour y être classées.

« Dans le cas où Sa Majesté appelait les ministres en conseil dans son cabinet, le ministre secrétaire d'Etat tenait la plume, ainsi que dans les autres conseils de haute administration et de haute politique, et toujours les procès-verbaux restaient à la secrétairerie. »

Le contrôle du ministre secrétaire d'Etat maintenait l'unité de vues dans l'administration, et Napoléon, en créant cette institution, semble avoir eu présente à la mémoire cette maxime du cardinal de Richelieu qu'*il n'y a rien de plus dangereux pour un Etat que diverses autorités égales en l'administration des affaires*. Une division de la secrétairerie d'Etat était chargée d'un travail spécial qui prouve l'importance du rôle joué sous l'Empire par les moyens occultes de gouvernement.

« Le ministère de la police générale envoyait au cabinet particulier du ministre secrétaire d'Etat tous les rapports de haute police ; et, en outre, d'heure en heure, jour et nuit, au chef d'une division *ad hoc* un rapport circonstancié de tout ce qui s'était passé dans Paris ; il avait sous ses ordres des chefs, des sous-chefs et des employés. — Au fur et à mesure que les rapports arrivaient, le dépouillement s'en opérait dans son cabinet ; il en faisait une analyse intelligente et rapide, qu'à l'instant il expédiait au cabinet de l'Empereur. — On sait que la secrétairerie d'Etat était établie place du Carrousel, en face du palais des Tuileries.

« Pour la nuit, le personnel des employés était dédoublé. Un chef de division, un chef de bureau et quatre employés veillaient à tour de rôle. Le service n'était jamais interrompu. C'était horriblement fatigant : plusieurs employés supérieurs, dont le tour revenait une nuit sur deux, y sont morts à la peine... L'envoi de ces rapports de police ne cessait que quand Sa Majesté faisait dire : *C'est assez ;* alors les employés allaient se coucher, et pour quelques heures seulement. »

Le ministère d'Etat, qui avait toujours porté ombrage aux autres départements ministériels, tomba avec le régime impérial, dont il avait été un des principaux instruments.

Par décret du 3 vendémiaire an X, fut créé un ministère du trésor public, indépendant du ministère des finances, et qui, dans la pensée du premier consul, devait même servir de contrôle à cette dernière administration. Ici encore, nous sommes obligés, pour bien faire comprendre la distinction établie entre ces deux ministères, de donner un aperçu de leurs attributions respectives.

Au ministère des finances appartenaient l'assiette, la répartition et le recouvrement des contributions directes, l'établissement et la perception des contributions indirectes, la direction et la surveillance des administrations financières, douanes, enregistrement et domaines, forêts, postes, tabacs, monnaies, et de tous les baux, régies et entreprises donnant un produit au trésor public.

Le ministère du trésor public eut pour spécialité la préparation du budget des recettes et des dépenses et de la loi des comptes de chaque exercice, le mouvement des fonds entre les caisses publiques, les poursuites pour le recouvrement des sommes dues au trésor, la rédaction des instructions réglant la comptabilité des receveurs des finances et des payeurs, la formation, la tenue et les mutations du grand-livre de la dette publique et du registre général des pensions civiles et militaires.

Les deux ministères des finances et du trésor public ont existé concurremment jusqu'à la fin de l'Empire.

Le Consulat avait hérité en partie des embarras financiers du Directoire, et il ne trouva pas de meilleur expédient, pour y faire face, que de rétablir les impôts indirects, dont le nom. — on

a dû le remarquer. — a reparu tout à l'heure sous notre plume. Ce rétablissement, autorisé par une loi du 5 thermidor an XII, eut lieu au nom de la justice, que les législateurs, par une vieille habitude, se croient toujours tenus d'invoquer. « La contribution indirecte, disait l'exposé des motifs, pesant sur chacun en proportion de ses besoins ou de sa consommation, *est le plus juste des impôts* et la voie la plus sûre pour obtenir des ressources extraordinaires sans accabler aucun genre de propriété. »

Ce n'est pas ici le lieu d'entreprendre une discussion sur ce point, et nous nous bornons à enregistrer le fait en laissant à chacun le soin de l'apprécier. *V.* Impôt.

Un décret du 17 ventose an X créa un ministère spécial de l'administration de la guerre, qui eut pour attributions tout ce qui concernait la solde, les subsistances et l'habillement des troupes, les hôpitaux militaires, les transports de l'armée et la comptabilité de tous les services, tandis que le ministère de la guerre proprement dit demeura chargé du personnel et de l'organisation des corps de troupe de toutes armes, du recrutement de l'armée et de la direction des mouvements et des opérations militaires. Cette division des services de la guerre, qui eût offert de graves inconvénients si les ministres eussent eu une action quelque peu indépendante de la volonté du premier consul, ne pouvait plus en avoir du moment où celui-ci imprimait lui-même la direction à tous les rouages, et elle était justifiée, jusqu'à un certain point, par le grand nombre d'hommes présents sous les armes et par les complications qu'entraînait un état de guerre perpétuel.

Les attributions des commissaires des guerres furent également divisées vers cette époque, afin de rendre l'action des administrateurs militaires plus prompte et, partant, plus efficace. Le commissariat fut conservé avec son ancienne dénomination et resta chargé de pourvoir aux besoins matériels de l'armée ; mais un nouveau corps fut créé, sous le titre d'*inspection aux revues,* auquel furent attribués la surveillance de l'administration intérieure des corps, l'ordonnancement de la solde et l'établissement des revues de comptabilité.

Un décret du 21 messidor an XII, suite naturelle du concordat et du rétablissement en France, sous la surveillance et avec la subvention de l'Etat, du culte catholique, créa encore un ministère des cultes.

Le sénatus-consulte du 28 floréal an XII, qui établit l'Empire, décida que les ministres pourraient être mis en accusation par le Corps législatif, et qu'ils seraient, dans ce cas, jugés par une haute cour de justice, mais il ne changea rien à leur nombre et à leur position.

Parmi les nouveaux ministères créés durant la période consulaire et impériale, nous n'avons plus à mentionner que le ministère des manufactures et du commerce, institué par décret du

22 juin 1811, et qui fut un démembrement du ministère de l'intérieur.

C'est sous l'Empire que l'administration a commencé à fonctionner dans les conditions régulières où nous la voyons aujourd'hui ; c'est de cette époque que datent en grande partie la jurisprudence administrative et cette foule de décrets et de règlements qui font intervenir l'administration dans la satisfaction de tous les intérêts généraux et particuliers et dans tous les détails de la vie des citoyens. Alors ont été posées la plupart des bases d'après lesquelles l'administration centrale ou départementale est appelée chaque jour à statuer sur une infinité de questions dont nous ne citerons que les principales et encore de la manière la plus sommaire.

Restrictions au principe de la liberté de culture (tabac).

Autorisations de défrichement.

Dessèchement des marais et des étangs.

Exploitation des tourbières.

Usage et endiguement des eaux, curage des cours d'eau.

Établissement des chemins de halage et des sentiers de flottage.

Règlements sur la chasse et sur la pêche fluviale et maritime.

Mesures pour la destruction des animaux nuisibles, et principalement des loups.

Règlements sur l'échenillage, les épizooties et la divagation des animaux féroces ou malfaisants.

Réglementation des droits de parcours et de vaine pâture, des droits d'usage dans les forêts, des opérations du cantonnement dans les bois, du rachat des droits des particuliers, ou de la réduction de ces mêmes droits, selon l'état et la possibilité des forêts.

Pour les routes, tout ce qui concerne les servitudes des riverains, l'essartement des bois, les plantations, l'écoulement des eaux, l'ouverture des carrières, l'alignement des haies, des arbres et des constructions, les extractions de matériaux, etc.

Tout ce qui est relatif à la découverte, à la concession et à l'exploitation des mines, aux minières et aux carrières.

Expropriations pour cause d'utilité publique.

Mesures préservatrices des monopoles réservés à l'État (fabrication des monnaies, de la poudre, du salpêtre, du tabac et des cartes à jouer).

Autorisations pour l'établissement des usines à feu ou à eau, des ateliers dangereux, insalubres ou incommodes, des fabriques de matières fulminantes, des usines à gaz, pour l'emploi des machines et chaudières à vapeur, pour l'établissement des abattoirs, des boulangeries, des fabriques et ateliers dans le voisinage des forêts ou du rayon des douanes, des moulins et usines dans le voisinage des places de guerre, des fabriques d'armes et de munitions de guerre, et pour l'usage des presses, moutons, laminoirs, balanciers et coupoirs.

Sortie et entrée des marchandises et des denrées.

Garanties appliquées aux matières d'or et d'argent, des objets doublés ou plaqués d'or et d'argent, à l'affinage des métaux précieux, aux tireurs d'or et d'argent, aux étoffes d'or, d'argent et de velours, aux cotons filés, aux soies et aux savons.

Garanties de la propriété industrielle, brevets d'invention, marques, modèles et dessins de fabrique.

Règlements sur l'apprentissage, le livret des ouvriers et le travail des enfants dans les manufactures.

Garanties exigées de certaines classes de citoyens ; règlements sur l'imprimerie, la librairie et les entreprises théâtrales, sur l'exercice des professions d'avocat, notaire, avoué, commissaire-priseur, huissier, médecin, chirurgien, officier de santé, sage-femme, pharmacien, herboriste et droguiste.

On peut voir, d'après cet aperçu, que le domaine de l'administration est presque sans limites, et qu'en outre de l'exécution générale des lois, des questions si complexes qui naissent de l'impôt et du travail considérable de la nomination à tous les emplois publics, elle intervient encore par une foule de points dans la réglementation du régime des diverses industries agricoles, commerciales et manufacturières, et même dans l'exercice des professions libérales.

L'organisation des ministères a peu varié depuis l'Empire, et, pour faire connaître le mécanisme créé à cette époque, il suffira d'expliquer la manière dont les choses se passent aujourd'hui.

Chaque ministère a son administration centrale, dont les membres sont principalement chargés d'études, d'examens, de rédactions et de rapports sur les mesures à prescrire aux agents extérieurs, tandis que la mission de ceux-ci consiste surtout dans l'exécution locale des ordres de l'administration supérieure. Chaque branche un peu importante des services publics correspond, dans les ministères, avec un centre spécial à la tête duquel est placé un directeur ou un chef de division qui reçoit les instructions du ministre et a sous ses ordres des chefs et des sous-chefs de bureau avec le nombre de commis jugé nécessaire pour l'expédition des affaires. L'organisation des préfectures est, sur une échelle moindre, exactement la même que celle des ministères.

Une foule de conseils, de commissions, de comités, dont l'énumération seule nous entraînerait beaucoup trop loin, sont établis auprès des ministères, des préfectures, des sous-préfectures et des mairies, pour éclairer et seconder l'action de l'administration dans toutes ses parties et à tous ses degrés. Les fonctions des membres de ces conseils sont ordinairement gratuites.

Nous ne pouvons mentionner ici toutes les juridictions administratives, dont la plupart remontent également à l'Empire, et nous sommes condamnés à laisser de côté celles qui sont d'un ordre secondaire ou qui ne concernent que certains services tout à fait spéciaux. Les détails dans lesquels il eût fallu nécessairement entrer eussent dépassé les bornes de ce travail. Nous n'entreprendrons pas davantage l'énumération des agents particuliers de chaque ministère, qui ont tous leur hiérarchie propre par service ; cette nomenclature, d'ailleurs sèche et sans intérêt, s'étendrait à l'infini.

Parmi les institutions administratives qui datent de l'Empire, nous devons signaler à l'attention de nos lecteurs la cour des comptes, créée par une loi du 16 septembre 1807, à l'exécution de laquelle il fut pourvu par un décret du 28 du même mois, dont les dispositions sont encore en vigueur. La cour des comptes a succédé au bureau de comptabilité que la constitution de l'an VIII (art. 89) avait chargé de vérifier et de régler les comptes des recettes et des dépenses de l'Etat. Ses membres, à la différence des conseillers d'Etat, sont inamovibles, sauf le procureur général. La cour des comptes est placée dans les attributions du ministère des finances et se divise en trois chambres composées chacune d'un président et de conseillers maîtres. Le premier président fait, entre les conseillers référendaires, la répartition des comptes à examiner et leur indique la chambre à laquelle leur rapport doit être fait. Le président de la chambre distribue ensuite ce rapport à un conseiller maître qui est tenu de vérifier le travail du référendaire, et qui fait à son tour un rapport définitif sur lequel la chambre est appelée à statuer. Le référendaire rapporteur n'a jamais que voix consultative. Le procureur général exerce son ministère devant la cour par voie de réquisition. La cour des comptes a un greffier qui est chargé de la tenue des registres de comptabilité et de celui des délibérations ; il est aussi gardien des archives et délivre des expéditions des arrêts.

Tous les comptables des deniers publics, c'est-à-dire les receveurs des finances, les payeurs du trésor, les receveurs de l'enregistrement, du timbre et des domaines, les receveurs des douanes et sels, les receveurs des contributions indirectes, les directeurs comptables des postes, les directeurs des monnaies, le caissier central du trésor et l'agent responsable des virements sont tenus, chaque année, de déposer leurs comptes au greffe de la cour des comptes dans les délais prescrits par les lois et règlements, et en cas de défaut ou de retard de la part des comptables, la cour les condamne aux amendes et aux peines prononcées par ces lois et règlements.

La cour des comptes règle et apure les comptes qui lui sont présentés ; elle établit par ses arrêts, si les comptables sont quittes, ou en avance ou en débet. Dans les deux premiers cas, elle prononce leur décharge et ordonne la mainlevée des cautionnements qui garantissaient leur gestion : dans le troisième cas, elle les condamne à solder leur débet au trésor. Une expédition des arrêts est adressée au ministre des finances

qui les fait exécuter et ordonne, s'il y a lieu, les poursuites à faire par l'agent judiciaire du trésor. La cour, sur la demande des comptables ou les réquisitions du procureur général, peut procéder à la révision de ses arrêts, s'il est reconnu qu'ils sont entachés d'erreur.

La cour des comptes juge encore les comptes annuels du trésorier des invalides de la marine, des économes des lycées, des commissaires des poudres et salpêtres, de l'agent comptable du grand-livre et de celui des pensions, des caissiers de la caisse d'amortissement et de celle des dépôts et consignations, de l'imprimerie nationale et de la régie des salines de l'Est, des receveurs des communes, des hospices et des établissements de bienfaisance, enfin tous les comptes qui lui sont attribués par des lois ou ordonnances.

Il appartient encore à la cour des comptes de statuer sur les pourvois formés par les receveurs des communes, hospices, etc., contre le règlement de leurs comptes annuels par les conseils de préfecture. Si dans le cours de ses travaux, la cour vient à découvrir des preuves de faux ou de concussion, elle en rend compte au ministre des finances, et il doit en être référé en outre au ministre de la justice qui saisit les tribunaux.

La cour des comptes ne peut, dans aucun cas, s'attribuer de juridiction sur les ordonnateurs des dépenses, ni refuser aux payeurs l'allocation des payements faits par eux sur des ordonnances revêtues des formalités prescrites. Tous les gouvernements ont pensé que ce serait là un empiètement sur leurs attributions, et ils ont toujours entendu se réserver le droit d'avoir recours, sous leur responsabilité, à des mesures extraordinaires.

La loi de son institution impose d'ailleurs à la cour des comptes le devoir de résumer tous les ans, dans un rapport adressé au chef de l'Etat, le résultat de ses travaux, et de faire connaître les vues de réforme et d'amélioration dont les différentes parties de la comptabilité publique lui auraient paru susceptibles.

VI

La Restauration, malgré son amour du passé, ne fut pas assez ennemie d'elle-même pour répudier la force que devaient lui prêter l'unité et la centralisation créées par les gouvernements auxquels elle succédait. Toutes les institutions administratives de la République et de l'Empire durent en principe être conservées : quelques suppressions eurent lieu, mais elles étaient commandées par des raisons d'économie, et le petit nombre de modifications apportées dans certaines parties de l'administration se rattachait en général à l'introduction du régime constitutionnel. C'est ainsi que l'ordonnance du 9 juillet 1815 réduisit à sept le nombre des ministères, savoir : affaires étrangères, intérieur, finances, police, justice, guerre et marine. Une ordonnance du 28 décembre 1818 supprima encore le ministère de la police, dont les attributions furent réunies à celles de l'intérieur. Mais au fur et à mesure que les charges de l'occupation étrangère cessèrent de peser sur le pays, un certain nombre de ministères furent rétablis. Une ordonnance du 1er novembre 1820 créa un ministère de la maison du roi, et une autre ordonnance du 26 août 1824 institua un ministère spécial des affaires ecclésiastiques et de l'instruction publique. Le 4 janvier 1828, une nouvelle ordonnance sépara des affaires ecclésiastiques l'instruction publique qui forma alors un ministère particulier. Le même jour fut créé un ministère du commerce et des manufactures, et enfin le ministère des travaux publics fut institué par une dernière ordonnance du 19 mai 1830.

Ce fut un motif d'économie qui dicta l'ordonnance du 20 décembre 1815, laquelle supprima les sous-préfets dans tous les chefs-lieux de préfecture et réunit leurs attributions à celles des préfets.

Une ordonnance royale du 29 juin 1814 avait reconstitué le conseil d'Etat. Elle donnait en apparence un nouveau lustre à ce corps en y faisant entrer les ministres, mais, par le fait, elle diminuait singulièrement son importance, et rendait ainsi aux assemblées législatives la prépondérance qu'elles avaient perdue. L'intervention du conseil d'Etat pour la préparation des lois et la rédaction des règlements d'administration publique devint en effet purement facultative. On n'y eut guère recours, sous la Restauration et sous le gouvernement de Juillet, que pour les questions d'administration proprement dites ; toutes les lois politiques furent présentées directement par les ministres. L'interprétation de la loi rentra, comme sa confection, dans le domaine du pouvoir législatif, et les avis du conseil d'Etat ne conservèrent plus à cet égard qu'une autorité morale.

La Restauration importa d'Angleterre une institution qui paraît avoir peine, malgré les essais assez nombreux dont elle a été l'objet, à conquérir une place définitive dans la haute administration du pays. Une ordonnance du 9 mai 1816 décida que des sous-secrétaires d'Etat nommés par le roi pourraient être attachés aux ministres, lorsque ceux-ci le jugeraient nécessaire au bien du service, et qu'ils seraient chargés, dans ce cas, de toutes les parties de l'administration et de la correspondance générale qui leur seraient déléguées par les ministres dans leurs départements respectifs.

L'administration de l'armée, sur la proposition du maréchal Gouvion Saint-Cyr, fut complètement réorganisée au mois de juillet 1817, date de la création de l'intendance militaire. L'ordonnance d'organisation du nouveau corps n'eut pas à définir autrement ses attributions qu'en déclarant qu'il réunirait celles des deux corps supprimés du commissariat des guerres et de l'inspection aux revues dont il prenait la place. Les fonctionnaires de l'intendance militaire sont donc les délégués immédiats du ministre de la guerre pour tout ce qui concerne les besoins matériels de l'ar-

mée et l'ordre et l'économie à apporter dans les dépenses que ces besoins entraînent. Ils assurent tous les services administratifs de manière à faire cadrer leur exécution avec les ordres des généraux en chef et avec les règles tracées par la législation pour le bon emploi des deniers publics. Ils concourent aux opérations administratives de l'organisation, du recrutement et du licenciement des troupes, et ils remplissent, aux armées et hors du territoire français, les fonctions d'officiers de l'état civil. Ils exercent sur l'administration intérieure des corps de troupe et de tous les établissements militaires, la surveillance déterminée par les règlements, sans pouvoir jamais s'immiscer dans les détails de la discipline et du commandement, et ils doivent même concerter toutes leurs mesures de prévoyance et d'approvisionnement avec les chefs militaires sous les ordres desquels ils se trouvent placés.

Ce fut sans doute pour répondre aux critiques passionnées dont il était l'objet que le gouvernement de la Restauration voulut donner aux contribuables une nouvelle garantie du bon ordre et de l'exactitude qui présidaient aux opérations de la comptabilité publique. Une ordonnance du 9 juillet 1826 statua que la cour des comptes devrait prononcer chaque année une déclaration générale pour attester la concordance du compte annuel des finances avec les résumés généraux et avec les arrêts rendus sur les comptes individuels des comptables. Depuis lors, cette déclaration a toujours été publiée en même temps que le rapport adressé au chef de l'Etat, et dont nous avons parlé en exposant les détails de l'organisation de la cour des comptes.

Le gouvernement de Juillet suivit en administration la voie tracée par les gouvernements précédents, et n'apporta que peu de changements aux institutions en vigueur à l'époque de son avénement. Le conseil d'Etat conserva sous Louis-Philippe les attributions qu'il avait eues sous Charles X. Il est à remarquer seulement qu'une loi du 18 septembre 1839 fit une nécessité de l'intervention du conseil d'Etat dans les matières réglementaires en statuant que les comités seraient appelés à délibérer sur les ordonnances et règlements d'administration publique. Les règlements dont il s'agit s'appliquent à une foule d'objets dont l'énumération serait trop longue pour ne pas devenir fastidieuse.

L'organisation municipale fixée par la loi du 21 mars 1831 avait été élaborée au lendemain de la révolution de Juillet et sous l'empire des idées semi-libérales qui dominaient alors ; elle devait donc offrir des différences assez notables avec celle de l'an VIII. Les membres des conseils municipaux furent élus en effet par l'assemblée des électeurs communaux. Les maires et adjoints, nommés pour trois ans, et dont les fonctions restèrent gratuites et incompatibles avec la plupart des emplois publics, durent être choisis dans le sein des conseils municipaux, dont ils ne cessèrent pas de faire partie. Dans les villes de trois mille habitants, ils furent nommés par le roi, et dans les autres localités par les préfets. Ces derniers magistrats eurent le droit de suspendre, non-seulement les maires nommés par eux, mais encore ceux choisis par le roi; la révocation de tous les maires, sans exception, devint, en revanche, une des attributions exclusives de la royauté.

La loi du 10 mai 1838 fit des départements une unité civile; elle régla leurs droits de propriété et la manière dont ils pourraient l'exercer. Cette loi peut être considérée comme le code de l'administration départementale.

Le règne de Louis-Philippe apporta peu de changements à la répartition du travail entre les différents ministères. Nous n'avons à signaler sous ce rapport qu'une ordonnance du 17 mars 1831, qui réunit les travaux publics et le commerce en un seul ministère, et une seconde ordonnance du 10 juin 1839, qui sépare de nouveau ces deux départements et crée un ministère de l'agriculture et du commerce.

Tous les règlements de comptabilité actuellement en vigueur dans les différents ministères ne sont que la conséquence et la mise à exécution de l'ordonnance du 31 mai 1838 sur la comptabilité publique, et cette ordonnance mérite à ce titre une attention toute spéciale de notre part. Elle a remplacé l'ordonnance du 14 septembre 1822, qui avait posé les bases d'un nouveau système de justification des dépenses, et elle peut être considérée comme un code de comptabilité à peu près complet. Le système adopté pour l'acquittement des dépenses de l'Etat offre toutes les garanties désirables quant à l'emploi régulier des fonds publics, et il est impossible qu'une erreur ou un détournement de quelque importance passe inaperçu dans les payements. Cette partie de notre administration est peut-être la mieux organisée de toutes et n'a pas cessé d'être un objet d'envie pour les autres puissances de l'Europe. Nous allons essayer d'en donner un aperçu aussi succinct que possible.

La loi annuelle de finances ouvre aux ministres les crédits nécessaires aux dépenses présumées de leurs départements pendant la durée de l'exercice. Ce mot *exercice* est le nom financier de l'année, et les crédits ouverts ne peuvent être employés qu'à acquitter les dettes de l'Etat contractées pendant l'année qui donne sa dénomination à l'exercice. Les faits de dépense d'un exercice peuvent cependant se prolonger jusqu'au 1er février de l'année suivante pour achever, dans la limite des crédits ouverts, les services du matériel dont l'exécution, pour certains motifs spéciaux, n'aurait pu être terminée au 31 décembre. Le budget des dépenses de chaque ministère est divisé en chapitres qui peuvent se subdiviser en articles et ne contiennent que des services de même nature; les sommes affectées par la loi à chacun de ces chapitres ne peuvent être appliquées à des chapitres différents, et la responsabilité des ministres est engagée pour les sommes

qu'ils dépenseraient au delà des crédits ouverts (1). En outre des crédits votés par les assemblées législatives, il peut d'ailleurs être ouvert aux ministres, par des actes du pouvoir exécutif : 1o des crédits supplémentaires pour subvenir à l'insuffisance des fonds alloués à un service porté au budget; 2o des crédits extraordinaires, dans les circonstances graves et imprévues; 3o des crédits complémentaires, en cas d'insuffisance de crédit reconnue seulement lors de l'établissement du compte définitif d'un exercice.

Chaque ministre est ordonnateur des dépenses de son département, c'est-à-dire que c'est lui qui doit délivrer aux créanciers de l'Etat leurs titres de payement; mais il délègue à des fonctionnaires chefs de service, qui agissent en qualité d'ordonnateurs secondaires et lui envoient, au commencement de chaque mois, un aperçu de leurs besoins pour le mois suivant, partie des crédits qui lui sont ouverts, pour servir à l'acquittement des dépenses dont il ne se réserve pas l'ordonnancement direct. L'état des ordonnateurs secondaires et des crédits qui leur sont délégués est adressé au ministre des finances, qui le fait connaître aux payeurs et approvisionne la caisse de ces comptables en proportion des besoins de chaque localité.

Toute ordonnance de payement et tout mandat délivré en vertu d'une ordonnance de délégation doivent, pour être payés à l'une des caisses du trésor public, être imputés sur un crédit régulièrement ouvert et être appuyés des pièces qui constatent que leur effet est d'acquitter, en tout ou en partie, une dette de l'Etat régulièrement justifiée. Ces justifications sont déterminées, par nature de service, dans la nomenclature des pièces à produire aux payeurs, annexée aux règlements particuliers des différents ministères.

Les justifications à fournir sont : 1o pour les dépenses de personnel, des états d'effectif ou états nominatifs énonçant le grade ou l'emploi, la position de présence ou d'absence, le service fait, la durée du service et la somme due en vertu des lois, règlements et décisions; 2o pour les dépenses de matériel, des copies ou extraits dûment certifiés des ordonnances, décrets ou décisions ministérielles applicables à la question, des contrats de vente, soumissions et procès-verbaux d'adjudication, des baux, conventions ou marchés, auxquels il faut joindre des décomptes de livraison, de règlement et de liquidation, énonçant le service fait et la somme due pour àcompte ou pour solde.

Les ordonnances ou mandats de payement, accompagnés des pièces justificatives, sont envoyés aux payeurs qui, suivant les cas, les acquittent ou les visent pour les faire acquitter par les receveurs des finances ou les percepteurs.

(1) Les règles que nous venons d'indiquer ont été gravement modifiées par l'art. 12 du sénatus-consulte du 25 décembre 1852, dont les dispositions restent en dehors de notre appréciation.

lorsque le payement doit être fait hors de leur résidence. L'acquittement d'une ordonnance ou d'un mandat doit être refusé par le payeur toutes les fois que la somme qui y est inscrite n'est pas d'accord avec celle qui résulte des pièces justificatives, ou lorsque ces pièces ne sont pas conformes aux règlements ou instructions. Si, malgré ce refus, l'ordonnateur requiert, par écrit et sous sa responsabilité, qu'il soit passé outre au payement, le payeur y procède sans autre délai; mais cette mesure doit être immédiatement portée à la connaissance du ministre des finances et du ministre dont relève l'ordonnateur.

Les pièces justificatives sont établies en double expédition : celles qui sont jointes aux ordonnances ou mandats de payement sont envoyées par les payeurs au ministère des finances avec les titres qu'elles accompagnent, et y sont l'objet d'une vérification sérieuse avant d'être dirigées sur la cour des comptes. L'autre expédition est adressée par les ordonnateurs au ministère dont ils sont les agents, et elle sert à établir la liquidation définitive de la dépense. Cette liquidation, faite par un bureau administratif, est ensuite révisée dans chaque ministère par un bureau central de comptabilité, et ce n'est qu'après avoir supporté cette nouvelle épreuve qu'elle est appelée à subir le contrôle suprême de la cour des comptes. La réunion des liquidations sert à établir, par service, le compte général et définitif des dépenses de chaque exercice, lequel est imprimé et distribué tous les ans aux assemblées législatives, et devient le point de départ de la déclaration de la cour des comptes. Si l'on peut toujours discuter sur la convenance et l'utilité de certaines dépenses, on est au moins forcé de reconnaître, grâce au luxe peut-être excessif des précautions que nous venons d'indiquer, que toutes les dépenses payées par les caisses de l'État ne peuvent être faites que d'après l'autorisation ou avec l'assentiment de la législature.

On s'était plaint, depuis longtemps, à la tribune parlementaire, de ce qu'une partie importante de la fortune publique, — nous voulons parler de la gestion du matériel appartenant à l'État, — ne fût pas suffisamment garantie par les institutions existantes. Le gouvernement de Juillet, toujours docile, dans ces sortes de questions, aux inspirations de la majorité, crut devoir donner satisfaction aux désirs qui lui étaient exprimés. Une loi du 6 juin 1843 statua (article 14) que les comptes-matières seraient soumis désormais au contrôle de la cour des comptes, et qu'une ordonnance royale, rendue dans la forme des règlements d'administration publique, déterminerait la nature et le mode de ce contrôle et réglerait les formes de la comptabilité des matières appartenant à l'État, dans toutes les parties des services publics. Cette ordonnance devait être exécutoire à partir du 1er janvier 1845, et, depuis cette époque, en effet, toutes les opérations des comptables du matériel de l'État ont été soumises au jugement de la cour des comptes.

On sait quel fut l'abus des influences parlementaires sous le règne de Louis-Philippe; la curée des emplois publics récompensait les votes systématiquement favorables d'une majorité corrompue, et la carrière administrative, où l'admission et l'avancement n'étaient réglés par aucune loi, ne s'ouvrait plus qu'aux protégés des députés ministériels. Mais les prétentions croissaient avec la faiblesse du gouvernement, et, dans les derniers temps, les demandes étaient devenues trop nombreuses pour qu'il fût possible d'y satisfaire. Les ministres comprenaient néanmoins tout le danger des refus, et ils ne virent d'autre moyen de couper court aux sollicitations, sans que personne eût le droit de se plaindre, que d'instituer un recrutement administratif par voie de concours, à l'instar de ce qui a lieu chez la plupart des puissances de l'Allemagne. L'ordonnance du 17 janvier 1844, portant organisation de l'administration centrale du ministère de la guerre, statua, en conséquence, qu'une commission nommée par le ministre procéderait chaque année à l'examen des aspirants à l'emploi de commis des bureaux de la guerre, et dresserait, par ordre de mérite, les listes de candidature. Cet exemple fut suivi par la plupart des autres ministères; le bien allait naître de l'excès du mal, et le principe libéral du concours tendait à se généraliser dans l'administration lorsque éclata la révolution de 1848.

Cette institution du concours, sans être positivement abandonnée par le nouveau gouvernement, ne rencontra pas de sa part tous les encouragements qu'on devait attendre de son origine révolutionnaire. Nous tiendrons compte au gouvernement provisoire des difficultés et de l'imprévu de sa position, et nous passerons volontiers sur les fautes qu'il a commises. On ne peut nier d'ailleurs qu'il n'ait eu quelques bonnes inspirations; dans beaucoup d'administrations, la réduction du nombre des employés et la diminution des gros traitements avaient annoncé des velléités de réforme qui n'eurent aucune suite sérieuse. Il ne fut rien changé au nombre et aux attributions des ministères; un arrêté du 2 mars 1848 statua seulement que les affaires d'administration courante, qui ne pouvaient être réglées précédemment qu'au moyen d'ordonnances royales, seraient valablement décidées par les ministres.

Un autre arrêté, en date du 8 mars, créa une École d'administration. *V.* l'article suivant.

Pendant la durée du gouvernement républicain, le suffrage universel avait remis en grande partie l'administration municipale entre les mains de la démocratie. Nous exceptons toutefois la ville de Paris, administrée par une commission dont tous les membres furent nommés par le gouvernement, ainsi que déjà cela avait eu lieu au lendemain de la révolution de Juillet, et qui est encore sous ce régime au moment où nous écrivons. Le principe de l'élection avait été appliqué même au conseil d'État, dont les membres étaient à la nomination de l'Assemblée législative, et qui avait vu d'ailleurs son organisation profondément modifiée.

Ici doit s'arrêter notre travail. Depuis le 2 décembre 1851, des changements importants ont été apportés dans l'administration du pays : le nombre et les attributions des ministères, l'organisation du conseil d'État, celle des préfectures, des sous-préfectures et des communes ont subi de profondes modifications; mais ces faits appartiennent à l'histoire contemporaine, et nous n'avons pas à nous en occuper.

Nous voici donc parvenus à la fin d'une tâche que nous n'avons remplie que très-imparfaitement, mais qui était ardue et hérissée de difficultés de toute nature. Nous nous estimerions heureux si, après avoir parcouru ce travail, nos lecteurs pouvaient se former une idée à peu près nette des vicissitudes qu'a subies l'administration depuis 1789, des différents rouages qui la composent, et des progrès qu'il lui reste à accomplir. Les juridictions administratives ont soulevé de tout temps des réclamations fort vives et qui n'étaient pas toujours dénuées de fondement; on ne s'est pas encore habitué à voir l'État juge et partie dans sa propre cause, et peut-être est-il permis de penser qu'un grand nombre des complications actuelles pourraient être évitées. L'administration nous semble n'avoir pas toujours laissé une part suffisamment large à l'initiative des intéressés. L'expédition des affaires gagnerait à la réduction du personnel administratif, sous la condition toutefois que des garanties sérieuses d'aptitude seraient exigées de tous les fonctionnaires. Mais ces questions, et beaucoup d'autres que nous pourrions soulever à ce sujet, nous entraîneraient trop loin. L'avenir donnera la solution de bien des problèmes, et ce n'est pas à nous qu'il appartient de déchirer son voile.

Henri B

ADMINISTRATION (École d'). Cette École, décrétée par le gouvernement provisoire de 1848, sur la proposition de Carnot, inaugurée sous la Constituante et supprimée bientôt après, avait pour objet de former, par un enseignement spécial, des candidats aux fonctions supérieures qui se rapportent aux administrations centrales.

Au point de vue de son origine et de son objet, cette École résumait en elle, plus qu'aucune autre, peut-être, des créations de 48, la pensée démocratique du moment. Seulement, on n'en comprit pas alors toute la portée, et, de même qu'on l'avait vue s'ouvrir sans enthousiasme, on la vit supprimer sans douleur. Le gouvernement personnel venait de disparaître sous les pavés de Février : eh bien ! n'est-il pas vrai que, le jour où la révolution triomphante proclama le suffrage universel, ou bien, comme on disait alors, *le gouvernement de tous, par tous et pour tous*, n'est-il pas vrai que, même dans la pensée des plus ignorants, ce mot *gouvernement* prit un sens nouveau qui le rendait synonyme d'administration?

De là aussi, pour les fonctionnaires, un rôle nouveau, et leur position n'exigeait plus dès lors ni les mêmes qualités, ni les mêmes devoirs, ni le même mode de recrutement. Le monarque voulait avant tout, et cela était naturel, que ses fonctionnaires lui fussent dévoués ; il ne pouvait pas les accepter de quelque part qu'ils vinssent ; il les choisissait et devait les choisir parmi ceux *qui faisaient profession de lui appartenir*. Le nouveau gouvernement, sous peine d'être infidèle à son principe, était tenu de suivre une voie fort différente : s'il pouvait imposer du dévouement à ses fonctionnaires, c'était surtout du dévouement à leur fonction; il devait, avant toute chose, vouloir qu'ils fussent capables.

C'est bien là ce qu'avait compris le ministre de l'instruction publique, Carnot, lorsque, le lendemain de la révolution, le 27 février, il s'exprimait ainsi dans une circulaire aux recteurs :

« Je ne saurais terminer cette lettre sans vous signaler un des devoirs nouveaux, les plus considérables, que la révolution qui vient de s'accomplir impose désormais à notre ministère : c'est la formation des administrateurs et des hommes d'État. S'il est essentiel à la République de se créer des professeurs, des médecins, des artistes, des légistes, des officiers, des ingénieurs, il ne lui importe pas moins que ses hommes d'État et ses administrateurs, dans toutes les branches, soient formés aussi par une éducation spéciale.

« D'ailleurs, sous le régime de l'égalité, il ne saurait y avoir d'autre titre aux fonctions publiques que le mérite. Il faut donc que ce mérite soit mis en demeure de se produire, dès l'ouverture de la carrière, et qu'il en soit justifié publiquement par des examens.

« Méditez ces principes, monsieur le recteur, faites-les connaître comme étant ceux que proclame le nouveau gouvernement et qu'il s'occupe de faire triompher. Je vous consulterai prochainement sur leur application. »

Comme l'annonçait le ministre provisoire de l'instruction publique, ces principes ne tardèrent pas à se traduire en fait : le 7 avril suivant, le gouvernement décréta l'École d'administration. Cette École, annexée au collége de France, devait se recruter par le concours. Rien ne fut oublié pour donner aux élèves un enseignement spécial large et complet. On créa pour eux, au collége de France, des chaires nouvelles : Jean Reynaud fut nommé pour le droit politique français, Garnier-Pagès pour l'histoire de l'économie politique, Cormenin pour le droit administratif, Lamartine pour le droit international, Armand Marrast pour le droit privé, Ledru-Rollin pour l'histoire des institutions administratives, etc., etc.

L'organisation de l'École nouvelle avait été confiée à Jean Reynaud, sous-secrétaire d'État au ministère de l'instruction publique. Activement secondé d'ailleurs, il se livra à cette tâche avec un zèle que ne purent refroidir des entraves de tout genre et des difficultés sans cesse renaissantes.

I.   10

Le 10 avril, un arrêté détermina les questions et la forme du concours qui s'ouvrit dans le mois suivant ; mais le travail, pour le classement définitif, se prolongea jusqu'aux derniers jours de juin. Déjà le canon grondait dans la rue que les listes d'admission n'étaient pas encore terminées. C'en était fait de l'École d'administration, si l'on perdait un instant. Jean Reynaud le comprit : il redoubla d'activité, et, le 25 juin, une estafette portait à la poste, au milieu de la fusillade, cette circulaire adressée aux cent cinquante candidats de la première motion, et signée du ministre Carnot :

« Monsieur, j'ai l'honneur de vous informer que, sur la proposition du jury d'examen, je vous ai nommé élève du collège de France.

« Vous voudrez bien vous présenter au secrétariat de l'École d'administration, rue Saint-Jacques, n° 123, de huit heures du matin à midi, le lundi 3 juillet, jour fixé pour l'ouverture des cours.

« Recevez, etc. »

Ces cours s'ouvrirent, en effet, mais ce ne devait pas être pour fort longtemps. Carnot avait quitté le ministère ; Jean Reynaud le suivit ; l'École perdait en eux ses patrons. L'opinion publique la soutenait à peine ; le gouvernement nouveau lui était peu favorable ; enfin, l'Assemblée refusait de lui voter un budget spécial, et sa pénurie était telle que son directeur, M. de Sénarmont, bientôt après démissionnaire, et rempla é par M. Blanche, écrivait, la veille de l'ouverture des cours, ces lignes désespérées :

« Nous n'avons ni banquettes qui devaient nous être envoyées par la liste civile, ni tableaux, ni argent pour en avoir. On doit toujours m'ouvrir des crédits qu'on ne m'ouvre jamais, car il ne suffit pas d'une promesse en l'air, il faudrait un avertissement écrit.

« Il ne coûte rien d'annoncer l'ouverture des cours à bref délai, quand on n'a pas, vis-à-vis du public, la responsabilité qu'entraîne toujours un *fiasco* comme nous en avons fait plus d'un depuis le commencement de tout ceci. »

Enfin, le 9 août, sur le rapport de M. Dumas, un projet de loi fut voté sans discussion par trois cent soixante-dix voix contre cent vingt-quatre. Il portait que l'École d'administration était et demeurait supprimée. On songea cependant à accorder aux élèves un dédommagement du préjudice que cette suppression leur faisait éprouver. Ce dédommagement consista en des faveurs universitaires et autres, telles que la collation du grade de bachelier ès-lettres à ceux qui n'en étaient point pourvus, la délivrance de plusieurs inscriptions de droit et de médecine, la conversion en exemption définitive, de l'exemption provisoire du service militaire, etc. Tout fut dit, et personne n'y songea plus.

Aujourd'hui, on se souvient à peine de l'École d'administration ; mais l'histoire l'enregistrera comme l'une des tentatives les plus louables du gouvernement provisoire.   **R. C.**

ADMONITION. *V.* Amende honorable.

ADOPTION. C'est l'acte par lequel, pour se consoler de la privation d'enfants, on prend l'enfant d'un autre pour le faire sien. C'est une sorte de contrat judiciaire. Le juge de paix rédige, le tribunal homologue.

En France, l'adoption a été admise en principe par une loi du 18 janvier 1792. La Convention nationale, le 23 du même mois, en adoptant, au nom de la patrie, la fille de Michel Lepelletier, chargea son comité de législation de lui faire incessamment un rapport sur les lois de l'adoption.

Enfin, la matière fut réglée par le titre VIII du livre 1er du Code Napoléon, promulgué le 2 avril 1803.

Il est facile d'y recourir pour connaître les conditions, les formes et les effets de l'adoption.

Ce contrat est passé dans la politique moderne, et, en effet, dès qu'on assimile les fonctions publiques à des propriétés individuelles, et que pour celles-ci l'hérédité est admise comme base du droit, il y aurait contradiction à repousser l'adoption dans la sphère politique.

Aussi voyons-nous dans le sénatus-consulte organique du 28 floréal an XII, que Napoléon Bonaparte, *empereur héréditaire de la République*, peut adopter les enfants ou petits-enfants de ses frères, pourvu qu'ils aient atteint l'âge de dix-huit ans accomplis, et que lui-même n'ait point d'enfants mâles au moment de l'adoption. Ses fils adoptifs entraient dans la ligne de sa descendance directe. Mais si, postérieurement à l'adoption, il survenait à l'Empereur des enfants mâles, ses fils adoptifs ne pouvaient être appelés qu'après les descendants naturels et légitimes.

Cette disposition était toute personnelle et d'actualité, car on décidait dans le même article que l'adoption était interdite aux successeurs de Napoléon Bonaparte et à leurs descendants.

P. V

ADORATEURS DE JÉSUS. *V.* Jésuites.

ADRESSES. L'adresse est particulièrement l'acte par lequel on exprime son opinion favorable ou défavorable sur les personnes et les choses, et la pétition est plus précisément, ainsi que l'étymologie l'indique, l'acte de demander quelque chose ; mais, en réalité, il n'est guère d'adresses qui ne recèlent au fond une pétition, et il est peu de pétitions qui ne se servent de l'adresse, notamment de l'adresse apologétique, comme moyen de persuasion et de faveur. L'émeute est également un genre de pétition (la pétition armée), et la harangue est un genre d'adresse dont les fonctionnaires ne manquent presque jamais d'user envers leurs supérieurs, à toute occasion et sous tous les régimes. Les diverses révolutions qui se sont succédé en France en ont amené l'abus et le ridicule à un tel point, qu'à cette heure personne n'a pour ces compliments de nouvelle venue, tout mirifiques, tout délirants d'enthousiasme qu'ils soient, la moindre considération, et qu'ils passent désormais inaperçus comme les formes stéréotypées de la politesse publique.

Pour ne pas nous perdre dans une trop longue nomenclature d'adresses, de pétitions ou de harangues, la plupart ineptes ou honteuses, nous ne rappellerons, dans l'ordre historique, que celles qui se rattachent de près à de graves événements; ce qui nous fournira en même temps l'occasion d'esquisser la silhouette générale de la Révolution française, en ce qui concerne plus particulièrement l'action populaire et le mouvement politique, pour ainsi parler, de bas en haut.

I

La Révolution était déjà menaçante, et elle essayait ses forces dans le Midi, lorsque Grenoble, soulevé, envoya au roi une adresse sous le titre de *Très-respectueuses supplications présentées au roi par les notables citoyens de Grenoble*. Dans cette adresse, on traçait le tableau de l'émeute sous de vives couleurs, on affectait de croire la justice du roi surprise, de détourner du trône toute complicité; mais on rappelait en même temps, avec une modération pleine de fermeté, les droits des citoyens, et on demandait la réunion des ordres et la mise en liberté des détenus sans jugements.

Lors des Etats-Généraux, en 1789, le tiers, resté seul, avant de se constituer en assemblée active, adopta un amendement consistant à faire une adresse au roi pour lui exposer les motifs du désaccord des communes avec la noblesse et le clergé. L'adresse fut rédigée avec talent par Barnave.

Il en est une autre plus remarquable encore, où perce, sous une forme respectueuse, une profonde et menaçante ironie. L'auteur est Mirabeau. L'Assemblée le chargea de la rédiger, dans le but d'obtenir du roi l'éloignement des troupes. Elle fut présentée, le 10 juillet, par une députation de vingt-quatre membres et lue par Clermont-Tonnerre. Louis XVI résista et finit par offrir de transférer les Etats-Généraux à Noyon ou à Soissons, en se rendant lui-même à Compiègne pour maintenir la communication entre lui et l'Assemblée. Les choses en restèrent là pour le moment.

Déjà l'Assemblée nationale balançait le pouvoir royal, et le signe le plus évident de cette transformation, c'est qu'on commençait à lui envoyer des adresses. Après l'incarcération, à l'Abbaye Saint-Germain, de onze gardes françaises et leur mise en liberté par la force populaire, une députation fut envoyée, le 1er juillet, avec une lettre pour Bailly, président, dans laquelle on demandait la liberté pour les victimes du patriotisme. Bailly en conféra avec Necker, et on convint de recommander les prisonniers à la bonté du roi. Les prisonniers durent rentrer à l'Abbaye dans la nuit du 4 au 5 suivant, et, le lendemain, reçurent leur grâce.

Après le 6 octobre, Louis XVI, emmené à Paris avec sa famille, est reçu à la barrière de la Conférence par Bailly et une députation de la commune. Bailly, dans une harangue, manifeste au roi le vœu public qu'il habite désormais la capitale. A l'Hôtel-de-Ville, Lafayette se fait l'organe du même désir, et Moreau de Saint-Méry, président des représentants de la commune, lui parle dans le même sens en termes chaleureux. Le lendemain, tous les corps civils et militaires, la municipalité, les tribunaux, les parlements accourent tour à tour rendre leurs hommages au roi, aux Tuileries.

Le 19 suivant, l'Assemblée nationale tint sa première séance dans une des salles de l'Archevêché, et une députation, ayant à sa tête le maire de Paris et le commandant de la garde nationale, vint l'assurer du dévouement du peuple.

L'Assemblée constituante fut comblée de tous les points de la France de félicitations qui durent la consoler de l'opposition de quelques Etats et parlements rebelles à la force des choses et à l'opinion publique.

En 1790, l'Assemblée nationale reçut du comité de constitution, par l'organe de Talleyrand, une adresse au peuple français, dans laquelle on traçait un tableau grandiose des travaux de l'Assemblée depuis l'ouverture des Etats-Généraux, et on indiquait de nouvelles réformes à poursuivre. On y lisait, entre autres recommandations : « Songez aux trois mots sacrés qui garantissent ces décrets, la nation, la loi, le roi. La *nation*, c'est vous ; la *loi*, c'est encore vous, puisque c'est votre volonté; le *roi*, c'est le gardien suprême de la loi. »

Le 25 janvier 1791, on lut à l'Assemblée une pétition des *Amis de la constitution*, de Marseille, assez bizarre, et qui semblait dirigée contre Marie-Antoinette. Cette société marseillaise demandait que les rois ne pussent choisir leurs épouses que parmi les Françaises. Bouche appuya l'adresse; mais l'Assemblée passa à l'ordre du jour.

Le 17 avril 1791, Louis XVI, préparant sa fuite aux frontières, déclare qu'il veut aller à Saint-Cloud ; mais, au moment où il monte en voiture, le tocsin sonne à Saint-Roch, et une foule immense se précipite autour de la voiture pour l'arrêter. Force est au roi de regagner les Tuileries. Ce même jour, on lui présente une adresse signée, entre autres, par La Rochefoucauld, dans laquelle on l'invite à faire cesser les défiances publiques, en éloignant de lui les prêtres, les réfractaires, et en s'entourant des plus fermes appuis de la liberté.

Dans la séance du 22 mai, l'abbé Raynal, auteur de l'*Histoire philosophique des deux Indes* et ami de Diderot, fit présenter, par le président Bureau de Puzy, une adresse à la représentation nationale. Dans cette adresse, Raynal faisait un sombre tableau de la situation qu'il résumait ainsi : « Un gouvernement esclave de la tyrannie populaire ; des clubs ou des hommes grossiers et ignorants osent prononcer sur toutes les questions politiques ; un roi sans aucune autorité ; un peuple sans frein... Le despotisme nous attend, ajoutait-il, si vous repoussez toujours la protection tutélaire de l'autorité royale, etc. » Cette adresse fut peu goûtée, et Robespierre chercha à l'expliquer par l'état de vieillesse de son auteur. On peut du moins convenir qu'elle manquait son but en le dépassant, et que son caractère, exclusivement critique, devait étonner de la part d'un écrivain aussi connu par ses antécédents libéraux.

Mais hâtons-nous de parler de la lettre écrite de la main de Louis XVI, et laissée par lui, lors de sa fuite. Dans ce long manifeste, en forme d'adresse à l'Assemblée, le roi, se plaçant au point de vue de la royauté passée, se plaignait amèrement d'avoir été dépouillé successivement des principaux attributs de son pouvoir et d'avoir subi une foule d'outrages. Rien ne montre mieux l'impossibilité où était le représentant de la royauté traditionnelle de se transformer en roi citoyen et le peu de fondement d'une pareille illusion partagée par les modérés et le roi lui-même. D'ailleurs, la Révolution, une fois lancée, devait aller à sa pente extrême avant de remonter son cours. Louis XVI devait fuir ou mourir. Il s'enfuit trop tard : sa tentative échoua. Il mourut, et avec lui la royauté. Ce qu'il y avait de plus triste peut-être dans cette adresse, c'est le soin du roi de se plaindre de la modicité de la liste civile et de la disposition peu commode des Tuileries.

Après l'arrestation de Louis XVI, si mal servi par ses courtisans et par lui-même, le marquis de Bouillé, qui avait trempé dans le complot et était la principale cause de son insuccès, osa adresser à l'Assemblée une lettre furibonde, dans laquelle il menaçait la France de l'invasion étrangère et Paris en particulier d'une destruction totale. Louis XVI fut acquitté par l'Assemblée. C'est alors qu'Achille du Chatelet publia une adresse aux Français. Il y proclamait Louis XVI indigne de régner, et, faisant allusion à l'issue terrible de cette longue lutte entre la royauté et la démocratie, il ajoutait : « Quant à la sûreté de Louis Bourbon, elle est d'autant plus assurée, que la France ne se déshonorera pas par un ressentiment contre un homme qui s'est déshonoré lui-même... »

Les clubs des Jacobins et des Cordeliers se montrèrent encore plus âpres dans leur indignation. On concerta, sous leur influence, un vaste rassemblement dans le Champ-de-Mars, à l'effet de signer sur l'autel de la patrie une pétition de déchéance du roi, rédigée par Brissot et de Laclos, président des Jacobins. La foule s'y porta en masse, et la pétition reçut plus de vingt mille signatures. Mais Lafayette et Bailly, conformément aux ordres de l'Assemblée, la dispersa par la force. Comme contre-partie, les royalistes exagérés de l'Assemblée, au nombre de deux cent quatre-vingt-dix, l'abbé Maury et d'Esprémenil en tête, protestèrent, de leur côté, contre la représentation nationale et déclarèrent ne vouloir plus prendre part à ses travaux.

Lorsque la constitution fut votée et soumise à l'acceptation royale, Louis XVI adressa une lettre fort digne à l'Assemblée, où il rappelait la nécessité de l'ordre et du respect des lois, et faisait appel à l'oubli du passé et à une amnistie générale. C'est l'exemple, unique peut-être dans l'histoire, d'un roi encore assis sur le trône et implorant le pardon pour lui et ses serviteurs. Cette lettre excita un vif enthousiasme. L'Assemblée, sur la motion de Lafayette, abolit toutes les procédures relatives à la Révolution et révoqua le décret du 17 août sur les émigrants.

La Constituante avait terminé ses immortels travaux, et la Législative lui avait succédé. Louis XVI écrivit, le 14 octobre 1791, une proclamation aux émigrés pour les engager à rentrer en France. Était-elle sincère ? La chose est possible : car le roi, retenu aux Tuileries, devait craindre l'isolement où le plongeait l'émigration. En tous cas, Louis XVI voulait détourner par là les graves soupçons de connivence qui pesaient sur lui.

Après le vote du décret sur les prêtres insermentés, les membres du directoire du département de la Seine, parmi lesquels siégeaient le duc de La Rochefoucauld, Talleyrand, encore évêque d'Autun ; Beaumetz et Desmeuniers, supplièrent le roi, par une adresse, d'apposer son *veto* au décret, et le roi, encouragé par cette supplique, se décida à cette mesure juste en soi, mais impopulaire.

Après les déroutes de Quiévrain et de Marquin, lorsqu'un décret de déportation avait été lancé contre les prêtres insermentés, et que la garde constitutionnelle avait été dissoute, Roland, poussé par les Girondins, lut en conseil royal une sorte de manifeste rédigé par sa femme. Il commençait ainsi : « Sire, l'état de la France ne peut subsister longtemps : c'est un état de crise dont la violence a atteint le plus haut degré. Il faut qu'il se termine par un éclat... » Il continuait par des menaces sous-entendues, louait le décret d'exil des prêtres, réclamait l'établissement d'un camp dans le voisinage de Paris et l'appui ferme et loyal du roi à la constitution. Louis XVI y répondit par le renvoi des trois ministres Roland, Clavières et Servan, l'installation de Dumouriez au ministère de la guerre et un refus formel au décret.

Lafayette, que la Révolution devançait et effrayait à cette heure, écrivit, en juin 1792, de son camp de Maubeuge, une lettre à l'Assemblée, où il demandait la destruction des clubs. Vergniaud se déclara pour l'ordre du jour sur cette adresse. Thévenot l'approuva. L'Assemblée la renvoya à la commission des Douze. Lafayette en adressa une copie à Louis XVI, avec une nouvelle lettre où il cherchait à ranimer le courage du roi et à ranimer sa fermeté. Mais, le 20 juin 1792, la foule armée forçait les Tuileries, criant : « Un camp autour de Paris ! Plus de *veto* ! Chassez les prêtres et les aristocrates ! » Legendre lut une pétition en ce sens, au nom du peuple souverain dont il se dit l'organe. Le roi parut acquiescer, et, sur les instances réitérées de l'Assemblée, l'émeute se dissipa peu à peu sur le soir. Le lendemain, l'Assemblée vota un décret contre les pétitionnaires à main armée, et Louis XVI envoya une lettre de protestation où il se qualifiait de *représentant héréditaire de la nation*, expression dont Pétion s'était servi la veille en parlant du roi au peuple ameuté. Puis la cour provoqua une adresse à l'Assemblée, signée de vingt mille Parisiens, qui désapprouvaient vivement l'envahissement de la demeure royale.

Le 11 juillet suivant, la patrie est déclarée en danger, et l'Assemblée adopte deux adresses, l'une aux Français, l'autre à l'armée. La dernière était l'œuvre de Vaublanc. On y lisait : « Une véritable armée est un corps immense mis en mouvement par une seule tête; il ne peut rien sans une subordination passive de grade en grade, depuis le soldat jusqu'au général... N'oubliez pas, ajoutait-on, que c'est votre constitution que vous défendez... »

L'Assemblée reçoit une lettre de Dumouriez, datée, au camp de Maulde, du 13 juillet 1792, où il se plaint ironiquement du désordre de l'administration de la guerre, et rendait compte de diverses opérations militaires.

Dans ces circonstances, les réunions populaires se préoccupèrent plus vivement que jamais de la déchéance du roi. Notamment les Jacobins, une partie des fédérés des départements, les quarante-huit sections de Paris vinrent successivement la réclamer dans l'enceinte de la représentation. Quelques jours après, Pétion, à la tête des populations des sections de Paris, se présenta à la barre de l'Assemblée et lut un discours où il dénonçait le chef du pouvoir exécutif comme *le premier anneau de la chaîne contre-révolutionnaire* et demandait sa déchéance.

La pétition, vivement applaudie par les tribunes, est renvoyée à une commission extraordinaire, et, le lendemain, la section Mauconseil déclare ne plus reconnaître Louis XVI pour roi des Français, invitant toutes les sections de Paris et toutes les communes du département à se réunir à elle, le 5, à onze heures du matin, pour se porter au Corps législatif. La section des Gravilliers, plus violente encore, voulait qu'on dressât sur-le-champ un acte d'accusation contre le roi. L'Assemblée, effrayée elle-même, sur la proposition de Vergniaud, adopta le décret suivant : « L'Assemblée nationale, considérant que la souveraineté appartient au peuple tout entier et non à une section du peuple... annulle comme inconstitutionnelle la délibération de la section Mauconseil ; invite les citoyens à renfermer leur zèle dans les limites de la loi. »

Le 6 août, des fédérés et des Parisiens rassemblés au Champ-de-Mars envoient quatre-vingts délégués lire à la barre une demande de convocation des assemblées primaires, d'une convention nationale, de licenciement de tous les états-majors de l'armée, d'accusation contre La-fayette, de destitution de tous les commandants des places fortes et villes frontières, enfin de lois sévères contre l'usure.

Après la victoire révolutionnaire du 10 août, jour à jamais mémorable, le programme ci-dessus devint loi de l'État.

La commune avait transféré Louis XVI dans la grande tour du Temple, seul et sans moyens d'écrire. Une lutte à outrance s'était déclarée entre la Montagne et la Gironde. Cette dernière proposa d'appeler à Paris une garde composée de citoyens des quatre-vingt-trois départements ; de son côté, la commune, dont le pouvoir grandissait chaque jour en face de l'effacement graduel de l'Assemblée, envoya aux départements une pétition des quarante-huit sections de la capitale contre la proposition girondine ; mais la circulaire fut arrêtée à la poste par le ministre de l'intérieur.

Enfin l'Assemblée mit en discussion si Louis XVI serait ou non jugé. Une adresse menaçante de la commune de Paris intervint pendant la délibération. Dans cette adresse, la Convention était sommée de mettre aux voix ces deux questions : « Louis, ci-devant roi, est-il digne de mort? Est-il avantageux à la République de le faire périr sur l'échafaud ? »

La Convention déclara que Louis XVI serait jugé par elle.

Les Girondins, en général, cherchèrent à sauver la vie au roi, soit directement, soit indirectement, en enlevant aux partis contraires leurs espérances. C'est ainsi que Buzot et Lanjuinais dirigèrent contre Philippe-Égalité un décret de bannissement de tous les membres de la famille des Bourbons. Les sections de Paris adressèrent aux représentants une pétition en sa faveur, et, grâce à la Montagne, la Convention suspendit l'exécution du décret jusqu'après le jugement de Louis.

Pendant le procès, on lut à la Convention des notes des départements et des communes demandant la tête du roi. Louis XVI fut condamné à l'unanimité, y compris les Girondins, assez peu rassurés pour eux-mêmes. Une grande majorité s'était prononcée pour la peine de mort avec le duc d'Orléans, et trois cent quatre-vingt-sept voix sur sept cent vingt et un votants avaient rejeté toute condition, tout appel et tout sursis. D'innombrables félicitations arrivent de toutes parts.

L'Assemblée, par l'organe de Vergniaud, son président, venait de prononcer le terrible arrêt, lorsque Desèze lui communiqua une lettre de Louis XVI, interjetant appel à la nation elle-même du jugement de ses représentants. Robespierre combattit l'appel au peuple, et la Convention, à la faible majorité de trente-quatre voix, rejeta le sursis.

Après la bataille de Neerwinden et la retraite de l'armée de Hollande, la Révolution fomentant toujours, une adresse des *Amis de la liberté*, de Marseille, est envoyée à l'Assemblée, avec déclaration qu'ils ne reconnaissent pour véritables députés de la France que les Montagnards, au même moment que Babey, dans un intérêt girondin, réclame des assemblées primaires. L'Assemblée improuve l'adresse marseillaise et passe à l'ordre du jour sur la proposition Babey.

Quelques jours après, on lut à la Convention une adresse de la ville d'Amiens, toute contraire, et demandant la punition de Marat, Robespierre, Danton, et le rappel de Roland au ministère. Hébert est sous le coup d'un mandat d'arrêt : il se rend à la commune, échauffe les esprits. Bientôt la commune adresse une pétition à la Convention pour demander le jugement d'Hébert, la remise de l'adresse de la section de la Fraternité à l'accusateur public, et l'abolition de la commission des Douze, qui avait osé incarcérer Hébert à l'Abbaye. Elle fait porter cette pétition à chaque section par des cavaliers, et, dès le soir, les sections s'étaient réunies pour demander l'élargissement d'Hébert. Hébert est relâché.

Peu après, une députation de la commune, véritable maîtresse du gouvernement, lut une nouvelle adresse à la Convention, dans laquelle on demandait la punition, en les dénommant, des chefs du parti girondin. Les bancs de la salle sont en partie envahis par les pétitionnaires. Vergniaud propose de se retirer dans les rangs de la force armée qui entoure la Convention ; mais, suivi par peu de députés, il revient et subit le rire moqueur des Montagnards. Robespierre l'attaque personnellement et l'accuse, lui et les siens, d'avoir juré la destruction de Paris. La Montagne triomphe, car elle seule a de l'audace et une armée recrutée dans les clubs. Le lendemain, Barrère est chargé de rédiger une proclamation au peuple français.

La lutte entre les deux partis de la Convention s'envenima à tel point, que Garat ne trouvait point d'autre remède à une telle situation que la démission volontaire des chefs des deux camps. Danton accepte. Robespierre, froid et soupçonneux de sa nature, s'élève contre cet expédient. Il tenait sans doute en réserve un moyen plus expéditif. Un plan d'insurrection est arrêté pour le lendemain dimanche, 2 juin, et l'exécution en est confiée à Henriot. En attendant, on rédige une adresse, sorte d'ultimatum ; la générale bat, le tocsin sonne, les sections se présentent en armes. Lorsque à neuf heures du soir, la séance de la Convention s'ouvrit, les bancs de la droite étaient presque déserts ; une députation des quarante-huit sections présenta l'adresse rédigée par le comité des Six, dit *de l'Évêché*. Grégoire, en ce moment président, leur répondit. Le 2 juin, ainsi qu'il avait été arrêté, l'insurrection éclate ; une députation de la commune se présente à la barre et lit une adresse menaçante : « Le peuple est las, y disait-on, il vous déclare qu'il va se sauver lui-même. » L'Assemblée passe à l'ordre du jour motivé sur le rapport que le comité de salut public doit faire dans trois jours. L'émeute gronde de plus en plus, et pour la calmer, la Convention sort en corps, mais elle est obligée de rentrer, et bientôt un décret d'ar-

restation contre les principaux Girondins est rendu. Il était à peine signé qu'une députation du département de Paris vient lire une adresse de remerciement des plus insolentes, et offrir des otages en nombre égal à celui des députés arrêtés.

Après la soumission de Lyon, qui se nommait alors *Ville affranchie*, les Lyonnais envoyèrent une supplique à la Convention, dirigée contre Collot-d'Herbois et Fouché. Collot-d'Herbois prit la parole à la Convention et au club des Jacobins, et reçut partout des applaudissements.

Le 24 floréal an II, la commune de Paris, et le 25 suivant, les Jacobins, félicitèrent la Convention d'avoir adopté la proposition de Robespierre sur l'existence de Dieu et l'immortalité de l'âme.

Ce fut une autre adresse des Jacobins à la Convention, qui fut le prélude des journées des 8, 9 et 10 thermidor ; mais, cette fois, le mouvement leur fut mortel. C'est à partir de cette époque que la Révolution paraît épuisée dans sa course, et que la réaction remonte le courant des choses avec non moins de précipitation et d'excès.

Le 15, sur la demande des délégués de la commune de Cambrai, Joseph Lebon est décrété d'accusation.

Des députations de la section des Quinze-Vingts, de la section des Droits-de-l'Homme, des sections des Champs-Elysées, de l'Observatoire et de l'Homme-Armé viennent successivement se plaindre de la disette et réclamer l'application de la constitution de 1793 ; bien plus, le 1er avril, une foule en haillons se précipite dans le sein de la Convention en criant : « Du pain ! du pain ! la constitution de 93 ! du pain ou la mort ! liberté des patriotes ! » Varnee, commandant la section de 1793 au 31 mai, est leur organe. Mais quelle différence avec des temps encore présents à tous les esprits ! La Montagne ose à peine appuyer l'adresse, la foule se retire, et l'Assemblée prononce la déportation de Collot, Billaud, Barrère, Vadier, et l'arrestation de Chasles, Choudieu, Fossedoire, Duhem, Huguet, L. Bourdon, Amar et Ruamps. Le vent est décidément à la réaction. A la tête de la force armée Pichegru, ce premier précurseur de Napoléon, maintient l'ordre dans Paris, et exécute le décret de l'Assemblée.

La section du Mont-Blanc envoie une députation de cinq membres demander le désarmement général des *terroristes*. Le lendemain, le désarmement a lieu au moyen de visites domiciliaires, en même temps que s'exécutent de nombreuses arrestations.

Lors de l'insurrection de prairial, qui fut comme le dernier soupir de la Montagne, une députation de six membres fut introduite dans l'Assemblée, et réclama, au nom du peuple, la constitution de 1793, du pain, et l'élargissement des patriotes. L'Assemblée communiqua aux délégués un décret par lequel, sur la proposition de Laporte, la commission des Onze devait s'occuper sans relâche du soin d'acheter des subsistances, et l'Assemblée des lois organiques de la constitution de

1793. Les députés satisfaits revinrent vers la foule qui se dispersa. Le lion révolutionnaire avait perdu sa force. La tête était paralysée. L'émeute reprit quelques jours après, mais le général Menou, successeur de Pichegru, enveloppa le faubourg Saint-Antoine, à la tête de vingt mille hommes, et le soumit presque sans coup férir. Les sections du Panthéon, des Gravilliers, de la Cité, se virent enlever leurs canons, et leurs principaux chefs furent mis en fuite ou guillotinés.

A partir de cette époque, le peuple disparaît de plus en plus de la scène politique ; l'action de la France se porte à l'extérieur, et sous la direction de Moreau, de Hoche, de Bonaparte, opère des prodiges. Tout cela aboutit à l'Empire.

II

C'est à cette nouvelle source du pouvoir que les adresses vont remonter. C'est ainsi que Bonaparte, déjà premier consul, recevra l'adresse du Sénat l'invitant à établir le gouvernement sur des bases éternelles. On lui dira : « Vous fondez une ère nouvelle, mais vous devez l'éterniser. L'éclat n'est rien sans la durée. Nous ne saurions douter que cette grande idée ne vous ait occupé, car votre génie créateur embrasse tout et n'oublie rien.... Vous pouvez enchaîner le temps, maîtriser les événements, désarmer les ambitieux, tranquilliser la France entière en lui donnant des institutions qui cimentent votre édifice et prolongent pour les enfants ce que vous faites pour les pères.... Grand homme... vous nous avez tirés du chaos du passé ; vous nous faites bénir les bienfaits du présent, assurez-nous l'avenir. » C'était assez clairement pousser le premier consul à s'asseoir sur un trône héréditaire. Cependant Bonaparte, dans sa réponse de Saint-Cloud, du 25 avril, tout en mettant à nu leur pensée, les invita à la lui faire connaître tout entière. Donc, le 4 mai, le Sénat se prononçait et nommait sans réticence Napoléon *empereur héréditaire de la République française.* Le Tribunat émit publiquement le même vœu, et les membres du Corps législatif, présents à Paris, réunis chez leur président, adhérèrent à la proposition du Tribunat par une adresse publique. Un sénatus-consulte fut rédigé, adopté, et, le 18 mai, présenté humblement à Saint-Cloud, au nouveau monarque. Le comte de Lille, en sa qualité de haut propriétaire de la France et des Français, daigna protester, et ce fut tout. Sa protestation fut insérée au *Moniteur* par ironie. Les félicitations abondèrent de la part des autorités, et Bonaparte renvoya la cérémonie des réceptions au 15 août, jour de l'Assomption et anniversaire de sa naissance, et de la ratification du concordat.

Nous ne rappellerons pas ici les phrases académiques de Fontanes, président du Corps législatif : elles ont été tant répétées depuis à d'autres chefs d'État, souvent par les mêmes personnes, et sont d'ailleurs stéréotypées dans la tête de tous les courtisans de tous les régimes!

Le 27 décembre 1804, Napoléon fit l'ouverture du Corps législatif, qu'il ne considérait, ainsi qu'il le déclara dans le *Moniteur*, en 1808, que comme un conseil législatif. Les députés se dirent ses *sujets*, et l'Empereur parla de *son* peuple.

Le 18 mars 1805, après un discours de Talleyrand, qui mettait l'Empereur au-dessus d'Alexandre et de Charlemagne, une députation italienne offrit à Napoléon la couronne d'Italie. Napoléon accepta et *donna* en même temps, séance tenante, la principauté de Piombino à la princesse Elisa, sa sœur. Puis il partit pour son nouveau royaume, et reçut partout les compliments des autorités. A Milan, le doge de Gènes, à la tête d'une députation, lui apporta le vœu du peuple d'être réuni à la France. Ce vœu fut accepté.

Le 30 décembre suivant, le Tribunat émit le vœu que, sur l'une des principales places de la capitale, il fut érigé une colonne surmontée de la statue de l'Empereur avec cette inscription : *A Napoléon le Grand, la patrie reconnaissante*, et, le 1er janvier 1806, le Sénat décréta qu'au nom du peuple français, il consacrerait un monument triomphal à *Napoléon le Grand*.

Jusqu'à la chute de Napoléon, en 1814, ce ne fut, dans le Corps législatif, que discours apologétiques. Avec les revers, tout changea.

Le 31 mars 1814, les armées étrangères occupaient Paris, et leur commandant en chef, Schwartzemberg, publiait une adresse pacifique et presque bienveillante à ses habitants; puis vint la déclaration du 1er avril, portant déchéance de Bonaparte et de sa famille. C'est alors que se déchaînent contre l'Empereur les reproches les plus amers et les plus insultants. Le conseil général de la municipalité parisienne donne le ton. Dans son adresse du même jour, il déclare qu'il ne peut comprimer plus longtemps la voix de sa conscience : qu'elle lui crie que tous les maux qui accablent la France viennent d'un seul homme. « Qui de nous, s'écrie-t-il, n'a perdu un fils, un frère, des parents, des amis? Pourquoi tous ces braves sont-ils morts? Ils ont été immolés uniquement au désir de laisser après soi le souvenir du plus épouvantable oppresseur qui ait pesé sur l'espèce humaine ; il a sacrifié l'Europe à son ambition sans mesure... Que vous ont produit ses victoires? La haine des peuples, les larmes des familles, la ruine de toutes les fortunes... C'est au nom de nos devoirs les plus sacrés que nous abjurons toute obéissance envers *l'usurpateur pour retourner à nos maîtres légitimes.* » On montrait à la fin le bout de l'oreille. *Desinet in piscem....*

Le Sénat, dans la séance du 3 avril, rendit un décret de déchéance avec des considérants dirigés contre Napoléon, plus détaillés et non moins sévères. Il ordonna que ce décret fût envoyé de suite à tous les départements et aux armées, et proclamé dans tous les quartiers de la capitale. Le même jour, le Corps législatif adhérait à l'acte du Sénat.

Le 2, le gouvernement provisoire avait adressé une proclamation aux armées françaises, où l'or cherchait à les détacher d'un homme qui, disait-on, aurait peut être compromis la gloire de la France. A côté de cela, on louait les *magnanimes alliés*, la *véritable monarchie*, un *trône paternel*, un *gouvernement tutélaire*.

Ce fut le signal de défections sans nombre de la part de ceux qui avaient encensé l'Empereur avec le plus d'empressement et plié avec le plus de complaisance devant tous ses caprices. La mu-

nicipalité, la magistrature tout entière exprimèrent à l'envie leur adhésion.

Le 13 avril, le gouvernement provisoire envoya une nouvelle adresse à l'armée, où il renouvelait ses reproches contre le chef déchu et invitait les soldats à se déclarer pour les Bourbons.

Lors de l'entrée du comte d'Artois à Paris, Talleyrand le harangua; le baron de Chabrol, préfet de la Seine, le harangua; l'abbé Lemire,

au nom du chapitre de la cathédrale, le harangua, et ce ne fut qu'émotion inexprimable, enthousiasme délirant, joie immense comme dans tous les discours de ce genre, passés, présents et futurs.

Le 14, la scène se renouvela aux Tuileries de la part du Sénat et du Corps législatif. Pourtant il faut remarquer que ce n'était pas tout à fait sans conditions que l'on se jetait plus ou moins forcément dans les bras des Bourbons, et que l'adhésion des corps politiques paraissait subordonnée à l'acceptation d'une charte constitutionnelle.

Louis XVIII arriva le 2 mai à Saint-Ouen. Nouvelles réceptions, nouvelles adresses des corps de l'Etat, et nouvelles adulations. « Sire, dit Talleyrand, au nom du Sénat, le retour de Votre Majesté rend à la France son gouvernement naturel et toutes les garanties nécessaires à son repos et au repos de l'Europe. Tous les

cœurs se précipitent sur votre passage. Il est des joies qu'on ne peut feindre... En remontant sur le trône, vous succédez à vingt années de ruines et de malheurs, etc... » Ajoutons cependant qu'à la suite de ces paroles de circonstance on tenait un langage grave et digne qui se terminait ainsi : «Une charte constitutionnelle réunira tous les intérêts à celui du trône et fortifiera la volonté première du concours de toutes les volontés. Vous savez mieux que nous, Sire, que de telles institutions, si bien éprouvées, chez un peuple voisin, donnent des appuis et non des barrières aux monarques amis des lois et pères des peuples. Oui, Sire, la Nation et le Sénat, pleins de confiance dans les hautes lumières et dans les sentiments magnanimes de Votre Majesté, désirent avec elle que la France soit libre pour que le roi soit puissant. »

Tout à coup, Napoléon quitte l'île d'Elbe, et ne fait qu'une marche triomphale du golfe Juan aux Tuileries. Il reçoit les corps constitués en audience solennelle. Cambacérès, archichancelier, lui adresse un discours respectueux, mais digne, sorte de programme d'une nouvelle politique. Le conseil d'État, d'après le désir même de l'Empereur, lui présente moins une adresse qu'une déclaration d'opinion; mais cette déclaration, rédigée par Thibaudeau, avait été communiquée par avance à Napoléon et adoptée par lui. Napoléon avait écrit de sa main aux gouvernements étrangers pour demander la paix. Sa demande était restée sans réponse, et les préparatifs les plus formidables se dirigeaient contre la France. Napoléon songea aux moyens extrêmes. Il suscita une adresse des ouvriers des faubourgs Saint-Antoine et Saint-Marceau, réclamant leur part dans la défense de la capitale. Les fédérés des faubourgs, au nombre de douze mille environ, furent admis, le dimanche 14 mai, dans la cour des Tuileries. Napoléon les passa en revue et écouta leurs discours; puis il ordonna la formation de vingt-quatre bataillons de fédérés, *tirailleurs de la garde nationale*, et donna leur commandement au général Darricau. Le 1er juin 1815, il y eut au Champ-de-Mars une assemblée dite *du Champ-de-Mai*. Dubois (d'Angers), représentant de Maine-et-Loire, et délégué de la députation centrale des colléges électoraux, lut une adresse au nom du peuple français. Elle commençait ainsi : « Sire, le peuple français vous avait décerné la couronne, vous l'avez déposée sans son aveu : ses suffrages viennent de vous imposer le devoir de la reprendre... » On ajoutait : « Parce que la France veut être la France, faut-il qu'elle soit dégradée, déchirée, démembrée, et nous réserve-t-on le sort de la Pologne? » Le reste du discours ne manquait pas d'habileté dans la situation désespérée où le retour de l'île d'Elbe plongeait notre patrie.

La chambre des représentants s'ouvre. En réponse au discours du trône, une adresse est rédigée par Durand (de la Marne), adoptée par la commission et la chambre, et présentée le 11 juin. Elle était sobre de louanges et rappelait le vœu national d'une charte constitutionnelle. Cette présentation avait été précédée par celle de l'adresse de la chambre des pairs. « La monarchie constitutionnelle, disaient les pairs, est nécessaire au peuple français, comme garantie de sa liberté et de son indépendance. » Napoléon répondit à l'une et à l'autre adresse d'une façon brève et avec une sorte de sombre exaltation.

Après le désastre de Waterloo et l'abdication de Napoléon, un gouvernement provisoire est constitué. Il fait un appel aux armes tout démocratique. Les élèves de l'École polytechnique, des premiers, demandent, par une adresse, à servir la cause réellement nationale à cette heure et à marcher à la rencontre de l'ennemi. Des députations d'un grand nombre de bataillons de la garde nationale sollicitent d'être employés activement hors Paris. Son zèle, dit-on, fit peur à Fouché et à Masséna. Ce qui prouve encore que dans ces graves circonstances, beaucoup de hauts fonctionnaires se préoccupaient non moins de l'action démocratique à l'intérieur que de l'invasion étrangère, c'est l'adresse datée du 29 juin, du comte de Bondy, préfet de la Seine, où M. le préfet énonçait la prétention d'indiquer aux Parisiens la conduite qu'ils avaient à tenir, et leur disait assez clairement qu'en se mêlant de politique, ils ne pourraient commettre que des bévues contre eux-mêmes, qu'il leur fallait donc s'en remettre sur leur sort à leurs magistrats municipaux.

Au commencement de la séance des représentants du 25 juin, on lit une adresse de la fédération parisienne, par laquelle elle déclare être prête à servir la patrie partout où le gouvernement le jugera convenable. Le même jour, on communique à la chambre une adresse des fédérés Arriégeois, contenant l'expression d'un dévouement sans bornes à la patrie; et diverses adresses non moins patriotiques des élèves de l'École de droit, de l'École de médecine, du Lycée Napoléon.

Dans la séance du 27 juin, on vote une adresse à l'armée pour l'engager de rester fidèle au gouvernement, et, par son attitude, de faciliter le succès des négociations.

Dans la séance du 1er juillet, un admirable projet d'adresse au peuple français est lu par Jacotot. On y reprochait aux armées anglaise et prussienne de continuer leurs hostilités, maintenant que Napoléon avait abdiqué, et on jurait de ne jamais reconnaître pour chef légitime de l'État celui qui, en montant sur le trône, refuserait de reconnaître les droits de la nation. tels qu'ils étaient consignés dans la charte constitutionnelle. Dût-on céder à la force pour le moment, on en appelait à l'énergie de la génération présente et des générations futures, pour revendiquer à la fois l'indépendance nationale et le droit de la liberté civile.»

Rien n'est plus beau que ce spectacle de la France aux abois devant l'Europe coalisée pendant cette courte période qui sépare l'abdication de Napoléon de la prise de Paris. Il n'a de comparable que les plus grands moments de la Révolution.

Dans la même séance, on lit une lettre des principaux chefs de l'armée, protestant à l'avance contre l'élévation des Bourbons au trône.

Dans la séance du 2 juillet, on donne lecture d'une adresse des fédérés de Clermont-Ferrand (Puy-de-Dôme), disposés à se porter partout où le gouvernement les appellerait. Le lendemain. c'est le tour d'une adresse des fédérés de la Dordogne; mais tous ces dévouements et tant d'autres furent vains. La France épuisée et trahie capitula, et Louis XVIII monta sur le trône.

Passons rapidement en revue. en ce qui concerne notre sujet, la période transitoire de 1815 à 1848.

III

Avec la Restauration, nous entrons dans une sorte de régime constitutionnel sans y être soutenus par le formalisme aristocratique de l'Angleterre ni par la gravité mystico-militaire de la Prusse. Cette charte de Louis XVIII était trop ou trop peu pour la France essentiellement littéraire, rationnelle et démocratique. Quoi qu'il en soit, l'adresse, sous ce régime, ne prend un caractère, si tant est qu'elle en ait dans le cours ordinaire des affaires, que lorsqu'elle émane des chambres et qu'elle est reçue par le roi.

C'est en octobre 1815 que les Chambres s'adressèrent pour la première fois au chef de l'État. Cette première adresse prouve combien le nouveau gouvernement était appuyé dans son désir de réaction. « Nous sommes dans la parfaite confiance, disent les pairs, que Votre Majesté saura toujours concilier avec les bienfaits de sa clémence les *droits de la justice; nous oserons humblement solliciter de son équité la *rétribution nécessaire des récompenses et des peines, l'*exécution des lois existantes* et la *pureté* des administrations publiques. » — « C'est notre devoir, disent les députés, de solliciter *votre justice* contre ceux qui ont mis le trône en péril ; nous vous en supplions au nom de ce peuple même, *victime des malheurs* dont le poids l'accable. Que ceux qui, aujourd'hui encore, encouragés par l'*impunité*, ne craignent pas de faire parade de leur rébellion, *soient livrés à la sévérité des tribunaux.* »

C'est à la suite de ces belles adresses, provoquées d'ailleurs par le gouvernement lui-même, que la liberté individuelle fut profondément altérée, qu'une loi fut rendue contre les actes et les écrits considérés comme séditieux, que les cours prévôtales furent établies, qu'un monument expiatoire fut voté à la mémoire de Louis XVI ; le tout couronné par une loi électorale des plus aristocratiques.

En 1820, après l'assassinat du duc de Berry, le général Foy proposa de voter une adresse au roi, mais une adresse tout entière à la douleur et sans démêlés politiques. La proposition fut adoptée.

En 1821, les symptômes d'une renaissance nationale se faisaient jour de tous côtés. La Chambre s'y associa dans son adresse. On y lisait : « Nous vous félicitons, Sire, de vos relations constamment amicales avec les puissances étrangères, dans la juste confiance qu'une paix si précieuse n'est point achetée par des sacrifices incompatibles avec l'honneur de la nation et la dignité de la couronne. » Ce paragraphe, longuement discuté, fut adopté par cent soixante-seize voix contre quatre-vingt-dix-huit.

Louis XVIII ne permit pas qu'on lui lût cette adresse. Il la prit seulement, et en quelques mots témoigna de son irritation. Aussi, loin de se rapprocher des libéraux, remplaça-t-il son ministère par un ministère congréganiste qui élargit la lutte au lieu de l'amoindrir, et occasionna une longue série de conspirations.

En effet, dès ce moment, le sol semble fouillé par les complots dans l'Ouest et dans le Centre, et l'insurrection déploie ouvertement son drapeau à Thouars. Là, deux adresses sont lancées, l'une à l'armée et l'autre au peuple, où l'on annonce le renversement des Bourbons, la suppression des impôts sur le sel et les boissons, et où l'on désigne un gouvernement provisoire composé de Lafayette, Foy, Benjamin Constant, etc. On destitue des fonctionnaires de la localité, et on arbore le drapeau tricolore. On espérait soulever Saumur, mais ce fut un avortement.

Revenons à nos adresses constitutionnelles. Celle de 1823 prenait un intérêt nouveau des affaires d'Espagne en cours de négociations. Le discours du roi faisait présager l'intervention guerrière. Les adresses des pairs et des députés étaient une paraphrase incolore de la harangue royale. La discussion ne fut vive à la Chambre des députés que lors du vote du crédit de 200 millions sollicité, malgré lui, par M. de Villèle, qui, ayant à choisir entre sa démission et cette démarche, opta pour le dernier parti. C'est à cette occasion, on se le rappelle, que M. Labourdonnaye, un coryphée de l'opinion ultra-royaliste, proposa l'expulsion de Manuel, et que cette expulsion, votée par la Chambre, fut exécutée par la gendarmerie, sur le refus de la garde nationale d'y prêter main forte.

En 1824, la Chambre était dissoute. Le ministère avait mis en œuvre tous les moyens licites et illicites pour se composer une nouvelle chambre favorable au changement de l'art. 37 de la charte et à la septennalité des assemblées. Cette chambre fut trouvée. L'ouverture de la session eut lieu le 23 mars. Le renouvellement septennal était annoncé dans le discours du roi, en même temps que la conversion des rentes, destinée, disait-on, *à alléger les impôts et à fermer les dernières plaies de la Révolution,* en termes clairs : 1° le système représentatif devait être miné par la base le plus possible; 2° le gouvernement, pour gratifier largement ses partisans et amis, et restituer aux émigrés le prix de leurs biens, au lieu de demander plus aux contribuables, trouvait habile de donner moins à l'une des catégories de ses créanciers : ce qui revenait absolument au même quant au résultat en sa faveur; mais ce qui était certainement plus injuste, en ce que l'impôt nouveau, au lieu de frapper proportionnellement sur tous, pesait tout entier sur quelques-uns. La preuve de ceci est manifeste, lorsqu'on sait que M. de Villèle, auteur du projet, estimait à un milliard la valeur des propriétés enlevées aux émigrés; que ce milliard était précisément obtenu à l'aide des 30 millions donnés en moins par l'État à ses créanciers du 5 p. 100, et précisément servi aux émigrés au moyen de 30 millions de rentes 3 p. 100, émises au taux de 75 francs. Ajoutons toutefois que M. de Villèle apportait un adoucissement au sort des rentiers du 5, en leur offrant, s'ils le voulaient, du 3 à 75 francs contre du 5 à 100 francs ; et en exceptant de la conversion les titulaires de rentes inférieures à 1,000 francs.

Dans son adresse, la Chambre des députés, autant et plus royaliste que le roi, admira tout, et bientôt vota tout ce que l'on voulut; mais la

Chambre des pairs se tint sur la réserve, n'exprima aucune opinion sur les deux mesures propo-ées, et plus tard rejeta le projet de conversion, à la majorité de cent vingt-huit voix contre quatre-vingt-quatorze.

Charles X succéda à Louis XVIII, mais la réaction continuait sa marche. En 1826, M. de Peyronnet avait présenté un projet de loi d'après lequel, dans toute succession déférée à la ligne descendante et payant 300 francs d'impôt foncier, la quotité disponible, à moins d'une disposition contraire du défunt, restait acquise, à titre de préciput légal, à l'aîné des mâles; elle était prélevée sur les immeubles et subsidiairement sur les meubles. D'après le projet, la faculté de substitution était modifiée dans un sens tout aristocratique. Les protestations les plus vives, les plus énergiques, affluèrent aux Chambres de la part de *pères* et d'*aînés* de familles. Le préciput légal fut rejeté à la Chambre des pairs, où la discussion commença, par cent vingt voix contre quatre-vingt-quatorze; l'art. 3, relatif aux substitutions, fut adopté. Le soir, à Paris, les quartiers du commerce furent soudainement illuminés et ornés de magnifiques transparents. L'allégresse ne fut ni moins subite ni moins démonstrative en province.

Dans cette même année, le parti congréganiste avait travaillé les conseils généraux, composés par les préfets sur l'indication du ministre, et était parvenu à leur faire émettre des vœux qui n'étaient autres que ceux de la congrégation, à savoir, l'abolition de la liberté de la presse, la fermeture des cafés et cabarets, la suppression de l'université, l'antériorité du mariage religieux sur le mariage civil, l'extension des corporations religieuses, la remise de l'éducation des deux sexes entre leurs mains, etc. On fit peu d'attention, dans le public, à ces manifestations fallacieuses. Elles ne servirent qu'à enhardir le gouvernement et à le précipiter plus vite dans l'abîme.

M. de Peyronnet, en effet, ne tarda pas à présenter un projet de loi contre la presse (29 décembre 1826). Nous n'avons pas à entrer dans l'exposé de ce projet aussi absurde que liberticide. Des pétitions sans nombre, émanées principalement des industries menacées par cet acte de vandalisme, arrivèrent à flots. Les corps savants, les sociétés littéraires protestèrent à leur tour. L'Académie française elle-même adressa une supplique au roi. Charles X refusa de recevoir la députation et destitua, parmi les votants de la pétition, Villemain, Lacretelle et Michaud, de diverses fonctions laissées à l'élection royale. Cependant le ministère retira son projet, et l'opinion publique fit partout éclater sa joie.

Le 29 avril 1827, le roi passa une grande revue de la garde nationale au Champ-de-Mars; les cris de : *Vive la charte! vive la liberté de la presse!* se mêlèrent aux cris de : *Vive le roi!* La 7e légion cria d'une seule voix, à plusieurs reprises : *Vive la charte!* En revenant, les bataillons ne se firent pas faute de remplir les rues des exclamations : *A bas les ministres! à bas les jésuites!* notam-

ment la rue de Rivoli, la place Vendôme, devant les ministères des finances et de la justice. La garde nationale fut licenciée. Le roi vengeait ses ministres.

Le 5 novembre, la Chambre des députés était de nouveau dissoute, et soixante-seize nouveaux pairs étaient créés. L'opposition triompha à Paris dans les élections. Le lendemain, on illumina, et bientôt la manifestation croissant en caractère, des barricades furent construites, la police et la troupe intervinrent mollement, et l'on a douté si cette insurrection n'a pas eu pour premier moteur le ministère lui-même. En tous cas, ce ministère jouait avec le feu qui devait le dévorer.

La session de 1828 manifesta la puissance de l'opposition. L'indépendance de la Grèce, comme jadis l'indépendance des États-Unis, avait accru les tendances à la liberté qui fomentaient dans l'intérieur. La Chambre désigna pour son président l'illustre et honorable Royer-Collard, élu dans sept collèges. Une adresse très-hostile au ministère était votée par cent quatre-vingt-dix-huit voix contre cent soixante-quatre. Charles X contint son mécontentement et changea son ministère.

La cour eut un instant l'idée de prendre son appui dans le centre gauche de l'assemblée, quand s'ouvrit la session de 1829. Le discours du roi annonçait un projet de loi communale et départementale. Il fut reçu avec enthousiasme. Les Chambres répondirent avec une bienveillante sympathie, qui devait se dissiper vite, en face des tentatives de la couronne.

Après la clôture de cette session, M. de Polignac est élevé au ministère. L'opinion publique s'émeut; Lafayette voyage en Auvergne et en Dauphiné, et reçoit des ovations empressées à Grenoble, à Vizille et à Lyon. Partout on menace de refuser l'impôt, et une association, dite *Bretonne*, se forme même dans ce but. La convocation des Chambres est ordonnée pour le 2 mars. Elles s'ouvrent au Louvre, dans la salle des Gardes. Le roi, dans son discours, jeta le gant en parlant de *coupables manœuvres qu'il trouverait la force de surmonter*. La Chambre des pairs répondit : « Que pourraient des insinuations malveillantes contre la déclaration si expresse de votre volonté de maintenir et de consolider ces institutions... La France ne veut plus de l'anarchie que le roi du despotisme. » La Chambre des députés alla plus loin. Elle signalait au roi, comme la cause de l'anxiété publique, le défaut de concours du gouvernement avec les vœux du peuple représenté par les corps délibérants. Elle mettait Charles X en demeure de se prononcer entre les députés et les ministres, et de rétablir, par le renvoi de ceux-ci, « *cette harmonie constitutionnelle, première et nécessaire condition de la force du trône et de la grandeur de la France.* » Cette adresse fut adoptée par deux cent vingt et un votants contre quatre-vingt-un. Charles X la reçut et déclara ses résolutions immuables. Le lendemain, la Chambre était prorogée au 3 septembre suivant, pour être dissoute peu après ; mais le résultat des élections, sorte d'adresse aussi à la couronne, fut plus menaçant pour elle que jamais. Charles X y répondit par les fameuses ordonnances.

Nous voici en juillet 1830. Il ne s'agit plus d'adresse, plus même de protestations, mais d'une révolution. *V.* Juillet 1830 (*révolution de*).

IV

Cette révolution tourna momentanément au rpofit de la famille d'Orléans. Une première

adresse, en forme de proclamation en sa faveur, sort des bureaux du *National*. Un message est envoyé au duc d'Orléans, à l'instigation de Laffitte, qui, plus tard, en fera son *meâ culpâ*. A l'Hôtel de Ville, cependant, de nombreuses députations se succèdent auprès du général Lafayette. La réunion Lointier, notamment, lui députe plusieurs de ses membres chargés de lui lire une adresse demandant que la représentation actuelle ne soit considérée que comme provisoire et s'occupe immédiatement de consulter les vœux de la nation. Ces efforts sont inutiles. La plupart des députés ont hâte de sortir de la révolution. On

délègue plusieurs membres de la Chambre au duc d'Orléans. A la suite de l'entrevue, celui-ci adresse une proclamation aux Parisiens, à laquelle la commission municipale oppose la sienne. C'étaient la royauté constitutionnelle et la République en présence. A force de louvoiements et de caresses, Louis-Philippe triomphe. Il est proclamé roi des Français dans la séance du 9 août 1830. La haute bourgeoisie voit en lui son représentant. Mais les classes ouvrières ne tardent pas à s'apercevoir du peu d'amélioration que la révolution a apporté à leur sort, et, dès le mois d'août suivant, des attroupements nombreux se forment à Paris et à Rouen, et sont difficilement dispersés.

Lors de l'insurrection belge, les sociétés populaires de Paris expriment leur enthousiasme, ou-

vrent des souscriptions et font même partir un bataillon à leurs frais pour appuyer leurs frères de Belgique.

Les ministres de Charles X sont mis en jugement. La Chambre des députés, d'accord avec Louis-Philippe, veut leur sauver la vie. Elle envoie au roi une députation qui lui présente une adresse relative à la suppression de la peine de mort dans certains cas politiques. Le roi répond : « Le vœu que vous exprimez était depuis longtemps dans mon cœur. » Le projet accordait en même temps des pensions aux veuves des citoyens morts dans les trois journées, les Invalides aux blessés, et une éducation gratuite à leurs enfants. Il y eut un commencement d'émeute à Paris. Le ministère, dans le *Moniteur*, parut reculer, et le préfet de la Seine, **M. Odilon Barrot**, publia une proclamation dans laquelle il qualifiait l'adresse d'*inopportune*; le ministère fut changé et on mit les ministres du roi déchu en jugement devant la Chambre des pairs. Alors, le peuple assiége le Luxembourg, demandant la mort des ministres; mais ils sont ramenés précipitamment à Vincennes, et un arrêt les condamne à la prison perpétuelle. L'émotion de Paris fut longue à se calmer. Elle eut une occasion plus grande et plus belle de renaître dans les insurrections malheureuses de la Pologne et de l'Italie, et, pour cette sainte cause, se manifesta plus d'une fois. La Chambre des députés s'y associa dans ses adresses. Vœux inutiles avec un pareil gouvernement !

A Lyon, en 1831, la misère sociale éleva sa voix mâle et terrible. Les ouvriers réclament un tarif. Bientôt toute la ville est en feu. Les insurgés s'en rendent maîtres et ne déposent les armes qu'à l'arrivée d'une armée commandée par Soult. La Chambre des députés, sur la proposition de M. Augustin Giraud, et la Chambre des pairs présentèrent sur cet événement une adresse au roi, dans laquelle on le félicitait de la présence de son fils sur le théâtre de l'action et où, tout en le poussant dans le sens d'une répression forte, on l'assurait du concours de tous les pouvoirs de l'Etat.

A quelque temps de là, de nouveaux troubles éclataient à Grenoble, et l'autorité locale était également vaincue. Enfin, les conspirations, les insurrections et même les attentats se suivirent d'année en année.

En 1833, la société des *Droits de l'Homme* publia un manifeste et l'adressa à tous les journaux patriotiques, aux associations et aux réfugiés politiques. On y réclamait un gouvernement électif, le suffrage universel, un large développement de l'éducation publique, la généralisation du jury, une répartition plus équitable des fruits du travail social, une fédération de l'Europe, fondée sur la liberté absolue du commerce, et une entière égalité de relations. On faisait suivre le manifeste de la déclaration des droits présentée par Maximilien Robespierre à la Convention. Cet acte eut un effet extraordinaire; la société reçut des adhésions chaleureuses de Paris et des départements. Deux députés, Voyer-d'Argenson et Audry de Puyraveau avaient signé le manifeste. Le gouvernement, mais en vain, requit leur expulsion de la Chambre. Il chercha à se venger en traînant vingt-sept membres de la société devant la cour d'assises, sous prétexte de complot, et en attaquant les deux députés pour publication d'une brochure; mais un double acquittement s'ensuivit, et le pouvoir eut alors recours à des mesures législatives qui dissipent momentanément parfois la résistance, mais pour la rendre plus générale et plus concentrée dans un temps prochain.

En 1836, le gouvernement français s'était mis en hostilité avec la Suisse et menaçait son indépendance. On fit alors circuler dans le canton de Vaud une adresse au peuple français, qui commençait ainsi : « Français de Juillet, vous allez nous faire la guerre, à nous qui vous sommes unis par six siècles de fraternité, à nous qui avons accueilli avec enthousiasme votre glorieuse révolution, qui avons donné asile à vos proscrits, qui avons mêlé notre sang au vôtre dans les batailles... » Et elle continuait sur ce ton animé et fraternel. La Suisse, cependant, crut devoir fléchir, et la querelle s'apaisa.

Lorsque s'ouvrit la session de 1839, la coalition Thiers-Guizot existait et eut la majorité dans la commission chargée de rédiger l'adresse. Le projet était très-agressif et pouvait paraître faire appel aux passions révolutionnaires. M. Dupin, porté à la présidence par l'appui du ministère, l'approuva dès qu'il crut à son succès. Il fut présenté à la Chambre le 4 janvier 1839. Le choc fut vif, tant à la Chambre des pairs qu'à la Chambre des députés. M. de Lamartine entra dans le débat pour patroner le ministère. Le projet fut cependant quelque peu adouci, conformément à l'avis de MM. Thiers et Odilon Barrot, et contrairement à celui de M. Guizot. Deux cent vingt et une voix adoptèrent l'adresse modifiée, et la Chambre fut dissoute.

En 1840, la France était isolée dans la question d'Orient et en dehors du concert européen. Le discours de la couronne constatait le fait et marquait une tendance à la paix. Les adresses des Chambres aboutirent en ce sens, et M. Thiers dut quitter son portefeuille.

Depuis cette époque jusqu'à la fin du règne de Louis-Philippe, les adresses n'offrent rien d'assez remarquable pour être noté dans cet article. Nous passons donc immédiatement à la grande journée du 24 février 1848, qui vit tomber le trône, héréditaire aussi, de la branche cadette des Bourbons.

Ce jour-là, M. Dupin proposait de proclamer le comte de Paris roi des Français, avec la régence de la duchesse d'Orléans; Ledru-Rollin y répondit par la formation d'un gouvernement provisoire. Le peuple en armes se prononça pour lui. Le gouvernement provisoire se constitua à l'Hôtel de Ville. Le peuple y acclama la République. Une certaine portion voulut qu'on arborât le drapeau rouge. M. de Lamartine, qui reflétait sur ce gouvernement improvisé l'éclat de son nom et de ses talents littéraires, résista à cette demande, et l'on garda le drapeau tricolore. Une députation d'étudiants vint le remercier.

La *société républicaine centrale* réclama, de son côté, la suppression de toutes les lois prohibitives de la presse, de réunion et d'association, la déchéance de la magistrature qui siégeait au 24 février et l'éloignement de l'époque des élections. Sur ce dernier point, elle était d'accord avec d'autres clubs qui, le 17 mars, formulèrent le même vœu; mais beaucoup d'autres pensaient que plus longtemps on laisserait se refroidir le généreux élan de la liberté, et plus on risquait d'être envahi de nouveau par la réaction.

Les sourds-muets accoururent des premiers pour exprimer leur adhésion, mais, ce qui gâte quelque peu ce beau mouvement, réclamèrent en même temps le changement de leur directeur.

Bientôt les adhésions à la République, sous forme d'adresses, se multiplient. Ce sont successivement les habitants de Calais, de Saint-Omer, de Saint-Léger-lès-Mâcon, les loges de la franc-maçonnerie, les démocrates de Londres, les Hongrois, les Norvégiens, Savoisiens, Polonais, Espagnols, Irlandais résidant à Paris, le club de la garde nationale, les élèves de l'École polytechnique, les tailleurs de pierre, les carriers de Paris et de la banlieue, ceux-ci au nombre de huit mille, les Lyonnais, les gardes mobiles, etc., etc. L'entraînement fut général dans la partie jeune, élevée, active de la nation, et il serait trop long d'en signaler toutes les manifestations.

Le 7 mars, une députation des ouvriers en nacre présente une pétition contre la concurrence des entrepreneurs du travail des prisonniers. Il serait bon en effet que, sans interdire le travail aux prisonniers, on obviât aux inconvénients d'une concurrence trop désastreuse.

Le 11, des délégués du club du Marais expriment leurs craintes à l'occasion du bruit répandu que le gouvernement provisoire dirigeait vingt mille hommes de troupes sur Paris. M. de Lamartine leur répond que ce n'est pas vingt mille hommes qu'on mandera à Paris, mais seulement quatre ou cinq mille hommes qui pourront peut-être, d'ici à un mois, venir aider la garde nationale.

Le même jour, une députation des gardes du commerce réclame au sujet du décret qui suspend la contrainte par corps. On les tranquillise quelque peu en leur assurant une juste indemnité au cas où l'Assemblée future ratifierait la mesure du gouvernement provisoire.

Le 15, une députation du club républicain pour la liberté des élections, exprime ses inquiétudes à l'occasion de la circulaire de Ledru-Rollin ; mais ces craintes, si elles étaient sincères, manquaient de base, et jamais élections ne furent plus libres, plus dégagées de toute pression gouvernementale que celles de l'Assemblée constituante de 1848.

Le 26, les ouvriers des raffineries de Paris, les propriétaires et les porteurs d'eau de l'établissement des eaux clarifiées de la Seine, les égoutiers de Paris offrent à la République des dons et leurs vœux.

Le 23 avril, une adresse de la *société d'Économie politique* proteste contre la mesure qui élimine cette science du programme de l'enseignement supérieur.

A peine installée, l'Assemblée constituante, on le sait trop, fut envahie. Les membres les plus ardents de certains clubs s'y précipitent le 15 mai et s'emparent momentanément de la salle ; mais l'ordre est bientôt rétabli, et l'Assemblée reprend ses séances.

Funeste présage de l'effroyable tempête de juin ! Légalité et patience sont deux vertus qu'il

faut savoir pratiquer à propos lorsqu'on aspire au titre de citoyen.

Mais nous ne voulons pas aller plus avant dans cette énumération déjà trop longue ; nous n'avons pas à nous occuper des faits que nous devons laisser à l'appréciation de l'avenir.

P. V.

AÉROSTAT - AÉROSTATION. Ces mots sont dérivés du latin *aer*, air, et *stare*, se tenir. L'aérostation est donc l'art de se tenir dans l'air (*in aere stare*) ; d'où l'on voit qu'il n'est pas indifférent de dire, comme on le fait dans le langage ordinaire, *aérostation* ou *navigation aérienne*. Ces deux expressions désignent en réalité deux choses distinctes : la première existe, puisque nous possédons dans l'aérostat actuel, c'est-à-dire dans le ballon, un appareil au moyen duquel nous pouvons nous élever et séjourner dans l'air pendant un certain temps ; mais la seconde est à faire, car son nom implique l'idée d'une direction telle que nous savons la donner à nos barques et à nos vaisseaux. Or, le problème de la direction des aérostats n'est point résolu, et l'on peut croire qu'il ne le sera pas de sitôt. Nous dirons pourquoi en terminant.

I

La naissance et les débuts de l'aérostation forment un des épisodes les plus intéressants de ce vaste mouvement intellectuel qui se produisit pendant la seconde moitié du dix-huitième siècle, et qui préluda, par l'émancipation des esprits, à la destruction des servitudes politiques et sociales. L'idée d'explorer les régions célestes et de suivre les oiseaux dans leur course rapide à travers les nuages avait de tout temps séduit et préoccupé les imaginations ardentes. On retrouve, en feuilletant les écrits des historiens, des savants et des poëtes de l'antiquité, du moyen âge et de l'époque moderne, des traces plus ou moins distinctes d'essais pratiques ou théoriques tentés dans ce but ; mais rien de sérieux, rien de vraiment rationnel ne s'était produit, faute de données scientifiques exactes, et la plupart des tentatives dont nous parlons n'eurent de remarquable que leur extravagance.

La première machine aérostatique dont il soit fait mention dans les auteurs anciens est le pigeon artificiel construit par Architas, de Tarente, fameux géomètre et philosophe pythagoricien, qui vivait au quatrième siècle avant l'ère chrétienne. Aulu-Gelle, d'après Favorinus, en parle dans des termes fort vagues, et l'on s'accorde généralement à penser que ce pigeon n'était autre chose qu'une sorte de cerf-volant.

Environ seize cents ans plus tard, le célèbre Roger Bacon parlait, dans son ouvrage *De mirabili potestate artis et naturæ*, de la possibilité « de faire quelques instruments volants, de manière à ce qu'un homme assis au milieu fasse, au moyen de *quelque* mécanisme, mouvoir des ailes artificielles qui *puissent* battre l'air. » Il ajoute même qu'une semblable machine existe et qu'il en connaît l'inventeur. On a lieu de s'étonner qu'après cela il ne fournisse aucune preuve, aucun renseignement précis à l'appui de son assertion.

L'évêque presbytérien de Chester, John Wilkins, qui écrivait au commencement du dix-septième siècle, se livre dans son *Dédale* à une longue et confuse dissertation sur les moyens de voler ou de naviguer dans l'air. Il en trouve quatre : le premier consisterait, selon lui, à invoquer l'assistance des esprits célestes ; le second, à former un attelage d'oiseaux ; le troisième, à s'attacher des ailes au corps ; le quatrième enfin, à construire un char volant. Le dernier lui semble préférable à tous les autres ; mais il ne dit pas comment on pourrait le réaliser.

Vers la même époque, un jésuite, le P. Lana, proposait (*prodromo dell'arte maëstra*) de construire des sphères en cuivre laminé, dans lesquelles on ferait le vide, et qui, devenues ainsi beaucoup moins pesantes que leur volume d'air, pourraient enlever une nacelle avec des voyageurs. Il oubliait seulement de tenir compte de la pesanteur de l'air, qui eût infailliblement écrasé son appareil.

En 1755, le P. Galien, moine franciscain, dans un ouvrage intitulé : *L'Art de voler*, parlait de remplir *de feu* ou *d'air éthéré* un vaisseau qu'on *placerait* ensuite sur les limites de notre atmosphère, où il se soutiendrait de la même façon qu'un vaisseau plein d'air se soutient sur l'eau. Un autre fou voulait former un véhicule aérien en remplissant de rosée des coquilles d'œufs et en les exposant aux rayons du soleil.

Tandis que ces visionnaires s'égaraient dans leurs théories absurdes, d'autres essayaient, sans plus de succès, d'aborder la pratique. Un nommé Jean-Baptiste Dante se fit des ailes artificielles dont il espérait les meilleurs résultats ; il n'en obtint d'autre que de se casser une jambe.

En 1678, un certain Lebesnier parvint, avec quatre ailes attachées à son corps et mises en mouvement par ses seules forces, non pas à voler, mais à descendre d'un lieu élevé, assez lentement pour ne point se blesser, et assez obliquement pour franchir une rivière, un fossé ou tout autre espace semblable. Ses ailes, évidemment, ne faisaient là que l'office de parachute.

Enfin, en 1745, un Portugais, du nom de Bartholomeo Guzman, se serait, dit-on, élevé, à Lisbonne, au moyen d'une machine en osier munie d'un réchaud ; l'Inquisition l'aurait accusé de magie, et il se serait vu forcé, non-seulement de mettre fin à ses expériences, mais encore de prendre la fuite pour échapper aux poursuites du terrible tribunal. Si ce dernier fait était prouvé, il ne serait pas sans importance ; mais le petit nombre et le peu de concordance des témoignages invoqués par les écrivains qui l'ont cité nous donnent lieu de le regarder comme apocryphe.

Nos lecteurs peuvent voir, d'après ces quelques exemples, combien la question qui nous occupe était demeurée obscure jusqu'au milieu du siècle dernier ; c'est d'ailleurs un fait désormais incontestable et incontesté, que l'honneur d'avoir enfin réalisé, en partie du moins, le rêve de tant de siècles, revient tout entier à deux savants industriels français, les frères Etienne et Michel Montgolfier.

En 1572, lorsque les huguenots fuyaient par milliers devant la proscription, un des hommes qui, en Auvergne, avaient embrassé et défendu avec le plus d'ardeur la cause de la réforme, Montgolfier, quitta sa modeste et champêtre demeure, située près de la petite ville d'Ambert, et se réfugia, avec ce qu'il put réaliser de sa fortune, dans les montagnes du Vivarais. Sous le règne de Henri IV, il fonda, au bourg de Vidalon-lez-Annonay, une fabrique de papiers qui, transmise à ses descendants, acquit, grâce à leur administration intelligente, une grande importance. Vers le milieu du dix-huitième siècle, elle était, sous la direction de Pierre Montgolfier, honorablement connue dans toute l'Europe.

Pierre Montgolfier eut trois fils. Le premier mourut fort jeune et sans avoir rien fait qui pût préserver son nom de l'oubli. Les deux autres, Michel et Etienne, naquirent à Annonay, le premier en 1740, le second en 1745. Michel montra, dès sa plus tendre jeunesse, un caractère indocile, joint à une imagination inquiète et à une aptitude extraordinaire pour les études et les recherches scientifiques. Après avoir terminé, tant bien que mal, ses humanités au collège de Tournon, il alla s'établir à Saint-Etienne en Forez, dans une cabane, où il put se livrer sans contrôle à ses goûts et à ses travaux favoris. Là, il parvint, en fabriquant seul et en colportant lui-même dans les environs quelques produits chimiques, à s'amasser un petit pécule, avec lequel il se rendit à Paris. A peine arrivé dans la capitale, il devint un des habitués du café Procope, et déjà il s'était lié avec plusieurs des sommités scientifiques de l'époque, lorsque la mort de son frère aîné le fit rappeler par son père à Annonay, où il dut prendre sa part dans la direction de la fabrique. Mais il ne put longtemps s'accorder avec Pierre Montgolfier, dont la prudence timorée s'épouvantait des allures audacieuses et des tendances novatrices du jeune savant. Ils se séparèrent. Michel alla fonder, pour son propre compte, deux nouvelles fabriques, l'une à Voiron, l'autre à Beaujeu ; mais son inexpérience et sa témérité faillirent lui devenir funestes. En quelques mois, ses affaires prirent une tournure inquiétante ; il ne fallut pas moins que l'imminence d'une faillite pour le rappeler au sentiment de la réalité. Il reconnut le besoin de dérober à ses chères spéculations les instants et les soins nécessaires à la partie commerciale de son entreprise ; il put, avec l'aide de sa famille et de ses amis, rétablir l'équilibre, un instant compromis, du *doit* et de l'*avoir*, et réalisa dans son établissement d'heureuses et productives innovations.

Michel Montgolfier avait été remplacé auprès

de son père par son frère Étienne. Celui-ci, non moins heureusement organisé sous le rapport de l'intelligence, et doué en outre d'un caractère doux et d'un esprit réfléchi, avait fait au collège Sainte-Barbe de brillantes études; puis il s'était adonné à l'architecture, ayant pour maître le célèbre Soufflot. La mésintelligence survenue entre son père et son frère l'obligea de renoncer à une carrière où déjà il avait débuté avec succès. Il revint à Annonay et fut bientôt initié aux connaissances qu'exigeait sa nouvelle profession. Lorsque Pierre Montgolfier voulut jouir du repos conquis par de longues années de travail, Michel revint à Vidalon, et, à partir de ce moment, il ne se sépara plus de son frère. Dès lors, ressources matérielles, idées, études, labeurs, gloire, tout entre eux fut commun, et la mort seule put rompre cette fraternelle solidarité. Étienne, quoique le plus jeune, mourut le premier. Il était atteint depuis quelque temps d'une affection du cœur, que la science n'avait pu combattre. Un jour, le 2 août 1799, comme il se rendait de Lyon à Annonay, s'étant senti plus mal, il s'arrêta à Serrières, où il expira.

Michel devint successivement administrateur du Conservatoire des Arts et Métiers, membre du bureau consultatif des arts et manufactures, près le ministère de l'intérieur, et enfin, en 1807, membre de l'Institut. Il mourut aux eaux de Balaruc, le 25 juin 1810, à la suite d'une hémiplégie qui lui avait ôté l'usage de la parole.

II

On a diversement raconté les circonstances de la découverte qui a immortalisé le nom des Montgolfier. Selon quelques narrateurs, ce fut Joseph-Michel qui, voyant se gonfler et flotter devant le feu une chemise qu'on faisait chauffer, conçut le premier l'idée des ballons. Selon d'autres, Étienne se trouvait à Avignon à l'époque du siége de Gibraltar. Seul dans sa chambre d'auberge, il songeait aux moyens que la science pourrait donner de pénétrer dans cette place réputée imprenable : « Il faudrait, se dit-il, arriver là comme l'aigle arrive à son aire. » — En ce moment, ses yeux se portèrent machinalement sur le foyer d'où la fumée montait vers le ciel. — Cette vue fut pour lui comme une soudaine inspiration ; — voilà le véhicule, pense-t-il. — Aussitôt il construit un petit parallélépipède en papier; il en échauffe l'intérieur avec la flamme d'une bougie et le voit avec joie s'élever au plafond... Ces deux anecdotes sont également controuvées : leurs auteurs nous permettront de nous en rapporter sur ce point au témoignage des frères Montgolfier eux-mêmes. Or, ceux-ci ont toujours revendiqué, de leur vivant, comme indivise entre eux, la gloire de leur invention. La vérité est que la pensée de voguer dans l'air leur fut inspirée par le spectacle des nuages qui, chaque jour, devant leurs yeux, se formaient et flottaient sur les cimes des Alpes. Les nuages sont formés, on le sait, de particules aqueuses, non point vaporisées, mais dans un état de division qui tient, pour ainsi dire, le milieu entre l'état liquide et l'état gazeux. Dans cet état, l'eau demeure en suspension dans l'air jusqu'à ce qu'un changement dans les conditions électriques ou thermométriques de ce milieu vienne la vaporiser tout à fait ou la faire retomber sous forme de pluie, de grêle, de neige... Les frères Montgolfier songèrent d'abord à produire une sorte de nuages artificiels. Ils gonflèrent avec de la vapeur d'eau, puis avec de la fumée de bois, des enveloppes en toile et en papier, qui s'élevèrent en effet, mais pour retomber presque aussitôt : car la vapeur, se refroidissant, se condensait le long des parois. Découragés par ce résultat, ils suspendirent quelque temps leurs expériences, et peut-être les eussent-ils définitivement abandonnées si une circonstance fortuite ne fût venue tout à coup leur apporter, avec des lumières nouvelles, un nouveau courage. Étienne, étant un jour allé à Montpellier, y acheta un ouvrage récemment publié par le chimiste anglais Priestley, et intitulé : *Des différentes espèces d'air.* Il lut avec avidité ce livre où étaient exposées les propriétés de quelques gaz jusqu'alors peu connus, et notamment celles de l'*air inflammable* (appelé depuis hydrogène), découvert six ans auparavant (1777) par Cavendish. Il entrevit dans ce fluide le véhicule de la navigation atmosphérique, et en revenant à Annonay, il cria à son frère, du plus loin qu'il l'aperçut : « Nous pouvons maintenant voguer dans l'air ! »

Tous deux reprirent leurs essais avec plus d'ardeur que jamais ; l'*air inflammable* leur parut, à raison de sa pesanteur spécifique, treize fois moindre que celle de l'air ordinaire, tout à fait propre à leurs desseins. Mais ce gaz était encore très-imparfaitement étudié; le produire était difficile ; le manier était dangereux ; en outre, il avait l'inconvénient de s'échapper rapidement à travers les interstices des tissus dont les Montgolfier formaient leurs enveloppes. Ces obstacles suffirent pour le leur faire abandonner, et ils revinrent à leur idée primitive de fabriquer, pour ainsi dire, de toutes pièces, des nuages artificiels. S'avisant que c'était sans doute l'électricité qui retenait à l'état demi-gazeux ces masses de liquide, ils crurent imiter cette circonstance naturelle en mélangeant une fumée légèrement alcaline, celle de la laine, avec une fumée acide, celle de la paille humide. Un ballon ouvert à sa partie inférieure, et sous lequel ils brûlèrent une certaine quantité de ce mélange, s'éleva à une grande hauteur, mais ne tarda pas à retomber. Ils eurent alors l'heureuse idée de suspendre un réchaud sous l'orifice, en sorte que la machine emportât avec elle la cause même de son ascension. L'expérience tentée dans ces conditions eut un plein succès, et MM. Montgolfier pensèrent qu'il était temps de rendre publique leur découverte. Le moment était d'autant plus favorable, que les États du Vivarais se trouvaient alors réunis à Annonay. Le 5 juin 1783,

Articles contenus dans cette Série.

Le Dictionnaire encyclopédique de la Révolution française formera six volumes in-8° grand-jésus, collé, ornés de gravures dans le texte, publiés par séries de dix livraisons à 20 centimes ; soit : 2 francs chaque série.

Cinq séries composeront un volume.

La deuxième série paraîtra, au plus tard, le 1er août prochain.

Bureau de la rédaction : Rue des Tournelles, 42 (Marais).—Affranchir.

Montmartre. — Imp. de Pillot.